Geist – Gehirn – künstliche Intelligenz

Geist – Gehirn – künstliche Intelligenz

Zeitgenössische Modelle des Denkens

Ringvorlesung an der
Freien Universität Berlin

herausgegeben von

Sybille Krämer

1994

Walter de Gruyter · Berlin · New York

♾ Gedruckt auf säurefreiem Papier,
das die US-ANSI-Norm über Haltbarkeit erfüllt.

Die Deutsche Bibliothek – CIP-Einheitsaufnahme

Geist – Gehirn – künstliche Intelligenz : zeitgenössische Modelle des Denkens ; Ringvorlesung an der Freien Universität Berlin / hrsg. von Sybille Krämer. – Berlin ; New York : de Gruyter, 1994
ISBN 3-11-012991-4
NE: Krämer, Sybille [Hrsg.]

Printed in Germany
Satz und Druck: Saladruck GmbH & Co. KG, Berlin.
Buchbinderische Verarbeitung: Lüderitz & Bauer, D-1000 Berlin 61

Vorwort

Das Methodenideal der neuzeitlichen Naturwissenschaften versorgte uns mit einer bequemen Arbeitsteilung: In die Domäne der Naturwissenschaften fielen alle jene Vorgänge, bei deren Beschreibung nicht auf Eigenschaften Bezug zu nehmen war, die diesem Phänomen im Erleben und in der Erfahrungsperspektive eines menschlichen Subjektes zukommen. Paradigmatisch dafür im 17. Jahrhundert ist die Ersetzung der sogenannten sekundären, also empfindungsabhängigen Qualitäten durch primäre Qualitäten, welche spezifizierbar sind allein in den Termini physikalisch-chemischer Gesetzlichkeiten.

Im Gegenzug zu dieser Entseelung der Natur, wurden die Theorien vom Geist zum Schmelztiegel anthropomorpher Denkweisen: Für die Philosophen der Aufklärung konnte „Geist" überhaupt nur zugesprochen werden, wo ein Selbstbewußtsein gegeben ist. Wo also das Vermögen „ich" zu sagen, einhergeht mit der Eigenschaft, verantwortlicher Urheber von Handlungen zu sein. In den Geisteswissenschaften des 19. Jahrhunderts schließlich wird die Sonderstellung von Kategorien, die Bezug nehmen auf Sinn, Bedeutung und Interpretation, und daher nicht zu erklären, sondern zu verstehen sind, endgültig festgeschrieben.

In eben dieser Arbeitsteilung kündigt sich seit der Mitte dieses Jahrhunderts ein Umbruch an. Symptomatisch dafür ist die heute übliche Gleichsetzung von „Denken" mit „Kognition". Pionierin dieser „Naturalisierung des Geistes" war die Kybernetik: Sie versuchte traditionell geisteswissenschaftliche Kategorien wie Information, Zeichen, Ziel, Zweck, Sinn und Bedeutung naturwissenschaftlich zu erklären.

Doch erst die forschungsstrategische Nutzung des Computers als ein Modell für mentale Funktionen verhalf dem methodischen Postulat zum Durchbruch, daß kognitive Leistungen unabhängig von phänomenalen Qualitäten zu erforschen seien. Kognitionspsychologie bzw. Kognitionswissenschaft, Neurophysiologie, Künstliche Intelligenz und Neuroinformatik werden damit zu Disziplinen, die beanspruchen können, einen Beitrag zur Untersuchung des Geistes zu leisten.

Doch mit diesem „Naturalisierungsschub" sind neue Fronten, neue Konfrontationen eröffnet: Welten trennen unser beschränktes Wissen über die hochkomplexe Architektur des menschlichen Gehirns von den extrem vereinfachten technischen Modellbildungen Künstlicher Intelligenz. Und ist das physische Substrat des Geistes überhaupt identifizierbar mit internen neuronalen Vorgängen? Oder sind die materialen Grundlagen des Denkens nicht auch zu suchen in den externen symbolischen Systemen, in den kulturabhängigen Medien von Sprache, Bild und Schrift, durch deren Interiorisierung individuelle kognitive Leistungen überhaupt erst ausgebildet werden? Überdies wirft die mit der Zurückführung von „Denken" auf „Kognition" verbundene Aufspaltung von Intellekt und Wille bzw. Urteilskraft ethische Probleme auf.

Um die Reichweite und Erklärungskraft einzelwissenschaftlicher Untersuchungen über den Geist auszuloten und philosophisch zu kommentieren, veranstaltete ich im WS 91/92 an der Freien Universität Berlin im Rahmen der „Universitätsvorlesungen" eine Ringvorlesung zu dem Thema „Geist – Gehirn – Künstliche Intelligenz. Zeitgenössische Modelle des Denkens". Die hier versammelten Beiträge sind aus dieser Vorlesung, die von der Freien Universität großzügig unterstützt wurde, hervorgegangen. Dieser Band möchte – den Suggestionen des Computermodelles zum Trotz – ein Bewußtsein der Komplexität und der Kompliziertheit der Forschungen über den Geist vermitteln. Er ist ein Plädoyer dafür, an die Stelle einer vorschnellen Einheitstheorie des Geistes eine Vielfalt möglicher Perspektiven bei der Beschreibung von „Geist" treten zu lassen.

Berlin, im Januar 1993 Sybille Krämer

Inhaltsverzeichnis

1. Geist philosophisch

Oswald Schwemmer

Die symbolische Existenz des Geistes

1. *Philosophie und Neurologie. Ein problematisches Verhältnis*

Der Philosoph, der die heutigen Forschungsergebnisse der Neurobiologie zur Kenntnis nimmt, muß sich fragen lassen, was denn er noch zum Verständnis unserer geistigen Leistungen beizutragen hat. Scheint es doch so, als haben die empirischen Wissenschaften mit ihren Forschungen zu Lern- und Gedächtnisleistungen, zu Seh- und Sprachwahrnehmungen auf der einen und mit ihren neuronalen Modellen auf der anderen Seite einen Erkenntnisfortschritt in Gang gebracht, der die alten philosophischen Fragen endlich präzisiert und zumindest teilweise auch bereits beantwortbar macht. Vor dem Hintergrund dieser Entwicklung erscheinen die philosophischen Kommentare und Reflexionen häufig nicht viel mehr zu bieten als den – leicht verwirrten – Rückzug auf alltägliche Beschreibungen und Gewißheiten, wobei diese dann allerdings in einer eigenen und mitunter auch sehr komplizierten Begriffswelt reformuliert werden. In den Augen vieler Wissenschaftler, die mit den speziellen Problemen des neuronalen Aufbaus kognitiver Leistungen konfrontiert sind, hat die Philosophie daher längst den Anschluß an die wissenschaftliche Erforschung des menschlichen Geistes verloren, obwohl die Philosophie doch gerade den menschlichen Geist zu ihrem ureigenen Thema erklärt hat und sich als Selbst-Reflexion des Geistes, und zwar in seiner Totalität, immer wieder auch definiert und von den Wissenschaften abzugrenzen versucht.

Tatsächlich verbreitet sich diese Einschätzung immer weiter und führt auch zu Neukonzeptionen dessen, was Philosophie sein und tun soll, etwa in einer Verbindung mit den Neurowissenschaften als „Neurophilosophie".[1] Die Hauptaufgabe einer solchen von den Neu-

[1] So der Titel des Buches von Patricia Smith Churchland, dessen Botschaft in der Tat vornehmlich in diesem seinem Titel – und deutlicher weniger in seinen mehr

rowissenschaften her konzipierten Philosophie besteht darin, die traditionellen Redeweisen vom Geist oder bestimmten geistigen Leistungen so mit den Hypothesen und empirischen Befunden dieser Wissenschaften zu verbinden, daß man sie in deren Begrifflichkeit übersetzen bzw., wenn man diese Übersetzung kritisch bewertet, auf sie reduzieren kann. Lernen, sich Erinnern, Wünschen, etwas Sehen usw. werden damit vieler Konnotationen, die sie in unseren alltäglichen Redeweisen besitzen, entkleidet und „experimentgerecht" uminterpretiert bzw., wenn man diese Umdeutung affirmativ bewertet, präzisiert.

Für einen traditionell ausgebildeten Philosophen ist diese Art der Verbindung mit den Wissenschaften eine durchaus „defensive" Strategie, die weite Felder der philosophischen Begriffsarbeit von vornherein aus ihrem Aufgabenbereich entläßt. Auf der anderen Seite wird man zugeben müssen, daß eine „offensive" Entwicklung philosophischer Konzeptionen vom menschlichen Geist und seiner Geschichte, wie man sie in hermeneutischen Darstellungen sehen könnte, trotz ihres programmatischen Anspruchs um Verstehen und Verständlichkeit häufig an den Wissenschaften vorbeiredet und sich diesen eher hermetisch als hermeneutisch präsentiert.

2. *Zwei philosophische Einstellungen: Begriffsblöcke und Phänomenausblendung*

Zwei gegensätzliche Arten, philosophisch mit unserem Geist und den Wissenschaften, die ihn erforschen, umzugehen, mögen als Beispiele dienen und die Situation verdeutlichen. Da reden die Philosophen nach wie vor vom Bewußtsein und, wenn sie Kantianer sind, von den strukturierenden Kategorien und Anschauungsformen des Raumes und der Zeit in ihm. Das Bewußtsein wird dabei vor allem in seiner Reflexivität betrachtet, d.i. seiner Fähigkeit, seine eigenen Leistungen (und zwar sowohl in ihrem Vollzug als auch in ihrem Ergebnis) zu repräsentieren und über diese Repräsentation seiner selbst, wie man verkürzt sagen kann, auch eine Erkenntnis seiner

resümierend neurowissenschaftlichen als philosophischen Ausführungen – liegt. "Neurophilosophy. Toward a Unified Science of the Mind/Brain." Cambridge, Mass.–London, England (The MIT Press) 1986, [5]1990.

selbst zu gewinnen. Die Anschauungsformen werden teilweise ebenfalls als unmittelbar zugängliche Bewußtseinsleistungen behandelt, teilweise aber auch aus den räumlichen und zeitlichen Darstellungssystemen der messenden Wissenschaften übernommen und als unmittelbar gewiß in unserem Bewußtsein präsent ausgegeben.

In beiden Fällen fällt auf, daß keine Anstrengung der Phänomenerschließung, keine „philosophische Empirie" betrieben wird, um sich erst einmal der Identität des Gegenstandes zu vergewissern, über den man reflektieren will. Sondern von Anfang an wird ein bestimmtes, sprachlich vermitteltes, Verständnis von dem, was Bewußtsein ist und Raum und Zeit für uns sind, unterstellt. Die Reflexivität des Bewußtseins – das durch eben diese Reflexivität zum Selbstbewußtsein wird – wird global dargestellt, ohne daß die Identität oder Differenz von Repräsentation und Repräsentiertem überhaupt problematisiert wird, ohne daß die Existenz- und Funktionsweise, die Erzeugungs- und Erhaltungsform des Bewußtseins, des Selbstbewußtseins oder eines Ich zu klären versucht werden, ohne daß die phänomenale Präsenz untersucht oder die strukturelle Emergenz aus vorbewußten Organisationsformen des psychischen und organischen Lebens erklärt werden. Statt dessen wird mit „Begriffsblöcken" hantiert, die im Unterscheidungssystem von Identität und Differenz, Sein und Werden, Kontingenz und Notwendigkeit usw. – also im wesentlich von logisch-grammatischen Kategorien – eingeordnet werden.

Solche „Begriffsblock"-Reflexionen kommen dadurch zustande, daß man an die Homogenisierungen anschließt, die in der Sprache stattfinden: Mit demselben Wort werden verschiedene Situationen charakterisiert. Die Verschiedenheit der Phänomene verschwindet damit unter der Gleichheit des Ausdrucks. Zwischen den Ausdrücken einer Sprache bestehen darüber hinaus logisch-grammatische Beziehungen, die „Schlüsse", begrifflich begründete Übergänge zwischen ihnen, erlauben.

2.1 Das „Ich denke" der Bewußtseinsphilosophie

Wenn Kant etwa vom „Ich denke" behauptet, daß es „alle meine Vorstellungen begleiten können" muß, dann begründet er dies mit dem Hinweis: „sonst würde etwas in mir vorgestellt werden, was gar nicht gedacht werden könnte, welches eben so viel heißt, als die

Vorstellung würde entweder unmöglich, oder wenigstens für mich nichts sein."[2] Dies ist in der Tat eine typisch philosophische Argumentation. Schon die umstandslose Rede von „dem" Ich denke unterstellt die Identität „des" Ich denke nicht nur für alle möglichen Vorstellungen oder Bewußtseinsleistungen eines Menschen, sondern auch für alle Menschen.

Dieser Unterstellung folgt dann ein „Schluß", den man folgendermaßen explizieren kann: (1) Jede Vorstellung ist die Vorstellung eines Ich. (2) Jedes Ich ist erzeugt durch die reflexive Selbstvergewisserung unserer Bewußtseinsleistungen, durch die das Denken definiert ist bzw., anders gesagt, jedes Ich ist ein Ich nur, indem es denkt.[3] (3) Das Denken, das das Ich erzeugt, ist immer und überall mit sich identisch und daher personen- und situationsinvariant identifizierbar bzw. universell identisch. (4) Also ist jede Vorstellung eine Vorstellung des (universell identischen) denkenden Ich: eine denkend erzeugte Vorstellung. – Man kann dann noch hinzufügen: (5) Alles, was denkend erzeugt wird, ist dem Denken auch als Gegenstand zugänglich. (6) Das Denken definiert sich durch die Kategorien und Anschauungsformen. (7) Also sind alle Vorstellungen sowohl durch die Kategorien und Anschauungsformen erzeugte als auch für die Anwendung dieser Kategorien und Anschauungsformen zugängliche Gegenstände.

Wenn dies auch eine sehr grobe Schematisierung des Kantischen Gedankengangs ist, so gibt sie doch die entscheidenden Punkte wieder. Deutlich sieht man die – wie man sagen könnte – „grammatische Evidenz" der Allgemeinbehauptungen (1) bis (3) über jede Vorstellung und jedes Ich. Tatsächlich ist „Vorstellen" gewöhnlich ja ein Unterbegriff von „Denken", tatsächlich können wir alle Denkbegriffe in der Ichform gebrauchen, und tatsächlich sind alle diese Formen identisch benutzbar, wenn wir überhaupt von Vorstellungen oder vom Denken reden. Was Kant hier expliziert, sind grammatisch

---

[2] Kritik der reinen Vernunft, Transzendentale Deduktion der reinen Verstandesbegriffe, Zweite Auflage § 16 (B 131 f.).

[3] Natürlich ist dies die Cartesische Fundierung der Bewußtseinsrealität durch das Denken, die „cogitatio", in den Meditationen: „Das Denken ist's, es allein kann von mir nicht getrennt werden. Ich bin, ich existiere, das ist gewiß. Wie lange aber? Nun, solange ich denke." („cogitatio est, haec sola a me divelli nequit; ego sum, ego existo, certum est. Quandiu autem? nempe quamdiu cogito.") René Descartes: Meditationes de prima philosophia. Meditationen über die Grundlagen der Philosophie. Meditatio II, 6. Hamburg (Felix Meiner) 1959, S. 46/47.

und lexikalisch zulässige Übergänge – etwa von „vorstellen" zu „denken" und ihre Verbindung jeweils mit „ich". Keinesfalls sind seine Überlegungen aber gestützt durch Phänomenanalysen, die einen Zugang zu den Prozessen suchen, die da sprachlich repräsentiert und homogenisiert werden.

2.2 Der philosophische Anschluß an die Neurobiologie

Damit werden die begrifflichen Reflexionen der Philosophie des Geistes im Sinne Kants – und, wie man weiter zeigen könnte, der idealistischen Philosophie insgesamt – für eine empirische Erforschung der geistigen Leistungen weitgehend irrelevant. Und es war wohl dieser Eindruck der wissenschaftlichen Irrelevanz, der viele Philosophen zu einer perspektivischen Umkehr in ihrer Arbeit motiviert hat: Man wollte die Forschungsergebnisse der Wissenschaften vom Menschen, insbesondere der Neurobiologie, nicht nur zur Kenntnis nehmen, sondern mit den eigenen Überlegungen auch an sie anschließen. Als Beispiel können wir uns folgende Situation vorstellen: In psychologischen Experimenten wird eine bestimmte Gedächtnisleistung untersucht, etwa über die Anordnung bestimmter Gegenstände auf einer Skizze. Der Neurobiologe rekonstruiert aufgrund seiner parallelen Untersuchungen über neuronale Aktivitätsmuster einen Mechanismus chemo-elektrischer Prozesse in den einzelnen Zellen und der (Reizgang-)Musterbildung in Zellverbänden, die ihm die beobachteten Gedächtnisleistungen als Strukturierungsprozesse in seinem Substrat kenntlich machen. Dies führt nun üblicherweise auch zu einer semantischen Umstrukturierung. Was nämlich vorher alltagssprachlich von der Psychologie übernommen wurde, erhält nun eine neue und jedenfalls eine zusätzliche Definitionsgrundlage: „sich Erinnern" wird zur Abrufung eines Musters und zur Aktivierung eines Zellverbandes. Rückwirkend auf die beobachtungsbezogene Sprache ergeben sich dadurch Verallgemeinerungsmöglichkeiten, die ihre Richtung aus dem neurobiologischen Modell gewinnen. Die Speicherung von Informationen im Gedächtnis wird dann auch über die engere neurobiologische Interpretation hinaus zu einem Anlagerungsprozeß – jetzt aber nicht mehr auf Zellen bezogen, sondern auf „Informationen" von welcher Art auch immer – und zu einer darauf aufbauenden Strukturierung von Aktivitätsmustern –

wiederum jetzt nicht mehr der Zellen bzw. Zellverbände, sondern von vorstellungsmäßigen Assoziationen. Eine solche Verallgemeinerung läßt ihrerseits eine Bedeutungserweiterung zu, die einen schon immer dann von Gedächtnisleistungen reden läßt, wenn irgendwelche Reaktionsverknüpfungen stattfinden, und zwar ohne daß man noch über deren Qualität – nämlich was da miteinander verknüpft wird und auf welche Weise der Übergang zwischen den verknüpften Vorstellungen, Empfindungen, Reaktionen usw. eingerichtet und vollzogen wird – befunden werden muß.

Eine solche Bedeutungserweiterung eliminiert die spezifisch menschliche Qualität der Leistungen, die jeweils zu betrachten sind. Dadurch ergibt sich die Möglichkeit, auch nicht-menschliche Leistungen – wie das Speichern und Abrufen beliebiger Reaktionen – als Gedächtnis- bzw. überhaupt geistige Leistungen zu klassifizieren. Nachdem man dies getan hat, kann man dann fragen, ob auch Computer sich erinnern – oder andere geistige Leistungen wie z. B. sich etwas wünschen – vollbringen können. Selbstverständlich wird diese Frage mit Ja beantwortet, da der Computer zu den Leistungen, so wie sie über die modellgestützte Bedeutungserweiterung definiert wird, in der Tat fähig ist.

Tatsächlich bietet dieses Vorgehen, das man durchaus mit einem terminologischen Ausverkauf des Philosophen vergleichen kann, ein Muster, nach dem viele der gegenwärtigen Versuche, philosophisch an die Neurowissenschaften anzuschließen, konzipiert sind. Ich kann darin allerdings nicht mehr sehen als die Affirmation der neurowissenschaftlichen Ergebnisse auf anderer Ebene. Die Neurowissenschaften selbst können daraus ebenso wenig einen Gewinn ziehen wie aus den idealistischen Begriffsexplikationen. Aber auch philosophisch scheinen Überlegungen dieser Art wenig zu einer perspektivischen Orientierung beizutragen. Denn wenn sie auch interessante und scharfsinnige Detaildiskussionen zu definitorischen Fragen (im angegebenen Sinne) bieten mögen, führen sie aus sich selbst heraus noch nicht zu einer neuen Sicht auf unsere geistigen Leistungen, die die Dichotomie zwischen Natur und Geist überwinden könnte. Denn sie stellen diese geistigen Leistungen von Anfang an in einer verkürzten modellvermittelten Weise dar und reden so eigentlich über etwas anderes als sie vorgeben. Gleichwohl können sie natürlich in weitere Überlegungen eingehen, als definitorische Teilklärungen in einem Gesamtunternehmen, das nach wie vor eine unabweisbare Aufgabe darin hat, den auch in unseren alltäglichen Erfahrungen zugänglichen Phänomenbestand zu sichern – gegen eine zu frühe Terminologisierung schon der Ausgangsverständnisse.

3. Die Aufgabe der Philosophie: Phänomenerschließung und Grundlagenkritik

Fragen wir noch einmal: was bleibt der Philosophie, nachdem die Wissenschaften ihre Forschungen betrieben haben, oder was kann die Philosophie noch beitragen, wenn die Wissenschaften ihre Forschungen betreiben?

Eine erste Antwort ist bereits angedeutet worden: Die Philosophie hat die Aufgabe, den Gegenstandsbereich, über den auch die Wissenschaften ihre Untersuchungen anstellen, in seiner phänomenalen Gegebenheit zu vergegenwärtigen und gegenüber den terminologischen und methodischen Einschränkungen, die im übrigen für jedes wissenschaftliche Vorgehen unabdingbar sind, in seiner bleibenden Differenz zu verdeutlichen.

Diese Aufgabe impliziert auch die Suche nach verdeckten Prämissen, die in die wissenschaftliche Basisbeschreibungen eingegangen sind und im übrigen häufig aus der philosophischen Denk- und Darstellungstradition übernommen wurden.

4. Der verdeckte Kantianismus in der Neurobiologie und die Vielfalt geistiger Leistungen

Eine dieser verdeckten Prämissen sehe ich darin, daß die modernen Neurowissenschaften, die unsere Gedächtnis- und Lernleistungen, unsere Wahrnehmungen und deren geistige Verarbeitung erklären wollte, im Grunde Kantisch geblieben sind, und zwar auch dort, wo nicht einmal ein Schatten idealistischer Spekulation im Sinne der Definition von Phänomenen durch Begriffsverhältnisse auf sie fällt. Kantisch sind sie darin, daß sie ganz selbstverständlich und ohne jede weitere Reflexion alle geistigen Phänomene, die uns zugänglich sind, als Hirnfunktionen oder -leistungen, also – in einem empirisch uminterpretierten Sinne – als subjektive Leistungen unterstellen. Es gibt, soweit ich das sehe, im allgemeinen nicht den geringsten Zweifel daran, daß das Bild, das unsere Vorstellungen uns bieten, ein Ereignis im Gehirn und als solches natürlich auch in einem bestimmten Areal des Gehirns lokalisierbar ist. Und für die meisten Neurowissenschaftler gehört es ebenfalls in die Grundlagen ihrer Arbeit, alle symbolischen Leistungen – wie z.B. die Subsumtion eines Gegenstandes unter einen Begriff, die Folgerung einer Behauptung aus irgendwelchen Prämissen usw. – als Ereignisse in unserem Gehirn aufzufassen, die auch in ihrer symbolischen Funktion vollständig durch ihre Ereignisstruktur beschrieben werden können.

Eben diese „subjektivistische" Voraussetzung – der verdeckte Kantianismus – scheint mir aber eine durchaus problematische Annahme zu sein, die einer kritischen Rückfrage ausgesetzt werden sollte. Fassen wir nämlich den gesamten Kreis der Geschehnisse ins Auge, von denen unsere Wahrnehmungen, Vorstellungen und Erinnerungen ein Teil sind, dann ist zu sehen, daß die Gehirnprozesse nur eine bestimmte Phase in diesem Geschehenskreis ausmachen. Und natürlich gilt dies auch für die reizafferenten Vorgänge in unseren übrigen Organen. Um den Gesamtkreis zu erfassen, müssen wir nicht nur über unser Gehirn, sondern auch über unseren Körper insgesamt hinausgehen und die Weltsituationen berücksichtigen, durch deren Interaktion mit unserem Organismus sich am Ende das ergibt, was wir als unsere Wahrnehmungen, Vorstellungen oder Erinnerungen erleben. Wenn wir uns nur auf einen dieser interagierenden Geschehnisbereiche festlegen, lasten wir ihm alle die Strukturierungsleistungen auf, die wir in unseren geistigen Phänomenen finden. Dies würde eine Überforderung der bereichsbegrenzten Erklärungsleistung bedeuten und führt zwangsläufig zu einem spekulativen Mehrwert selbst in überzeugt empirischen Erklärungskonzeptionen.

Dafür nur kurz ein Beispiel. Will man die logische Leistung der Subsumtion – die wir im allgemeinen schnell, sicher und ohne große Mühe beherrschen – alleine durch die Struktur von Ereignissen im Gehirn erklären, so liegt es nahe, auch für diese Ereignisse selbst so etwas wie eine Subsumtion anzunehmen. Eine Möglichkeit scheint darin zu bestehen, eine solche „reale Subsumtion" dann anzunehmen, wenn die neuronale Realisierung einer begrifflichen Verallgemeinerung in der Ausbildung eines bestimmten Reizgangmusters gesehen wird und dieses Reizgangmuster selbst wieder als Element in den Aufbau eines umfassenderen Reizgangmusters eingeht.[4] Abgesehen

[4] Vgl. dazu Donald O. Hebb: Essay on Mind. Hillsdale, New Jersey (Lawrence Erlbaum Associates) 1980, Kap. 8: The Structure of Thought, bes. S. 115–117.

davon, daß dieses „Realmodell" der logischen Subsumtion diese mit einer sehr viel höheren Bestimmtheit ausstattet, als ihr normalerweise zukommt (tatsächlich erscheint die Subsumtion als eine offene Relation, die unbestimmt auf bisher nicht erwähnte oder bedachte Elemente ausgreifen kann und die auch diese Elemente selbst nicht immer in voller Bestimmtheit erfassen muß), führt eine solche zugleich „realistische" und „subjektivistische" Interpretation der logischen Beziehung zu Diskrepanzen und Disproportionen.

Was nämlich als alltägliche Verallgemeinerungsleistung für uns eher eine Entlastung vom Druck der konkreten Differenzierungen bedeutet, wird hier ein immer differenzierteres Umfassen aller dieser Konkretionen. Was für uns leicht und schnell geht, bedarf hier der immer komplexeren Konstruktion, die immer weiter ausgreift und dabei immer komplexere Elemente integrieren muß. Schließlich aber auch: Was für uns bis hin zu den Kategorien, die alles überhaupt umfassen können, eine leichte Übung ist, die wir jederzeit absolvieren können, wird als „reale Subsumtion" eine Riesenaufgabe, die bis an die Grenzen der neuronalen Kapazität des Gehirns – wenn nicht sogar über sie hinaus – gehen müßte, um überhaupt geleistet werden zu können (wir haben es hier ja mit exponentiellen Steigerungen zu tun). Ähnliche Probleme treten auch bei anderen symbolischen Relationen wie etwa dem Erfassen von Konnotationen ober überhaupt Verweisungszusammenhängen in einem symbolischen System auf. Auch hier geht es um eine aufwendige Realisierung dieser Relationen im neuronalen Modell auf der einen Seite und die teilweise mit der Leichtigkeit natürlicher Prozesse realisierten Zusammenhänge in unserem symbolischen Handeln und Erleben auf der anderen Seite. Schon von diesen Diskrepanzen und Disproportionen her empfiehlt sich ein Blick über den Zaun der neuronalen Prozesse in unserem Gehirn auf die Prozesse in unserem Körper insgesamt und der ihn umgebenden Welt.

5. Innere und äußere Wahrnehmungen

Sichten wir also alle drei Bereiche in ihrem Zusammenspiel. Einen ersten Hinweis bietet der Unterschied zwischen der „inneren" Körperwahrnehmung und der „äußeren" Wahrnehmung unserer Umwelt. Wenn uns – um in der klassischen Terminologie zu verbleiben – die „äußeren" Wahrnehmungen „klar und deutlich" erscheinen können, bleiben die „inneren" Wahrnehmungen „vage und kompakt"[5]. Die seit Descartes so hochgeschätzte „Klarheit und Deutlichkeit" kommt insbesondere dadurch zustande, daß wir das von uns „außen" Wahrgenommene ziemlich genau in einem für uns überschaubar gegliederten Raum lokalisieren und in seiner zeitlichen Abfolge identifizieren können.

Dieser Unterschied zwingt uns dazu, auch die unterschiedliche „Vorgeschichte" der Wahrnehmungen bis zu ihrer Verarbeitung durch die neuronalen Prozesse des Gehirns zu berücksichtigen. Während nämlich die „äußeren" Wahrnehmungen von unseren peripheren Sinnesorganen vermittelt werden, sind diese bei den „inneren" Wahrnehmungen nicht beteiligt. Die peripheren Sinnesorgane registrieren die – optische, akustische, thermische, olfaktorisch, haptisch und geschmacklich zugängliche – Umweltsituation, wie sie durch die mit der Position unseres Körpers gegebenen Perspektive bestimmt wird. Jede Veränderung dieser körperlichen Position und Perspektive erzeugt auch einen Wechsel der Umweltsituation und damit einen Wandel der durch unsere Sinne verschieden dimensionierten Wahrnehmungswelt. Durch unsere Bewegungen – von der „Gesamtbewegung" unseres ganzen Körpers bis hin zu den Kleinstbewegungen etwa der Sakkaden unserer Augen – schaffen wir so ständig neue Wahrnehmungskomplexe, in und zwischen denen sich Beziehungen erfassen lassen, die uns eine Strukturierung dieser Wahrnehmungskomplexe erlauben, so daß am Ende eine Wahrnehmungswelt aus Dingen und Geschehnissen mit räumlich-zeitlichen Beziehungen entsteht.

Für unseren Zusammenhang ist dabei wichtig, daß die „äußeren" Wahrnehmungen durch Bewegungen und Bewegungsmöglichkeiten

[5] Vor allem Alfred North Whitehead weist auf diesen Umstand immer wieder hin und macht ihn zu einem grundlegenden Motiv seines Philosophierens über das Verständnis der Kausalität (insbesondere gegen Hume, der das vage und kompakte Körperempfinden von kausalen Prozessen durch die klare und deutliche Darstellung unter der Herrschaft des Sehens ersetzt) und der Priorität der („vagen und kompakten") kausalen Wirksamkeit vor der („klaren und deutlichen") darstellenden Unmittelbarkeit in unseren Wahrnehmungen. Vgl. dazu auch Kapitel IV und V in Alfred North Whitehead: Process and Reality. An Essay in Cosmology. Corrected Edition. New York – London (The Free Press) 1979 und Whiteheads Abhandlung: Symbolism. Its Meaning and Effect. New York (Fordham University Press) 1985.

definiert sind, während die „inneren" Wahrnehmungen sich nur auf organische Zustände oder Zustandsänderungen beziehen. Die räumliche und zeitliche Gliederung unserer Welt ergibt sich für uns mit den Bedingungen und Phasen unserer Bewegungen. Dabei mag am Anfang des Aufbaus einer räumlich-zeitlichen Welt die Trennung zwischen Raum und Zeit noch undeutlich gewesen sein. Ändert sich mit dem Ablauf einer Bewegung doch auch die räumliche Umgebung und Perspektive, so daß auch die durch unsere Bewegungen gegliederte Welt selbst für uns noch einen inneren Bewegungscharakter besitzen mag.

Auch in dieser räumlich-zeitlichen Verflochtenheit unterscheidet sich aber die durch unsere Bewegungen und Bewegungsmöglichkeiten erschlossene und gegliederte Welt der äußeren Wahrnehmung grundlegend von der Welt der inneren Wahrnehmung, in der statt solcher Bewegungen nur unsere körperlichen Zustandsänderungen empfunden werden. Auch hier gibt es zwar einen Prozeßcharakter der Empfindungen, die ja durchaus das Stillen des Hungers, das Stärkerwerden eines Schmerzes wie überhaupt das Entstehen oder Vergehen von Spannungen als etwas Werdendes, Vorgehendes oder Ablaufendes erfassen und nicht als ein bloß bestehendes Datum. Aber weil wir hier nicht Bewegungen ausführen oder vorwegnehmen können, fehlt auch die Gliederung in einer räumlich-zeitlichen Ordnung, die klare und deutliche Lokalisierbarkeit und Abfolge. „Äußere" und „innere" Wahrnehmungen unterscheiden sich in ihrem Aufbau bereits von den physischen Bedingungen ihrer Entstehung her und nicht erst durch einen anderen Modus ihrer neuronalen Verarbeitung.

6. Das „solidarische Ganze" der Wahrnehmung und die Interaktion der Teilprozesse

Es zeigt sich so, daß wir die neuronalen Prozesse nicht isoliert betrachten dürfen, sondern als einen Teilbereich im Gesamtgeschehen „äußerer" und „innerer" Wahrnehmungen sehen müssen, der durch diese Eingliederung in das gesamte Wahrnehmungsgeschehen auch in sich selbst bestimmt ist. Die sinnliche Erfassung der Umwelt ergibt sich aus vielen verschiedenen Prozessen, die – wenn man sie in der Richtung von dieser Umwelt bis hin zu unseren Vorstellungen verfolgt – mit den „Außenbeziehungen" unseres Körpers und seiner peripheren Sinnesorgane zur jeweiligen Umwelt beginnen, über die organischen Verarbeitungsprozesse weitergeleitet werden und zu den neuronalen Prozessen führen. Alle diese verschiedenen Prozesse bilden zusammen – wie Bergson es formuliert[6] – „ein solidarisches Ganzes" („un tout solidaire"), zu dem im übrigen auch noch die Dinge, Geschehnisse und Wirkverhältnisse in der wahrgenommenen Welt selbst gehören. Um dies zu betonen, geht Bergson sogar soweit zu behaupten, daß „im Punkte P, und nirgends anders, das Bild von P gebildet und wahrgenommen wird"[7], daß die Wahrnehmung da ist, „wo sie erscheint" („elle ... existe là où elle apparaît"),[8] und daß sie, „wenn sie rein [d. i. noch ohne Beimischung von Erinnerungen] ist, wirklich ein Bestandteil der Dinge selbst" („partie des choses") ist.[9]

Faßt man diesen Gedanken etwas allgemeiner, so kann man den Wahrnehmungsprozeß insgesamt als ein Geschehen darstellen, in dem sich verschiedene in sich bestimmte Prozeßformen wechselseitig beeinflussen, d. i. auslösen, verhindern, verändern, befördern usw. Und tatsächlich gehören zu diesen Prozessen auch, wie Bergson richtig sieht, die Wirkformen der Gegenstände, die wir wahrnehmen, ebenso wie die Erzeugung und Fixierung von Vorstellungen oder „Bildern", in denen wir uns diese Gegenstände vergegenwärtigen. Die nach ihrer Funktion für den Gesamtprozeß der Wahrnehmung oder ihrer inneren Struktur unterscheidbaren Teilprozesse – wie das Empfinden von Druck, Wärme oder Helligkeit, der Aufbau des Farbensehens oder eines räumlichen Bildes – sind dabei verschiedene Phasen der Wahrnehmung, die unterschiedlich fein differenziert werden können und ihre eigene Form besitzen. Es wäre falsch, sie einfach als eine lineare Folge zu sehen, bei der die nachfolgende Phase jeweils die

---

[6] Henri Bergson: Materie und Gedächtnis. Eine Abhandlung über die Beziehung zwischen Körper und Geist. Hamburg (Felix Meiner) 1991, S. 28: „Die Wahrheit ist die, daß der Punkt P (den wir sehen), die Strahlen, die er aussendet, die Netzhaut und die beteiligten Elemente des Nervensystems ein solidarisches Ganzes bilden, in dem der Punkt P ein Teil ist ..." In der Centenaire-Ausgabe: Henri Bergson: Œuvres. Paris (Presses Universitaires de France) 1959 (im folgenden zitiert als: Œuvres), [4]1984, S. 192.

[7] Ebda.

[8] A. a. O., S. 32; Œuvres, S. 195.

[9] A. a. O., S. 52; Œuvres, S. 212.

Ergebnisse der voraufgehenmden Phase (bis zurück zur Anfangsphase) aufnimmt und weiterverarbeitet. Eine solche lineare Auffassung des Phasenverhältnisses würde insbesondere die Rolle der Körperbewegungen bei der Wahrnehmung unterschlagen, dann aber auch die vielfältigen Rückwirkungen vergangener eigener Wahrnehmungen oder öffentlich standardisierter Darstellungen von Wahrnehmungen und vieles andere mehr. Diesen vielfältigen Wechselbeziehungen werden wir erst dann gerecht, wenn wir das Phasenverhältnis als ein Netz von wechselseitigen Wirkbeziehungen auffassen. In diesem Netz hat jede Phase ihre eigene Prozeßform, die sie zwar in bezug auf die anderen Phasen bildet, aber eben nach eigenen Strukturprinzipien. Ein solches Denkmodell wechselseitiger Wirkverhältnisse zwischen eigenstrukturierten Prozeßformen möchte ich im Unterschied zu dem erwähnten Modell der linearen Abfolge von Phasen ein Modell der interaktiven Eigenstrukturierung solcher Phasen nennen.

In diesem interaktiven Denkmodell läßt sich die Rolle der neuronalen Prozesse besser verstehen als in einem linearen Modell. Es ist dann nicht so – wie im linearen Modell –, daß der gesamte Wahrnehmungsprozeß in die jeweiligen neuronalen Prozesse transformiert würde und man daher sagen könnte, das Sehen finde – „eigentlich“ – in diesem oder jenem Hirnareal statt. Vielmehr müssen die neuronalen Prozesse, die zum Sehen eines Gegenstandes gehören, als eigenstrukturierte Teilphasen angesehen werden, die zwar mit anderen Teilphasen des Gesamtprosses in Interaktion stehen, deren Strukturen aber nicht in sich aufnehmen. Sie reagieren lediglich auf diese anderen Phasen, aber eben nach ihren eigenen Strukturprinzipien. Dies bedeutet im übrigen auch, daß die Prozeßformen der anderen Phasen in der neuronalen Struktur nicht repräsentiert werden müssen und daher für die neuronale Repräsentation in einem gewissen Sinne verlorengehen.

7. Ein Einwand: Die Sonderstellung bewußter Wahrnehmungsprozesse

Verfolgt man den Weg der Wahrnehmung weiter bis zu unseren Vorstellungen, so scheint die interaktive Auffassung allerdings eine Schwierigkeit mit sich zu bringen. Unsere Vorstellungen sind jedenfalls an neuronale Prozesse gebunden. Es gibt keine Vorstellungen, die nicht durch neuronale Prozesse realisiert wären. Wenn wir unter unseren Wahrnehmungen aber nun die Vorstellungen verstehen, die wir von den wahrgenommenen Gegenständen entwickeln, dann, so scheint es, müssen wir doch der Redeweise folgen, daß unsere Wahrnehmungen in einem bestimmten Areal unseres Gehirns lokalisiert sind. Die dort ablaufenden neuronalen Prozesse sind dann nicht bloß als eine Phase neben anderen, sondern als die Erzeugungsprozesse unserer Wahrnehmungen anzusehen: Durch die besondere Struktur dieser neuronalen Prozesse wird das Körpergeschehen des Umwelterfassen überhaupt erst zu einer Wahrnehmung.

Obwohl diese Auffassung unserem alltäglichen Verständnis von Wahrnehmungen nahekommen dürfte, zeigt sie nur, wie schwer es uns fällt, die Gegenwärtigkeit unseres Erlebens nicht auch schon als dessen Ganzheit zu sehen und also auch die Umgebung der erlebten Gegenwart mitzuerfassen. Wir neigen dazu – und zwar aufgrund der Natur unserer Aufmerksamkeit –, nur das thematisch Hervorgehobene als einen Gegenstand zu erfassen und das dadurch gleichzeitig Zurückgedrängte lediglich als Hintergrund oder Umgebung dieses Gegenstands mitzubetrachten. Es ist nicht zuletzt eine Aufgabe der philosophischen und wissenschaftlichen Darstellung unserer Alltagswelt, die durch diese Ausblendungen verdeckten Zusammenhänge wieder sichtbar zu machen. So ist denn auch hier gegenüber unserer Alltagssicht auf die Verflechtung der Vorstellungen in das Gesamtgeschehen unserer organischen Prozesse hinzuweisen und zu betonen, daß der Gesamtprozeß der Wahrnehmung mehr umfaßt als unsere bewußten Vorstellungen. Auch unsere Vorstellungen bedürfen – wie wir dies schon bei den neuronalen Prozessen gesehen haben – der Einbindung in dieses Körpergeschehen, um das werden zu können, was sie sind, nämlich Vorstellungen von Gegenständen in unserer Welt und von deren räumlich-zeitlicher Gliederung.

Damit verliert sich nun aber auch der Einwand gegen das interaktionistische Modell unserer Wahrnehmung (wie anderer geistiger Leistungen auch). Wenn wir nicht das als unmittelbar gegenwärtig Erlebte zum Ganzen der Wirklichkeit erklären, müssen wir auch nicht unsere Vorstellungen zum Ganzen der Wahrnehmung machen. Für diese Vorstellungen gilt eben das Verhältnis zu den übrigen Phasen der Wahrnehmung, das auch für die neuronalen Prozesse dargelegt wurde.

8. *Die „psychische Phase" der Wahrnehmungsprozesse und die Schwellen der Bewußtseinsentwicklung*

Mit der Rede von Vorstellungen sind wir bereits in einen neuen Bereich der Wahrnehmungsphasen übergewechselt, der sozusagen auf der anderen Seite der neuronalen Prozesse liegt. Haben wir nämlich bisher den Weg der Wahrnehmung von den Gegenständen bis zu den neuronalen Prozessen im Blick gehabt, so soll jetzt der Weg von den neuronalen Prozessen zu unseren Vorstellungen und symbolischen – insbesondere sprachlichen – Darstellungen ins Auge gefaßt werden.

In der Zugänglichkeit unserer Wahrnehmungen als erlebbare Phänomene können wir einige Schwellen unterscheiden, deren Überschreiten unserem Wahrnehmungserlebnis jeweils einen neuen Charakter verleiht. Die erste Schwelle ist dabei die, jenseits derer es überhaupt zu einem Erlebnis unserer Wahrnehmung kommt. Susanne Langer läßt mit ihrem Überschreiten die „psychische Phase" organischer Prozesse beginnen.[10] Der Übergang vom Ablaufen zum Gefühltwerden (zum „being felt", wie Susanne Langer sagt) organischer und neuronaler Prozesse stellt die erste entscheidende Charakterveränderung dieser Prozesse dar, die es uns erlaubt, fortan von „Erlebnissen" oder pauschal von psychischen Ereignissen zu reden. Dieses Gefühltwerden wird sich zunächst im Prozeß der menschlichen Entwicklung auf einige Augenblicke beschränkt haben, gleichsam als ein – wie Whitehead es als eine allgemeine Tatsache formuliert – „Flackern des Bewußtseins".[11]

---

[10] Susanne K. Langer: Mind. An Essay on Human Feeling. Vol. I. Baltimore–London (The John Hopkins University Press) 1967, S. 22: "One may say that some activities, especially nervous ones, above a certain (probably fluctuating) limen of intensity, enter into a 'psychical phase.' This is the phase of being felt."

[11] "Consciousness flickers; and even at its brightest, there is a small focal region of clear illumination, and a large penumbral region of experience which tells of intensive experience in dim apprehension." Alfred North Whitehead: Process and Reality, a. a. O., S. 267. In der deutschen Übersetzung: „Das Bewußtsein flackert; und selbst wo es am hellsten ist, gibt es ein kleines Brennpunktgebiet klarer Erleuchtung und ein großes Gebiet im Halbschatten liegender Erfahrung, das im dunklen Erahnen von intensiver Erfahrung berichtet." Alfred North Whitehead: Prozeß und Realität. Entwurf einer Kosmologie. Frankfurt/Main (Suhrkamp) ²1984, S. 486.

Eine nächste Schwelle wird für uns dann überschritten, wenn sich das bloße Gefühltwerden von Prozessen in Vorstellungen umsetzt, in identifizierbare Erlebnisse, die wir in bestimmten Bereichen unserer Wahrnehmung – vor allem den optischen und akustischen – nach den Strukturprinzipien des jeweiligen Wahrnehmungsbereichs wiederaufbauen und uns so wieder vergegenwärtigen können. Wir reden dann oft von Bildern oder eben Vorstellungen, die wieder in uns auftauchen, die wir wiedererkennen oder an die wir uns erinnern können. Diese „Bilder" und Vorstellungen umfassen aber nicht nur das, was wir sehen könnten (oder gesehen haben), sie beziehen sich auch auf unsere anderen Sinne, auf das Hören, Schmecken usw. Ich möchte alle diese „Bilder" und Vorstellungen hier, in Verallgemeinerung des ursprünglichen Wortsinnes, Imaginationen nennen.

9. Identität

Charakteristische Wesenszüge der Imaginationen sind einmal ihre Identität, die sie uns als abgeschlossene, für sich erkennbare und aus ihrer Umgebung zumindest in unserer Vorstellung ablösbare Entitäten präsentiert. Dem bloßen Fühlen fehlt diese Identität. Es taucht auf und selbst dann, wenn es nicht wieder verschwindet, sondern nachwirkt und zur Tönung unserer Stimmung wird, bleibt es eingewoben in das vielfältige Auf und Ab unseres Fühlens insgesamt und auch abhängig von den unterhalb der Schwelle des Gefühltwerdens ablaufenden organischen Prozesse. Die Identität eines Fühlens – die dann auch die Rede von einem Gefühl erlauben mag – verlangt die Ablösung dieses Fühlens aus seinen aktuellen Umgebungen. Erst dann kann es zu einer Imagination werden.

10. Reflexivität: Reflexive Reaktivierung

Die Betrachtung der Ablösung eines Fühlens oder, allgemeiner gesagt, eines psychischen Ereignisses, führt uns zum zweiten Charakteristikum der Imaginationen, zu deren Reflexivität. Um nämlich diese Ablösung zu erreichen, darf das psychische Leben – der „Bewußtseinsstrom", von dem William James immer wieder geredet hat[12] – nicht einfach in ständigen Transformationen der jeweils erreichten psychischen Erlebnisse weiterlaufen. Er muß sich in bezug auf ein bestimmtes Fühlen auf sich selbst zurückwenden, d.h. einen bestimmten Teilprozeß des Wahrnehmens, also einen Ausschnitt aus dem Ganzen des jeweiligen Bewußtseinsstroms, wiederholen. Diese Wiederholung ist nicht so zu verstehen, daß damit eine exakte Nachbildung dieses Teilprozesses erzeugt würde. Vielmehr geht es lediglich darum, Strukturfaktoren einer bestimmten Phase – die bestimmte Formeigenschaften realisieren[13] – zu reaktivieren. Durch eine solche Reaktivierung gewinnt das nun reflexiv erzeugte Fühlen seine Identität, die sich aus dem übrigen Bewußtseinsstrom heraushebt. Einmal erzeugt, hat es seine eigene Existenzform, die sich bewußtseinsinternen Faktoren – nämlich der genannten reflexiven Reaktivierung – verdankt und sich damit aus den übrigen miteinander verwobenen Ereignissen des Bewußtseinsstromes herauslösen läßt.

Eine erläuternde Bemerkung mag noch der Rede vom Fühlen eines Wahrnehmungsprozesses und damit dem Zusammenhang zwischen Fühlen und reflexiver Reaktivierung gelten. Dazu soll zunächst einmal der nicht gefühlte Teil unserer Wahrnehmungen isoliert betrachtet werden: z.B. ein organisch-neuronales Sehen ohne reflexive Reaktivierungen, ein Sehen, das bloß abläuft, eine Flut von Eindrücken produziert, ohne sie über die augenblickliche Erfassung hinaus zu identifizieren. Dort, wo dann eine reflexive Reaktivierung – sei es aufgrund besonderer Formprägnanz, sei es aufgrund anderer Eigenschaften – stattfindet, wird dieses bloß ablaufende Sehen in besonderen Zonen für sich wiederholt, in einem gewissen Maße von den übrigen Sehvorgängen herausgelöst und dadurch – nämlich durch die mit der fortschreitenden Ablösung aus der Umgebung der übrigen Sehvorgänge kontrastreicher werdenden Wiederholungen – verstärkt.

---

[12] William James: The Principles of Psychology. Vol. I. New York (Dover Publications, Inc.) 1950, S. 239: "Consciousness ... does not appear to itself chopped up in bits. ... It is nothing jointed; it flows. ... In talking of it hereafter, let us call it the stream of thought, of consciousness, or of subjective life."

[13] Es mag hier unerklärt bleiben, warum gerade diese oder jene Phase eines Prozesses reflexiv erfaßt wird. Im Sinne einer Vermutung sei aber auf die Formbildung hingewiesen, die in diesen Prozessen geleistet wird bzw. in deren Leistung diese Prozesse bestehen. Formen, die sich in prägnanter Weise schließen, die sich mit anderen Formen verbinden lassen usw., haben dabei eine größere Chance der Reaktivierung als weniger prägnante und verbindungsfähige Formen.

In dieser Verstärkung kann man nun das Überschreiten der Schwelle zum Gefühltwerden sehen. Das Fühlen in diesem Sinne besteht dann in der Kontrast- bzw. Intensitätssteigerung einer Wahrnehmungsphase, wie sie durch den reflexiven Selbstbezug und ihre damit verbundene Reaktivierung erreicht wird. Die Rede vom Fühlen oder Gefühltwerden beschreibt damit das Überschreiten der Schwelle zum Bewußtsein, während die Rede von der reflexiven Reaktivierung auf die Struktur dieses Überschreitens hinweist.

Die Ablösung einer Wahrnehmungsphase, wie sie mit deren Reaktivierung verbunden ist, schafft im übrigen auch die Möglichkeit einer Verselbständigung von Wahrnehmungsphasen. Im Prinzip können beliebige Phasen, also Fragmente der Wahrnehmung, reaktiviert werden, ohne daß ein aktueller Wahrnehmungszusammenhang besteht – und auch in einem aktuellen Zusammenhang mögen solche „freien" Fragmente aus früheren Phasen reaktiviert werden. Wir erreichen dadurch die Möglichkeit des „freien Spiels der Phantasie", aber eben auch der Täuschung. Erst wenn wir auch diese Möglichkeiten einer reflexiven Reaktivierung von Wahrnehmungsphasen mitberücksichtigen, gewinnt unsere Rede von den Imaginationen ihren vollen Sinn, der eben auch das Spiel der Phantasie und die Täuschung miteinschließt.

11. Repräsentation als Mitaktivierung

Mit der Verselbständigung der Imaginationen werden diese im Prinzip auch zu Objekten der Verfügung. Das einschränkende „im Prinzip" ist hier hinzuzufügen, weil in der Entwicklungsgeschichte des Bewußtseins am Anfang wohl weniger diese Verfügungsmöglichkeit deutlich geworden ist als vielmehr das selbst Objektsein im Überflutetwerden von Imaginationen, die noch ohne die relativierende Unterscheidung zwischen Traum und Wirklichkeit, Phantasie und Wahrnehmung auftraten. Wie immer aber diese bedrängende Flut von Bildern gewirkt haben mag, jedenfalls bilden die Imaginationen ein eigenes Reich, das durch die reflexiven Reaktivierungen neuronaler Prozeßphasen eigenständig, nämlich intern, erzeugt wird. Dieser Erzeugungscharakter der Imaginationen führt auch zu ihrer Verknüpfung untereinander. Die Reaktivierung bestimmter Prozeßphasen bringt immer wieder auch die Reaktivierung anderer Phasen mit sich, so daß sich im Laufe der Entwicklung auch feste Formen einer solchen Mitaktivierung herausbilden, die wir dann als Assoziationen aufzufassen gewohnt sind. Sicher spielt hier auch der Mechanismus eine Rolle, der die Wahrscheinlichkeit der Benutzung einer einmal gebahnten Bahn für die Aktivierung von Zellverbänden erhöht.[14] Dadurch entstehen Verweisungszusammenhänge: Weil bestimmte Imaginationen immer wieder Komplexe anderer Imaginationen mitaktivieren, mag es in manchen Fällen genügen, daß unmittelbar nur diese Imaginationen hervorgerufen werden und dann trotzdem der gesamte mit ihnen verknüpfte Komplex aktiviert wird.

Auf diese Weise ergibt sich ein erster Sinn der Repräsentation: Man kann diese Mitaktivierung ja auch dadurch ausdrücken, daß man die unmittelbar aktivierte Imagination einen Repräsentanten für den mitaktivierten Gesamtkomplex nennt, eine Imagination nämlich, über deren Auftreten dieser Gesamtkomplex vergegenwärtigt wird. Damit haben wir den dritten Wesenszug der Imaginationen erreicht – wenn hier auch noch hinzuzufügen ist, daß der Begriff der Repräsentation in diesem Zusammenhang noch ziemlich allgemein bleibt und durch seinen Bezug auf Symbole noch weiter zu differenzieren ist.

12. Vorstellungen als komplexe Imaginationen

Mit dem Hinweis auf die Repräsentationsleistung unserer Imaginationen sind wir an die nächste Schwelle geistiger Leistungen geführt worden. Die reflexive Reaktivierung von Phasen neuronaler Prozesse schafft, so mein Vorschlag, die Identität von Imaginationen. Erst durch die Mitaktivierung anderer Imaginationen, so der nächste

---

[14] Dieser Gedanke hat in der Philosophie des Lebendigen immer wieder eine hervorragende Rolle gespielt. Bereits 1879 greift ihn Peirce in einem kurzen Papier zur Logik (!) auf: "Logic. Chapter I. Of Thinking as Cerebration". In: Writings of Charles S. Peirce. A Chronological Edition. Vol. 4. 1879–1884. Bloomington – Indianapolis (Indiana University Press) 1989, S. 39. Er versucht dabei, die Gesetzmäßigkeiten von Denkprozessen mit Hilfe des allgemeinen Gesetzes zu verstehen, daß alle lebendigen Prozesse von welcher Art auch immer dazu tendieren, durch Wiederholung leichter zu werden. Für Susanne Langer wird – im Anschluß übrigens an die Kreativitätsphilosophie Whiteheads – die tendentielle Spontaneität und Steigerung der Bereitschaft zur Aktionswiederholung nach einer erfolgten Aktion alles Lebendigen zu einem tragenden Grundgedanken in ihrem monumentalen Werk „Mind“ (s. o.).

Vorschlag, wird eine (Bewußtseins-)Welt komplexer Imaginationen geschaffen, die wir in unseren alltäglichen Selbstbeschreibungen Vorstellungen nennen. Solange eine Imagination nur dadurch entsteht, daß sie einer Linie der Wahrnehmungsprozesse – so wie sie durch unmittelbar aneinander anschließende Transformationen definiert werden kann – bleibt, ist ihre Identität für die anderen Linien der Wahrnehmungsprozesse und des Bewußtseinslebens überhaupt noch nicht abgesichert. Eine „linienübergreifende" Identität für den Wahrnehmungsprozeß erhält eine Imagination erst durch ihre Verknüpfung mit Imaginationen aus anderen Wahrnehmungslinien. Diese Verknüpfungen, wie sie durch die Mitaktivierung anderer Imaginationen entstehen, befestigen die Identifizierbarkeit einer Imagination durch ihre Position in einem Imaginationskomplex, in dem sie von unterschiedlichen Elementen dieses Komplexes – also vom Auftreten unterschiedlicher anderer Imaginationen – her erreicht werden kann.

So erleben wir unsere Vorstellungen ja auch als komplexe Imaginationen: In einem Vorstellungsbild mischen sich Formen mit Farben und mit Gefühlsvorstellungen von der Schwere eines Gegenstandes und der Beschaffenheit seiner Oberfläche. Vielfach wird das Geschehene z. B. des Innenraumes einer Kirche[15] durch die Möglichkeit von Bewegungen – z. B. als Weite oder Enge, als Verwinkelung oder Offenheit usw. – gegliedert, die wir in einer unthematischen Weise miterfassen. Vielfache Verknüpfungen zwischen und in den verschiedenen Wahrnehmungsbereichen sind so möglich und schaffen die komplexe Identität von Imaginationen, so wie sie unserem Erleben gegenwärtig ist. Die Identität der Imaginationen gründet so in der Mitaktivierung auch anderer Wahrnehmungslinien und dem dadurch entstehenden Repräsentations- bzw. Verweisungsgefüge.

Die nähere Betrachtung dieser Mitaktivierung bietet auch eine Lösung für die Frage nach der Lokalisierbarkeit unserer Imaginationen – wie anderer geistiger Leistungen nach. Wenn nämlich die Identität einer Vorstellung im Sinne einer komplexen Imagination durch die Mitaktivierung verschiedener neuronale Prozesslinien bzw. verschiedener Zellverbände entsteht, dann ist die Realität dieser Vor-

---

[15] Bei einigen holländischen Malern des 17. Jahrhunderts finden wir die „Begehbarkeit" der Räume, meist von Kirchen, in ein optisches Prinzip der Darstellung umgesetzt, so etwa bei Pieter Saenredam in seinen Bildern der beiden Hauptkirchen von Haarlem und den Delfter Malern Gerard Houckgeest und Emanuel de Witte.

stellungen gewissermaßen in einen Zwischenbereich zwischen diesen einzelnen Aktivitätszonen verlegt. Dies läßt sich auch in ein Modell bringen, wie es Wolf Singer vorgeschlagen hat. So konnte er zeigen, wie in einem Wahrnehmungsprozeß „räumlich verteilte Merkmalsdetektoren ihre rhythmischen Aktivitäten synchronisieren können und dann in Phase schwingen."[16] Singer selbst hält diese Form der Verknüpfung von neuronalen Aktivitäten für „ein allgemeines Prinzip kortikaler Verarbeitung".[17] Entscheidend ist hier, daß die Mitaktivierung verschiedener neuronaler Prozesse über eine – zeitliche – Form, nämlich ihrer Oszillationsphasen, geschieht und räumlich durchaus verstreut sein kann. Die Identität einer komplexen Imagination ergibt sich daher in dem interaktiven Prozeß der wechselseitigen Formbildung – etwa im Sinne einer Phasensynchronisation –, zu dem alle Prozesse beitragen können, die sich in diese Formbildung einbeziehen lassen, auch wenn sie an unterschiedlichen oder sogar wechselnden Stellen verteilt sind. Um ein Bild zu gebrauchen: Man kann sich eine solche Formbildung wie das Spielen einer Symphonie durch ein Orchester vorstellen, in dem die Motive und Rhythmen, Akkorde und Melodien von den verschiedenen Instrumentengruppen aufgenommen, weitergeführt und übergeben werden, zusammengehalten nicht durch die Plazierung der Instrumente, sondern alleine durch die Formeinheit des musikalischen Werkes, die sich in den Modulationen und Wiederholungen, Transformationen und Variationen usw. realisiert.

13. Der Übergang zum begrifflichen Denken

Identität, Reflexivität und Repräsentation charakterisieren so unsere Wahrnehmungsprozesse, soweit sie uns selbst gegenwärtig bzw. „bewußt" werden. Mir war es wichtig, diese bewußte oder, wie Susanne Langer sagte, psychische Phase der Wahrnehmung als einen Teil des Gesamtprozesses zu erkennen, der auch eine bei den Gegenständen selbst beginnende vorbewußte Phase umfaßt. Mit der bewußten Phase kommt der Wahrnehmungsprozeß aber noch nicht zu

[16] Wolf Singer: Hirnentwicklung und Umwelt. In: Wolf Singer (Hrsg.): Gehirn und Kognition. Heidelberg (Spektrum der Wissenschaft) 1990, S. 63.

[17] Ebda.

seinem Ende und können insbesondere unsere übrigen geistigen Leistungen bis hin zum begrifflichen Denken noch nicht charakterisiert werden. Was ich bisher beschrieben habe – das Fühlen von organischen und neuronalen Prozessen, das Auftreten von einfachen Imaginationen und deren Verknüpfung zum komplexen Imaginationen bzw. zu Vorstellungen –, nennt uns noch nicht die charakteristischen Wesenszüge, mit denen wir den menschlichen Geist in seiner spezifischen Differenz von anderen Formen des Bewußtseins und der Intelligenz bestimmen können. Viele, wenn nicht alle der genannten Wahrnehmungs- und Vorstellungsleistungen können wir auch für das Bewußtsein, wie es die höheren Säugetiere entwickelt haben, annehmen. Aber ganz abgesehen davon haben wir mit den bisher aufgeführten Leistungen einen entscheidenden Bereich noch nicht erreicht, in dem alleine der Mensch gewirkt hat: den Bereich der Kultur und speziell der kulturellen Symbolismen.

In der philosophischen Tradition besteht insbesondere bei den Logikern eine Neigung, das begriffliche Denken der Menschen in einem eigenen Reich anzusiedeln, in dem es nicht um Abläufe oder Ereignisse, sondern alleine um Wahrheit oder Richtigkeit geht.[18] Die Gedanken der Menschen werden dann in eine logisch und grammatisch geordnete Standardform gebracht, die ihnen, wenn schon nicht

[18] Als klassischer Beleg mag hier der Hinweis auf Freges Unterscheidung von Sinn oder (bei Sätzen) von Gedanken auf der einen und Vorstellungen auf der anderen Seite dienen. Während die Vorstellungen ein „subjektives" Tun oder dessen Ergebnis sind, sind der Sinn eines Zeichens oder der Gedanke eines Satzes ein objektiver Inhalt, „der fähig ist, gemeinsames Eigentum von vielen zu sein." (Gottlob Frege: Sinn und Bedeutung, Anm. 5. In: Gottlob Frege: Funktion, Begriff, Bedeutung. Göttingen [Vandenhoeck & Ruprecht] 1966, S. 46.) In verschiedenen Ausdrücken liegt für Frege „nicht selten ... etwas Gemeinsames": der Sinn oder der Gedanke. Die Verschiedenheit ist dabei „nur eine der Auffassung, Beleuchtung, Färbung des Sinnes". (Gottlob Frege: Über Begriff und Gegenstand, Anm. 7. In: Gottlob Frege: op. cit., S. 70.) Die Gedanken wie überhaupt der Sinn von Zeichen sind in sich identisch und gegenüber den Variationen der Ausdrucksweise invariant. Sie bilden eben ein eigenes Reich – einen „Schatz" der Menschheit, „den sie von einem Geschlechte auf das andere überträgt" (Gottlob Frege: Sinn und Bedeutung, a. a. O., S. 44) und der nicht erst über die Formulierungen, die einen Sinn zu fassen sucht, entsteht. – Noch radikaler grenzt Popper die Welt von Gedanken von allem physisch und psychisch Realen ab: Neben – oder besser: über – einer „Welt 1" der physischen Dinge und einer „Welt 2" der psychischen Zustände und Vorgänge bzw. des Bewußtseins, mit dem wir die Gegenstände der Welt 1 erfassen, konstruiert Karl R. Popper eine „Welt 3" von Gedanken, zu denen insbesondere die wissenschaftli-

ihre Wahrheit, dann doch ihre Korrektheit sichern soll. Dabei wird dann nicht nur eine rein geistige Gedankenwelt unterstellt, die unter den a priori gültigen Gesetzen der Logik steht, sondern es wird auch ein Bild von der Sprache suggeriert, das diese durch normative Regeln wenn nicht definieren, so jedenfalls doch korrigieren zu können vorgibt. Sprache erscheint so als eine letztlich rational konstruierbare Leistung des Menschen, die dieser zu beherrschen und zu durchschauen hat.[19]

14. Die materielle und historische Realität der Symbole

Gegen eine solche Entmaterialisierung und Enthistorisierung der Sprache ist die Bedeutung gerade der materiellen und historischen Realität unserer Symbolismen und insbesondere unserer Sprache hervorzuheben. Ich wies bereits auf die nicht nur befreiende, sondern auch bedrängende Rolle der Phantasie, der im Bewußtsein auftretenden Imaginationen hin. Im Wechsel von der Kollektivität und dem Austausch des Tages zur Einsamkeit der Wach- und Traumvorstellungen der Nacht erleben wir auch heute manchmal noch die bedrängende Flut von Imaginationen, die wir nicht im Aussprechen, im Austausch mit anderen Personen abmildern oder auflösen können. Um wieviel mehr mag das erwachende Bewußtsein den in ihm auftauchenden Imaginationen ausgesetzt gewesen sein, wenn es sich nicht in die auch von anderen geteilte Außenwirklichkeit einer Sprache hineinbegeben und so von sich distanzieren und sich selbst relativieren konnte. Gerade die sinnlich faßbare Materialität der Sprache – wie anderer Symbolismen –, ihre von der fließenden Welt der Imaginationen abgetrennte Eigenexistenz ist es hier, die einen Halt und Stand zu bieten hat. Diese „stützende" oder, wie es in der Sprache der Philosophie gesagt werden mag, konstitutive Rolle der materiellen Realität unserer Symbolismen für den Geist soll im folgenden hervorgehoben werden.

---

chen Theorien gehören. Vgl. dazu Poppers Buch: Objektive Erkenntnis. Ein evolutionärer Entwurf. Hamburg (Hoffmann und Campe) 1973, bes. S. 123 ff. und S. 172 ff. Eine zugleich knappe und informative Darstellung gibt Lothar Schäfer: Karl R. Popper. München (C. H. Beck) 1988, S. 131–157.

[19] Eine, wie mir scheint, glänzende Kritik dieses „Hirngespinstes einer reinen Sprache" entwickelt Maurice Merleau-Ponty in seinem Band: Die Prosa der Welt. München (Wilhelm Fink) 1984.

Wie schon für die äußere Wahrnehmung scheinen auch für die Symbolisierung unserer Imaginationen die Körperbewegungen eine besondere Rolle zu spielen. Sind sie es doch, mit denen wir das Verhältnis zu unserer Umwelt und damit auch zu anderen Personen in ihr selbst bestimmen können. Mit unseren Bewegungen treten wir sozusagen nach außen und stellen wir zugleich eine Verbindung zu diesem Außen unserer vielfältigen Umgebung her. Durch Bewegungen können wir denn auch unsere Imaginationen nach außen tragen, nämlich in dem Sinne, daß wir sie mit unseren Bewegungen in irgendeiner Weise begleiten – wie die Schläge der Trommel mit dem Stampfen unserer Füße[20] – oder in mehr oder weniger spontane Bewegungen übertragen (wir würden heute sagen: uns in ihnen abreagieren) können. Wenn diese Bewegungen ausgeführt und wahrgenommen werden, ergeben sich für sie mit der Zeit – sei es nun aufgrund von Nachahmungen, Antwortbewegungen oder welcher Reaktionsformen auch immer – bestimmte Schematisierungen, die diese Bewegungen zum gemeinsamen Repertoire der jeweiligen Gruppe machen.

Die Verbindung der Imaginationen mit einem Bewegungsrepertoire, das den Handelnden gemeinsam ist, verändert den Charakter dieser Imaginationen von Grund auf. Denn nun festigen sich einerseits auch zwischen den Imaginationen und Bewegungen Beziehungen der Mitaktivierung, also der Repräsentation, und werden andererseits die kollektiven Teile dieser Beziehungen, die Bewegungen, zum Gegenstand einer öffentlichen Verfügung. Die Imaginationen werden so über ihre Repräsentationsbeziehung eingebunden in den „Markt" des öffentlichen Austausches. In dem Maße, in dem sie dieser Einbindung unterliegen, verlieren sie ihre freischwebende Eigengesetzlichkeit und werden sozusagen domestiziert.[21] Der Erfolg einer solchen Domestizierung hängt dabei von eben dem Charakter ab, den die zitierten Logiker bei unserer Sprache so gerne übersehen:

---

[20] Susanne Langer, die für Zahlen und Wörter eine verschiedene Wurzel annimmt, hält die Schritte, die wir tun, und die im Tanz und seinen Rhythmen kultiviert werden, für eine mögliche Wurzel des Zählens. Der Trommel schreibt sie eine besondere Rolle in der Entwicklung unserer Sprache zu, da durch sie eine Verbindung der Bein- und Fußbewegungen im Tanz und beim Gehen mit den Bewegungen der (hochsensiblen) Hände geschaffen würde. Vgl. dazu Susanne Langer: op. cit. Vol. III. 1982, S. 210–215.

[21] Jack Goody benutzt die Rede von Domestizierung als Titel eines seiner Werke über die Entwicklung der Symbolismen: allerdings in dem eingeschränkteren Sinn, um

der materiellen Realität der Bewegungen, die sie zu einem öffentlich verfügbaren Gegenstand macht.

15. Entwicklungsstufen der Symbolismen

In diesem Rahmen muß ich darauf verzichten, die verschiedenen Schichten und Dimensionen der Repräsentationsbeziehung, wie sie sich zunächst zwischen den Imaginationen und den Bewegungen und dann zwischen den Bereichen unseres Bewußtseins, unseres Handelns, unseres Redens, unserer Sprache und der Welt, auf die wir uns mit unseren Vorstellungen, Handlungen und Reden beziehen, entwickeln. Vor allem für die Beziehung zwischen Bewußtsein, Sprache und Welt läßt sich auf die Arbeiten von Ernst Cassirer verweisen. Cassirer verfolgt die Entwicklung der Repräsentationsbeziehung zwischen sprachlichen Ausdrücken und Aspekten der Welt über drei Stufen. Ausgehend von einem primitiven „mimischen" Ausdruck, der einige charakteristische Züge der dargestellten Dinge mit in die Darstellung zu übernehmen versucht, gelangt er dabei über eine „analogische" Phase, in der diese Dingähnlichkeiten im Medium der jeweils darstellenden Symbolismen umgeformt, aber nicht aufgegeben werden, zu einer „rein symbolischen" Darstellungsform, in der nur noch die innere Struktur des Symbolismus die Vorgaben des jeweiligen Ausdrucks bestimmt, im übrigen aber keinerlei Ähnlichkeit mehr zwischen den beiden Bereichen der Gegenstands- und der Symbolwelt bestehen muß.[22] Für Cassirer werden wir durch diese Stufenfolge – die auch eine Stufenfolge der symbolischen Funktionen, nämlich vom Ausdruck über die Darstellung zur reinen Bedeutung,[23] ist – von dem in seiner Welt gefangenen mythischen Denken bis hin zur

---

die weitere Entwicklungsstufe zu charakterisieren, die mit dem Übergang zur Schriftlichkeit verbunden ist. Jack Goody: The Domestication of the Savage Mind. Cambridge (Cambridge University Press) 1977.

22 Eine konzise Darstellung dieser Stufenfolge findet sich in Ernst Cassirer: Philosophie der symbolischen Formen. Erster Teil: Die Sprache. Kap. II. Darmstadt (Wissenschaftliche Buchgesellschaft) 1977, S. 134–148.

23 Diese, in vielen Schriften vorgestellte Stufenfolge der symbolischen Funktionen liefert das Gliederungsschema für die Darstellung in: Ernst Cassirer: Philosophie der symbolischen Formen. Dritter Teil: Phänomenologie der Erkenntnis. Darmstadt (Wissenschaftliche Buchgesellschaft) 1982.

weltdistanzierenden und objektdefinierenden wissenschaftlichen Erkenntnis geführt. Ähnliche Unterscheidungen finden wir auch bei Charles S. Peirce,[24] wenn er von ikonischen, indexikalischen und symbolischen Zeichen und ihren unterschiedlichen Funktionen redet.

Eine andere Folge von Entwicklungsstufen ergibt sich aus dem Wandel der Medien, deren sich die Sprache bedient. Hier ist vor allem an den Übergang von der Mündlichkeit zur Schriftlichkeit[25] zu denken, dann aber auch an die Einführung des Buchdrucks[26] und schließlich an die Computer und ihre neuartigen Darstellungsmöglichkeiten. In diesem Wandel wird besonders deutlich, wie sich die

---

[24] S. dazu etwa: Charles S. Perice: Phänomen und Logik der Zeichen. Frankfurt/Main (Suhrkamp) 1983, S. 64 f. und die entsprechenden Erläuterungen in: Helmut Pape: Erfahrung und Wirklichkeit als Zeichenprozeß. Frankfurt/Main (Suhrkamp) 1989, S. 84–89. Da Peirce diese Unterscheidung immer wieder vorträgt, finden sich auch viele Belege in: Charles S. Peirce: Semiotische Schriften. 3 Bde. Frankfurt/Main (Suhrkamp) 1986, 1990, 1993.

[25] Einen Überblick über die mit dem Übergang von der reinen Mündlichkeit zur Schriftkultur verbundenen Veränderungen unseres Denkens wie unserer Weltorientierung, im allgemeinen gibt Walter J. Ong in: Orality and Literacy. The Technologizing of the World. New York – London (Methuen) 1982 (deutsche Übersetzung: Oralität und Literalität. Die Technologisierung des Wortes. Opladen [Westdeutscher Verlag] 1987). Für die Entwicklung eines durch die Schriftkultur geprägten Denkens bei den Griechen liefert eindrucksvolle Darstellungen Eric A. Havelock in seinen Büchern: Preface to Plato. Cambridge, Mass. – London (The Belknap Press of Harvard University Press) 1963; The Greek Concept of Justice. From Its Shadow in Homer to Its Substance in Plato. Cambridge, Mass. – London (Harvard University Press) 1978; The Muse Learns to Write. Reflections on Orality and Literary from Antiquity to the Present. New Haven – London (Yale University Press) 1986. Im Zusammenhang ethnologischer Fragestellungen finden sich programmatische Beiträge und detaillierte Untersuchungen in Jack Goody (ed.): Literacy in Traditional Societies. Cambridge (Cambridge University Press) 1968 (deutsche Übersetzung: Liberalität in traditionalen Gesellschaften. Frankfurt/Main [Suhrkamp] 1981; als Teilausgabe der ersten drei [programmatischen] Aufsätze mit einer Einleitung von Heinz Schlaffer: Jack Goody, Ian Watt and Kathleen Gough: Entstehung und Folgen der Schriftkultur. Frankfurt/Main [Suhrkamp] 1986); außerdem in Jack Goodys Büchern: The Logic of Writing and the Organization of Society. Cambridge (Cambridge University Press) 1986 (deutsche Übersetzung: Die Logik der Schrift und die Organisation der Gesellschaft. Frankfurt/Main [Suhrkamp] 1990); The Interface Between the Written and the Oral. Cambridge (Cambridge University Press) 1987.

[26] Vgl. dazu Elizabeth Eisenstein: The Printing Press as an Agent of Change. Communications and Cultural Transformations in Early-Modern Europe. 2 Bde. Cambridge (Cambridge University Press) 1979; Michael Giesecke: Der Buchdruck in der frühen Neuzeit. Frankfurt/Main (Suhrkamp) 1990.

innere Struktur unserer Sprache mit den Organisationsprinzipien ihrer Medien ändert[27] und damit eben auch von der materiellen, historisch sich entwickelnden Realität dieser Medien abhängt.

Diese wenigen Hinweise müssen hier die nähere Darstellung der internen Strukturen kultureller Symbolismen, vor allem der Sprache, ersetzen. In unserem Zusammenhang möchte ich lediglich einige Aspekte der Symbolismen hervorheben, die die Rede von der materiellen historischen Realität der Symbole deutlich machen und mir für die Frage nach der Natur des menschlichen Geistes wesentlich erscheinen. Diese Aspekte zeigen sich in der außerorganischen Existenz der Symbole, der Eigenstruktur der Symbolismen mit ihrer teilweisen Bewußtseinstranszendenz und der beonderen Form der Realisierung der symbolischen Strukturen.

16. Die außerorganische Existenz der Symbole

Wenn wir von Symbolen reden, können wir natürliche von künstlichen Symbolen unterscheiden. Der heilige Berg oder Fluß, der verbotene Ort oder geweihte Baum sind Beispiele für natürliche Symbole. Sie sind natürliche, nicht erst durch das menschliche Handeln erzeugte Gegenstände, denen im Leben einer bestimmten Gruppe eine besondere Bedeutung zugeschrieben wird, die man zumeist nicht ungestraft mißachten darf. Als Symbole erfunden, als Gegenstände aber vorgefunden, sind diese natürlichen Symbole von den künstlichen Symbolen zu unterscheiden, die auch als Gegenstände geschaffen worden sind wie die Laute und Wörter unserer Sprache, die Akkorde und Melodien unserer musikalischen Tradition und die Elemente der anderen – alltäglichen oder künstlerisch verdichteten – Ausdrucksbereiche. Ich möchte mich in folgenden auf die Betrachtung der künstlichen Symbole beschränken, weil diese in besonders prägnanter Weise unsere geistigen Leistungen zu charakterisieren erlauben.

Bei der Untersuchung geistiger Leistungen hat die Sprache seit jeher im Zentrum gestanden. Sie gilt als der grundlegende Symbolis-

[27] Vgl. dazu auch meine eigenen Interpretationsversuche in Oswald Schwemmer: Die Philosophie und die Wissenschaften. Zur Kritik einer Abgrenzung. Frankfurt/Main (Suhrkamp) 1990, insbes. Kap. 1 und 3.

mus, der mit unserem Geist am engsten verbunden ist und in die Definition der höchsten geistigen Leistung, nämlich des Denkens, mit eingeht. Wenn hier sicher auch erhebliche Einschränkungen – sowohl in bezug auf die Definition des Denkens durch die sprachlichen Verknüpfungen als auch in bezug auf das Verständnis des Geistes durch ein so definiertes Denken – vorzunehmen sind, möchte ich insgesamt doch der traditionellen Gewichtung folgen und mich vornehmlich auf die Sprache als den Symbolismus konzentrieren, der jedenfalls mit grundlegenden Leistungen unseres Geistes verbunden ist.

Mit der Hervorbringung von Lauten gehen wir über die Grenzen unseres Organismus hinaus und schaffen Gegenstände, die eine eigene – wenn in diesem Falle auch recht flüchtige – Existenz besitzen. Die von den Menschen geführten Reden bilden daher für sich genommen auch eine eigene, nämlich außerorganische, Wirklichkeit, die zwar von unserem Tun – den lauterzeugenden Bewegungen – abhängt, deren Existenzform sich dann aber von unserem Tun ablöst. Was jemand in einer bestimmten Situation geäußert hat, kann wiedergegeben oder erinnert werden, auch ohne auf das konkrete Tun der Lauterzeugung in jeder Situation Bezug zu nehmen. Die Lautäußerungen eines Redenden haben daher den Charakter eines Werkes, das das Tun seiner Hervorbringung überdauern und sich in seiner Wirkung – d. i. die Weise, wie es von anderen oder in anderen Situationen aufgenommen wird und zu weiteren Handlungen veranlaßt – von seiner eigenen Erzeugungssituation weit entfernen kann.

Durch diese ihre außerorganische Existenzform[28] als Werke wird mit den Symbolen eine neue Wirklichkeit geschaffen, die sie zum Kernbestand all der anderen Gegenstände macht, die von den Men-

---

[28] Die Definition von Symbolen als außerorganische Gegenstände – mit Repräsentationsfunktion – erscheint mir für die Darstellung von Symbolismen besser geeignet als die allgemeinere Definition nur über die Repräsentationsfunktion, wie sie Cassirer eingeführt hat. Insbesondere erlaubt diese engere Definition der Symbole die Begründung eines – hier unterstellten – Kulturbegriffs, mit dem die Kultur über die Entwicklung der Symbolismen und Technologien einer historischen Epoche oder einer Gesellschaft zu verstehen ist. Zu Cassirers weiterem Symbolbegriff vgl. etwa Ernst Cassirer. Philosophie der symbolischen Formen, Erster Teil, a. a. O., Einleitung und Problemstellung, S. 17–52. Cassirer kann hier aufgrund seines weiten Begriffs auch von einer „symbolischen Funktion des Bewußtseins" reden (S. 22) und der „künstlichen Symbolik" eine „natürliche Symbolik" entgegenstellen, „die schon in jedem einzelnen Moment und Fragment des Bewußtseins notwendig enthalten oder mindestens angelegt ist" (S. 41).

schen in ihrer Geschichte hervorgebracht worden sind und nun in die Gegenwart ihres Handelns hineinwirken. Ihre Gegenwartswirkung gewinnen diese Gegenstände daraus, daß an sie Verwendungsweisen geknüpft sind, die auch im gegenwärtigen Handeln der Menschen realisiert werden. In einer groben Schematisierung lassen sich symbolische und technische Verwendungsweisen unterscheiden, die die erzeugten oder benutzten Gegenstände zu „Verweisungsdingen", eben zu Symbolen, oder zu Geräten, nämlich für die Bearbeitung und Herstellung von Dingen oder Ereignissen, macht. Die Entwicklung und Verwendung dieser symbolischen und technischen Gegenstände begründet unsere Kultur, die wir als das Insgesamt dieser Gegenstände und ihrer Verwendungsweisen – bis hin zu deren verschiedenartigen (organisatorischen, rechtlichen, moralischen usw.) Regelungen – verstehen können. Damit können wir die Symbole – ich denke hier weiterhin vor allem an unsere sprachlichen Symbole – als Kulturwerke auffassen, die dem sie Verwendenden als eine eigene Wirklichkeit gegenübertreten und ihre eigene Wirksamkeit entfalten.

Mit der Hervorbringung und Verwendung von Symbolen entsteht so eine neue Dimension geistiger Leistungen. Mit der Verwendung der außerorganischen Symbole wird auf der einen Seite eine Differenz in unsere Ausdruckshandlungen getragen, die fortan alle unsere symbolisch vermittelten geistigen Leistungen bestimmen wird, und werden auf der anderen Seite Verwendungsweisen dieser Symbole verfestigt, die ein System von Verweisungen zwischen den Symbolen aufbauen und diese dadurch zu einem Symbolismus verknüpfen. Der Gebrauch von Symbolen wird zum Arbeiten mit bzw. in einem Symbolismus, und der symbolische Ausdruck unserer Vorstellungen wird im gewissen Sinne zu einer Selbstdistanzierung, weil wir erst im eigenständigen Medium dieser Symbolismen – also in einer von unseren Vorstellungen verschiedenen und daher externen oder „fremden" Wirklichkeit – diesen Ausdruck finden können. Die Symbolisierung bedeutet daher immer auch eine „Exteriorisierung" unserer („inneren") Vorstellungen und eine „Entfremdung" von der Gegebenheitsweise dieser Vorstellungen in unserem Bewußtsein.

17. Die Eigenstruktur der Symbolismen

Was mit dieser „Exteriosierung" oder „Entfremdung" gemeint ist, wird deutlicher, wenn man die Eigenstruktur der Symbolismen betrachtet. Die Struktur eines Symbolismus bildet sich im Rahmen der Aufbau- und Verknüpfungsmöglichkeiten seiner Elemente, d.i. der Symbole als materielle Gegenstände. Von der Seite des „Sprachmaterials" her bestimmt bereits das Lautrepertoire einer Sprache Möglichkeiten der Wortbildung und -verknüpfung. Die Formen der motorischen Spracherzeugung schaffen schon Tendenzen zur Strukturierung einer Sprache, die eine untere Schicht im Gefüge ihrer syntaktischen Gliederung ausmachen. Von der anderen Seite des Bewußtseins her wirken auch unsere Vorstellungen als Gliederungsfaktoren. Wo in den alltäglichen Lebensvollzügen die Aufmerksamkeit immer wieder besonders auf bestimmte Aspekte gerichtet wird, werden diese Aspekte auch im sprachlichen Ausdruck eine besondere Hervorhebung finden und womöglich zu Organisationsprinzipien der sprachlichen Verknüpfung werden.[29]

Wir haben es so mit einer Organisation der Sprache von zwei Seiten her zu tun: von der „Außenseite" des lautlichen, motorisch erzeugenden „Sprachmaterials" her und von der „Innenseite" der Vorstellungen in unserem Bewußtsein her. In ihrem tatsächlichen Wirken werden sich die Faktoren der beiden Seiten allerdings nicht voneinander trennen lassen. Denn eine Vorstellung, die ihren sprachlichen Ausdruck findet, wird durch diesen sprachlichen Ausdruck rückwirkend mitgeformt, und der sprachliche Ausdruck seinerseits wird über seine lautlich-motorische Organisationsform hinaus durch seinen Gebrauch zu einer Verköprerung von Vorstellungskomplexen, die auch seine weiteren phonetischen, semantischen und syntaktischen Verknüpfungsmöglichkeiten mitbestimmen.

Man kann sich dieses Verständnis von Rückwirkungen an einem exemplarischen Fall verdeutlichen. Solange keine außerorganische Repräsentation der Vorstellungen besteht, können diese sich zwar, wie oben dargestellt, durch wechselseitige Repräsentationsbeziehun-

[29] Vgl. dazu etwa Cassirers Untersuchungen zur „Sprache in der Phase des anschaulichen Ausdrucks", in der verbale und nominale grammatische Organisationsprinzipien analysiert werden, die unter der Dominanz von Bewegungs- oder Ding-/Eigenschaftsvorstellungen zustande gekommen sind. Ernst Cassirer: Philosophie der symbolischen Formen. Erster Teil, a.a.O., Kap. III, S. 233–248. Ähnliche Überlegungen finden sich auch bei Gehlen, in Arnold Gehlen: Der Mensch. Seine Natur und Stellung in der Welt. Wiesbaden (Aula) [13]1986, insbes. II. Teil: Wahrnehmung, Bewegung, Sprache, 34. Spracheigene Phantasmen, S. 283–290.

gen in einem Bewußtsein stabilisieren, so daß sie überhaupt eine – womöglich erinnerbare – Identität gewinnen. Mit dem Wechsel von Bewußtseinszuständen aber können auch ganze Vorstellungskomplexe aus ihren Repräsentationsbeziehungen zu anderen Vorstellungen gelöst werden und dadurch verschwinden oder ihre bisherige Identität verlieren. Die Stabilität der Vorstellungen ist nicht größer als die des Bewußtseinslebens insgesamt, und zwar eines Bewußtseins, das mit der Flut seiner Vorstellungen einsam bleibt. Dies ändert sich mit der Schaffung und der Benutzung von (außerorganischen) Symbolen. Mit diesen Symbolen entsteht eine Repräsentationsbeziehung, die nicht nur Vorstellungen mit Symbolen, sondern auch die Vorstellungen untereinander auf eine neue Weise verknüpft.

Diese neue Form der Verknüpfung ergibt sich daraus, daß die Symbole ihre Identität auf andere Weise gewinnen als unsere Vorstellungen. Die motorische Identität der Lauterzeugung ist eine atomistisch beschreibbare Identität von schematischen Abläufen oder Erzeugnissen, während die komplexe Identität von Vorstellungen sich überhaupt nur, wie ich zu zeigen versuchte, in den Repräsentationsbeziehungen zu anderen Imaginationen ergibt. Die schematische Identität der Symbole als motorisch erzeugte Gegenstände sichert ihnen eine Stabilität, die sie auch für wechselnde Situationen und Personen (im Prinzip) problemlos verfügbar macht. Jeder kann im Prinzip lernen, jederzeit „dasselbe" Symbol zu gebrauchen – wobei die bloß schematische Festlegung der Identität eine gewisse Variation bei der Erzeugung der Symbole zuläßt.[30]

Durch diese ihre problemlose, sozial befestigte Identitätssicherung werden die Symbole zu den neuen Einheitspolen für die Vorstellungen. Im Wechsel der Bewußtseinslagen finden die darin sich ebenfalls wandelnden Vorstellungen eine in sich identisch bleibende Ausdrucksmöglichkeit, die ihnen auch rückwirkend eine über den Wechsel des Bewußtseinslebens hinausgehende Identität verleiht. Diese Identität greift über die Vorstellung selbst hinaus. Denn da unsere Vorstellungen in unterschiedlichen Komplexen (von Reprä-

[30] Je deutlicher z. B. die Laute einer Sprache durch die schematische Regulierung ihrer Erzeugung voneinander unterschieden werden können, um so größer kann die Toleranz gegenüber verschiedenen Artikulationen sein, die selbst bei einer starken Verschleifung etwa der Vokale immer noch verständlich bleiben könnten.

sentationsbeziehungen) auftreten, sich aber mit demselben Symbol verknüpfen können, werden durch die Identität der Symbole auch bestimmte Vorstellungskomplexe miteinander verbunden.

Als Beispiel können wir wieder an die verschiedenen Bereiche unseres sinnlichen Erfassens denken. In unterschiedlichen Situationen des alltäglichen Handelns mag es manchmal wichtiger sein, die „Hörseite" eines Dinges oder Ereignisses zu betonen, manchmal mag die „Sehseite" oder „Geschmacksseite" den entscheidenden Handlungsimpuls auslösen. Wenn diese Seiten überhaupt durch Repräsentationsbeziehungen in unserem Bewußtsein verbunden sind, so läßt sich leicht verstehen, daß in all diesen Situationen dasselbe Symbol oder eine Variation desselben Komplexes, zu dem ein Symbol gehört, benutzt werden. Jedenfalls gibt die Identität des Symbols den verschiedenen Perspektiven der Vorstellungen eine neue Identität, die es uns erlaubt, über die Vorstellungen hinauszugehen und von bestimmten Gegenständen, d. i. von Dingen oder Ereignissen, zu sprechen.[31] Unsere Vorstellungen präsentieren uns dann immer nur bestimmte Seiten dieser Gegenstände und sind daher von diesen Gegenständen selbst zu unterscheiden.[32]

Bereits diese wenigen Bemerkungen mögen hinreichen, um die Eigenstruktur des sprachlichen Symbolismus hervortreten zu lassen. Daß die Symbolismen eine Eigenstruktur besitzen, heißt danach nicht, daß sie sich völlig unabhängig von den Vorstellungen unseres Bewußtseins ausbilden. Aber es heißt, daß die Vorstellungen nur einen Faktor für die Gestaltung dieser Struktur ausmachen, die sich auch von ihrer materiellen Seite her aufbaut. Und es heißt, daß die Vorstellungen ihre situationsüberdauernde Identität erst durch die motorisch erzeugte und sozial gesicherte Identität der Symbole, in denen sie sich repräsentieren, gewinnen: also in einem Außenbereich

---

[31] Vgl. dazu die ausführlicheren Bemerkungen zur „Brückenfunktion" der Symbole zwischen den verschiedenen Bereichen sinnlicher Wahrnehmung in Oswald Schwemmer: Die Philosophie und die Wissenschaften. A. a. O., Kap. 4, bes. S. 120 f.

[32] Vor allem Max Scheler macht diese „Gegenstandsfähigkeit" des Denkens zu einem Definiens des menschlichen Geistes. Vgl. dazu Max Scheler: Die Stellung des Menschen im Kosmos. In: ders.: Gesammelte Werke. Band 9: Späte Schriften. Bern–München (A. Francke) 1976. Durch sie interpretiert er die „Weltoffenheit" des Menschen (S. 32). „Gegenstand-Sein ist ... die formalste Kategorie der logischen Seite des Geistes" (S. 34). Sie führt den Menschen zur „Ding- und Substanzkategorie", die dem Tier fehlt (S. 36).

des Bewußtseins. Man kann so von einer äußeren Identität der inneren Vorstellungen sprechen und damit auf die Bewußtseinstranszendenz der symbolischen Strukturen hinweisen.

18. Geist und Bewußtsein: Die symbolische Existenz des Geistes

Wie wir gesehen haben, bildet sich die Struktur der Sprache – wie die anderer Symbolismen auch – zwar durchaus in Verbindung mit unseren Vorstellungen, aber eben auch aus den internen Strukturgegebenheiten der Symbole als materielle Gegenstände und aus dem Gebrauch der Symbole. Damit ist – neben den bereits erwähnten organischen Phasen in unseren Wahrnehmungsprozessen – eine zweite Dimension der Bewußtseinstranszendenz eröffnet, die aber ebenfalls in die Bildung der Vorstellungen selbst hineinwirkt. Die „psychische Phase" des Bewußtseins ist sozusagen ein Zwischenbereich zwischen den organischen und symbolischen Prozessen, zwar mehr in die symbolischen Prozesse als in die organischen hineinwirkend, aber von beiden bestimmende Wirkungen empfangend.

Wer gleichwohl das Bewußtsein zum alleinigen Ort unserer Wahrnehmung und ihrer Repräsentation macht und dadurch den Geist im Bewußtsein lokalisieren zu können hofft, schneidet das Bewußtsein von seinen organischen und symbolischen Umgebungen ab, aus denen es überhaupt erst seinen Realitätsbezug und seine Offenheit für den sozialen Austausch gewinnt. Damit zeigt sich nun auch eine entscheidende Differenz zwischen Bewußtsein und Geist. Während wir das Bewußtsein als ein Phänomen verstehen, das über das Gefühltwerden und Gegenwärtigsein organischer und neuronaler Prozesse von uns unmittelbar erfaßt wird, beziehen wir uns mit der Rede vom Geist auf Leistungen, die wir in unseren Empfindungen, Wahrnehmungen, Vorstellungen und in unserem Denken erbringen. Gäbe es keine Symbolisierungen, so wären Geist und Bewußtsein identisch. Mit dem Gebrauch von Symbolen ergeben sich dagegen neue Möglichkeiten der Identifikation, Repräsentation und Reflexion für unsere Empfindungen, Wahrnehmungen, Vorstellungen und für unser Denken, die unsere geistigen Leistungen über die Grenzen des Bewußtseins hinausführen. Der Geist wird dadurch zu einem Interaktionsgeschehen zwischen dem Bewußtsein und den (bewußtseinstranszendenten) Symbolismen, in denen seine Empfindungen, Wahrnehmungen und Vorstellungen artikuliert und sein Denken vollzogen werden. Der Geist ist in diesem Verständnis der Titel für die Verknüpfung von Bewußtseinsprozessen und symbolischen Strukturen, für Leistungen, die in der Interaktion dieser Prozesse und Strukturen sozusagen eine „Interexistenz“ zwischen diesen beiden Bereichen führen und daher weder alleine im Gehirn noch in den Symbolismen lokalisierbar sind. Sieht man in der Verarbeitung der symbolischen Strukturen die spezifische Differenz des Geistes zum Bewußtsein, dann läßt sich der Geist durch diese seine symbolische Existenz am prägnantesten definieren.

Damit hat sich die Konzeption von einer symbolischen Existenz des Geistes ergeben, mit der die isolationistischen Auffassungen naturalistischer, nämlich auf die organischen und neuronalen Prozesse beschränkter, und idealistischer, nämlich auf die Vorstellungen des Bewußtseins oder deren begriffliche Darstellung beschränkter, Auffassungen vom Geist überwunden und auch miteinander verbunden werden sollen. Am Ende mögen noch eine Folgerung aus dieser Konzeption und ein Einwand gegen sie besprochen werden.

19. Die symbolische Identität der Vorstellungen

Die Folgerung betrifft unsere Vorstellungen und erscheint zunächst paradox. Wir sind es gewohnt, unsere Vorstellungen – wie unsere Empfindungen und vielfach auch unser Denken – als Leistungen unseres Bewußtseins zu sehen. Wenn wir aber annehmen, daß die Symbolismen, in denen wir unsere Vorstellungen artikulieren, diese Vorstellungen auch bestimmen, und zwar bis hin zu deren Identität, dann müßten wir unseren Vorstellungen auch einen bewußtseinstranszendenten Anteil zugestehen. Wäre dies nicht aber selbst eine paradoxe Vorstellung?

Tatsächlich ist diese Vorstellung ebensowenig paradox wie die bereits dargestellte Einbettung der bewußten Wahrnehmungen in einen übergreifenden, auch organischen Wahrnehmungsprozeß. Daß unsere Vorstellungen von symbolischen Darstellungen abhängig sind, erfahren wir ständig. Die Formulierung einer Beobachtung – und sei sie nur gedacht – fixiert das Beobachtete sofort, erhöht seine Prägnanz, macht es eindeutig. Vielfach können wir durch bestimmte

Formulierungen die Beobachtungen, die wir gemacht haben oder – wie wir dann einschränkend sagen müßten – gemacht zu haben glauben, auch verschieben. Und diese Prozesse der Ausrichtung unserer Beobachtungen durch deren Formulierung beziehen sich nicht nur auf eine Beobachtung im Sinne eines einzelnen Ereignisses. Sie prägen vielmehr den ganzen Beobachtungszusammenhang in einer Situation, formen die Erwartungen und schaffen Verbindungen zu unseren Erinnerungen.

Durch diesen Einfluß der symbolischen Repräsentation auf unsere Vorstellungen werden diese von unseren kulturellen und also kollektiv verfügbaren und wirkenden Symbolismen mitgeprägt und selbst zu einem kollektiv zugänglichen Element unserer Kultur. Wie wenig paradox dies ist, zeigen uns die kulturellen Unterschiede, die wir auch in den Vorstellungswelten finden und deren Berücksichtigung für das Zusammenleben in einer immer stärker multikulturell verfaßten Gesellschaft zu einer Existenznotwendigkeit zu werden beginnt.

20. *Die organische Realisierung der Sprache*

Damit haben wir einen Gedanken erreicht, der mit einem Einwand gegen die Konzeption von der symbolischen Existenz des Geistes zusammenhängt. Durchaus ähnlich wie bei der Eingrenzung unserer Vorstellungen auf das Bewußtsein sehen wir auch unsere sprachlichen – und allgemein unsere symbolischen – Leistungen als Bewußtseinsprozesse an. Die Sprache, so könnte man sagen, besteht zunächst (in der Phase der Mündlichkeit) aus der Gesamtheit der Reden oder „Sprechakte“[33] einzelner Personen, die Mitglieder einer Sprachgemeinschaft sind. Jeder dieser „Sprechakte“ ist ein bewußt vollzogenes Ereignis. Und in diesem Sinne ist auch die Sprache bewußtseinsimmanent. Daß wir mit unseren Reden gleichwohl mehr sagen als uns bewußt ist, weil die von uns verwendeten Ausdrücke nämlich Konnotationen besitzen, die wir oft nicht kennen oder an die wir beim Reden nicht denken, widerspricht dieser Reduktion der (gesprochenen) Sprache auf „Sprechakte“ nicht. Denn die Verschiedenheit der

[33] Die Rede von Sprechakten ist hier nicht terminologisch verstanden, sondern nur im Sinne eines aktuellen Redevollzugs, wie immer man diesen theoretisch weiter analysieren mag.

Konnotationen kann man sich dadurch entstanden denken, daß die Redegewohnheiten der einzelnen Sprecher einer Sprache sich – im Rahmen einer gleichwohl dabei noch gewahrten allgemeinen Verständigungsmöglichkeit – leicht unterscheiden. Wenn jemand so bestimmte Ausdrücke gebraucht, nimmt ein anderer sie in veränderten Zusammenhängen auf, so daß in der Tat niemand die Wirkungen seiner Reden im Verständnis anderer Personen überschauen kann.

Diese zunächst plausibel klingende Reduktion der Sprache auf „Sprechakte", also einer Struktur auf Akte, übersieht, daß bereits in den Akten, den einzelnen Redevollzügen, Strukturen wirksam sind, die vom Handelnden bzw. Redenden selbst prinzipiell nicht bewußt erfaßt werden können.[34] Würden wir unsere Sprache nur bewußt aufbauen und gebrauchen, so stünde uns nur ein winziger Bruchteil der tatsächlich von uns beherrschten Sprache zur Verfügung. Als Beispiele solcher bewußt kontrollierten Sprache mag man an explizit eingeführte Terminologien denken, ausdrücklich konstruierte Fachsprachen, die im übrigen noch aus unserer alltäglichen Umgangssprache heraus entwickelt worden sind und auf unserer umgangssprachlich erworbenen Sprachkompetenz aufbauen.

Ein realistischeres Bild vom Aufbau und Gebrauch unserer Sprache gewinnen wir, wenn wir auch hier wieder bei den motorischen Leistungen der Lauterzeugung und den sozialen Formen der Standardisierung von Redeformen ansetzen. Die Aneignung motorischer Figuren und ihre soziale Stabilisierung sind Mechanismen, die die Möglichkeiten organischer Einprägung und neuronaler Musterbildung nutzen und unsere bewußte Reflexion nur in bestimmten Phasen oder für eine Gesamtbeurteilung dieser (wörtlich zu verstehenden) „Ein-Bildung" bemühen. Man kann sich dies an anderen symbolverwendenden Kompetenzen verdeutlichen, die wir gewöhnlich viel später lernen als unsere Sprache, etwa dem Spielen eines Musikinstrumentes. Auch hier lernen wir ein Stück, nachdem wir uns mit den Noten ausführlich beschäftigt und sie in Einzelschritten zu spielen geübt haben mögen, letztlich „mit den Fingern", mit denen wir die Tasten, Klappen oder Saiten unseres Instrumentes zu bewegen

[34] Zu dem Verständnis von Handlungen und Strukturen vgl. Oswald Schwemmer: Handlung und Struktur. Zur Wissenschaftstheorie der Kulturwissenschaften. Frankfurt/Main (Suhrkamp) 1987, bes. Kap. 4.2, 4.4 und 4.5

haben.[35] So gibt es denn auch Kompositionen, besonders von selbst praktizierenden Musikern, die „in die Finger geschrieben" sind, in die Finger nämlich, denen bestimmte motorische Figuren habituell geworden sind. Daß wir unsere Sprache ähnlich lernen und gebrauchen, sehen wir auch an den typischen Fehlern, die wir in einer Sprache – und in einer anderen Sprache anders – machen, etwa bei Versprechern, in denen die motorisch präsente Assoziation sich gegen den bewußt angezielten Sinn durchsetzt. Aber auch in den vielen Situationen, in denen wir einen Satz beginnen, ohne ihn zu überschauen oder gar seinen Abschluß schon im Kopf zu haben, zeigt sich eine solche über unser Bewußtsein hinausgehende Kompetenz. Wir lassen uns gleichsam von der Sprache tragen, aktivieren motorische, klangliche, aber auch thematische und syntaktische Redefiguren, deren Einsatz von uns nur eine pauschale Kontrolle in bezug auf den angestrebten Sinn erfordert, so etwas wie eine Gesamtleitung mit dem Blick auf die allgemeine Konstellation von im übrigen eingespielten Prozessen.

Schließt man sich dieser Sicht auf die organische (und neuronale) Realisierung der Sprache[36] an, so tritt auf der einen Seite die Eigenstruktur der Sprache (wie anderer kultureller Symbolismen) hervor, schließt sich auf der anderen Seite aber auch der Kreis der Betrachtung wieder mit dem Bezug auf außerbewußte organische und neuronale Prozesse. Sind es doch diese Prozesse, die am Ende die Eigenstruktur der Symbolismen sichern, weil aufbauen und realisieren, und die damit auch die symbolische Existenz des Geistes fundieren. Der Weg von den organischen und neuronalen Prozessen über das Bewußtsein zu den Symbolismen erweist sich so als eine Verbindung der betretenen Felder zu einem Ganzen, das alleine den Geist verstehen läßt. Meine Absicht war, dieses Ganze sichtbar werden zu lassen und damit auch eine kritische, nämlich nicht reduktionistische, Integration von zunächst gegensätzlichen Konzeptionen zu ermöglichen. Sollte das vorgetragene Verständnis von der symbolischen Existenz des Geistes doch sowohl die organischen und neuronalen Prozesse,

[35] Ich habe hier meiner Tochter Katharina zu danken, die mir detailliert erklärte, wie sie ihre Klavierstücke motorisch „mit den Fingern lerne".

[36] Bereits Bergson liefert eine glänzende Analyse des motorischen Gedächtnisses von Bewegungsformen, und dies auch im ausdrücklichen Bezug auf unsere Sprache. Vgl. dazu Henri Bergson, op. cit., S. 66–108; Œuvres, S. 223–261.

die in naturalistischen Konzeptionen hervorgehoben werden, als auch die Bewußtseinsphänomene und -leistungen, auf die eher idealistische Konzeptionen hinweisen, in ihrer Verbindung mit den kulturellen Symbolismen verständlich und als Teilaspekte einer übergreifenden, „interaktiven“ Wirklichkeit des Geistes für die philosophische Reflexion und für wissenschaftliche Forschungsprogramme zugänglich machen.

Thomas Metzinger

Schimpansen, Spiegelbilder, Selbstmodelle und Subjekte

Drei Hypothesen über den Zusammenhang zwischen mentaler Repräsentation und phänomenalem Bewußtsein

Der Moment der Selbsterkenntnis

Wissen Sie, was der Unterschied zwischen einem Schimpansen und einem Rhesusaffen ist? Wenn wir an einer modernen Theorie der Subjektivität interessiert sind, dann wird der interessanteste Unterschied vielleicht der folgende sein: Ein Schimpanse kann lernen, sich selbst im Spiegel wiederzuerkennen – ein Rhesusaffe kann es nicht. Auch Orang-Utans verfügen über diese Fähigkeit, wogegen etwa Gorillas sie nicht besitzen. Bekanntlich sind die allermeisten Tiere nicht in der Lage, sich selbst im Spiegel wiederzuerkennen, also das visuelle Bild eines Artgenossen auch als ein Bild *ihrer selbst* zu erkennen. Wenn man sich jedoch mit einem Schimpansen vor den Spiegel setzt, seine Hand in rote Farbe tupft, sie darauf vorsichtig zu seiner Stirn führt und diese mit einem roten Punkt verziert, dann kann es geschehen, daß der Affe sein Gegenüber im Spiegel – dessen Stirn nun auf einmal einen roten Fleck aufweist – als *sich selbst* erkennt. Man nennt diesen Test auch den *Rouge-Test.*

G. Gallup hat in seinen Experimenten[1] gezeigt, daß Schimpansen diesen Test sogar dann bestehen, wenn sie vor der Applikation des Rouge-Flecks narkotisiert werden. Auch menschliche Kinder bestehen den Rouge-Test, allerdings erst ab einem gewissen Alter. Bei menschlichen Kindern tritt die fragliche Leistung zwischen dem 15. und 24. Lebensmonat auf. Doris Bischof-Köhler hat in ihrer 1989[2] erschienenen Arbeit unter dem Titel „*Spiegelbild und Empathie*" das

[1] Vgl. Gallup 1970, 1977.
[2] Vgl. Bischof-Köhler 1989.

Auftreten der Fähigkeit, sich selbst im Spiegel zu erkennen, in ihrem Zusammenhang mit der Entwicklung von Einfühlungsvermögen, sozialer Kognition und der Kompetenz für *Perspektivenübernahmen* untersucht. Es zeigt sich, daß der Zeitpunkt, ab dem die Fleckmarkierung im Rouge-Test richtig lokalisiert werden kann, bei Kindern weitgehend kulturinvariant ist, daß mit ihm die Entwicklung eines ersten vorrationalen Wissens um die emotionale Verfassung *anderer Menschen* einhergeht und daß nun – allerdings mit einer kurzen zeitlichen Verzögerung – auch die Fähigkeit entsteht, das Spiegelbild mit dem eigenen Namen oder dem Wörtchen „Ich" zu bezeichnen (dies gilt jetzt auch für Fotos, Videofilme usw.).

Was bedeutet es, sich selbst unerwarteterweise in einem Spiegel *wiederzuerkennen?* Was geschieht in solchen Momenten der Selbsterkenntnis, in denen sich gleichzeitig das *Selbsterleben* sprunghaft verändert? Welcher Typ von *psychischem Ereignis* ist es, mit dem auch wir Menschen in solchen Fällen der Ausdehnung unseres phänomenalen Selbstbewußtseins konfrontiert werden? Man kann diese Fragen noch schärfer zu fassen versuchen: Auf welche Art von kognitiver Kompetenz zielt der Rouge-Test ab – etwa im Gegensatz zum *Turing-Test*[3] –, was sagt er uns über die interne Struktur eines informationsverarbeitenden Systems mit psychologischen Eigenschaften? Denn Schimpansen und Menschen sind (neben vielem anderen) auch informationsverarbeitende Systeme und die Mehrzahl der an einer Theorie des Geistes arbeitenden Wissenschaftler und Philosophen sind heute der Auffassung, daß es die *Informationsverarbeitung* im Gehirn ist, die wir untersuchen müssen, wenn wir die Struktur und den Inhalt unseres subjektiven Erlebnisraumes besser verstehen wollen.

Wirft man nun einen Blick auf die aktuelle Diskussion in der analytischen Philosophie des Geistes, dann sieht man, daß dort drei große Problemfelder mit der Frage nach der *Subjektivität mentaler Zustände* verknüpft werden: „das phänomenale Selbst", „Bewußtsein" und „Qualia". Ich werde dem Leser auf den folgenden Seiten für jedes dieser Problemfelder eine provisorische Hypothese anbieten. Die drei Hypothesen sind naturalistische Hypothesen, weil sie davon ausgehen, daß phänomenales *Selbst*bewußtsein, Bewußtsein im allgemeinen und der qualitative Gehalt gewisser innerer Zustände

[3] Vgl. Turing 1950.

(Qualia) *natürliche* Phänomene mit einer *natürlichen* Geschichte sind, für die *natürliche* Erklärungen gefunden werden können. Ich werde dabei so vorgehen, daß ich mich zuerst der Frage nach dem Wesen des phänomenalen Selbst zuwende. Die zweite und dritte Frage Qualia und Bewußtsein – werde ich dann in Form von Einwänden einführen, die bestreiten, daß wir mit einer Theorie des phänomenalen Selbst schon alles über die Subjektivität mentaler Zustände gesagt hätten, was uns interessieren könnte.

Für eine umfassende Theorie der Subjektivität psychischer Zustände benötigen wir ein besseres Verständnis davon, wie die Emergenz eines Erlebnissubjekts, also das Hervortreten eines *phänomenalen Selbst* aus der Aktivität eines biologischen Informationsverarbeitungssystems möglich ist. *Was hat es zu bedeuten, daß unser Erlebnisraum – unter Standardbedingungen – um einen Brennpunkt herum aufgebaut ist, um ein phänomenales Zentrum?* Es ist dieses Zentrum, das uns eine psychische Identität verleiht und dadurch die menschliche Variante phänomenalen Bewußtseins zu einem *zentrierten* Bewußtsein macht. Das *Kernproblem* der „Subjektivität" mentaler Zustände scheint sich dabei in der rätselhaften phänomenalen Qualität der „Meinigkeit" zu verstecken, die die Aktivierung mancher Formen von mentalem Gehalt begleitet. Die Qualität der „Meinigkeit" verleiht dem Bereich des Geistigen eine gewisse *Perspektivität*, eine Eigenschaft, die sich dem objektivierenden Zugriff der Wissenschaft aus prinzipiellen Gründen zu entziehen scheint.[4] Ich werde zunächst einige knappe Bemerkungen zu *diesem* Problem anbieten, das heißt zu dem Problem, wie man vor dem Hintergrund einer naturalistischen Theorie mentaler Repräsentation eine erfolgversprechende Perspektive auf das philosophische Problem des *phänomenalen Selbst* einnehmen kann. Vorher müssen wir jedoch noch einen kurzen Blick auf die logische und erkenntnistheoretische Struktur des zugrundeliegenden epistemischen Prozesses werfen.

Mentale Repräsentation, mentale Simulation und mentale Modelle

Den Begriff der *„mentalen Repräsentation"* kann man als eine dreistellige antisymmetrische Relation zwischen Repräsentanda und

[4] Es ist ein Verdienst Thomas Nagels, diese anti-reduktionistische Argumentationslinie in einem eher ungünstigen intellektuellen Klima offengehalten zu haben, zuletzt in Nagel 1992. Vgl. aber auch Nagel 1981 a, b, 1984, 1991.

Repräsentanten bezüglich eines Systems analysieren: Mentale Repräsentation ist ein Prozeß, der *für* ein System die innere Abbildung eines *Repräsentandums* durch die Erzeugung eines als *Repräsentat* fungierenden Zustands leistet.[5]

Mentale Repräsentation: $\mathbf{M_{Rep}}$ (S, X, Y)

- X repräsentiert Y *für* S.
- X ist ein interner Systemzustand.
- X ist potentiell introspizierbar („mental"); d. h. kann seinerseits zum Repräsentandum von Repräsentationsprozessen höherer Ordnung werden.
- $\mathbf{M_{Rep}}$ ist antisymmetrisch.

Im Idealfall bildet also eine Teilmenge der Eigenschaften des Repräsentats die relevanten „Zieleigenschaften" ab. Da das Repräsentat ein physischer *Teil* des jeweiligen Systems ist – zum Beispiel ein komplexer neuronaler Aktivierungszustand im Gehirn eines biologischen Organismus –, verändert sich das System durch den Vorgang der internen Repräsentation ständig selbst: Es erzeugt in sich neue Eigenschaften, um Eigenschaften der Welt zu erfassen.

In vielen Fällen ist diese Analyse allerdings ganz offenkundig *falsch*. Denn es ist ein wichtiges Charakteristikum menschlichen Bewußtseins, daß mentale Repräsentate oft auch dann aktiviert und miteinander verknüpft werden, wenn das „Y", also die ihren Gehalt bildenden Zustände der Welt keine *aktuellen* Zustände sind: Gehirne können *mögliche* phänomenale Welten erzeugen. Beispiele für solche durch die Generierung möglicher Welten ausgelösten Ketten von subjektiven Erlebnissen sind sexuelle Fantasien, innere Monologe oder auch philosophische Gedankenexperimente wie etwa die *subjektive* Erzeugung objektiver Selbste[6]. Sie umfassen aber insbesondere auch absichtlich eingeleitete kognitive Operationen: die Planung *möglicher* Handlungen, die Analyse *zukünftiger* Zielzustände, das absichtliche „Vergegenwärtigen" *vergangener* mentaler Zustände usw. Offensichtlich haben wir es hier nicht mit einem Fall von mentaler *Repräsentation* zu tun, weil die jeweiligen Repräsentanda

---

[5] Vgl. hierzu auch Hermann 1988. Wesentlich ausführlicher habe ich die nun folgenden Gedanken in Metzinger 1993 a dargestellt.

[6] Vgl. Nagel 1992.

nicht oder nur teilweise als Elemente der aktuellen Systemumwelt gegeben sind. Ich werde solche psychischen Vorgänge darum ab jetzt auch als *„mentale Simulationen"* bezeichnen.

Mentale Simulation: M_{Sim} **(S, X, Y)**

- X simuliert Y *für* S.
- X ist ein mentales Simulat; d.h. es ist das mentale Repräsentat einer kontrafaktischen Situation.
- Y ist eine kontrafaktische Situation.
- das teleologische Zusatzkriterium muß nicht erfüllt sein; die Aktivierung mentaler Simulate kann auch durch zufällige Mikro-Ereignisse auf der neuronalen Ebene ausgelöst werden (Traum, Halluzination).
- M_{Sim} ist antisymmetrisch und kein Fall von M_{Rep}.

Nach diesem Schema ist jede Repräsentation *auch* eine Simulation, aber nicht umgekehrt. Mentale Repräsentation ist nämlich derjenige Sonderfall von mentaler Simulation, bei dem **erstens** das Simulandum zum Zeitpunkt der Aktivierung des fraglichen inneren Zustandes als Element der wirklichen Welt gegeben ist und **zweitens** die Aktivierung des Simulats über die Standard-Kausalketten auslöst. Mit den Begriffen der „mentalen Simulation" und der „mentalen Repräsentation" besitzen wir nun ein erstes rudimentäres Instrumentarium, mit dem wir uns speziellen Problemen für eine zeitgenössische Theorie der Subjektivität nähern können. Auf den folgenden Seiten werde ich mit Blick auf jede der drei eingangs geschilderten Fragen einen vorläufigen technischen Term einführen, der die jeweils zugrundeliegenden Phänomene als einen *Sonderfall* von „mentaler Simulation" zeigt. Mit Hilfe dieser neugewonnenen Begriffe werde ich dann für jedes der philosophischen Probleme eine eigene Hypothese zur Diskussion stellen. Mir geht es dabei nicht darum, einen neuen materialistischen Jargon zu entwickeln, in dem die traditionellen Probleme nicht mehr auftauchen. Ich möchte vielmehr zeigen, daß es vielversprechende Möglichkeiten gibt, diese Probleme in einer empirisch verankerbaren und für zukünftige Entwicklungen offenen Begrifflichkeit darzustellen. Denn es gibt keine prinzipiellen Gründe, aus denen eine naturalistische Theorie des Geistes nicht in der Lage sein sollte, die vielen Rätsel der subjektiven Dimension einer Lösung näher zu bringen.

Das Thema besitzt auch eine erkenntnistheoretische Dimension, denn man kann fragen: Was sind die internen Strukturen, die es einem physischen System ermöglichen, durch Informationsverarbeitung und mentale Repräsentation *Wissen* zu erlangen – Wissen über die Welt und Wissen über sich selbst? Die empirisch plausibelsten und philosophisch interessantesten Kandidaten für diesen Platz innerhalb einer modernen Theorie des Geistes sind möglicherweise *mentale Modelle*. Der Begriff des „mentalen Modells" ist das Herzstück einer Theorie der mentalen Repräsentation, die Colin McGinn die „*Cambridge-Theorie der mentalen Repräsentation*" genannt hat.[7] Dieser Konzeption zufolge sind mentale Modelle *analoge Datenstrukturen*, die keine Variablen enthalten und wahrscheinlich auch interpretiert abgespeichert werden. Sie repräsentieren ihre Gegenstände durch Isomorphismen zweiter oder höherer Ordnung. Das soll heißen, daß das Repräsentat einen Teil der relationalen Struktur des Repräsentandums durch seine *eigene* relationale Struktur intern noch einmal darstellt. Also besitzen mentale Modelle keine Wahrheitswerte oder Referenzobjekte, sie erzeugen ein nicht-diskursives *Wissen durch Ähnlichkeit*. Der Begriff des mentalen Modells ist gegenwärtig ein Arbeitsbegriff, der in verschiedenen Disziplinen auf manchmal divergierende Art und Weise eingesetzt wird. Mentale Modelle scheinen empirisch sehr plausible Entitäten zu sein, die als multimodale Datenstrukturen in menschlichen Gehirnen physisch realisiert sein könnten. Besonders interessant für eine Theorie *phänomenalen Bewußtseins* macht sie die Tatsache, daß sie über ihre relationale Struktur wechselseitig ineinander eingebettet werden können. Also sind mit ihnen auch mentale Simulationen möglich, interne „Trockenläufe", die es dem System ermöglichen, das Endresultat einer Simulation direkt von dem auf diese Weise entstehenden mentalen Gesamtmodell der Wirklichkeit „abzulesen". Soviel zur Erläuterung einiger Hintergrundannahmen. Im nächsten Abschnitt wird deutlich werden, wie man sich unter Abwandlung dieser ersten begrifflichen Einsichten unserer Ausgangsfrage nähern kann: Was geschieht eigentlich, wenn wir uns selbst im Spiegel wiedererkennen?

---

[7] Vgl. hierzu McGinn 1989: 179ff.

Mentale Selbstmodelle: Innere Spiegelbilder

Die im Zusammenhang mit der Frage nach der Möglichkeit von phänomenalem Selbstbewußtsein interessanten Sonderfälle sind die folgenden:

Mentale Selbstrepräsentation: $\mathbf{M_{S\text{-}Rep}}$ (S, X, S)

- X repräsentiert S *für* S.
- X ist ein interner Systemzustand.
- X ist potentiell introspizierbar; d. h. kann seinerseits zum Repräsentandum höherstufiger kognitiver Prozesse werden.
- $M_{S\text{-}Rep}$ ist antisymmetrisch.

Mentale Selbstsimulation: $\mathbf{M_{S\text{-}Sim}}$ (S, X, S)

- X simuliert S *für* S.
- X ist ein mentales Selbst-Simulat; d. h. es ist das mentale Repräsentat eines kontrafaktischen Zustands des Systems als Ganzem.
- Das teleologische Zusatzkriterium muß nicht erfüllt sein, denn es gibt *afunktionale* Selbstsimulate.
- $M_{S\text{-}Sim}$ ist antisymmetrisch.

Ausgehend von dieser ersten Differenzierung des eben skizzierten Begriffsapparates durch zwei weitere Sonderfälle möchte ich nun die erste These meines Beitrags formulieren. Es ist eine Hypothese bezüglich der *repräsentationalen* Entstehungsbedingungen subjektiven Bewußtseins. Ich werde sie ab jetzt als *Selbstmodell-Theorie der Subjektivität* oder *Selbstmodell-Hypothese* – kurz: „SMT" bezeichnen. Sie lautet:

SMT: *Subjektivität* [in dem eingangs angedeuteten schwachen Sinn] *ist eine psychologische Eigenschaft komplexer informationsverarbeitender Systeme, die genau dann instantiiert wird, wenn das System in das von ihm aktivierte Realitätsmodell ein* ***Selbstmodell*** *einbettet.*

Ein Selbstmodell ist ein internes Modell des jeweiligen Systems in seiner Umwelt. Das bedeutet: Das Selbstmodell ist ein mentales Modell genau desjenigen Systems, *durch* das erzeugt wird. Sein Gegenstand – sein *Repräsentandum* – ist ein physikalischer Gegenstand, nämlich dasjenige System, das eben dieses Selbstmodell in Form einer multimodalen Analogstruktur *in sich* aktiviert. Da diese Datenstruktur letztlich durch einen physischen Aspekt des Systems realisiert wird, stoßen wir im Fall der internen Selbstmodellierung auf eine sehr interessante epistemische Struktur: Ein *Teil* des Systems (zum Beispiel ein komplexes neuronales Aktivierungsmuster in seinem Gehirn) funktioniert als mentales Repräsentat für das System *als Ganzes*. Wenn man wollte, könnte man hier von *Selbstähnlichkeit* oder *mereologischer Intentionalität* sprechen: Von der Entstehung einer repräsentationalen Teil-Ganzes-Beziehung.

Das Selbstmodell repräsentiert intern das System als Ganzes *für das System*, es ist – wie alle anderen mentalen Modelle auch – ein Instrument, das von ihm in der Verfolgung gewisser Ziele eingesetzt wird. Mit Blick auf biologische Systeme könnte man es als ein *abstraktes Organ* bezeichnen, das – um eine Metapher von Andy Clark zu verwenden – entwickelt wurde, um unter den Bedingungen eines *„kognitiven Wettrüstens“*[8] zu überleben. In diesem Sinne kann man mentale Selbstmodelle nicht nur als „innere Stellvertreter“ und geistige Bilder des Selbst interpretieren, sondern auch als immer weiter optimierte Waffen, die von Organismen in einem „Informationsverarbeitungskrieg“ eingesetzt werden.

Von besonderer Bedeutung ist die *Einbettungsbeziehung*, die zwischen verschiedenen mentalen Modellen bestehen kann. Die Grundidee ist folgende: Jedes mentale Modell, das in das Selbstmodell eingebettet wird, gewinnt auf der phänomenalen Ebene die Qualität der „Meinigkeit“ hinzu: *Mein* Bein, *mein* Gedanke, *meine* Emotionen usw. Dadurch, daß das mentale Modell eines Beins in das Selbstmodell eingebunden wird, kommt also eine neue psychologische Eigenschaft ins Spiel: *Erlebte* Identität. Wenn der Einbettungsprozeß gestört wird, zum Beispiel unter pathologischen Bedingungen wie denen eines schizophrenen Schubs, kann es geschehen, daß ein Gedanke nicht mehr *mein* Gedanke ist. Oder ein Bein könnte – wie

[8] Vgl. Clark 1989: 62.

wir es von Patienten kennen, die unter einem unilateralen hemisphärischen Neglekt leiden – subjektiv nicht mehr *mein* Bein sein.[9]

Noch bedeutsamer für eine philosophische Theorie phänomenaler Zustände scheint die Tatsache, daß durch die Einbettung eines Selbstmodells in ein inneres Realitätsmodell der *repräsentationale Gesamtzustand* (wenn Sie so wollen: der Bewußtseinszustand des Systems) eine fundamentale *strukturelle* Veränderung erfährt: Er wird nun zu einem *zentrierten* repräsentationalen Zustand. Durch die Einbindung eines Selbstmodells wird das mentale Wirklichkeitsmodell eines Systems nämlich in eine wesentlich reichere und komplexere Struktur verwandelt. Als ein *zentriertes mentales Modell der Welt* kann es nun zur Instantiierungsbasis für neue psychologische Eigenschaften werden – wie zum Beispiel die Entstehung von Selbstbewußtsein.

Kehren wir noch einmal zurück zu unserem Ausgangsbeispiel: Was geschieht in dem Moment, in dem ein Schimpanse sich selbst unerwarteterweise im Spiegel wiedererkennt? Die *äußere* Spiegelung ereignet sich in einem physikalischen Medium, zum Beispiel auf einer Glasplatte, die einseitig mit Metall bedampft wurde. Die *innere* Spiegelung in Form von phänomenalem Selbstbewußtsein entsteht ebenfalls in einem physikalischen Medium: Ein Gehirn aktiviert ein Selbstmodell, eine komplexe Datenstruktur in mehreren Modalitäten. Der Gehalt dieser Datenstruktur ändert sich ständig, denn er ist das betreffende Lebewesen *selbst* in seiner Umwelt. Das *äußere* Spiegelbild wiederum ist dem Schimpansen nur in Form eines mentalen Modells gegeben, technisch gesprochen: als mentales Repräsentat, physikalisch realisiert durch einen ganz bestimmten Aktivierungszustand seines Gehirns. In demselben Moment, indem sich das Selbst-

---

[9] Ich kann an dieser Stelle keine ausführlichen Fallstudien anbieten. Beispiele für zerfallende Selbstmodelle sind etwa die verschiedenen Formen von Ich-Störungen. Darunter fallen auch Patienten, die als Folge von Neglekten oder Angnosien Teile ihres Körpers nicht mehr als Teile *ihres* Körpers erleben und deshalb eine Hälfte ihres Körpers nicht mehr waschen und ankleiden oder eine Gesichtshälfte nicht mehr rasieren. Das besonders eindrücklich Fallbeispiel einer Frau, die aufgrund einer selektiven sensorischen Polyneuropathie zu einer „körperlosen Frau", zu einem selbstbewußten Wesen ohne Körpergefühl wurde, schildert Oliver Sacks in Sacks 1987: 69ff. – Andere Beispiele für philosophisch interessante abweichende Formen der Selbstmodellierung, die das Auftreten *mehrerer* subjektiver Erlebnisperspektiven innerhalb einer einzigen physischen Person nahelegen, sind *Multiple Persönlichkeiten* („Multiple Personality Disorders", MPD-Patienten). Vgl. z.B. Dennett/Humphrey 1989.

modell des Schimpansen im Bereich des Tastsinns kurz verändert *(„Der Mensch tunkt meine Hand in ein Töpfchen und tupft sie auf meine Stirn“)* verändert sich auch das ihm über die visuelle Modalität gegebene mentale Modell eines *anderen* Schimpansen *(„Dem anderen Kerl da drüben wird auch gerade die Hand an die Stirn geführt – und jetzt hat er auch noch einen roten Fleck am Kopf“).* Da beide mentalen Modelle, das visuelle Modell des gegenübersitzenden Artgenossen und das Selbstmodell, in großen Teilen übereinstimmen (das heißt: in einer partiellen relationalen Homomorphiebeziehung zueinander stehen), kann das visuelle Modell in das Selbstmodell *eingebettet* werden. Und genau dies ist der Moment der Selbsterkenntnis. Auf der Ebene des inneren Erlebens wird aus dem Bild eines *anderen* Wesens nun plötzlich *mein* Spiegelbild. Dem neuen *phänomenalen* Zustand entspricht somit ein neuer *repräsentationaler* Zustand, weil das aktive mentale Modell des *anderen* Schimpansen in das gegenwärtige mentale Selbstmodell *eingebettet* wurde. Daß dieser erstaunliche phänomenale Zustandswechsel sehr stark durch neuronale Informationsverarbeitung, also „von unten“ determiniert wird, sieht man daran, daß erwachsene Menschen bei bestimmten Hirnverletzungen die Fähigkeit, ihr eigenes Gesicht im Spiegel wiederzuerkennen, für immer verlieren können.[10]

Viele mentale Modelle werden so schnell und zuverlässig aktiviert, daß wir „durch sie hindurchschauen“.[11] Uns Menschen liegen naivrealistische und metaphysische Interpretationen der fraglichen phänomenalen Zustände deshalb nahe, weil unser Gehirn die Tatsache, *daß* unser mentales Modell der Welt und des Selbst nur ein *Modell* ist, nicht innerhalb desselben noch einmal darstellt. Dadurch werden wir zu Systemen, die auf der phänomenalen Ebene erlebnismäßig unhintergehbar in einem naiv-realistischen Selbstmißverständnis gefangen sind. Um dies nicht nur theoretisch zu verstehen, sondern um auch zu

[10] Das kann zum Beispiel bei *Prosopagnosien* der Fall sein. Die Prosopagnosie ist eine sehr eng *umgrenzte* und häufig zitierte visuelle Agnosie: Sie besteht in der Unfähigkeit, Gesichter wiederzuerkennen – manchmal einschließlich des *eigenen* Gesichts im Spiegel. Das hat zur Folge, daß das interne Modell der Welt nicht nur funktional eingeschränkt, sondern auch *phänomenal depriviert* wird: Personale Identität *als visuell gegebene* verschwindet für immer aus der Erlebniswelt des Subjekts. Vgl. Damasio et al. 1982.

[11] Van Gulick nennt diese Eigenschaft mancher mentaler Repräsentate auch „semantische Transparenz“, vgl. Van Gulick 1988a: 178.

erleben, daß das phänomenale Selbst letztlich nur ein mentales Modell ist, müßten wir ein Modell des eigenen Selbst *als eines internen Konstrukts* in uns aktivieren. Wir würden in einem solchen Fall ganz *andere* psychologische Eigenschaften instantiieren: Sollte es einmal Menschen oder künstliche Systeme geben, die *diese* Tatsache – daß das Selbst ein mentales Modell ist – *innerhalb* desselben noch einmal darstellen, dann würden sie in einem völlig anderen Bewußtseinszustand leben als wir.

Neuronale Informationsverarbeitung und der qualitative Gehalt innerer Erlebnisse

Die Freunde des metaphysischen Subjekts: Auch durch solche vulgärbuddhistischen Anspielungen können Sie uns nicht darüber hinwegtäuschen, daß es im Rahmen Ihrer modischen Repräsentationstheorie niemals möglich sein wird, die Subjektivität mentaler Zustände in ihrem vollen Gehalt zu verstehen. Daß *objektive* Beschreibungssysteme niemals den *subjektiven* Charakter des Mentalen einfangen können, sieht man doch allein daran, daß wir prinzipiell eine Maschine bauen könnten, die ständig einen Teil ihrer eigenen Zustände überwacht und intern in Form eines „Selbstmodells" darstellt. Niemand würde glauben, daß ein solches System subjektive Zustände oder eine phänomenale Innerlichkeit besäße!

Der Naturalist: Richtig. Um mit Thomas Nagel zu sprechen: Niemand würde glauben, daß es *„irgendwie ist, dieses System zu sein"*[12]. Die inneren Repräsentationsvorgänge einer solchen Maschine würden in erlebnismäßiger Blindheit ablaufen. Wenn man das Nagel'sche *„Wie es ist, ein X zu sein"* als die Gesamtheit der zu einem gegebenen Zeitpunkt im phänomenalen Raum eines bewußten Wesens auftretenden Qualia interpretiert, dann heißt das, daß wir zusätzlich zu einer repräsentationalen Theorie über die „Meinigkeit" mancher Formen von mentalem Gehalt auch noch mindestens eine adäquate Theorie über „Röte" oder „Schmerzhaftigkeit" – das heißt: über *qualitativen Gehalt* – entwickeln müssen. Warum sollte dies prinzipiell unmöglich sein?

---

[12] Vgl. Farrell 1950, Nagel 1981 b.

Die Geschichte subjektiven Bewußtseins auf unserem Planeten war eine *biologische* Geschichte. Eine der frühesten und grundlegendsten Aufgaben von Bewußtsein wird es gewesen sein, zu *präsentieren:* Interne Ereignisse zu erzeugen, die zuverlässig die *Gegenwart* äußerer Eigenschaften der Welt anzeigen. Solche Zustände könnten sich von reinen Reflexbögen dadurch unterschieden haben, daß sie ein stabiles internes *Präsentat* erzeugten. Insofern solche inneren Zustände bereits das Potential besitzen, vorübergehend zu Inhalten subjektiven Bewußtseins zu werden, kann man sie auch als *mentale Präsentate* bezeichnen. Mentale Präsentate besitzen zwei Eigenschaften, die für das philosophische Qualia-Problem von zentraler Bedeutung sind.

Erstens: Sie sind nicht unabhängig vom Strom des Inputs aktivierbar. Mentale Präsentate haben *Signalcharakter,* d. h. sie signalisieren *für* ein System die aktuelle Präsenz eines Präsentandums. Mentale Präsentation ist also eine rudimentäre Form von mentaler Repräsentation. Schmerzerlebnisse oder eine türkise Farbwahrnehmung können wir nicht unabhängig von einer Signalquelle in uns erzeugen. Denn es gibt in nicht-pathologischen Zuständen keine Möglichkeit einer *phänomenalen Simulation* von Qualia: Mentale Präsentate unterscheiden sich von mentalen *Repräsentaten* dadurch, daß sie nicht simulationsfähig sind. Wir können ein Schmerzerlebnis oder ein türkises Seherlebnis nicht einfach mit geschlossenen Augen in uns erzeugen. Weil Präsentate nicht die kausalen *Relationen* von Umweltelementen untereinander abbilden, sondern die pure aktuelle *Präsenz* einer Reizquelle zum Inhalt haben, hat es auch den Anschein, als entzögen sie sich einer *funktionalen* Analyse. In Qualia erleben wir, so scheint es, ein reines, nicht-relationales Präsentieren.

Mentale Präsentation: $\mathbf{M}_{\mathbf{Prä}}$ (S, X, Y)

- X präsentiert Y *für* S.
- X ist ein Präsentat; ein nicht simulationsfähiger interner Systemzustand, der nur bei konstantem Input aufrechterhalten werden kann.
- $\mathbf{M}_{\mathbf{Prä}}$ ist antisymmetrisch.

Zweitens: Unsere cartesianischen Intuitionen bezüglich der Transparenz und Unmittelbarkeit phänomenalen Bewußtseins haben neben dem puren Präsentationsaspekt mancher mentalen Zustände ihre Wurzeln in mindestens einer weiteren Eigenart dieser Zustände. Viele von ihnen besitzen eine *instantane* Qualität. Das bedeutet, daß zu ihrem subjektiven Erlebnischarakter auch eine *Unmittelbarkeit im zeitlichen Sinne* gehört. Wenn die mit ihnen verknüpften mentalen Gehalte subjektiv gegeben sind, dann ist auch der pure Präsentationsaspekt „immer schon" gegeben. Der rote Apel auf dem Tisch ist immer schon rot, der qualitativ-präsentative Aspekt der Röte ist unter Standardbedingungen immer schon Teil des Gesamterlebnisses. Interessanterweise ist er das aber ohne in Relation zu anderen Eigenschaften des Apfels (räumliche Ausdehnung, Form, Gewicht) oder weiteren Elementen des phänomenalen Feldes zu stehen. Die *Kombination* der Unabhängigkeit von anderen relationalen Inhalten und des erlebnismäßigen Immer-schon-Gegebenseins kann zu einer *transzendentalen* Interpretation von Qualia verleiten. Wenn man die intuitive Evidenz introspektiver Erlebnisse nicht erkenntniskritisch hinterfragt, gelangt man auf diese Weise fast zwangsläufig zur Postulierung von *phänomenalen Individuen* und anderen außerweltlichen Gegenständen.

Gegen die Freunde des metaphysischen Subjekts, die diese Eigenart mancher mentaler Zustände theoretisch ausbeuten möchten, läßt sich aus naturalistischer Perspektive einwenden: Es gibt gute neuroinformatische Alternativerklärungen. Wenn nämlich die zugrundeliegenden Prozesse neuronaler Informationsverarbeitung schlicht zu *schnell* sind, als daß sie zu Repräsentanda von Introspektion werden könnten, dann wird den so erzeugten Präsentaten auf der Ebene bewußten Erlebens die Qualität des „Gewordenseins" oder „intern Konstruiertseins" fehlen. Wenn mentale Repräsentate die Resultate interner Informationsverarbeitungsvorgänge sind, dann bedeutet das nämlich nicht automatisch, daß die Zeitlichkeit der zugrundeliegenden Vorgänge *durch ihren Gehalt* noch einmal dargestellt wird. Wenn Qualia zudem *funktionale* Zustände sind, deren Funktion im Signalisieren der *puren Präsenz* eines Sachverhalts in der Welt *für* das jeweilige System besteht, dann ist es natürlich sinnvoll, daß diese Zustände so schnell wie möglich erzeugt werden und die relationalen Eigenschaften sowie die Prozessualität ihrer kausalen Antezedentien nicht darstellen. Schmerzen *müssen* schnell sein, um ihre biologische Funktion – die Auslösung erfolgreichen Vermeidungsverhaltens – zu erfüllen.

Wie steht es jedoch mit den jeweiligen *Qualitäten*, die uns subjektiv durch mentale Präsentate zeitlich unmittelbar und nicht-derivativ gegeben sind? Ein Schmerzerlebnis oder eine Rotwahrnehmung präsentieren dem psychologischen Subjekt scheinbar eine pure Qualität, eine *phänomenale Essenz*. Diese Qualität hat einen monadischen Charakter, sie scheint der private *Kern* des Erlebnisses zu sein. Sie ist außerdem inkommunikabel: Wir können einem Blinden nicht erklären was *Röte* ist. Außerdem weist die subjektive Qualität eines Präsentats *prima introspectione* keinerlei Beziehungen zu anderen Elementen der phänomenalen Ebene auf, sie kann nicht durch andere Elemente analysiert werden. Diese vermeintliche *Irreduzibilität* von Qualia hat monistischen Philosophen seit jeher Sorgen bereitet. Einige von ihnen haben Qualia ignoriert[13], andere haben versucht, sie zu eliminieren[14], zu Epiphänomenen zu degradieren[15] oder einfach ihre Existenz überhaupt bestritten[16]. Wichtig scheint in Zusammenhang mit der aktuellen Diskussion jedoch, daß eine naturalistische Theorie des Geistes den qualitativen Gehalt mentaler Zustände *ernstnimmt*. Gegenüber den Theoretikern vergangener Jahrhunderte besitzen wir den Vorteil, daß wir ein wesentlich besseres und sich ständig vergrößerndes Wissen über die physischen Entstehungsbedingungen phänomenaler Qualitäten besitzen. Es wäre falsch, auf diesen Vorteil mit physikalistischer Arroganz gegenüber dem Problem zu reagieren.

Was also ist *allen* Roterlebnissen gemeinsam? Roterlebnisse sind aktive mentale Präsentate, Datenstrukturen eines gewissen Typs, die immer einem bestimmten Modul bzw. dem *Subsystem* eines solchen Moduls entstammen. Module sind funktionale Untereinheiten informationsverarbeitender Systeme, die – um die Terminologie von Jerry Fodor zu übernehmen – informationell eingekapselt[17] sind. Das heißt: Ihr interner Informationsfluß ist weitgehend von dem anderer Prozessoren abgeschottet. Auf einem Computer könnten wir festlegen, in welchem *Format* wir Information repräsentieren und ausgeben lassen. Zum Beispiel könnten wir Information in Form von Bildern und in Form von Sätzen repräsentieren, verarbeiten oder auch *extern*

[13] Dies gilt für die frühe Phase des Maschinenfunktionalismus. Vgl. Putnam 1975, dazu auch Nemirow 1979.

[14] Vgl. Churchland 1981 b, 1985 b.

[15] Vgl. Jackson 1982.

[16] Vgl. Dennett 1988.

[17] Vgl. Fodor 1983, III.5.

darstellen lassen. Gehirne dagegen scheinen bereits auf der Ebene ihrer physischen Realisierung weit stärker modularisiert zu sein. Das heißt: Biologische Informationsverarbeitssysteme wie das menschliche Gehirn haben bereits auf der Hardware-Ebene wesentlich mehr funktionale Subsysteme. Man kann nun annehmen, daß jedes dieser Subsysteme, soweit es vom restlichen Informationsfluß abgeschottet ist, mit eigenen *internen Formaten* arbeitet. Wenn diese Vermutung richtig ist, dann werden eine Vielzahl von Modulen ihren Output auch in einer Vielzahl von Formaten weitergeben. Die betreffenden Aktivierungszustände könnten prinzipiell durch ihre *Position in Vektorräumen* mathematisch exakt beschrieben werden und die dabei eingesetzten „internen Formate" kann man ebenfalls als *abstrakte Eigenschaften* neuronaler Erregungsmuster verstehen.

Die Formate aktiver Datenstrukturen haben nun interessante Eigenschaften mit dem qualitativen „Kernaspekt" mentaler Präsentate gemein: Sie sind inkompatibel mit *anderen* Formaten und weisen – so sie nicht in einem noch höheren Format integriert werden – untereinander keinerlei informatische Beziehung auf. *Röte* könnte schlicht ein bestimmtes *Präsentationsformat* sein, das von gewissen Subsystemen des menschlichen Gehirns verwendet wird. Die phänomenale Atomizität und Irreduzibilität auf andere phänomenale Elemente könnte **erstens** aus der Inkompatibilität der jeweiligen Formate resultieren und **zweitens** daraus, daß der Prozeß, durch den die fraglichen Repräsentate aus niedrigstufigeren Repräsentaten mit eigenen Formaten erzeugt werden, selbst *kein* Repräsentandum mentaler Meta-Repräsentation ist. Und im Fall des *Farbensehens* kann man sogar sagen, daß der qualitative Aspekt visueller Präsentate dem psychologischen Subjekt eine wichtige Information anbietet: Nämlich durch *welches Subsystem* eines Sinnesmoduls der fragliche Bewußtseinsinhalt geliefert wird. Darum trägt auch der qualitative Aspekt mentaler Präsentate Information, und zwar über ihre *physische Genese*.

Der vorwissenschaftliche Begriff von Qualia ist voller Widersprüche und eignet sich nicht für ein adäquates Verständnis unserer phänomenalen Zustände. Die philosophische Analyse ihrerseits zeigt die Unmöglichkeit, das Konzept mit einem präzisen begrifflichen Gehalt zu versehen und dabei unsere essentialistischen Intuitionen zu retten. Man kann nun die *Elimination* der diffusen theoretischen Entität „Qualia" favorisieren oder man kann versuchen, das Problem weiterhin ernstzunehmen, indem man den vortheoretischen Begriff klärt und vorsichtig in einen *technischen Term* überführt – zum Beispiel vor dem Hintergrund einer am Modell der Informationsverarbeitung orientierten Theorie mentaler Repräsentation. Dies werde ich nun – in zugegebenermaßen sehr spekulativer Weise – zu tun versuchen, in dem ich die folgende provisorische Hypothese aufstelle:

> **(AIT):** *Qualia sind* ***Analog-Indikatoren****, die für ein System die aktuelle Gegenwart eines Präsentandums intern signalisieren. Das, was alle introspektiv erlebbaren mentalen Präsentate (die durch den Vorgang erzeugten aktiven Datenstrukturen) eines phänomenalen Typs (einer Quale) miteinander gemein haben, ist ihr* ***Format****.*

Was ist ein Indikator? Betrachten wir dazu kurz die entsprechende Funktion in *natürlichen Sprachen.* Indikatoren oder indexikalische Ausdrücke wie „Ich", „Hier", „Dieses da", „Jetzt" sind Beispiele für solche Ausdrücke. Ihre Referenz hängt von dem räumlichen, zeitlichen oder psychischen Kontext und der *Position* des Sprechers in diesem Kontext ab. Sie helfen dem Sprecher, sich zu *orientieren* und zu *lokalisieren.* In gehaltvollen Aussagen können Indikatoren in ihrer Bezugnahme fehlgehen, darum sind sie *digitale Indikatoren* – sie erzeugen Wahrheit und Falschheit.

Analog-Indikatoren – wie zum Beispiel die von mir beschriebenen *mentalen Präsentate* – melden dagegen durch einen *systeminternen* Zustand die pure *Präsenz* eines Reizes. Als Datensätze sind sie unter der Hinsicht ihres Gehalts nicht relational *struktuiert,* aber sie besitzen relationale Eigenschaften (zum Beispiel bezüglich anderer Systemzustände und ihrer physikalischen Aktivierungsbedingungen). Wenn wir den Gehalt eines visuellen Präsentats sprachlich wiedergeben wollen, müssen wir *Digital-Indikatoren* verwenden, zum Beispiel, indem wir sagen: „Hier – Jetzt – Rot!" Das verdeutlicht vielleicht aus *externer* Perspektive die *interne* Funktion von Indikatoren. Warum aber *Analog*-Indikatoren? Weil mentale Präsentate einen *Intensitätsparameter* besitzen: Rotwahrnehmungen, Schmerzerlebnisse und Gefühle oder Stimmungen können innerhalb eines bestimmten Bereichs die *Intensität* oder *Signalstärke* des Präsentandums für den Organismus *intern darstellen.* An diesem Punkt wird man allerdings unweigerlich mit einem weiteren anti-naturalistischen Einwand konfrontiert.

Die Freunde des metaphysischen Subjekts: Das ist ja alles gut und schön – aber es sagt uns nicht das, was wir doch immer wissen wollten: Ist die *subjektive* Taxonomie mentaler Zustände abbildbar auf die entstehende *neurowissenschaftliche* Taxonomie? Was ist denn nun am Ende die Qualität der *Röte* und die *Schmerzhaftigkeit* von Schmerzen?

Der Naturalist: Ihren Rotwahrnehmungen und Schmerzerlebnissen liegen bestimmte *Datenstrukturen* zugrunde, die von komplizierten Mechanismen erzeugt werden (durch einen Vorgang, den wir auf einer höheren Beschreibungsebene als *mentale Präsentation* analysieren können) und die physikalisch durch bestimmte neuronale Erregungsmuster realisiert werden. *Als Datenstrukturen* besitzen sie eine *abstrakte Eigenschaft:* Das *Format*, in dem sie vorliegen. Möglicherweise ist es genau dieses Format, das wir durch Metarepräsentation erfassen, wenn wir mentale Präsentate *introspektiv individuieren.* Daß das *Format* das entscheidende Merkmal sein könnte, sehen Sie schon daran, daß es genau der *qualitative* Aspekt ist, der bei der Darstellung von Präsentaten *in anderen Repräsentationsmedien mit anderen Formaten* verlorengeht: In einem *propositionalen Repräsentat* nach dem Muster *„Hier – Jetzt – Zahnschmerzen!"* geht nämlich genau das *Format* der als „Zahnschmerz" kategorisierten Datenstruktur verloren. Der *Indikator-Aspekt* dagegen bleibt bestehen: Aus der *„Hier – Jetzt"*-Komponente der sprachlichen Äußerung geht immer noch eindeutig hervor, daß *in diesem System* und *gerade jetzt* eine bestimmte Datenstruktur aktiv ist. Worauf wir uns also bei Selbstzuschreibungen von Qualia beziehen, sind *abstrakte Eigenschaften in uns aktivierter Datenstrukturen.* Das philosophische Problem, auf das diese Hypothese zu antworten versucht, besteht darin, daß es eindeutig *phänomenale Familien* (Klänge, Farben, Gerüche usw.) gibt, die subjektive Erfahrung selbst aber zunächst keinerlei Hinweise darauf enthält, *wodurch* sie zu Familien werden. *Objektive Ähnlichkeitsklassen* (etwa von Datenstrukturen mit gleichen abstrakten Eigenschaften) müssen durch direkte Relationen mit solchen Familien von phänomenalen Zuständen verknüpft werden. Derzeit ist es noch zu früh, um genauere Aussagen in dieser Richtung machen zu können. Es besteht aber guter Grund zu der Hoffnung, daß sich zukünftig enge Korrelationen zwischen der wissenschaftlichen Kategorisierung der vielen vom Gehirn angewandten Formate und den während ihrer Aktivierung von Versuchspersonen gegebenen *introspektiven* Gehaltszuschreibungen herausstellen werden.

Die Freunde des metaphysischen Subjekts: Ihren kindlichen szientistischen Optimismus bei der Kolonisierung unserer inneren Natur in allen Ehren – aber merken sie nicht, wie unplausibel diese Strategie ist? Das Verblüffende an Qualia ist doch gerade ihre *Konkretheit!* Wie könnte die phänomenale *Konkretheit* der Röte oder der Schmerzhaftigkeit mit einer *abstrakten* Eigenschaft irgendwelcher neuronaler Datenstrukturen identisch sein?

Der Naturalist: Das *bewußte* psychische Erlebnis *konkreter Röte* oder *konkreter Schmerzhaftigkeit* entsteht dadurch, daß das Format, – also ein Set abstrakter Eigenschaften des *als Datenstruktur* betrachteten mentalen Präsentats – *noch einmal* durch unser zentrales Nervensystem metamodelliert wird. Qualia sind also kein letztlich *physikalisches* Phänomen, sondern ein *repräsentationales:* Was wir als „Quale“ erleben, sind nicht neuronale Vorgänge selbst, sondern durch eine Megarepräsentationsfunktion abgebildete *abstrakte Eigenschaften* einer durch diese Vorgänge erzeugten Datenstruktur. Die Darstellung derselben Eigenschaft durch *intersubjektive Repräsentationssysteme* – zum Beispiel durch lebensweltliche, wissenschaftliche oder philosophische Diskurse – ist etwas *ganz* Anderes.

Bewußtsein: Subsymbolische Metarepräsentation

Die Freunde des metaphysischen Subjekts: Sie haben natürlich teilweise recht. Wir wissen heute einerseits, daß auch das Auftreten von *Bewußtheit* eng mit neurobiologischen Ereignissen korreliert ist. Andererseits scheint eine *physikalische Reduktion* oder eine *funktionale Analyse* diese Phänomens – das müssen Sie zugeben – unmöglich. Denn selbst wenn es uns gelänge, einer Maschine all die funktionalen Eigenschaften zu verleihen, die wir bei einem Menschen als Merkmale von Bewußtheit ansehen, würden wir deshalb noch lange nicht glauben, daß diese Maschine auch bewußt *ist.* Angenommen, wir bringen einem künstlichen System, bei, sich selbst auf eine Weise zu konfigurieren, die es ihm ermöglicht, sich intelligent und zielgerichtet zu verhalten und sich erfolgreich in der Welt zu bewegen – wer von uns würde glauben, daß wir *Künstliches Bewußtsein* realisiert hätten und nicht bloß *Künstliche Intelligenz?* Wären wir mit einem natürlichsprachigen System konfrontiert, welches sogar auf eine derart umfangreiche Wissenbasis zugreifen könnte und über ein so *reiches implizites Hintergrundwissen* bezüglich *unserer* Lebensform verfügen würde, daß es den Turing-Test bestünde und für beliebige menschliche Kommunikationspartner nicht mehr aufgrund von Defiziten in der Fähigkeit, ein intelligentes Gespräch mit ihnen zu führen, als künstliches System zu entlarven wäre: Hätten wir nicht immer noch starke Zweifel daran, daß *in* einem solchen künstlichen System das Licht der Bewußtheit scheint? Und selbst wenn Ihre irregeleitete – weil an technischen Metaphern orientierte – Philosophie des Geistes einmal zur Entwicklung technischer Dämonen führt und ein sprachbegabter Roboter der Zukunft tatächlich durch ein so komplexes und subtiles Netz von Kausalketten und funktionalen Zuständen mit seiner Umwelt verwoben wäre, daß wir bei der Vorhersage und Erklärung seiner Handlungen nicht umhin könnten, ihn als *intentionales System* zu beschreiben, als ein System, dessen innere Zustände wir als Zustände mit *intentionalem Gehalt* analysieren müssen, wenn wir seine Verhaltensmuster überhaupt noch verstehen wollen – würden wir deshalb annehmen, daß wir nun auch ein *phänomenales System* konstruiert haben?

Der Naturalist: Sicher nicht. Wir können vielleicht *kognitive Agenten* konstruieren, handelnde Systeme, die aktiv Wissen über die Welt aufbauen und für gewisse Zwecke einsetzen. Es mag auch sein, daß solche, wie Sie sagen, „technischen Dämonen" uns recht bald durch die Komplexität ihres behavioralen Profils und durch den repräsentionalen Reichtum ihrer internen Zustände verblüffen werden. Aber solange wir diese internen Zustände durch Turing-Maschinentafeln oder Vektoranalysen erläutern können, solange können wir immer sagen: „All dies ist vollkommen *ohne Bewußtsein* möglich! Wir haben es mit einem mechanischen System zu tun, *alle* seine Eigenschaften sind aus den Eigenschaften seiner Teile und ihrer Beziehungen untereinander abzuleiten." Selbst wenn es dem System gelingt, durch sein enormes Wissen, seine Flexibilität und seine beeindruckende Performanz unsere Intuitionen ins Wackeln zu bringen, dürfen wir eines nicht vergessen: Das System wird niemals wirklich verstehen, was der Unterschied zwischen *Wachen* und *Schlafen* ist! Unangenehm würde die Situation erst, wenn einer unserer künstlichen kognitiven Agenten (in der ihm eigenen *sachlichen* Art und Weise) erwidert: „Aber ihr wißt es ja *selbst* gar nicht!" Wenn ein künstliches System uns in eine Diskurssituation zwingt und rational für seine *eigene* Theorie des Geistes zu argumentieren beginnt, dann wären wir gezwungen, ihm zu zeigen, daß der Term „Bewußtsein" einen sinnvollen Platz in einer wissenschaftlichen Taxonomie psychischer Zustände einnimmt, die der seinigen *überlegen* ist. Auch darum sollte man an einer Theorie des Bewußtseins interessiert sein, mit der ein klar bennnbarer Erkenntnisfortschritt erzielt werden kann – und sei es nur ein kleiner.

Die Freunde des metaphysischen Subjekts: Der wird Ihnen, was die *Subjektivität* des Mentalen betrifft, deshalb nicht gelingen, weil die aller Reflexion vorausgehende Selbsttransparenz des Bewußtseins eben genau die uneinholbare Dimension des Subjektiven markiert, an der das wissenschaftliche Erkenntnisideal schließlich zunichte werden muß. In der Diskussion mit einem ihrer zukünftigen technischen Dämonen würden wir uns einfach auf außerwissenschaftliche Erkenntnisquellen berufen und sagen: „Was Bewußtsein ist, ist *evident*. Alle bewußte Wesen – zu denen Du nicht gehörst – *wissen,* daß sie bewußt sind und verstehen sofort, was mit diesem Ausdruck gemeint ist."

Der Naturalist: Bestimmt würden an diesem Punkt eine Reihe materialistischer Philosophen die Solidarität aller biologischen Wesen durchbrechen und mit ketzerischem Stolz verkünden, daß auch *sie* noch nie verstehen konnten, was es eigentlich heißt, daß *sie* „Bewußtsein" besitzen sollen. Wollte man eine solche unheilige anticartesianische Allianz erfolgreich zurückschlagen, so müßte man überzeugend darlegen können, daß das, was wir alle immer schon ganz selbstverständlich als unser *Bewußtsein* bezeichnen, ein *reales* Phänomen ist, dem eine präzise Position innerhalb einer naturalistsichen Theorie des Geistes zugewiesen werden kann.

Was ist der Kern dieses Philosophenstreits? *Generell* haben mechanistische Ansätze zu einer Theorie des Geistes das Problem, *phänomenale Ganzheiten* – wie sie durch subjektive Qualitäten und Bewußtheit (*Bewußtheit* ist die umfassendste dieser Ganzheiten) dargestellt werden – auf Elemente tieferliegender naturwissenschaftlicher Beschreibungsebenen und deren Relationen zu reduzieren oder anderweitig[18] in Beziehung zueinander zu setzen. Man kann das

---

[18] Nicht-reduktive Relationstypen wären etwa *Supervenienz* oder *Emergenz*. Sie sind bereits mit sehr unterschiedlichem Erfolg auf das Leib-Seele-Problem angewandt worden. Vgl. Bunge 1984, Haugeland 1982, Kim 1974, 1978, 1982, Metzinger 1985, 1990, 1991.

Explanandum („phänomenales Bewußtsein") auf vielen Ebenen der Systembeschreibung versuchsweise fixieren, wobei das *prinzipielle* Problem einer Zuordnung der dann entstehenden Begriffe zur introspektiven Erfahrung und ihrer Interpretation durch die cartesianisch gefärbte Alltagssprache bestehen bleibt. Welche vorläufige Antwort auf die Bewußtseinsfrage könnte man aus der Perspektive einer *repräsentationalistischen* Theorie des Geistes geben? Zunächst kann man die These aufstellen, daß *bewußt* genau all jene mentalen Simulate, Repräsentate und Präsentate sind, die durch einen zweiten internen Repräsentationsprozeß erfaßt und dadurch zu Inhalten phänomenalen Bewußtseins *gemacht* werden.

Mentale Meta-Repräsentation: $\mathbf{M}_{\mathbf{Prä}}$ (S, X, Y)

- X präsentiert Y *für* S.
- Y ist eine Teilmenge der in S aktiven mentalen Repräsentate, Simulate oder Präsentate.
- X ist das jeweilige *bewußte* Modell des Selbst und der Welt in und *für* S.
- $\mathbf{M}_{\mathbf{M\text{-}Rep}}$ ist antisymmetrisch.
- $\mathbf{M}_{\mathbf{M\text{-}Rep}}$ immer ein Fall von $\mathbf{M}_{\mathbf{M\text{-}Rep}}$.

Phänomenales Bewußtsein ist darüber hinaus jedoch **zweitens** ein *epistemisches* Phänomen: In ihm wird etwas gewußt. Das „Gewußte" ist jedoch keine propositionale Wahrheit und es liegt – ganz im Gegensatz zum klassischen „Reflexionsmodell"[19] – auch keine Identität von Subjekt und Objekt vor. Denn der epistemische Agent (das „Subjekt metarepräsentationaler Erkenntnis") ist das jeweilige System als Ganzes. Das, was erkannt wird (das „Objekt metarepräsentationaler Erkenntnis"), sind gewisse innere Abbildungsvorgänge, die zum Beispiel im Gehirn eines Menschen ablaufen. Dadurch, daß sie von höherstufigen Abbildungsvorgängen noch einmal erfaßt werden, entsteht eine neue psychologische Eigenschaft: *Bewußtheit*. Ich werde nun wiederum eine provisorische Hypothese zur Entstehung *bewußter* Repräsentate in einem informationsverarbeitenden System aufstellen und dann einige kurze Erläuterungen anbieten.

[19] Vgl. etwa Frank 1991 und Tugendhat 1979.

> **(MRT):** *Die Inhalte phänomenalen Bewußtseins sind Meta-Repräsentate, die für ein System eine Teilmenge der gegenwärtig in ihm aktivierten mentalen Simulate und Präsentate abbilden. Das, was alle bewußten inneren Zustände miteinander gemein haben, ist die Tatsache, daß sie durch eine* ***Metarepräsentationsfunktion*** *erfaßt werden.*

Beim gegenwärtigen Stand unseres empirischen Wissens wären Vermutungen über die neurobiologische *Realisierung* der entsprechenden Metarepräsentationsfunktion im menschlichen Gehirn verfrüht und hochspekulativ. Man kann aber vor dem Hintergrund neuerer Erkenntnisse über massiv parallel arbeitende Systeme und die Art der von ihnen erzeugten internen Repräsentate bereits auf einen Punkt hinweisen, der eine moderne, naturalistische Theorie des Bewußtseins einmal von traditionellen Modellen unterscheiden könnte: Eine *repräsentationalistische* Theorie des Bewußtseins ist nicht unbedingt auch eine *propositionalistische* Theorie des Bewußtseins. Wenn nämlich die metarepräsentierende Funktion auf dem *subsymbolischem* Niveau eines Systems operiert – etwa, indem die Aktivierungszustände einiger innerer Schichten eines neuronalen Netzes durch die Aktivierungsmuster *anderer* Schichten abgebildet werden – dann wäre die diesen Prozeß beschreibende Theorie des Bewußtseins eine *mikrokognitive* oder *mikrofunktionalistische*[20]. Eine solche Theorie des Bewußtseins hätte sich an der Feinstruktur eines Netzwerkes zu orientieren, sie würde Bewußtsein als *nicht-regelgeleitete Darstellung einer Menge von Subsymbolen durch eine andere Menge von Subsymbolen* innerhalb eines Parallelsystems erklären. Da das Gehirn ein massiv parallel arbeitendes selbstorganisierendes System ist, liegen solche Vermutungen nahe. Bewußtsein muß nicht auf *deklarativem* Meta-Wissen eines Systems über seine eigenen inneren Zustände beruhen[21]. Wenn Bewußtsein *überhaupt* als eine höherstufige, rekursive Form von biologischer Informationsverarbeitung erklärt werden kann, dann lassen sich vielleicht aus der Theorie konnektionistischer Systeme theoretische Modelle entwickeln, die

[20] Vgl. Clark 1987: 34.

[21] Vgl. Van Gulick 1988a, b.

zeigen, wie Metarepräsentation *ohne* diskrete interne Symbole oder *propositionales* inneres Wissen realisiert werden könnte. Die neue psychologische Eigenschaft der „Bewußtheit" würde in solchen Systemen nicht die Einheitlichkeit des internen Darstellungsraums „von oben" *stiften*. Vielmehr würde diese umgekehrt einfach dadurch *entstehen*, daß ein komplexes, nicht-lineares physikalisches System sich bei jedem gegebenen Input wieder in seinen energieärmsten Zustand zu relaxieren versucht. Damit gibt es – das ist jenseits aller technischen Details die philosophisch interessante Einsicht – die Möglichkeit eines Mittelwegs zwischen platten Reduktionismen, diffusen Emergenztheorien des Bewußtseins und klassisch-kognitivistischen Erklärungsstrategien. Dieser Mittelweg heißt *subsymbolische Meta-Repräsentation.*

In Analogie zu den Überlegungen des vorangegangenen Abschnitts kann man nun sagen: Die *Homogenität* des phänomenalen Bewußtseins ist eine Illusion, die durch einen niedrigen zeitlichen Auflösungsgrad derjenigen Funktion bedingt ist, die mentale Repräsentate zu bewußten *macht.* Angenommen, es gibt eine metarepräsentierende Funktion, die durch „reflexive" Operationen auf bestimmten mentalen Repräsentaten höherstufige Repräsentate erzeugt, die *selbst* unbewußt bleiben, aber ihren Repräsentanda die fragliche Qualität verleihen. Dann wäre **erstens** Bewußtsein aus der Perspektive der Wissenschaft keine instantane Qualität mehr, weil der es erzeugende neurobiologische Prozeß *Zeit* benötigt. Dieser Umstand macht es für das Gehirn notwendig, seine Informationsverarbeitung zeitlich zu quanteln und gewisse Reize etwa zu *antedatieren,* um zu einem homogenen, multimodalen Modell des fraglichen Repräsentandums zu gelangen. **Zweitens** könnte diese Funktion Diskontinuitäten, zeitliche Brüche oder Ambiguitäten ausfiltern, indem sie mehrere Input-Repräsentanda der tieferliegenden Repräsentationsebenen zusammenfaßt[22] zum Output von wesentlich weniger Repräsentaten auf der

[22] Wenn diese empirische Spekulation in die richtige Richtung geht, dann bestimmt das *Auflösungsvermögen* der Metarepräsentationsfunktion (über die „Körnung" des von ihr erzeugten Repräsentats) die Größe der kleinsten phänomenalen Einheiten. Das durch die Kapazität der neurobiologischen „Wetware" begrenzte phänomenale *Zeitbewußtsein* bsteht zum Beispiel aus subjektiven „Augenblicken" von maximal 3 Sekunden (vgl. Pöppel 1985). Innerhalb der durch das „Gegenwartsfenster" der neuronalen Mechanismen determinierten *inneren Jetzte* herrscht bezüglich des Zeiterlebens dann genau die fragliche *temporale Homogenität.*

Ebene des phänomenalen Bewußtseins. Vollständige Homogenität wäre aber nur zu erreichen, wenn die gesamte Information in ein *einziges* Repräsentat zusammengeführt würde. Der Kerngedanke ist, daß ähnlich wie bei Bildern auf dem Schirm eines Fernsehgerätes – die uns als homogen erscheinen, obwohl sie etwa 70 Mal pro Sekunde neu aufgebaut werden – auf der Ebene der *Bewußtseinsinhalte* eine Homogenitätsillusion entsteht, weil die diesen höherstufigen Gehalt erzeugende Darstellungsfunktion einfach *langsamer* ist und somit ein geringeres zeitliches Auflösungsvermögen besitzt.

Der totale Flugsimulator und der kleine rote Pfeil

Welches Bild des menschlichen Geistes ergibt sich aus den eben angestellten Überlegungen? Ich möchte abschließend eine technische und eine repräsentationale Metapher anbieten, die einen Teil der den vorangegangen Bemerkungen zugrundeliegenden Gedanken veranschaulichen sollen. Die erste dieser Metaphern ist der *Flugsimulator*. Ein Flugsimulator ist ein Gerät, an dem zukünftige Piloten ausgebildet werden. Es dient auch dazu, das Verhalten in unvorhergesehenen und kritischen Situationen zu üben, ohne das Risiko eines tatsächlichen Absturzes einzugehen. Die Kandidaten befinden sich in einer Kabine, die auf großen Teleskopfüßen ruht. Diese Teleskopfüße werden von einem Rechner angesteuert, der auf diese Weise für den in der Kabine sitzenden Flugschüler alle Bewegungen eines wirklichen Flugzeugs nachahmen kann. In der Kabine befindet sich ein realistisch gestaltetes Cockpit mit allen Instrumenten und Steuerungswerkzeugen, die ein echtes Flugzeug auch besitzt. Der Schüler blickt auf den ebenfalls von einem Computer angesteuerten Videobildschirm, der ihm eine visuelle Simulation des Blicks aus dem Cockpit liefert. Diese visuelle Simulation der Außenwelt wird mit großer Geschwindigkeit und in Abhängigkeit von den Handlungen des Piloten ständig aktualisiert. Auf diese Weise kann ein Flugschüler den Umgang mit den Bordinstrumenten sowie die Reaktion eines Luftfahrzeugs auf seine Handlungen kennenlernen und gefahrlos die wichtigsten Grundoperationen einüben, deren Beherrschung für einen guten Piloten unerläßlich ist.

Menschliche Gehirne funktionieren auf sehr ähnliche Weise. Aus gespeicherten Informationen und dem ständigen Input, den ihnen die Sinnesorgane liefern, konstruieren sie ein internes Modell der äußeren Wirklichkeit. Dieses Modell ist ein *Echtzeit-Modell:* Es wird mit so hoher Geschwindigkeit und Effektivität aktualisiert, daß wir es im allgemeinen nicht mehr *als* Modell erleben. Die phänomenale Wirklichkeit ist für uns kein von einem Gehirn erzeugter Simulationsraum, sondern auf sehr direkte und erlebnismäßig unhintergehbare Weise einfach *die Welt, in der wir leben.* Einen Flugsimulator dagegen erkennen wir auch dann, wenn wir als Flugschüler gerade konzentriert mit ihm arbeiten, immer noch *als* Flugsimulator – wir glauben niemals, daß wir *wirklich* fliegen. Das liegt daran, daß das Gehirn uns ein wesentlich besseres Modell der Welt liefert als der Computer, der den Flugsimulator steuert. Die Bilder, die unser visueller Cortex erzeugt, sind wesentlich schneller, zuverlässiger und besitzen eine viel höhere Auflösung sowie einen größeren Detailreichtum als die Bilder auf dem Monitor des Übungssimulators. Darum erkennen wir die Bilder auf dem Monitor auch jederzeit *als* Bilder, weil wir einen wesentlich höheren repräsentationalen Standard besitzen, mit dem wir sie vergleichen können. Wenn die Teleskopfüße die Kabine, in der der Flugschüler seine Übungsstunde absolviert, rütteln oder stoßen, um das Durchfliegen von „Luftlöchern" oder die Konsequenzen ungeschickter Steuermanöver zu simulieren, dann werden auch diese Rüttel- und Stoßbewegungen uns nicht wirklich täuschen können. Denn die auf unseren propriozeptiven und kinästhetischen Körperwahrnehmungen beruhenden mentalen Modelle unserer *eigenen* Körperbewegungen sind viel detailreicher und überzeugender, als die von einem Rechner erzeugten Simulationen von Bewegungen des Flugzeugs es jemals sein könnten.

Unser Gehirn unterscheidet sich aber von einem Flugsimulator noch in vielen anderen Punkten. Es verfügt über wesentlich mehr *Modalitäten.* Es ist in der Lage, die aus diesen verschiedenen Modalitäten stammende Information bruchlos zu einem *einheitlichen* Modell der Wirklichkeit zu verschmelzen (eine Aufgabe, die auch im Flugsimulator noch dem Gehirn des Probanden überlassen bleibt). Es arbeitet zudem wesentlich schneller. Die von ihm erzeugten multimodalen Bilder der Wirklichkeit sind zuverlässiger und detailreicher als die künstlichen Bilder, die wir heutzutage kennen – eine Situation die sich recht bald ändern wird.[23] Außerdem sind Gehirne im Gegensatz zu Flugsimulatoren nicht auf einen eng umgrenzten Anwendungsbereich fixiert, sondern offen für eine Unendlichkeit von repräsentationalen Situationen und Simulationsproblemen. Das in unserem Zusammenhang *wichtigste* Unterscheidungsmerkmal zwischen einem menschlichen Gehirn und einem Flugsimulator ist jedoch ein ganz anderes: Menschliche Gehirne simulieren den Piloten gleich mit.

Denn natürlich gibt es keinen Homunkulus im System. Es gibt aber die Notwendigkeit für das System *als Ganzes*, sich seine eigenen inneren und äußeren Handlungen selbst zu erklären. Es muß nämlich ein repräsentationales Werkzeug besitzen, mit dessen Hilfe es kritische Eigenschaften seiner selbst durch interne Simulation überwachen und sich selbst die Geschichte seiner eigenen Handlungen auch intern als *seine* Geschichte darstellen kann. Dieses Werkzeug ist das, was ich als das mentale Selbstmodell des Organismus bezeichnet habe. Das Gehirn unterscheidet sich nun von einem Flugsimulator unter anderem dadurch, daß es nicht von einem Piloten benutzt wird, der vorübergehend in es „eingestiegen" ist. Im Gegenteil: Das Gehirn *aktiviert* den Piloten, und zwar immer dann, wenn es ihn als repräsentationales Werkzeug benötigt, um die Aktivitäten des Gesamtsystems zu überwachen und mental abzubilden. Braucht das System für einen gewissen Zeitraum kein funktional aktives Selbstmodell mehr, so wird es einfach abgeschaltet. Wenn wir uns im Tiefschlaf befinden, besitzen wir keine subjektiven Zustände mehr. Denn mit dem Selbst-

---

[23] Es gibt mittlerweile interaktive Systeme, die wesentlich umfassendere *virtuelle Realitäten* erzeugen als Flugsimulatoren des ursprünglichen Typs. Diese virtuellen Realitäten enthalten bereits ein dreidimensionales visuelles Modell der simulierten Welt und auch schon rudimentäre *Selbstmodelle* (deren Input durch einen von der Versuchsperson getragenen Datenhandschuh oder -overall erzeugt wird). Diese rudimentären *virtuellen Selbste* sind jedoch nicht *benutzerfixiert,* weil sie nicht *funktional* untrennbar mit der Person verbunden sind, die den Datenoverall trägt. Aus diesem Grund werden wir auch niemals wirklich „durch den Bildschirm hindurch" in den *Cyberspace* eintreten können. Die zeitgenössische Begeisterung für das Vordringen des Menschen in *künstliche* virtuelle Welten übersieht, daß wir uns immer schon einem *biologisch* generierten „Phenospace" befinden: Innerhalb einer durch mentale Simulation erzeugten virtuellen Realität. Trotzdem ist die technologische Metapher des *Cyberspace* ein wichtiger Fingerzeig, weil sie uns interessante Intuitionen bezüglich unserer eigenen phänomenalen Zustände liefern kann. Künstliche Systeme, die in Echtzeit interaktive virtuelle Realitäten erzeugen, geben uns ein erstes Gefühl dafür, wie aus purer Informationsverarbeitung komplette Erlebniswelten entstehen können.

modell verschwindet auch das Erlebnissubjekt: Der Schlaf ist der kleine Bruder des Todes.

Menschliche Organismen im Wachzustand gehören zu einer bestimmten Klasse informationsverarbeitender Systeme, nämlich zur Klasse der *Selbstmodellgeneratoren*. Von den Angehörigen anderer Systemklassen unterscheidet Selbstmodellgeneratoren die Fähigkeit, die intern von ihnen erzeugten Repräsentationsräume durch ein Selbstmodell zu ergänzen. Dadurch werden diese Räume zu *zentrierten* Repräsentationsräumen. Sie gleichen jetzt einer *fixierten* inneren Landkarte der Welt, die auf die Interessen und Bedürfnisse eines individuellen Benutzers zugeschnitten ist – ähnlich wie der an der Wand eines U-Bahnhofes fest angebrachte Stadtplan mit einem kleinen roten Pfeil und dem Hinweis **„SIE BEFINDEN SICH HIER"** Dieser kleine rote Pfeil ist das „Selbstmodell des Stadtplanbenutzers", das die Position und damit auch die Interessen möglicher Benutzer eines solchen *externen Repräsentats* in diesem noch einmal spezifiziert. Durch den kleinen roten Pfeil und den indexikalischen Hinweissatz **„SIE BEFINDEN SICH HIER"** verliert der Stadtplan seine Universalität und wird zu einem Orientierungswerkzeug, das nur noch an einem einzigen Ort in der Welt erfolgreich von allen potentiellen Benutzern eingesetzt werden kann.

Die durch menschliche Gehirne erzeugten multimodalen Landkarten der Welt sind dagegen *generelle* Realitätsmodelle, die sich der jeweiligen Situation des Organismus anpassen und in Echtzeit aktualisiert werden. Da sie zudem *interne* Modelle der Welt sind, ist der Benutzer, dem sie dienen, in allen Situationen faktisch derselbe. Im Gegensatz zu fest installierten Stadtplänen in U-Bahnhöfen ist nicht die Anwendungssituation fixiert und die Benutzerklasse variabel, sondern das *System* über alle repräsentationalen Situationen hinweg identisch, während die *Problemklasse* eine sehr allgemeine ist. Wenn man so will, dann sind Selbstmodelle die kleinen roten Pfeile, die in komplexen mentalen Landkarten der Wirklichkeit die Eigenschaften des mentalen Geographen selbst *für* ihn noch einmal abbilden. Deshalb verwandeln sie – solange sie funktional aktiv sind – die Realitätsmodelle, in die sie vom System eingebettet werden, in *benutzerzentrierte* Repräsentate: Nicht nur aus Gründen ihrer physikalischen Internalität, sondern auch durch ihre strukturell-repräsentationale Fixierung auf einen einzigen Anwender, sind auf diese Weise zentrierte Realitätsmodelle nur noch für ein einziges System sinnvolle

Instrumente. Abstrakte Organe wie mentale Modelle der Welt und des Selbst sind deshalb auch nicht transplantierbar, denn ihr *funktionales Profil* – das durch extraorganismische Relationen geprägt wird – kann nicht beliebig in ein anderes System überführt werden. Die Einzigartigkeit jedes phänomenalen Subjekts hat somit ihr Gegenstück in der Einzigartigkeit der funktionalen Eigenschaften des ihm zugrundeliegenden Selbstmodells. Dieses Selbstmodell ist der kleine rote Pfeil, den ein menschliches Gehirn benutzt, um sich in der von ihm aufgebauten inneren Simulation der Welt zu orientieren.

Das Bild vom totalen Flugsimulator und dem kleinen roten Pfeil ist ein allgemeines intuitives Bild, das sich aus den vorangegangenen Überlegungen ergibt. Es sollte einige Grundgedanken dieser Überlegungen noch einmal kurz illustrieren. Was übrigens die eingangs erwähnten Schimpansen angeht, so erfahren auch sie, in dem Moment, indem sie sich selbst im Spiegel erkennen, eine *Ausdehnung ihres Selbstmodells:* Das mentale Modell eines *anderen* Schimpansen, eines visuellen Gegenübers wird nun in das Selbstmodell eingebettet. Und dieser Akt der Selbsterkenntnis verändert offenbar ganz deutlich auch das *Selbsterleben* der Schimpansen. Denn häufig betrachten sie sich nun mit großem Interesse und großer Ausdauer ihr eigenes Hinterteil – einen Aspekt ihrer selbst, der ihnen bis dahin verborgen geblieben war.

Literatur

Bischof-Köhler, D. (1989). *Spiegelbild und Empathie – Die Anfänge der sozialen Kognition.* Bern, Stuttgart, Toronto: Hans Huber.

Bunge, M. (1984). *Das Leib-Seele-Problem.* Tübingen: Mohr (Siebeck).

Churchland, P. M. (1981 b). Functionalism, Qualia, and Intentionality. *Philosophical Topics,* **12,** 121–145.

– – (1985 b). Reduction, Qualia, and the Direct Introspection of Brain States. *Journal of Philosophy,* **82,** 8–28.

Clark, A. (1989). *Microcognition – Philosophy, Cognitive Science, and Parallel Distributed Processing.* MIT Press: Cambridge/MA.

Damasio, A. R. et al. (1982). Prosopagnosia: Anatomic basis and behavioral mechanisms. *Neurology,* **32,** 331–341.

Dennett, D. C. (1988). *Quining Qualia.* In Marcel, A. / Bisiach, E. (Eds.): *Consciousness in Contemporary Science.* Oxford: Oxford University Press.

--, Humphrey, N. (1989). Speaking for Ourselves: An Assessment of Multiple Personality Disorder. *Raritan: A Quarterly Revies,* **Vol. IX,** No. 1, 68–98.

Farrell, B. (1950). Experience. *Mind,* **50,** 170–198.

Fodor, J. (1983). *The Modularity of Mind.* Cambridge/MA.

Frank, M. (1991). *Selbstbewußtsein und Selbsterkenntnis.* Stuttgart: Reclam.

Gallup, G. G. (1970). Chimpanzees: Self-recognition. *Science,* **157,** 86 f.

-- (1977). Self-recognition in primates. *American Psychologist,* **32,** 329–338.

Haugeland, J. (1982). Weak Supervenience. *American Philosophical Quarterly,* **19,** (1).

Herrmann, T. (1988). *Mentale Repräsentation – ein erklärungsbedürftiger Begriff.* Arbeiten der Forschungsgruppe Kognition am Lehrstuhl III der Universität Mannheim, Bericht Nr. **42.**

Kim, J. (1978). Supervenience and Nomological Incommensurables. *American Philosophical Quarterly,* **4,** 31–49.

-- (1982). Psychophysical Supervenience. *Philosophical Studies,* **41,** 51–70.

McGinn, C. (1989). *Mental Content.* Oxford.

Metzinger, T. (1985). *Neuere Beiträge zur Diskussion des Leib-Seele-Problems.* Frankfurt/Bern/New York: Peter Lang.

-- (1990). Kriterien für eine Theorie zur Lösung des Leib-Seele-Problems. *Erkenntnis,* **32,** 127–145.

-- (1991). Das Leib-Seele-Problem in den achtziger Jahren. *Conceptus,* **XXV,** Nr. **64,** 99–114.

-- (1993 a). *Subjekt und Selbstmodell. Die Perspektivität phänomenalen Bewußtseins vor dem Hintergrund einer naturalistischen Theorie mentaler Repräsentatoin.* Paderborn: Schöningh.

Nagel, T. (1981 a). *Physikalismus.* In Bieri, P. [Hrsg.]: *Analytische Philosophie des Geistes.* Königstein: Hain.

-- (1981 b). *Wie ist es, eine Fledermaus zu sein?* In Bieri, P. [Hrsg.]: *Analytische Philosophie des Geistes.* Königstein: Hain. Auch in Nagel 1984.

-- (1984). *Über das Leben, die Seele und den Tod.* Königstein: Hain.

-- (1991. *Die Grenzen der Objektivität.* Übersetzt von Michael Gebauer. Philosophische Vorlesungen. Stuttgart: Reclam.

-- (1992). *Der Blick von Norgendwo.* Übersetzt von Michael Gebauer. Frankfurt: Suhrkamp.

Nemirow, L. (1979). *Functionalism and the subjective Quality of Experience.* Dissertation, Stanford University: University Microfilms International.

Pöppel, E. (1985). *Grenzen des Bewußtseins.* München: DTV.

Putnam, H. (1975). *Mind, Language and Reality. Philosophical Papers, Volume 2.* Cambridge: Cambridge University Press.

Tugendhat, E. (1979). *Selbstbewußtsein und Selbstbestimmung – Sprachanalytische Interpretationen*. Frankfurt: Suhrkamp. (4. Auflage 1989).

Turing, A. M. (1950). Computing Machinery and Intelligence. *Mind*, **59.** Deutsch (*„Kann eine Maschine denken?)* in Einzensberger, H. M. (1967) [Hrsg.]. *Kursbuch*, **8**, (März 1987). Frankfurt.

Van Gulick, R. (1988 a). A Functionalist Plea for Self-Consciousness, *The Philosophical Review*, Vol. XCVII, 2, 149–181.

– – (1988 b). *Consciousness, intrinsic Intentionality, and self-understanding Machines*. In Marcel, A. / Bisiach, E. (Eds.): *Consciousness in Contemporary Science*. Oxford: Oxford University Press.

Ansgar Beckermann

Der Computer – ein Modell des Geistes?

1. Spätestens seit dem Erscheinen von Turings Aufsatz „Computing Machinery and Intelligence" im Jahre 1950 ist die Idee, daß der Computer ein Modell des Geistes sein könne, aus der modernen Diskussion des Leib-Seele-Problems nicht mehr wegzudenken. Warum ist das so? Was sind die Gründe dafür, daß diese Idee in so kurzer Zeit eine so dominierende Stellung gewinnen konnte?

Wenn man dies verstehen will, ist es meiner Meinung nach sinnvoll, gut dreihundert Jahre zurückzublicken auf die Cartesianische Auffassung von Natur und Geist.[1] Descartes war als Dualist auf der einen Seite bekanntlich ein vehementer Vertreter der These, daß der Geist etwas ganz und gar Unkörperliches sei und sich daher grundsätzlich von allen physischen Dingen unterscheide. Auf der anderen Seite vertrat er jedoch mit ebenso großem Nachdruck die Auffassung, daß die gesamte nichtgeistige Natur bis hin zu den am höchsten entwickelten Tieren völlig nach den Prinzipien der Mechanik erklärt werden könne. Diese zweite These bedeutete einen fundamentalen Bruch mit der aristotelischen Tradition. Denn diese Tradition war durch die Grundannahme geprägt, daß die Eigenschaften und Fähigkeiten, die Lebewesen von unbelebten Dingen unterscheiden, auf keinen Fall auf die physischen Teile dieser Lebewesen und auf deren Anordnung zurückgeführt werden können. Die charakteristischen Fähigkeiten und das charakteristische Verhalten von Lebewesen können ihr zufolge nur durch die Annahme einer Seele erklärt werden, die jedoch anders als bei Descartes nicht als Substanz, sondern als Form, d. h. als organisierendes Prinzip aufgefaßt wurde.

Für Descartes waren Erklärungen durch Formen oder Entelechien jedoch wissenschaftlich unbefriedigend (um das mindeste zu sagen). Und mit dieser Einschätzung hatte er sicher recht. Seiner Meinung

[1] Vgl. zu diesem Abschnitt Beckermann (1989).

nach waren solche Erklärungen aber auch unnötig. Denn auf der Grundlage der zu Beginn der Neuzeit entstehenden neuen Naturwissenschaft war es ihm zufolge durchaus möglich, auch die für Lebewesen charakteristischen Vorgänge rein mechanisch zu erklären. D. h., Descartes war der Meinung, daß sich diese Vorgänge mit der gleichen Notwendigkeit aus den Teilen des menschlichen und tierischen Körpers ergeben, „wie der Mechanismus einer Uhr aus der Kraft, Lage und Gestalt ihrer Gewichte und Räder folgt" (*Discours,* 81 ff.). Und entsprechend versucht er, im *Traité de l'homme* und *La description du corps humain* für den Herzschlag, für die Ernährung, für die Wahrnehmung, für das Gedächtnis und schließlich sogar für die Fortpflanzung mechanische Erklärungen zu liefern, wobei er sich hauptsächlich an drei *Modellen* orientiert: am Modell der Uhr, deren Verhalten vollständig durch das mechanische Zusammenwirken ihrer Gewichte und Räder bestimmt wird; am Modell der Orgel, bei der Register und Tastenanschlag das Öffnen und Schließen der einzelnen Orgelpfeifen bewirken, und schließlich auch an den komplizierten hydraulischen Steuerungssystemen, mit denen die Gartenbaumeister seiner Zeit viele kleine Gartenfiguren zu einer Art von künstlichem Leben zu erwecken verstanden.[2]

Auch für Descartes gibt es jedoch eine *prinzipielle* Grenze für die mechanische Erklärbarkeit der Fähigkeiten von Lebewesen. Und diese Grenze liegt für ihn da, wo beim Menschen die Fähigkeiten des Denkens und Sprechens ins Spiel kommen. Im Teil V des *Discours de la méthode* erklärt Descartes ausdrücklich, daß sich Menschen seiner Meinung nach in zwei Punkten grundsätzlich von jeder Maschine, d. h. von jedem mechanischen System unterscheiden. Erstens nämlich könnten solche mechanischen Systeme „niemals Worte oder andere Zeichen dadurch gebrauchen, daß sie sie zusammenstellen, wie wir es tun, um anderen unsere Gedanken mitzuteilen". Und zweitens würden solche Systeme, auch wenn sie in einigen Punkten sehr gute Leistungen vollbrächten, „doch zweifellos bei vielem anderen versagen, wodurch offen zutage tritt, daß sie nicht aus Einsicht handeln, sondern nur aufgrund der Einrichtung ihrer Organe. Denn die Vernunft ist ein *Universalinstrument,* das bei allen Gelegenheiten zur Verfügung steht, während diese Organe für jede besondere Handlung

---

[2] Vgl. hierzu Specht (1966, 114 ff.).

einer besonderen Einrichtung bedürfen..." (*Discours*, 92f. – Hervorh. vom Verf.).

Leider sagt Descartes sehr wenig darüber, warum es seiner Meinung nach für die Fähigkeiten des Denkens und Sprechens keine mechanischen Erklärungen geben kann. Aber es ist wohl besonders der im letzten Satz der gerade zitierten Passage angesprochene *universale Charakter* der Vernunft, der für ihn in diesem Zusammenhang ausschlaggebend war. Auf jeden Fall läßt Descartes keinen Zweifel daran, daß es sich bei den Fähigkeiten des Denkens und Sprechens seiner Meinung nach um im Rahmen einer mechanistischen Naturwissenschaft nicht erklärbare Phänomene handelt.

Schon Descartes' unmittelbare Nachfolger sahen in dieser Position jedoch eher eine Herausforderung. War es nicht vielleicht doch möglich, den *ganzen* Menschen mit all seinen Fähigkeiten mechanisch zu erklären? Besonders die Philosophen der französischen Aufklärung glaubten an die Möglichkeit einer positiven Antwort auf diese Frage. Der Titel des Buches *L'homme machine* (1748) von J. O. de La Mettrie spricht da eine deutliche Sprache. Alle Versuche, Descartes' Erklärungsansatz über dessen eigene Überlegungen hinauszutreiben, mußten jedoch notwendig im bloß Proklamatorischen steckenbleiben, solange es kein *Modell* gab, mit dessen Hilfe sich plausibel machen ließ, daß auch der universale Charakter der Vernunft durch ein rein mechanisches System realisiert sein kann.

Diese Lücke wurde erst durch die Erfindung des Computers geschlossen. Denn Computer können in verschiedener Hinsicht als Universalinstrumente aufgefaßt werden. Und genau darin liegt wohl der Grund dafür, daß viele glauben, mit dem Computer zum ersten Mal ein überzeugendes Modell des Geistes zu besitzen. Ich will das im folgenden etwas genauer erläutern.

2. Das Konzept des Computers, so wie wir ihn heute kennen und wie er inzwischen auf fast jedem Schreibtisch steht, geht auf verschiedene Wurzeln zurück. Aber die wichtigste dieser Wurzeln liegt sicher in den bahnbrechenden Arbeiten des englischen Mathematikers Alan Turing.[3] Worin bestand Turings große Leistung? Wenn man es auf einen kurzen Nenner bringen will, kann man vielleicht sagen: Erstens in dem Nachweis, daß es zu jeder arithmetischen Funktion, die

[3] Besonders Turing (1936/37).

überhaupt berechenbar ist, eine Maschine gibt, die diese Funktion berechnet, und zweitens in dem weit über dieses erste Ergebnis hinausgehenden Nachweis, daß es eine *universelle* Maschine gibt, die den Wert jeder beliebigen berechenbaren Funktion für jedes beliebige Argument berechnet.

Auf die Details der Überlegungen Turings kann ich an dieser Stelle nicht eingehen. Das ist jedoch auch nicht notwendig. Denn schließlich zeigen diese Überlegungen tatsächlich nur, daß es universelle *Rechenmaschinen* gibt. Wenn Descartes die Vernunft als ein Universalinstrument bezeichnet, dann ist damit aber sicher mehr gemeint als nur ein universelles Instrument zur Berechnung arithmetischer Funktionen. Zu den Ergebnissen Turings mußte also noch etwas anderes hinzukommen, um die Idee, der Computer könne ein Modell des Geistes sein, plausibel erscheinen zu lassen. Soweit ich sehen kann, stammt dieses zusätzliche Element aus zwei Quellen: erstens den Ergebnissen der logischen Grundlagenforschung und zweitens der Entdeckung, daß man diese Ergebnisse bei der Programmierung von Computern zu nichtnumerischen Zwecken sinnvoll einsetzen kann.

Die Ergebnisse der logischen Grundlagenforschung sind in diesem Zusammenhang deshalb von Bedeutung, weil sie zeigen, daß man logisches Schließen – ebenso wie das numerische Rechnen – als rein formale Veränderung von (strukturierten) Zeichenreihen durchführen kann. Der formale Charakter der Logik war zwar schon lange vor diesen Ergebnissen bekannt. Aber Anfang der dreißiger Jahre dieses Jahrhunderts konnte Kurt Gödel zum ersten Mal zeigen[4], daß die Prädikatenlogik 1. Stufe vollständig kalkülisierbar ist, d. h., daß es für die Prädikatenlogik 1. Stufe Kalküle K gibt, für die gilt:

1. Eine Formel A ist in der Prädikatenlogik 1. Stufe genau dann allgemeingültig, wenn sie in K beweisbar ist.
2. Eine Formel B folgt in der Prädikatenlogik 1. Stufe genau dann aus den Formeln $A_1, \ldots, A_n$, wenn sie in K aus diesen Formeln ableitbar ist.

Auf der Grundlage dieser Ergebnisse ist es nicht schwer nachzuweisen, daß es Algorithmen gibt, die für jede allgemeingültige Formel nach endlich vielen Schritten zu dem Ergebnis „allgemeingültig" führen. Im Falle nichtallgemeingültiger Formeln haben diese Algo-

[4] Gödel (1930).

rithmen zwar den Nachteil, in einigen Fällen nie zu einem Ende zu kommen; aber trotz dieses Nachteils schien die Existenz solcher Algorithmen die Vermutung zu stützen, daß man auch das logische Schließen auf einer Maschine realisieren kann.

Diese Vermutung wurde allerdings erst mit dem Beginn der KI-Forschung in den fünfziger Jahren zu einem konkreten Programm. Zunächst war das, was man seitdem *automatisches Beweisen* nennt, nur ein Teilgebiet der KI-Forschung. Sogar der Bereich des Problemlösens entwickelte sich zunächst ganz unabhängig von der Forschung auf diesem Gebiet. Das lag unter anderem sicher daran, daß die ersten Probleme, die man zu lösen versuchte, mit Brettspielen wie Tic-tac-toe, Dame oder Schach zu tun hatten und daß man zur Lösung dieser Probleme logikunabhängige Methoden verwenden konnte. Schon Ende der 50er Jahre versuchten Newell, Shaw und Simon jedoch, generelle Methoden zur Lösung beliebiger Probleme zu entwickeln und in ein Programm zu integrieren, dem sie den ehrgeizigen Namen GENERAL PROBLEM SOLVER gaben.[5] Doch dieses Programm hielt nicht, was sein Name versprach. Anfang der 60er Jahre wurde zunehmend klar, daß es unmöglich war, komplexere Probleme mit Hilfe dieses Programms zu lösen, ohne auf Spezialwissen über den jeweils spezifischen Problembereich zurückzugreifen.[6]

Fast zur gleichen Zeit entwickelte der Mathematiker J. A. Robinson mit seinem Resolutionsalgorithmus[7] aber eine neue und außerordentlich effektive Methode zum Beweis prädikatenlogischer Formeln. Und da sich dieser Algorithmus leicht auf einem Computer implementieren ließ, schien sich in ihm der Traum eines universalen, d. h. *bereichsunabhängigen* Problemlösers nun doch zu erfüllen. Voraussetzung dafür war allerdings, daß sich zeigen ließ, daß jedes Problem auf die Ableitung einer prädikatenlogischen Formel aus einer Menge von Prämissen reduzierbar ist. Und diese Voraussetzung bildet tatsächlich die Prämisse dessen, was man das ‚Logizistische Programm‘ in der KI-Forschung nennen könnte. Die Gründe, die für dieses Programm sprachen, lagen auf der einen Seite natürlich in den Erfolgen, die man auf der Grundlage der genannten Prämisse erzielen konnte. Auf der anderen Seite sicher aber auch in der Einfachheit und Allgemeinheit

---

[5] Newell/Shaw/Simon (1960) und Newell/Simon (1963).
[6] Vgl. Schefe (1986, 33).
[7] Robinson (1965).

dieser Prämisse. Denn wenn jede Problemlösung auf die Ableitung einer Formel aus einer Menge von Prämissen reduzierbar ist, dann stellt jedes System mit der Fähigkeit zum automatischen Beweisen – also z. B. jeder Computer, der nach dem Muster des Robinsonschen Resolutionsalgorithmus programmiert ist – tatsächlich eine universale Problemlösungsmaschine im Sinne Descartes' dar. Unter dieser Voraussetzung kann das Problem, zu verstehen, wie die Fähigkeit zu denken in einem rein mechanischen System realisiert sein kann, daher als zumindest im Prinzip gelöst gelten. D. h., unter dieser Voraussetzung ist zwar nicht der Computer als solcher, wohl aber *jedes System mit der Fähigkeit zum automatischen Beweisen ein mögliches Modell des Geistes.*

3. Es dauerte jedoch nicht lange, bis die Probleme des Logizistischen Programms deutlich wurden. Das berühmteste dieser Probleme ist das sog. *Frame-Problem,* das man in einem ersten Schritt vielleicht am besten anhand des sehr illustrativen Beispiels erläutern kann, das Daniel Dennett in (1984) anführt.

R_1 sei ein Roboter, dem man als einziges Ziel einprogrammiert hat, für sich selbst zu sorgen. Dies gelingt ihm auch recht gut – bis er eines Tages mit einem unangenehmen Problem konfrontiert wird. Seine Energiequelle, eine mittelgroße Batterie, befindet sich in einem verschlossenen Raum zusammen mit einer Zeitbombe, die bald explodieren wird. R_1 findet den Raum und den Schlüssel und geht daran, einen Plan zur Rettung seiner Batterie zu entwerfen. Er weiß, daß sich die Batterie auf einem kleinen Wagen befindet, und so kommt R_1 zu dem Schluß, daß die folgende Handlung den gewünschten Effekt haben wird: ZIEHE_HERAUS (WAGEN, RAUM). Unglücklicherweise liegt jedoch auch die Zeitbombe auf dem Wagen. R_1 wußte das zwar; aber er zog daraus nicht den Schluß, daß seine Handlung die Bombe mit der Batterie nach draußen bringen würde. Die fatalen Konsequenzen sind offenkundig. Armer R_1.

„Kein Problem", sagen die Konstrukteure von R_1. „Unser nächster Roboter muß nicht nur die beabsichtigten Wirkungen seiner Handlungen berücksichtigen, sondern auch ihre nicht beabsichtigten Nebeneffekte. D. h., er muß in der Lage sein, alle Effekte abzuleiten, die eine Handlung in einer gegebenen Situation hervorruft." Sie nennen ihr nächstes Modell einen „robot-deducer", kurz R_1D_1, und bringen es in dieselbe Situation, in der R_1 vorher so schrecklich gescheitert war. Auch R_1D_1 kommt bald auf die Idee, daß die

Handlung ZIEHE_HERAUS (WAGEN, RAUM) sein Problem lösen könnte; aber bevor er sich daran machen kann, diese Handlung auszuführen, muß er zunächst noch ableiten, welche anderen Effekte die Ausführung dieser Handlung mit sich bringen würde. Dafür benötigt er eine Menge Zeit. Und als er sich gerade anschickt, zu beweisen, daß die von ihm ins Auge gefaßte Handlung nicht die Farbe der Wände des Raumes ändern würde, ist es zu spät – wieder explodiert die Bombe.

Die Konstrukteure sind etwas konsterniert. Nach einiger Zeit glauben sie aber, doch noch eine Lösung gefunden zu haben. „Es reicht nicht, alle Effekte und Nebeneffekte zu berücksichtigen. Wir müssen dem Roboter auch beibringen, die relevanten von den irrelevanten Effekten zu unterscheiden und die irrelevanten zu ignorieren." Entsprechend programmieren sie ihr nächstes Modell, das sie einen „robot-relevant-deducer" oder kurz: R_2D_1 nennen. Auch R_2D_1 wird zu Testzwecken in dieselbe Situation gebracht. Und die Konstrukteure sind überaus erstaunt, als sie feststellen, daß R_2D_1 vor dem Raum mit der tickenden Bombe sitzt – wie Hamlet, angekränkelt von der Blässe des Gedankens. „Tu endlich etwas", rufen sie ihm zu. „Ich bin doch dabei", antwortet R_2D_1 etwas ungnädig, „ich bin eifrig damit beschäftigt, Tausende von Nebeneffekten zu ignorieren, die ich als irrelevant erkannt habe. Immer wenn ich einen irrelevanten Nebeneffekt abgeleitet habe, setzte ich ihn auf die Liste der Effekte, die ich ignoriere, und ..." Mitten im Satz wird R_2D_1 unterbrochen. Wieder explodiert die Bombe, bevor er einen vernünftigen Plan hat, mit dem er sein Problem lösen könnte.

Obwohl das Frame-Problem seit über 20 Jahren bekannt ist[8], gibt es – besonders in der Diskussion zwischen KI-Forschern und Philosophen – bis heute keine Einigkeit über den genauen Gehalt dieses Problems. Es ist nicht klar, worin das Problem überhaupt besteht; es ist nicht klar, ob und, wenn ja, wie man es lösen kann; und es ist nicht klar, was aus der Existenz bzw. der Unlösbarkeit dieses Problems eigentlich folgt. Klar ist, daß das Frame-Problem nur in einem bestimmten Rahmen entsteht, nämlich dann, wenn man versucht, Programme zu schreiben, die es einem Computer oder Roboter ermöglichen, die Veränderungen zu modellieren, die bestimmte Handlungen oder Ereignisse in der Welt hervorrufen. Das Problem,

---

[8] Ein guter Überblick über die Diskussion findet sich in Janlert (1987).

über das McCarthy und Hayes 1969 zum ersten Mal in der Literatur berichteten und dem sie damals den Namen „Frame-Problem" gaben, ergab sich jedoch nicht aus dieser Aufgabenstellung selbst, sondern aus der besonderen Art, in der sie diese Aufgabe zu lösen versuchten.[9] Sie faßten die verschiedenen möglichen Zustände, die die Welt annehmen kann, als Situationen auf und deuteten Ereignisse und Handlungen als Funktionen von Situationen in Situationen. Eine Situation selbst war dabei die Menge aller der Fakten, die in dieser Situation wahr sind. Zur Berechnung der Folgesituation *s'*, die sich aus der Situation *s* ergibt, wenn in ihr das Ereignis *e* stattfindet, verwendeten McCarthy und Hayes eine Reihe von Axiomen wie z. B.

(1) Wenn *x* ein Lebewesen ist und in der Situation *s* von *y* nach *z* geht, dann ist *x* in der Folgesituation in *z*.

Das Problem, das sich bei diesem Formalismus ergibt, besteht schlicht darin, daß man – zusätzlich zu den Axiomen, die die Veränderungen spezifizieren, zu denen ein bestimmtes Ereignis führt – auch noch eine ziemlich große Zahl von sogenannten „Frame Axiomen" braucht, in denen festgestellt wird, was sich alles nicht ändert, wenn dieses Ereignis stattfindet. Für die Tatsache, daß sich die Farbe eines Objektes bei der Bewegung von *y* nach *z* nicht ändert, z. B. braucht man ein zusätzliches Axiom wie

(2) Wenn *x* in der Situation *s* die Farbe *c* hat und von *y* nach *z* geht, dann hat *x* auch in der Folgesituation die Farbe *c*.

Da die meisten Handlungen und Ereignisse die meisten Fakten nicht verändern, besteht die größte Anzahl der Axiome, die man zur Berechnung der Folgen dieser Handlungen benötigt, aus langweiligen „Frame Axiomen" dieser Art. Und das bedeutet auch, daß der größte Teil der Zeit, die ein entsprechend programmiertes System dafür benötigt, die Folgen einer Handlung zu berechnen, damit verschwendet wird, zu beweisen, was sich alles nicht ändert. Dies ist das ursprüngliche Frame-Problem, das sich im übrigen ja auch bei Dennetts Roboter R_1D_1 zeigte, der mit seinem Problem u. a. deshalb nicht zu Rande kam, weil er seine Zeit damit verschwendete, zu beweisen, daß die Handlung ZIEHE_HERAUS (WAGEN, RAUM) nicht die Farbe der Wände des Raumes ändern würde.

[9] Vgl. zum folgenden McDermott (1987).

KI-Forscher bestehen häufig darauf, dies und nur dies sei das Frame-Problem, und sie betonen dann weiter, daß es für dieses Problem eine ganze Reihe von Lösungsvorschlägen gebe. Einer dieser Vorschläge ist das Programm STRIPS (Fikes und Nilsson, 1971), das zur Lösung des ursprünglichen Frame-Problems eine Strategie verwendet, die John Haugeland die „Strategie der schlafenden Hunde" genannt hat. Das Grundprinzip dieser Strategie ist ebenso einfach wie effektiv. STRIPS behandelt jede Situation als eine eigene Datenstruktur. Um herauszufinden, wie die Nachfolgesituation *s'* aussieht, die durch die Ausführung der Handlung *e* in der Ausgangssituation *s* entsteht, berechnet STRIPS die Veränderungen, die *e* in *s* bewirkt, und nimmt die entsprechenden Änderungen in der Datenstruktur vor. Alles andere wird einfach so gelassen, wie es ist. Zusätzliche Frame-Axiome, mit deren Hilfe abgeleitet werden kann, was sich nicht ändert, sind daher überflüssig.

Es ist nicht ganz klar, ob die „Strategie der schlafenden Hunde" eine in allen Punkten befriedigende Lösung des Frame-Problems in seiner ursprünglichen Form darstellt (vgl. z.B. Fodor, 1987). Aber diese Frage können wir hier getrost beiseite lassen. Viele Philosophen haben nämlich ganz unabhängig davon immer wieder betont, daß ihrer Meinung nach das ursprüngliche Frame-Problem nur die Spitze eines Eisbergs bilde. Unterhalb der Wasseroberfläche befände sich das eigentliche, viel tiefer gehende Problem, das sich nicht so einfach lösen lasse.

Die Argumentation, die hinter dieser Auffassung steht, läßt sich kurz so zusammenfassen. Selbst wenn es – wie etwa bei dem Programm STRIPS – nicht mehr nötig ist, abzuleiten, was sich bei der Ausführung einer Handlung nicht ändert, ist das entscheidende Problem noch nicht gelöst. Denn auch die Zahl der Veränderungen, die eine Handlung bewirkt, kann schon sehr groß sein. Und wenn das so ist, dann wird nicht nur bei dem Versuch, herauszufinden, was sich bei der Ausführung einer Handlung alles *nicht* verändert (dem von Drew McDermott so genannten „inertia problem"[10]), zuviel Zeit verschwendet. Dann kostet auch schon der Versuch zu berechnen, was sich alles *verändert*, so viel Zeit, daß die Lösung eines Problems nicht im Rahmen der zur Verfügung stehenden Zeit gefunden werden kann. Intelligentes Handeln, so diese Philosophen, setzt voraus, daß

[10] McDermott (1987, 117).

ein Problem nicht nur gelöst, sondern daß es in einer angemessenen Zeit gelöst wird. Und dies wiederum ist nur möglich, wenn bei dem Versuch, das Problem zu lösen, nicht alle, sondern nur die *relevanten* Folgen einer Handlung in Betracht gezogen werden.[11]

KI-Forscher haben sich gegen diese Art der Darstellung allerdings manchmal mit dem Einwand gewehrt, das Relevanz-Problem sei keineswegs identisch mit dem Frame-Problem, sondern ein eigenes davon unabhängiges Problem, das im übrigen unter dem Namen „Kontroll-Problem" durchaus bekannt sei. So schreibt z. B. Patrick Hayes in seinem Aufsatz „What the Frame Problem Is and Isn't":

> "Once one has developed some suitable representation of the world about which the reasoner is expected to reason, one needs also to arrange that the system performs deductions which are appropriate for its assigned tasks and doesn't get lost in clouds of valid, but irrelevant conclusions. (It is fairly easy to arrange that it doesn't generate invalid conclusions.) This is variously called the theorem-proving problem, or the control problem, or the search problem, in AI. This is *not* the frame problem either." (1987, 124 – Hervorh. vom Verf.)

Aber hier handelt es sich ganz offensichtlich nur um einen Streit um Worte, d. h. genauer gesagt um einen Streit um die Frage, welcher Name für welches Problem verwendet werden soll. Unbestritten ist, daß es das Frame-Problem oder das Kontroll-Problem oder das Relevanz-Problem tatsächlich gibt und daß es sich dabei um ein außerordentlich schwieriges Problem handelt, für das zur Zeit keine einfache Lösung in Sicht ist. Dies ist auch genau der Punkt des Dennettschen Beispiels. Worauf Dennett aufmerksam macht, ist nämlich gerade, daß die Strategie, erst alle Konsequenzen einer Handlung zu berechnen und dann zu entscheiden, ob sie relevant sind, keine Lösung darstellt. Denn diese Strategie bringt keine Sekunde Zeitersparnis. Die Lösung des Problems muß deshalb darin bestehen, Schlüsse, die zu irrelevanten Konsequenzen führen, erst gar nicht zu ziehen. Und dies scheint nur möglich, wenn man schon vorher weiß, was herauskommt. Eine Situation, die merkwürdig paradox erscheint.

4. Was folgt aus alledem für die Ausgangsfrage, ob der Computer ein Modell des Geistes ist? Nun, zunächst einmal sollte klar gewor-

---

[11] Vgl. z. B. Pylyshyn (1987 a, x).

den sein, daß Computer zwar universale Rechenmaschinen sind, daß dies aber in diesem Zusammenhang sicher nicht entscheidend ist. Niemand, denke ich, hat je die Auffassung vertreten, daß geistige Fähigkeiten auf die Fähigkeit zurückgeführt werden können, beliebige arithmetische Funktionen zu berechnen. Die Auffassung, daß Computer etwas mit dem Geist zu tun haben könnten, konnte vielmehr erst aufgrund des Nachweises entstehen, daß logisches Schließen als rein formales Verändern von Zeichenreihen auch auf einem Computer realisiert werden kann. Vielleicht sollte die Frage deshalb besser so formuliert werden: „Sind automatische Beweissysteme Modelle des Geistes?" Oder in der Descartesschen Form: „Gibt es intelligente Problemlösungssysteme, deren Fähigkeiten allein auf der Fähigkeit zum automatischen Beweisen beruhen?" So wäre die Frage jedoch allzu eng gestellt. Denn in der KI-Forschung werden zur Problemlösung auch nichtdeduktive Methoden eingesetzt. Das Programm STRIPS hatte ich schon erwähnt. Andere Ansätze, die in diesem Zusammenhang zumindest genannt werden sollen, sind die Versuche zur Entwicklung einer nichtmonotonen Logik bzw. einer Logik des „default reasoning" und der „circumscription"-Ansatz. Ich möchte für die Ausgangsfrage deshalb folgende Formulierung vorschlagen: „Gibt es intelligente Problemlösungssysteme, deren Fähigkeiten allein auf den in der KI-Forschung üblichen Symbolverarbeitungsprozessen beruhen?"

Was folgt aus dem Frame-Problem für die Beantwortung dieser Frage? Zum einen sicher, daß Universalität nicht alles ist. Intelligente Problemlösungssysteme müssen nicht nur bereichsunabhängig, sie müssen auch schnell genug sein, d. h. sie müssen die Fähigkeit besitzen, Probleme nicht nur zu lösen, sondern in einer den Problemen angemessenen Zeit zu lösen. Kann das mit den herkömmlichen Methoden der KI-Forschung geleistet werden? Die Antwort auf diese Frage hängt natürlich davon ab, wie man die Aussichten einer weiteren Verbesserung dieser Methoden einschätzt. Aber sie hängt auch ab von einer Einschätzung der Grundlage, auf der alle diese Methoden aufbauen. Dennett hat dazu eine interessante Bemerkung gemacht:

> "From one point of view, non-monotonic or default logic, circumscription, and temporal logic all appear to be radical improvements to the mindless and clanking deductive approach, but from a slightly different perspective they appear to be more of same, and at least as unrealistic as frameworks for psychological models." (1984, 164).

Der Punkt, auf den Dennett hier abhebt, ist derselbe, den auch John Haugeland in seiner Analyse des Frame-Problems betont: Nicht nur der Grundansatz, Problemlösen auf automatisches Beweisen zurückzuführen, sondern auch alle Versuche zur Verbesserung dieses Grundansatzes gehen von der gemeinsamen Voraussetzung aus, daß das Wissen über die Umwelt, über das ein System verfügen muß, um seine Handlungen sinnvoll planen zu können, in der Form von prädikatenlogischen Formeln repräsentiert sein muß, also in einer quasi-sprachlichen Repräsentationsform. Diese Repräsentationsform hat jedoch den Nachteil, daß die Informationen, die in einem Satz oder einer Menge von Sätzen nur implizit enthalten sind, erst mit Hilfe von – möglicherweise aufwendigen – Ableitungen explizit gemacht werden müssen, um handlungsrelevant werden zu können. Haugeland führt als einfaches Beispiel zwei Sätze über die relative Lage dreier Städte A-Stadt, B-Stadt und C-Stadt an.

(3) A-Stadt liegt 100 km nördlich von B-Stadt.
(4) A-Stadt liegt 200 km nordwestlich von C-Stadt.

Diese beiden Sätze sind mit einer großen Anzahl von Sätzen über die relative Lage von B-Stadt und C-Stadt unvereinbar, z. B. mit dem Satz

(5) B-Stadt liegt 600 km westlich von C- Stadt.

Wenn man diesen Satz aber zu den zwei vorherigen hinzufügt, ergibt sich eine Inkonsistenz nur, wenn es gelingt, aus diesen drei Sätzen und einer Menge von Zusatzannahmen, in denen Wissen über die geometrisch möglichen Anordnungen von drei Städten auf der Erdoberfläche gespeichert ist, einen expliziten Widerspruch abzuleiten. Satzartige Repräsentationen sind im Hinblick auf ihre logischen Konsequenzen opak, könnte man sagen. D. h., diese Konsequenzen sind nicht unmittelbar aus ihnen abzulesen. Und genau deshalb benötigt man deduktive Verfahren, um sie explizit zu machen.

Andere Repräsentationsformen verhalten sich in diesem Punkt viel freundlicher. Dies gilt besonders für quasi-bildhafte Repräsentationen wie etwa Landkarten. Wenn wir die in den Sätzen (3) und (4) explizit enthaltenen Informationen mit Hilfe einer Karte repräsentieren, ergibt sich z. B. die folgende Struktur:

A-Stadt

B-Stadt

C-Stadt

Wenn man diese Repräsentation mit der Repräsentation vergleicht, die aus den Sätzen (3) und (4) gebildet wird, wird der entscheidende Unterschied sofort deutlich. In beiden Fällen wird die relative Lage von B-Stadt und C-Stadt zwar durch die repräsentierten Fakten determiniert. Aber im Falle der Repräsentation, die aus den beiden Sätzen (3) und (4) gebildet wird, gibt es einen scharfen Trennungsstrich zwischen dem, was explizit repräsentiert ist, und dem, was nur implizit im explizit Repräsentierten enthalten ist. Genau aus diesem Grund bedarf es einigen deduktiven Aufwandes, um das nur implizit Repräsentierte an die Oberfläche zu bringen. Im Fall quasi-bildhafter Repräsentationen gibt es diesen scharfen Trennungsstrich dagegen nicht. In der angegebenen Karte gibt es keinen Unterschied zwischen den Repräsentationen der relativen Positionen von A-Stadt und B-Stadt und von A-Stadt und C-Stadt auf der einen und der Repräsentation der relativen Position von B-Stadt und C-Stadt auf der anderen Seite. Wenn man die ersten beiden in die Karte eingetragen hat, ergibt sich die dritte ohne jeden zusätzlichen Rechenaufwand von selbst. Quasi-bildhafte Repräsentationsformen haben den Vorteil, sozusagen von selbst dafür zu sorgen, daß außer den ausdrücklich eingegebenen Fakten auch viele Konsequenzen repräsentiert werden, die sich aus diesen Fakten ergeben. Repräsentationsformen, bei denen aus diesem Grund eine scharfe explizit/implizit-Unterscheidung keinen Sinn macht, nennt Haugeland „komplizit". Und komplizite Repräsentationsformen sind seiner Meinung nach im Zusammenhang mit dem Frame-Problem von entscheidender Bedeutung, da sie die Berechnung der Konsequenzen repräsentierter Fakten in vielen Fällen überflüssig machen.[12]

Wenn Haugeland recht hat, dann scheint das Frame-Problem nichts weiter zu sein als ein Artefakt, das sich allein aus der Annahme ergibt, daß Repräsentationen quasi-sprachlichen Charakter haben müssen. Diese Annahme, so Haugeland, bildet aber das Fundament der gesamten „klassischen" KI-Forschung. Und daraus scheint zwingend zu folgen, daß Systeme, die auf den herkömmlichen Methoden

[12] Haugeland (1987, 88 ff.).

der KI-Forschung beruhen, keine adäquaten Modelle des Geistes sein können, da es auf der Grundlage dieser Methoden keine Lösung für das Frame-Problem gibt.

5. Wenn es stimmt, daß die Annahme, daß Repräsentationen quasisprachlichen Charakter haben müssen, wirklich zu den unaufgebbaren Grundannahmen der KI-Forschung gehört, dann ist diese Schlußfolgerung wohl unausweichlich. Aber das ändert nichts daran, daß man den herkömmlichen KI-Systemen in einem anderen Sinne trotzdem einen Modellcharakter nicht absprechen kann. Um dies erläutern zu können, möchte ich noch einmal auf die Überlegungen zurückkommen, mit denen ich diesen Aufsatz begonnen hatte.

Zunächst hatte ich darauf hingewiesen, daß Descartes einen radikalen Bruch mit der aristotelischen Tradition vollzog, als er es sich zum Programm machte, die für Lebewesen charakteristischen Fähigkeiten und Verhaltensweisen rein mechanisch zu erklären. Und ich hatte betont, daß Descartes nur deshalb versuchen konnte, dieses Programm auch durchzuführen, weil es Modelle gab, an denen er sich bei dieser Arbeit orientieren konnte: Uhren, Orgeln und die kunstvollen hydraulischen Steuerungen bestimmter Gartenfiguren. Wenn man sich seine Ausführungen im Detail ansieht, bemerkt man schnell, wie stark Descartes in seinem Denken von diesen und anderen mechanischen Modellen beeinflußt ist. Das Herz zum Beispiel ist für ihn eine Pumpe, die mit mechanischer Kraft dafür sorgt, daß das Blut durch den Körper fließt. Bei der Verdauung wird die Nahrung seiner Meinung nach im Magen zunächst mechanisch zerkleinert und dann, ebenfalls durch mechanische Kraft, durch die Därme bewegt. Dort „treffen die feinsten und bewegtesten Teilchen hier und dort auf eine Unzahl von kleinen Löchern", durch die sie auf dem Wege über die Pfortader zur Leber gelangen. Dabei werden diese Teilchen von den gröberen wie durch ein Sieb getrennt. Es ist nur „die Kleinheit der Löcher, die sie von den gröberen Teilchen scheidet".[13] Ich kann dies hier nicht weiter ausführen. Aber schon diese skizzenhaften Andeutungen machen, wie mir scheint, ausreichend deutlich, daß kaum eine der Erklärungen, die Descartes im einzelnen ausführt, den zu erklärenden Phänomenen wirklich gerecht wird. Und es ist ja auch, wie wir heute wissen, völlig aussichtslos, die Verdauung als einen rein

[13] Descartes (1969, 46).

mechanischen Vorgang der Zerkleinerung und des Aussiebens zu verstehen. Überhaupt ist die Mechanik keine ausreichende Grundlage für die Physiologie. Mit anderen Worten, Descartes mußte bei der Ausführung seines Programms scheitern. Denn die Erklärung physiologischer Vorgänge kann nur auf der Basis einer ausgearbeiteten Chemie erfolgen. Und die stand Descartes noch nicht zur Verfügung.

Trotzdem, und das ist hier für mich das Entscheidende, waren Descartes' Programm und seine Versuche, dieses Programm auszuführen, in einem anderen Sinne außerordentlich erfolgreich. Seine Überlegungen machten deutlich, daß der Versuch, auch die Phänomene des Lebens einer naturwissenschaftlichen Erklärung zugänglich zu machen, nicht von vornherein zum Scheitern verurteilt war. Auch wenn sich im Detail vieles – um nicht zu sagen, alles – als falsch herausstellte, war daher mit den Überlegungen Descartes' eine Tür aufgestoßen. Er überzeugte die Wissenschaftler seiner Zeit ebenso wie spätere Wissenschaftler davon, daß sein Programm im Prinzip durchführbar war. Und nur deshalb konnte überhaupt ein Forschungsprozeß in Gang kommen, von dem wir heute wohl sagen können, daß Descartes' Ziel inzwischen größtenteils erreicht wurde.

Ich denke, daß der Computer, oder besser gesagt: die „klassischen" Programme der KI-Forschung für die wissenschaftliche Erklärung des menschlichen Geistes denselben Modellcharakter haben könnten, den die Uhren, Orgeln und hydraulisch gesteuerten Gartenfiguren für Descartes' Programm der Erklärung des Lebendigen hatten. Sie sind keine realistischen oder adäquaten Modelle geistiger Fähigkeiten. Aber sie nehmen dem Geist die Aura des Unerklärbaren, indem sie andeuten, wie es im Prinzip gehen *könnte*. Vielleicht verhält sich die an den Modellen der KI-Forschung orientierte Kognitionswissenschaft zu einer künftigen adäquaten Theorie geistiger Phänomene so wie die durch mechanische Modelle inspirierte Cartesische Physiologie zu der von der Basis der organischen Chemie ausgehenden modernen Physiologie.

Literatur

Beckermann, A. (1989) „Aristoteles, Descartes und die Beziehungen zwischen Philosophischer Psychologie und Künstlicher-Intelligenz-Forschung", in: Pöppel, E. (Hrsg.), *Gehirn und Bewußtsein.* Weinheim: VCH Verlagsgesellschaft, 105–123.

Boden, M. (ed.) (1990) *The Philosophy of Artificial Intelligence*. Oxford: Oxford University Press.

Dennett, D. (1984) „Cognitive Wheels: The Frame Problem of AI“, in: Pylyshyn (1987), 41–64, und in: Boden (1990), 147–170.

Descartes, R. (1960) *Discours de la méthode*. Franz.-deutsch, übers. und hrsg. von L. Gäbe. Hamburg: Felix Meiner.

– (1969) *Über den Menschen* und *Beschreibung des menschlichen Körpers*. Übers. von K. E. Rothschuh. Heidelberg: Lambert Schneider.

Fikes, R. E. and Nilsson, N. J. (1971) "STRIPS: A New Approach to the Application of Theorem Proving in Problem Solving". *Artificial Intelligence* 2, 189–208.

Fodor, J. A. (1987) „Modules, Frames, Fridgeons, Sleeping Dogs, and the Music of the Spheres“, in: Pylyshyn (1987), 139–149.

Gödel, K. (1930) „Die Vollständigkeit der Axiome des logischen Funktionenkalküls“. *Monatshefte für Mathematik und Physik* 37, 349–360.

Haugeland, J. (1987) "An Overview of the Frame Problem", in: Pylyshyn (1987), 77–93.

Hayes, P. J. (1987) „What the Frame Problem Is and Isn't“, in: Pylyshyn (1987), 123–137.

Janlert, L.-E. (1987) "Modeling Change – The Frame Problem", in: Pylyshyn (1987), 1–40.

LaMettrie, J. O. de (1748) *L'homme machine*. EA Leiden.

McCarthy, J. and Hayes, P. J. (1969) „Some Philosophical Problems from the Standpoint of Artificial Intelligence", in: Meltzer, B. and Michie, D. (eds.) *Machine Intelligence 4*. Edinburgh: Edinburgh University Press, 463–502.

McDermott, D. (1987) „We've Been Framed: Or, Why AI Is Innocent of the Frame Problem“, in: Pylyshyn (1987), 113–122.

Newell, A., Shaw, J. C. and Simon, H. (1960) „Report on a General Problem-Solving Program for a Computer“, in: *Information Processing: Proceedings of the International Conference on Information Processing*. Paris: UNESCO, 256–264.

Newell, A. and Simon, H. (1963) „GPS, a Program That Simulates Human Thought“, in: Feigenbaum, E. and Feldman, J. (eds.). *Computers and Thought*. New York: McGraw Hill, 279–293.

Pylyshyn, Z. W. (ed.) (1987) *The Robot's Dilemma: The Frame Problem in Artificial Intelligence*. Norwood, NJ: Ablex.

– – (1987a) „Preface“, in: Pylyshyn (1987), vii-xi.

Robinson, J. A. (1965) „A Machine-Oriented Logic Based on the Resolution Principle“. *Journal of the American Association for Computing Machinery* 12, 23–41.

Schefe, P. (1986) *Künstliche Intelligenz – Überblick und Grundlagen*. Mannheim/Wien/Zürich: BI – Wissenschaftsverlag.

Specht, R. (1966) *Descartes*. Reinbek bei Hamburg: Rowohlt.
Turing, A. (1936/37) „On Computable Numbers with an Application to the Entscheidungsproblem". *Proceedings of the London Mathematical Society* 42, 230–265, und 43, 544–546.
–– (1950) „Computing Machinery and Intelligence". *Mind* 59, 433–460. Wiederabgedr. in: Boden (1990), 40–66.

Sybille Krämer

Geist ohne Bewußtsein? Über einen Wandel in den Theorien vom Geist

1.

Das gegenwärtige intellektuelle Milieu zahlreicher Forschungen und Studien über den Geist ist geprägt durch einen Verzicht: Die in der neuzeitlichen Philosophie der Aufklärung so emphatisch verfochtene Verbindung von Geist und Bewußtsein verliert ihre Verbindlichkeit. Es war Descartes, der „mens", „cogitatio" und „conscientia", also „Geist", „Denken" und „Bewußtsein" synonym gebrauchte und der Theorie des Geistes für Jahrhunderte die Maxime lieferte: Daß, wo Geist gegeben sei, auch ein Bewußtsein, gar ein Selbstbewußtsein vorhanden sein müsse (Descartes 1972). Doch kaum ein Terminus neuzeitlichen Denkens erlitt einen ähnlichen Reputationsverlust wie der Begriff „Bewußtsein" (Kurthen 1990; Wilkes 1984).[1]

Drei Strategien sind gegenwärtig auszumachen, mit denen eine Theorie des Geistes jenseits des Bewußtseinsparadigmas profiliert wird: Da ist einmal der Naturalismus, zu dem die kognitionstheoretischen Anstrengungen der Psychologie, der Linguistik, der Neurophysiologie, der Künstlichen Intelligenz, der Neuroinformatik und Teile der analytischen „philosophy of mind" gehören und die versuchen, Fragen des Geistes gemäß dem explikativen Modell der Naturwissenschaften zu klären (Holenstein 1991). Da ist zum anderen der Universalpragmatismus mit den von Apel (1981) und Habermas (1982) ausgehenden Bemühungen, die Konstitution geistiger Zustände in den Zusammenhang von Geltungsbedingungen der Kommunikation zu stellen. Und da ist schließlich der Medienmaterialismus, der das physische Substrat des Geistes in den Eigenstrukturen von Medien wie Schrift, Buchdruck und Computer verortet, in

[1] Es gibt jedoch Versuche einer neurophysiologischen Grundlegung des Bewußtseins in (Pöppel 1989) und einer philosophischen Rehabilitierung der Kategorie „Selbstbewußtsein" in (Frank 1991).

welchen geistige Gehalte nicht nur symbolisch dargestellt, sondern auch erzeugt werden (McLuhan 1970).

Jeder dieser drei Ansätze befördert Einsichten in die Funktionsweise des Geistigen. Und tut dies um den Preis der Mißachtung anderer, entscheidender Aspekte. Kein Zweifel: hinter die Überzeugung des Naturalismus vom physischen Substrat mentaler Zustände ist kaum mehr zurückzugehen. Das gilt auch denn, wenn die naturalistischen Modelle für einen Zusammenhang von Psyche und Physis noch unbefriedigend bleiben (Metzinger 1990), ob es sich dabei nun um die Annahme einer Identität von Psychischem und Physischem handelt (Feigl 1967), oder darum, mentale Zustände als emergente Eigenschaften hochkomplexer Systeme zu behandeln (Bunge 1984), oder ob in einer funktionalistischen Perspektive intentionale und physikalische Zustände sich zueinander verhalten sollen wie Software und Hardware eines Computers (Lycan 1987; Jackendoff 1987). Und doch ist der Naturalismus verbunden mit einer spezifischen Blindheit: Sie betrifft die kulturelle Mediatisierung des Denkens.[2] Es ist eine Grundeinsicht der kognitiven Anthropologie und Psychologie, daß der Mensch seine intellektuellen Fähigkeiten ausbildet auch durch die Interiorisierung sozialer Gedächtnisleistungen, die sich in externen symbolischen Systemen niedergeschlagen haben (Lurija 1987; Schönpflug 1986): In der Sprache, der Schrift, den Bildern. Die Kultur, das nichtvererbbare Gedächtnis eines Kollektivs, ist zur zweiten „Natur" des Menschen geworden. Die Suche nach den physischen Grundlagen des Geistes kann daher nicht aufhören, wo die Domäne der Neurophysiologie, wo der Bereich der individuellen mentalen Ereignisse endet: Sie bedarf auch der systematischen (Scheerer 1991; Schwemmer 1990) und der kulturhistorischen Untersuchungen (Assmann/-Assmann 1990; Damerow 1981) zur materialen Prägekraft der externen Symbole auf das Denken, das mittels dieser Symbole sich vollzieht.

Nun haben die hermeneutisch verfahrenden Geisteswissenschaften mit ihrem Anliegen, die Bedeutung von Texten als objektivierte Gestalten individueller Äußerungen zu rekonstruieren, das Augenmerk auf eben die symbolischen Ausdrucksformen des Geistes gelenkt (Dilthey 1981). Doch die materiale Struktur der Symbole

---

[2] Ausnahme: (Tetens 1992). Holm Tetens plädiert für eine Vereinbarkeit von Naturalismus und Kulturalismus.

schien angesichts des darin verkörperten ideellen Gehaltes kontingent: Sie galt als ein im Interpretationsakt zu vernachlässigender Faktor (Ausnahme: Cassirer 1985). Die zeitgenössische Gestalt der Hermeneutik, der an der Kommunikation orientierte Universalpragmatismus, hat dann zwar anerkannt, daß die Bedeutung symbolischer Äußerungen abhängig ist von Geltungsbedingungen, die entstehen in Situationen kommunikativer Interaktion (Apel 1981; Fellmann 1991; Habermas 1982). Doch ist auch dem Universalpragmatismus eine Blindheit eigen, die er teilt mit nahezu der gesamten geisteswissenschaftlichen Tradition: Es ist dies deren „Schriftvergessenheit", auf die Derrida (Derrida 1983) uns so nachdrücklich aufmerksam gemacht hat. Und die zur Folge hatte, daß die Sprache unangefochten als das einzig entscheidende Organon des Denkens gegenüber anderen Modi der Symbolisierung gilt. Mag dies bei der Analyse kommunikativer Prozesse auch angemessen sein – denn in der Tat bilden kommunikative Aufgaben die ursprüngliche Domäne natürlicher Sprachen – so greift dies zu kurz, sobald es um die Analyse kognitiver Prozesse geht (Scheerer 1991). Wo immer literale Gesellschaften gegeben sind, also der schriftliche Text die vorherrschende Gestalt kollektiver Überlieferung des Wissens ist, und erst recht wo das Schreiben, das Lesen, das schriftliche Rechnen zu Kulturtechniken werden: Da ist zu vermuten, daß gerade diese Techniken ihre Spuren hinterlassen werden in der Art und Weise, in der wir denken.

Eben diese Spuren zu sichern, ist das Ziel des Medienmaterialismus, eines sich abzeichnenden neuen Paradigmas in den Geisteswissenschaften (Flusser 1992; Goodman 1984; Gumbrecht/Pfeiffer 1988; Kittler 1987). Er ist inspiriert von einem starken antihermeneutischen Impuls. Dabei ist McLuhans plakativer Slogan "the medium is the message" (McLuhan 1968) eher geeignet, die subtilen Überlegungen über den Zusammenhang von Mündlichkeit, Schriftlichkeit und mentalen Strukturen zu überdecken, die wir den Studien Havelocks, Goodys und Ongs verdanken (Havelock 1963; Goody 1986; Ong 1987). Und doch steht selbst diese Forschungsrichtung unter dem Stern der die gesamten Geisteswissenschaften beherrschenden Präokkupation durch die Sprache: Die Schriftlichkeitsdebatte ist fixiert auf den Prototyp der phonographischen Schrift. Das aber ist genau jene Schrift, die infolge der Zuordnung von Phonem und Buchstabe ein besonders intimes Verhältnis eingeht zum gesprochenen Wort und die daher gegenüber der Sprache nur allzu gerne in den Rang einer bloß sekundären Symbolisierungsleistung verwiesen wird (Lyons 1968, 60; Saussure 1973, 103 f). Die Konzentration auf die phonographische Schrift vernachlässigt einen Schrifttypus, dessen mißverständliche Kennzeichnung als „formale Sprache" der Verdrängung des genuinen Schriftcharakters dieser Symbole Vorschub leistet: Es geht um die Zeichensysteme, die uns geläufig sind vom alltäglichen schriftlichen Rechnen, um die Kalküle der Mathematik und der Logik, um die Formelsprache der Naturwissenschaften. Also um eine Schrift, welche nicht hervorgegangen ist aus einer Transskribierung der Rede, sondern ein graphisches System sui generis bildet. Welche zudem ausschließlich kognitiven Belangen dient und von der zu vermuten ist, daß – wo sie als Geistestechnik zum Einsatz kommt – mentale Operationen affiziert werden vom Ordnungsgefüge dieser Schrift (Krämer 1989 a). Diese Schrift sei „operative Schrift" genannt. Der Medienmaterialismus hat die Existenz der operativen Schrift nahezu vollständig ignoriert.

Mit dieser Skizze der vom Bewußtseinsparadigma sich distanzierenden Richtungen in der Theorie des Geistes, hat der Weg, den die eigenen Überlegungen nun nehmen, erste Konturen gewonnen. Von drei Gedanken – die hier nicht eigens begründet werden, sondern als Prämissen dienen – gehen die folgenden Überlegungen aus: (1) Der Zusammenhang von Physis und Kognition schließt die Untersuchung der materialen Strukturen symbolischer Systeme ein. (2) Diese symbolischen Systeme sind nicht zu verstehen als interne, mentale Repräsentationen, sondern sind externe kulturelle Artefakte und Verfahren, die bei der Ontogenese kognitiver Fertigkeiten internalisiert werden können. (3) Unter diesen symbolischen Systemen nimmt die Geistestechnik der operativen Schrift eine bedeutende Stelle ein.

Im Schnittpunkt dieser Gedanken entstehen zwei Thesen, die den Gegenstand der folgenden Erörterungen abgeben. **These 1:** *Zu Beginn der Neuzeit bildet sich eine schriftliche Geistestechnologie aus, die „symbolische Maschine" genannt sei. Ihr Kunstgriff besteht darin, geistige Tätigkeiten so mittels einer mechanischen Manipulation von Symbolen zu vollziehen, daß geistige Leistungen unabhängig vom Gegebensein eines Bewußtseins erbracht werden können.*

These 2: *Der Reputationsverlust der Kategorie „Bewußtsein" in zeitgenössischen Theorien vom Geist kann u. a. damit erklärt werden, daß – mit der Erfindung des Computers – die bewußtseinsindifferente Geistestechnik symbolischer Maschinen den Status eines Modells für die Funktionsweise des Mentalen erhält.*

2.

Es ist eine mit der Namensschöpfung „künstliche Intelligenz" verbundene Suggestion, daß – nicht anders als bei künstlichen Blumen und künstlichen Zähnen – ein „natürliches" Pendant existiere zu dem, was hier auf künstliche Weise hervorgerufen werde. Aber gibt es ein natürliches, ein rein physiologisch bedingtes Denken, so wie es ein natürliches Atmen im Unterschied zur künstlichen Beatmung gibt? Ist das Gehirn das Organ des Denkens, der Geist somit lokalisierbar im Kopf des denkenden Individuums?

Auf die Frage nach dem Ort des Denkens antwortete Wittgenstein lakonisch, daß wir, falls wir annehmen, mit dem Kopf zu denken, auch sagen müßten, wir denken mit der Hand, die schreibt, und dem Mund, der spricht (Wittgenstein 1984, 23). Für Wittgenstein ist das ein antimentalistisches Argument: Denken ist nicht ein intrinsischer Zustand, lokalisierbar im Kopfe eines Individuums, sondern eine Tätigkeit, die zumindest insoweit nicht bloß mental ist, als dabei externe, überindividuell gültige Symbolsysteme ins Spiel kommen. Doch ist Wittgensteins Hinweis auf das Schreiben und Sprechen ein Argument gegen den Mentalismus nur dann, wenn zugleich nachweisbar ist, daß die Symbole nicht nur dazu dienen, sprach- und schriftunabhängige Resultate des Denkens zu memorieren oder zu kommunizieren, sondern auch dazu dienen, höhere kognitive Leistsungen überhaupt erst zu ermöglichen. Daß Zeichen konstitutiv sind für das schlußfolgernde Denken, ist eine Annahme, an deren Begründung G.W. Leibniz (1646–1716)[3] und C.S. Peirce (1839–1914)[4] zeit ihres Lebens gearbeitet haben. Kein Zufall nun ist es, daß beide Philosophen zugleich ingeniöse Mathematiker und Logiker gewesen sind, welche die mathematischen und logischen Formalismen schöpferisch fortbildeten. Denn in der Tat: Die Konstitution des Denkens durch externe symbolische Verfahren scheint nirgendwo deutlicher zu Tage zu treten, als da, wo wir formale Sprachen als kognitive Instrumente einsetzen. Nur: jene „Sprache", die dabei zum Einsatz kommt, erweist sich bei genauerem Hinsehen

---

[3] „Omnis ratiocinatio nostra nihil aliud est quam characterum connexio et substitutio." – „Unser ganzes schlußfolgerndes Denken besteht in nichts anderem als der Verknüpfung und der Ersetzung von Zeichen." (Leibniz GP VII 31).

[4] „Alles Denken muß daher ein Denken in Zeichen sein" (Peirce 1976, 31).

als eine Schrift. Tatsächlich beruhen formale Sprachen darauf, daß in ihnen eine Sprache als eine Technik zum Einsatz kommt. Das aber ist möglich nur, sofern die formale Sprache – buchstäblich gesehen – eine operative Schrift ist[5]. Klären wir auf, wie das gemeint ist.

Wir werden eintausendzweihundertvierunddreißig mal fünftausendsechshundertachtundsiebzig wahrscheinlich weder im Kopf rechnen (können), noch eintausendzweihundertvierunddreißig mal einen Haufen mit fünftausendsechshundertachtundsiebzig Reiskörner auszulegen und diese dann abzuzählen. Viel „natürlicher" ist es – falls ein Taschenrechner nicht zur Hand ist – die beiden Zahlen im dezimalen Positionssystem anzuschreiben und durch Anwendung des Multiplikationsalgorithmus die gesuchte Zahl zu errechnen. Allerdings erlaubt nicht jedwede schriftliche Zahlendarstellung auch ein schriftliches Rechnen. In der römischen Zahlenschreibweise scheiterte solches Unterfangen und der Rückgriff auf gegenständliche Recheninstrumente, auf einen Abakus oder ein Rechenbrett, ist unvermeidbar. Nur das dezimale Positionssystem weist diese zweifache Eignung auf: Daß es zur Zahlendarstellung wie zum Zahlenrechnen dient. Eine operative Schrift ist somit charakterisierbar durch eine doppelte Funktion: Sie ist ein Medium zur schriftlichen Darstellung gewisser Gegenstände und zugleich ein Instrument zum symbolischen Operieren mit diesen Gegenständen.

Ihre operative Kraft verdankt solche Schrift dem Umstand, als ein Kalkül organisiert zu sein: Eine finite Menge von Elementarzeichen ist gegeben, sowie Regeln zur Bildung und Umbildung von Zeichenreihen, so daß unbegrenzt viele Zeichenausdrücke regelhaft erzeugbar werden. Ein Kalkül ist die Produktionsstätte für unendlich viele Zeichenkonfigurationen. Vom reinen Glasperlenspiel unterscheidet sich der Kalkül, sobald er interpretiert werden kann. Sobald also ein Bereich von Gegenständen aufgefunden wird, der den Kalkülzeichen so zuzuordnen ist, daß die syntaktisch wohlgeformten Ausdrücke des Kalküls als wahre Aussagen über diesen Gegenstandsbereich gelten können. Wo das der Fall ist, können wir den Kalkül als eine Geistestechnik, als einen „Intelligenzverstärker" einsetzen: Ein intellektuelles Problem, sofern es als kalkülisierter Ausdruck notierbar ist, kann

[5] In (Krämer 1989 a) und (Krämer 1991) habe ich den Terminus „typographische Schrift" verwendet, den ich nun durch die Bezeichnung „operative Schrift" ersetzen möchte.

gelöst werden allein durch ein mechanisches Umformen dieses Ausdrucks gemäß den Kalkülregeln. Eben dies geschieht, wenn wir schriftlich rechnen.

Interpretierte Kalküle, die als Geistestechnik zum Einsatz kommen, seien „symbolische Maschinen" genannt (Krämer 1988)[6]. Wo immer wir beim Denken von symbolischen Maschinen Gebrauch machen, können komplizierte geistige Leistungen erbracht werden in Gestalt des mechanischen Manipulierens schriftlicher Zeichen.

Nun könnte unsere Redeweise vom Interpretieren eines Kalküls als „Auffinden" eines isomorphen Gegenstandsbereiches so mißverstanden werden, als existiere dieser vor und unabhängig der Konstruktion des Kalküls. Daß symbolische Maschinen eine Geistestechnik sind, gilt jedoch in einem durchaus buchstäblichen Sinne: Sie stellen gewisse kognitive Gegenstände nicht nur dar, sondern sie stellen diese auch her. Sie sind nicht bloß Vehikel zur Repräsentation und Verarbeitung von Wissen über bestimmte Gegenstandsbereiche, sondern konstituieren und strukturieren jene Domänen, die als Interpretationsmodelle von Kalkülen überhaupt in Frage kommen. Die Determination kognitiver Gegenstände und kognitiver Fertigkeiten durch die Institution der operativen Schrift kann hier im Detail nicht erörtert werden. Doch zumindest ein Seitenblick auf den Zusammenhang zwischen der Evolution der Rechenmedien und Veränderungen im Zahlbegriff sei erlaubt.

Solange wir gegenständliche Hilfsmittel des Rechnens einsetzen, operieren wir nicht mit Zahlen, sondern mit Anzahlen. Anzahlen sind immer abzählbare Mengen von etwas, seien diese nun konkrete Gegenstände wie Reiskörner oder homogenisierte Einheiten wie Rechensteine. Die elementare Fähigkeit, die erfordert ist, um mit diesen Hilfsmengen zu rechnen, ist die Operation des Zählens. Vier Rechensteine weniger vier Rechensteine läßt dann nicht null Rechensteine, sondern keine Rechensteine übrig. Und von fünf Steinen sechs abzuziehen wird zur widersinnigen Operation. Wo immer eine Rechentechnik auf Anzahlenbildung, also dem Zählen beruht, bleibt das numerische Denken beschränkt auf den Raum der natürlichen Zah-

---

[6] In (Krämer 1989 a) und (Krämer 1991) habe ich den Begriff „syntaktische Maschine" verwendet, möchte nun jedoch an meinen Sprachgebrauch in (Krämer 1988) wieder anknüpfen. (Haugeland 1985) verwendet im Anschluß an Daniel Dennet den Begriff „semantische Maschine".

len. Dies ist z. B. im klassischen Griechenland der Fall, wo das Rechnen mit Rechensteinen die einzig mögliche Rechenpraxis blieb.[7] Der griechische Zahlbegriff trägt die Spuren dieser Rechentechnik: „arithmos" heißt nicht etwa „Zahl", sondern „Anzahl", also – wie Euklid definiert – eine „aus Einheiten zusammengesetzt Menge" (Euklid, VII, Def. 2). Nur Vielfache der Eins fallen damit unter die Anzahlen; die Eins selbst galt den Griechen als Einheit, war also nicht selbst Zahl (Klein 1936 H. 1).

Der abstrakte Raum der Zahlen strukturiert sich um, sobald der arithmetische Kalkül zum Rechenmedium avanciert. Diese Andersartigkeit verdichtet sich in der Null. Das Zeichen „0", dessen Eigenname „cifra" – Ziffer – schriftlichen Zahldarstellungen schließlich ihren Namen verleihen wird[8], ist im dezimalen Positionssystem notwendig, um die Eindeutigkeit der Zahlenschreibweise zu gewährleisten. In der Ziffernfolge „101" steht die „0" nicht einfach für die Zahl Null, sondern für das, was sich ergibt, wenn „$0 \cdot 10^1$" errechnet wird. Eben so, wie die einzelne Ziffer „9" keineswegs die Zahl Neun symbolisiert, vielmehr dasjenige, was sich ergibt, wenn „$9 \cdot 10^0$ gerechnet wird. (Gemäß der Regel, daß eine Ziffernfolge a_3 a_2 a_1 a_0 zu übersetzen ist in: $a \cdot 10^3 + a \cdot 10^2 + a \cdot 10^1 + a \cdot 10^0$) Als eine Operation mit Anzahlen ist der Rechenausdruck „$0 \cdot 10^1$" sinnlos. Es gibt kein anschauliches Pendant mehr, auf welches dieser Ausdruck referierte.

So tritt bei der Null nur konzentriert zu Tage, was im Prinzip für alle Zeichen des dezimalen Kalküls gilt: Das, wofür diese Symbole stehen, können wir uns überhaupt nicht anders vergegenwärtigen, denn in Gestalt von symbolischen Ausdrücken. Eine Zahl bleibt nicht länger Anzahl von etwas, sondern wird zum Referenzgegenstand eines Zeichenausdruckes, der im Medium eines arithmetischen Kalküls generierbar ist.

Mit der Einführung des arithmetischen Kalküls ändert sich nicht nur der Zahlbegriff, sondern ändern sich auch die kognitiven Grundlagen der elementaren Rechenfertigkeiten. Um rechnen zu können, muß die Unterscheidung von „type" und „token" möglich sein, muß also ein Zeichenvorkommnis als Realisierung eines ganz bestimmten Zeichentypus identifiziert werden (lesen) und lineare Zeichenreihen

---

[7] Der griechische Terminus für Rechnen „ψηφίζειν heißt wörtlich „steineln".

[8] Das arabische al-sifre wird in lateinischen Handschriften des 12. Jahrhunderts als „ciffra" bzw. „cifra" notiert (Krämer 1991, 111).

nach vorgegebenen Regeln aufgezeichnet und umgeformt werden (schreiben). Rechnen wird zum regelgeleiteten Akt schriftlicher Zeichenmanipulation. Wie Simon Stevin (1548–1620), ein flämischer Theoretiker des arithmetischen Kalküls, betont: Rechnen beruht nicht länger mehr auf dem Zählen-Können, sondern darauf, „sich in den Ziffern auszukennen" (Klein 1936, H. 2. 205).

3.

Der Punkt ist nun erreicht, an dem wir verstehen können, wie es gemeint ist, das durch symbolische Maschinen geistige Tätigkeiten auf eine Weise durchführbar werden, die an das Vorhandensein eines Bewußtseins nicht mehr gekoppelt ist.

Was „bewußt", gar „Bewußtsein" heißt, ist umstritten und kann hier nicht aufgeklärt werden. Doch drängt eine Minimalbedeutung sich auf: Der Gebrauch der Negation „unbewußt" wie auch die etymologischen Wurzeln von „Bewußtsein" im „Be-wissen" zeigen, daß – wenn wir etwas mit Bewußtsein machen – in uns zugleich irgendein Wissen vorhanden sein muß um dieses Tun. Sowohl unser alltäglicher Gebrauch von „bewußt" im Sinne von „willentlich, absichtlich" wie auch im Sinne von „klar erkennen, geistig wach", läuft auf die Assoziierung von Bewußtsein und Wissen hinaus.[9]

Durch den kognitiven Gebrauch symbolischer Maschinen kann eine geistige Tätigkeit nun so aufbereitet werden, daß ihr Vollzug kein Wissen mehr darüber voraussetzt, daß diese Tätigkeit überhaupt als ein geistiges Tun zu qualifizieren ist. Die Arbeit des Geistes wird im buchstäblichen Sinne zum Hand-werk.

Möglich ist dies durch die strikte Unterscheidung einer kalkülinternen und einer kalkülexternen Perspektive. In der kalkülinternen Perspektive werden auf mechanische Weise Konfigurationen erzeugt; die die Konfigurationen bildenden Symbole haben hier den Status von Dingen, die eine bestimmte Stelle in Raum und Zeit einnehmen und also manipulierbar sind wie andere raum-zeitlich lokalisierbare

[9] Diese Kopplung von Bewußtsein und Wissen scheint mir gegenüber der z. B. bei (Schleichert 1992) getroffenen Identifizierung von Bewußtsein mit Sprechen der sinnvollere Weg: Denn „Wissen" gilt es gerade so zu verstehen, daß es nicht auf das propositionale, also in linguistischer Form gegebene Wissen eingeschränkt wird.

Entitäten auch. In der kalkülexternen Perspektive werden die Konfigurationen als wahrheitsdefinite Aussagen über etwas interpretiert; sie haben einen propositionalen Gehalt und somit den Status von Aussagen, die in Zeit und Raum gerade nicht lokalisierbar sind. Der Kunstgriff symbolischer Maschinen besteht nun darin, daß ihr kognitiver Zweck zwar bezogen ist auf den Aussagestatus der symbolischen Ausdrücke, dieser Zweck aber realisiert wird durch Mittel, die ausschließlich Bezug nehmen auf deren Dingstatus. (Gerade deshalb ist ja die graphische Materialität der räumlich fixierbaren Schrift, und nicht der akustisch sich in der Zeit verflüchtigende Sprachlaut das einzig angemessene Medium für die operativen Zwecke symbolischer Maschinen.) Die Folge der Unterscheidung eines kalkülexternen und eines kalkülinternen Blickwinkels ist, daß die Symbolmanipulation korrekt durchführbar ist, ohne daß ein Wissen um die Bedeutung der Symbole vorauszusetzen ist. Wären beim arithmetischen Kalkül die Umformungsregeln, also das kleine Einsundeins, Einsminuseins, Einmaleins und Einsdurcheins als schriftliche Listen gegeben, so wäre es möglich, alle Aufgaben der elementaren Arithmetik richtig zu lösen, ohne überhaupt um dic „Zahlennatur" dessen zu wissen, was da getan wird. Eine geistige Tätigkeit kann realisiert werden, ohne daß Geist dabei tatsächlich gezeigt werden muß. Eben dies ist gemeint mit der Redeweise von der Bewußtseinsindifferenz solcher Denkoperationen, die wir mit Hilfe von symbolischen Maschinen vollbringen.

Die Unterscheidung zwischen dem Aussagestatus und dem Dingstatus kalkülisierter Ausdrücke mag künstlich, wenn nicht gar anachronistisch anmuten. Symbolische Maschinen sind doch per definitionem interpretierte Kalküle, deren Sinn gerade darin liegt, kognitiven Unternehmungen nützlich zu sein. Und wer könnte ernsthaft in Abrede stellen, daß – wo immer wir schriftlich rechnen – wir auch wissen, daß wir mit Zahlen umgehen und nicht bloß Ornamente herstellen. Und doch ist die Unterscheidbarkeit der Symbolprozedur von der Symbolinterpretation von systematischem wie historischem Gewicht.

Systematisch begründet sie die Möglichkeit, daß geistige Leistungen, soweit wir sie als Operationen einer symbolischen Maschine modellieren können, im Prinzip auch wirklichen Maschinen übertragen werden können. „Formalisierung" und „Mechanisierung" sind also Begriffe gleicher Extension (Krämer 1988, 3). Gottfried Wilhelm Leibniz vermutete dies als erster. Alan Turing hat es 1936/37 mit dem

Modell seiner Turingmaschine nachgewiesen: Die mit seinem Formalismus gelieferte Definition einer berechenbaren Prozedur ist nichts anderes, als die mathematische Präzisierung unseres intuitiven Begriffes „symbolische Maschine"; eine Präzisierung, deren Kriterium gerade in der technischen Realisierbarkeit des berechenbaren Verfahrens liegt.

Historisch wird mit der Unterscheidung von Symbolmechanik und Symbolinterpretation eine Entwicklung verstehbar, welche ein hervorstechendes Merkmal der intellektuellen Physiognomie der Neuzeit ist. Es geht um die Popularisierung kognitiver Leistungen.

Ob mit der Verschriftlichung des Rechnens die elementare Arithmetik nicht länger eine der kaufmännischen und wissenschaftlichen Elite vorbehaltene Kunst bleibt, sondern zur Kulturtechnik avanciert. Ob mit der Erfindung der Buchstabenalgebra (Viète 1591) erstmals die Regeln des algebraischen Tuns allgemeingültig notierbar werden, die Algebra also den Status eines Geheimwissens, einer „ars magna et occulta" verliert und in den Rang einer öffentlich lehr- und lernbaren Wissenschaft aufsteigt (Klein 1936, H. 3.). Ob mit Descartes' Erfindung der analytischen Geometrie (Descartes 1981) das seit der Antike geltende Existenzkriterium für geometrische Gegenstände – die Konstruierbarkeit – ersetzt wird durch ihre „bloße" Berechenbarkeit (Krämer 1989 b). Oder ob mit der Erfindung des Infinitesimalkalküls durch Leibniz (Leibniz 1846) die seit Archimedes von ingeniösen Gelehrten praktizierte Infinitesimalmathematik sich zum Schülerwissen vereinfachte:

Stets beruht die „Demokratisierung" des Zugangs zum Wissen auf der mit symbolischen Maschinen verknüpften Dissoziierung der exekutiven von der interpretativen Kompetenz; also der Abspaltung der Effiziens, mit der wir ein Verfahren durchführen können, von der Kompetenz, dieses Verfahren auch rechtfertigen zu können. Die Symptome dieser Dissoziierung des Problemlösungs- vom Rechtfertigungswissen in der Neuzeit sind vielfältig. Jahrhunderte wurde mit der Null gerechnet, ehe die Frage theoretisch beantwortet werden konnte, ob die Null überhaupt eine Zahl sei.[10] Und es ist ein Gemein-

[10] Die theoretische Frage, ob die Null eine Zahl sei, warfen erst Simon Stevin und John Wallis (1616–1703) auf. Eine definitive Antwort darauf gab erst George Boole (1815–1864), der die leere Menge ausdrücklich zu den Mengen rechnete, und so den Weg freimachte, die Null als Zahl im Sinne der Kardinalzahlen anzuerkennen (Boole 1854, 28).

platz der Mathematikgeschichte, daß Leibniz mit seinem Infinitesimalkalkül ein effektives Verfahren auf defizienter Grundlage geliefert habe (Boyer 1959, 210 ff; Whiteside 1960/62, 186).[11]

Gerade Leibniz auch ist es gewesen, der dem Phänomen der Bewußtseinsunabhängigkeit des Intellekts, sobald dieser zur handgreiflichen Symboloperation regrediert, philosophischen Ausdruck verleiht. Er nennt eine solche Tätigkeit „blinde oder symbolische Erkenntnis" (Leibniz GP IV 423) und spricht an anderer Stelle von „tauben Gedanken" (Leibniz GP IV 259). Der Sinn dieser Metaphern erschließt sich erst, wenn wir uns über den Stellenwert der Geistestechnik symbolischer Maschinen im rationalistischen Erkenntnisprogramm Klarheit verschaffen.

4.

Die geistesgeschichtliche Bedeutung kalkülisierter Denkverfahren erschöpft sich nicht in der Simplifizierung des Problemelösens. Attraktiv wird die Operationsweise einer symbolischen Maschine auch als ein theoretisches Modell. Das, wofür sie zum Modell wird, unterscheidet allerdings die neuzeitlichen von den zeitgenössischen Theorien vom Geist. Der rationalistischen Philosophie im 17. Jahrhundert gilt die Kalkülisierung als eine Erkenntnistechnik. Sie wird zum Modell, zum Prototyp dafür, wie höchstmögliche Gewißheit beim Erkennen zu erringen sei. Der zeitgenössischen Philosophie des Geistes dient die symbolische Maschine als Erklärungsmodell für die Funktionsweise des Mentalen. Sie bleibt nicht länger eine Vorschrift, wie wir uns verhalten sollen, um zu wahren Erkenntnissen zu gelangen, sondern wird zur Beschreibung dessen, was wir faktisch tun, wenn wir denken. Ein konventionenabhängiges Erkenntnisverfahren

[11] Gegenüber den zeitgenössischen skeptischen Stimmen (Krämer 1991 b), die sich an der Frage entzündeten, wie das Referenzobjekt des Differentialsymbols zu deuten sei, ob also das unendlich Kleine als aktual oder potentiell Unendliches zu interpretieren ist und wie es zu verstehen ist, daß von einem unendlich Kleinen ein noch unendlich Kleineres abgeleitet werden könne, betont Leibniz: Es sei die Pointe seines Verfahrens, daß die rechnerische Effiziens, mit der die Differentialableitungen gebildet werden, unabhängig ist von deren Interpretation, also vom Wissen um die „Natur" der mathematischen Objekte, auf die sein Symbolismus referiere. (Leibniz GM IV 91).

wird umgedeutet zum mentalen Geschehen innerhalb eines Individuums. Vergegenwärtigen wir uns die wichtigsten Stationen auf diesem Weg der Metamorphose einer Norm in eine Deskription (Krämer 1991 c):

Die Kulturtechnik des operativen Schriftgebrauches, die ihre Effizienz im alltäglichen Rechnungswesen der frühen Neuzeit wie in den elaborierten Bereichen mathematischen Problemelösens so nachhaltig demonstrierte, avanciert auch zum Modell für den außermathematischen Erkenntniserwerb. Das aufklärerische Postulat, daß jeder teilhabe an der natürlichen Gabe der Vernunft, und daß es nur noch darauf ankomme, von der Vernunft den richtigen Gebrauch zu machen (Descartes 1960), führt zu Versuchen, Erkenntnisprozesse abzulösen von Privilegierungen: Seien dies nun das Privileg der Offenbarungswahrheit durch Gnadenwahl, oder sei dies das Ingenium genialer Inspiration. Dem Wissenserwerb soll eine Sicherheit verliehen werden, wie sie sonst nur den Garantieprodukten algorithmischer Herstellungsverfahren eigen ist. Der Mechanismus einer symbolischen Maschine mußte sich da anbieten als der visionäre Bezugspunkt der Idee, die Arbeit des Gedankens in das Handwerk mechanischer Symboloperationen zu transformieren.

Descartes konzipiert eine Universalwissenschaft quantifizierbarer Objekte, eine „mathesis universalis", deren Kennzeichen es ist, im Medium einer von ihm eigens konstruierten künstlichen Sprache zu operieren (Descartes 1979). Als Gegenstand der mathesis ist zugelassen nur, was so im Format dieser Kunstsprache zu repräsentieren ist, daß Probleme, die diese Gegenstände betreffen, im Medium dieser Sprache auch gelöst werden können. Descartes' Kunstsprache der mathesis ist eine operative Schrift.

Leibniz projektiert einen Universalkalkül des Denkens, den „calculus ratiocinator" (Leibniz GP III 605; VII 205). Er hofft, das Universum der Begriffe so eindeutig auf ein formales Zeichensystem abbilden zu können, daß die Arbeit mit den Begriffen ersetzbar werde durch das externe Operieren mit den sie repräsentierenden Zeichen. Wäre solch eine „universale Denkmaschine" konstruierbar, so wäre es möglich, alle wahren Sätze mechanisch abzuleiten, sowie von jedem vorgelegten Satz zu entscheiden, ob er wahr sei oder falsch. So realistisch es ist, unbegrenzt viele bereichsspezifische Kalküle zu entwickeln (Poser 1969): die Konstruktion eines Universalkalküls des Denkens ist eine Fiktion: Sie ist logisch unmöglich (Gödel 1931).

Doch das ist hier nicht das Thema. Für uns ist wichtiger, daß im Horizont des Leibnizprogrammes verstehbar wird, wieso Leibniz die von ihm so favorisierte symbolische Erkenntnistechnik als „blinde Erkenntnis" und als „taube Gedanken" charakterisiert: Die Pointe des Einsatzes symbolischer Maschinen beim Erkennen besteht für Leibniz darin, daß durch Kalkülisierung „palpabilia ... veritatis criteria" – *handgreifliche* Wahrheitskriterien installiert werden (Leibniz BLH 82). Dem Geist somit ein mechanisches Lenkungsmittel bereitgestellt werde, ein Ariadnefaden des Denkens (Leibniz GP I 371; V 350; VII 57; GM IV 482; VII 17), kraft dessen er entlastet ist von den Mühen der Interpretation: Beim Manipulieren der Symbole ist nicht mehr darauf zu *hören*, was die Symbole uns zu sagen haben, und nicht mehr darauf zu *sehen*, wofür die Symbole tatsächlich stehen. Wahrheit wäre so zurückgeführt auf die regelgerechte Zeichenmanipulation, und d. h. auf Richtigkeit. Wo das aber der Fall ist, kann eine geistvolle Tätigkeit ausgeführt werden, ohne daß die Existenz eines Bewußtseins dazu noch vorauszusetzen wäre. Eben das ist gemeint, wenn Leibniz für die symbolische Erkenntnis die Metapher der „blinden Erkenntnis" und der „tauben Gedanken" einführt (Krämer 1992).

Doch – und darauf kommt es nun an – wird dieses Ideal wissenschaftlicher Wahrheitsfindung gerade nicht zu einem Modell für die Funktionsweise des menschlichen Geistes. Die Analogie zum maschinellen Tun wird zwar zum Vorbild dafür, wie Erkenntnis zu einem Vorgang zu profanisieren ist, der nichts voraussetzt, außer der Fähigkeit, mit Symbolen regelhaft zu operieren. Doch die Maschine avanciert den Philosophen der Aufklärung gerade nicht zur Inkarnation, zu Vorbild und zur Metapher des Geistes.

Ausdrücklich weisen Descartes[12] wie Leibniz[13] die Annahme zurück, daß „Geist" erklärt werden könne mit Hilfe eines Maschi-

---

[12] „Denn man kann sich zwar vorstellen, daß eine Maschine so konstruiert ist, daß sie Worte und manche Worte sogar bei Gelegenheit körperlicher Einwirkungen hervorbringt, die gewisse Veränderungen in ihren Organen hervorrufen, ... aber man kann sich nicht vorstellen, daß sie die Worte auf verschiedene Weisen zusammenordnet, um auf die Bedeutung *alles* dessen, was in ihrer Gegenwart laut werden mag, zu antworten, wie es der stumpfsinnigste Mensch kann." Herv.: S. K. (Descartes 1960, 46).

[13] „Und denkt man sich aus, daß es eine Maschine gäbe, deren Bauart es bewirke, zu denken, zu fühlen und ein Bewußtsein zu haben, so wird man sie sich unter Beibehaltung der gleichen Maßstabsverhältnisse derart vergrößert vorstellen kön-

nenmodells. In letzter Konsequenz wurzelt diese Zurückweisung in der Überzeugung, daß Bewußtsein, resp. Selbstbewußtsein ein definierendes Merkmal sei für die Eigenschaft, Geist zu haben. So daß eine Prozedur, für welche die Unabhängigkeit vom Bewußtsein gerade verbürgt ist, schlechterdings nicht zum Erklärungsmodell taugt für das, was Geist sei. Werfen wir einen genaueren Blick auf den Zusammenhang von Geist und Bewußtsein bei Descartes.

Auf die fundierende Rolle des Selbstbewußtseins stößt Descartes im Kontext eines erkenntnistheoretischen Arguments (Descartes 1960, 27; 1972, 22): In seinem methodischen Zweifel wirft er alle für Irrtümer überhaupt anfälligen, also korrigierbaren Urteile über Bord. Der einzig nicht mehr anzuzweifelnde Tatbestand ist das „cogito", das „ich denke": Denn auch der radikalste Zweifel bleibt unbezweifelbar ein Fall von Denken. Mit dem Satz „je pense, donc je sui" ist Descartes auf einen sich selbst verifizierenden Sachverhalt gestoßen, der nur im Vollzug einer Bewußtwerdung seiner selbst tatsächlich erlebt werden und sodann als ein Fundament dienen kann, auf welchem das Gebäude positiven Wissens zu errichten ist.

Doch nicht auf diese mit der „Entdeckung des Bewußtseins" verknüpfte erkenntnistheoretische Intention kommt es hier an. Für uns wichtiger sind deren Implikationen für Descartes' Theorie geistiger Vermögen. Denn daß Denken und Bewußtsein, cogitatio und conscientia, von Descartes so eng verwoben werden, findet seinen Niederschlag in seiner Theorie vom Doppelcharakter geistiger Vermögen (Descartes 1972, 47 ff): Unser geistiges Vermögen wird gebildet sowohl vom Verstand wie auch vom Willen. Zum Verstand zählt alles, was mit der Tätigkeit des „intellectus" zu tun hat: Empfinden, Einbilden und reines Denken. Zum Willen gehört, was zusammenhängt mit der Tätigkeit der „voluntas": Begehren und Ablehnen, Behaupten und Bezweifeln. Beim Denken nun arbeiten Verstand und Wille zusammen: Der Verstand liefert die Ideen, der Wille aber verwirft oder bestätigt sie, verwandelt also die Ideen in Urteile. Der Wille allein ist „Sitz" der Urteilskraft. So kann Irrtum erst entstehen, wo die Domäne des Willens beginnt. Nämlich dann, wenn der Wille

---

nen, daß man in sie wie in eine Mühle einzutreten vermöchte. Dies gesetzt, wird man in ihr ... nur Stücke finden, die einander stoßen, und niemals etwas, das ein Bewußtsein erklären vermöchte." Leibniz, Monadologie § 17, GP VI 610, übers.: S. K.

mit seiner Zustimmung den beschränkten Bereich der klaren und deutlichen Ideen überschreitet. Folge dieser Theorie des Geistes ist eine Analogie zwischen Irrtum und Sünde.[14] Der Irrtum wird zur philosophischen Form einer Schuld, deren theologische Version die Sünde ist. Fehler des Denkens erhalten so den Status moralischer Verfehlungen. Das Wahre wird zur theoretischen und das Gute wird zur praktischen Spielart eines universalen Strebens nach dem Richtigen, dessen „Sitz" das moralisch verantwortliche Subjekt ist. Damit aber wird die Bezugnahme auf eine zur Verantwortung fähige und zur Verantwortung pflichtige Person zum konstitutiven Element des cartesischen Begriffes vom Geist.

Wir sehen also: Die Ablehnung der Maschine als Metapher für den Geist hat zu tun mit einem ethischen Kern im neuzeitlichen Geistbegriff. Geist wird nur zugeschrieben, wo eine Einheit von intellektueller und moralischer Kompetenz gegeben ist. So meint der Begriff „conscientia" zu diesem Zeitpunkt noch beides: „Bewußtsein" und „Gewissen".

5.

Dieses Zusammenspiel von Intellektualität und Moralität wird aufgekündigt, sobald die im Rationalismus zur universalen Erkenntnistechnik stilisierten Operationen einer symbolischen Maschine umgedeutet werden in ein Erklärungsmodell für die Funktionsweise des Geistes.

Eben dies geschieht in nahezu allen Disziplinen, in denen die Idee, Denken sei nichts als Informationsverarbeitung, sich zu der Überzeugung verdichtet: Denken sei spezifizierbar als ein rechenhaftes Operieren über mentalen Repräsentationen.[15] Seine Kraft zum fächerübergreifenden Konsens entfaltet dieses Informationsverarbeitungs-

[14] „Woraus entstehen also meine Irrtümer? Nun – einzig und allein daraus, daß, während der Wille weiter reicht als der Verstand, ich jenen nicht in dessen Grenzen einschließe, sondern ihn auch auf das erstrecke, was ich nicht einsehe ... und so *irre* und *sündige* ich." Descartes 1972, 49.

[15] Exemplarisch dafür (Habel/Kanngießer/Strube 1990, 1), welche die „Ansicht" vertreten, „daß Kognition sich in Prozessen der Informationsverarbeitung vollzieht, daß also kognitive Prozesse letztlich identisch sind mit Berechnungsprozessen."

modell in engem Zusammenhang mit der forschungstrategischen Nutzung des Computers (Münch 1992). Nun ist der Computer nichts anderes als die physikalische Realisierung einer universalen symbolischen Maschine. Denn die Unterscheidbarkeit von Programm und Daten bedeutet ja gerade, daß durch Programmierung ein Computer in jede beliebige spezielle symbolische Maschine transformiert werden kann.

Die Geschichte der durch den Computer provozierten Umdeutung der Geistestechnik symbolischer Maschinen zur Funktionsweise des Mentalen ist rekonstruierbar in drei Etappen (Krämer 1991 c):

(1) Als Alan Turing 1936 den Formalismus seiner Turingmaschine vorstellte, ging es ihm um mehr als nur darum, den intuitiven Begriff einer berechenbaren Funktion mathematisch zu präzisieren: Er bietet seinen Formalismus zugleich an als ein Instrument zur Erklärung kognitiver Phänomene. Genauer: Eben jener internen kognitiven Abläufe beim Menschen, der mit dem Berechnen jener Funktionen beschäftigt ist, die mit der Turingmaschine definiert werden. Zustände der Turingmaschine werden interpretiert als das maschinelle Analogon zu den Geisteszuständen rechnender Personen[16]. Die Konstruktion der Turingmaschine wird als maschinelle Rekonstruktion des Verhaltens eines menschlichen Rechners gedeutet.

Eine historisch gewachsene Kulturtechnik wird als ein formales, maschinenrealisierbares Verfahren präzisiert. Welches dann ein funktionalistisches Erklärungsmodell liefert für die mit dem Rechnen verbundenen internen, mentalen Operationen. So kann, was ein menschlicher Rechner tut, fortan als Instantiierung einer Turingmaschine interpretiert werden. Die in der Turingmaschine stilisierte Technik eines Rechenverfahrens wird als ein kognitionswissenschaftlicher Terminus salonfähig gemacht.

(2) Die „geisteswissenschaftlichen" Implikationen der ingenieurwissenschaftlichen Disziplin Künstliche Intelligenz können so interpretiert werden, daß sie abzielen auf eine – Turings Veränderung des Terminus „Rechnen" analoge – Transformation der Begriffe „Intelligenz", „Denken" und „Geist". Nicht länger mehr sollen diese als anthropozentrische Begriffe gelten, sondern abgeschwächt werden zu

---

[16] „Wir können nun eine Maschine konstruieren, die die Arbeit eines Rechnenden tut... Jedem Geisteszustand des Rechnenden entspricht ein m-Zustand der Maschine." (Turing 1987, 43).

speziesneutralen Termini, die im Prinzip auch einer Maschine zuzuschreiben sind. Zum Schlüsselbegriff dieser Abschwächung avanciert die von Newell und Simon ausgearbeitete Konzeption eines „Physischen Symbolsystems“. Zur Schlüsseltechnik aber wird der Computer. Ein Physisches Symbolsystem setzt sich zusammen aus Speicher, Kontrolleinheit, einer Menge von Operatoren sowie Input und Output und kann jede beliebige formalisierbare Symbolfolge erzeugen (Newell 1981). Es sei – so Newell und Simons These – eine notwendige und zugleich hinreichende Bedingung für Intelligenz (Newell/Simon 1976). Pointe dieses Ansatzes ist es, daß solche Systeme mehrfach physikalisch umsetzbar sind, ohne doch in ihrem funktionellen Aufbau Bezug nehmen zu müssen auf eine bestimmte Weise der physikalischen Realisierung (Carrier/Mittelstraß 1989, 63). Daher könne der Computer als ein Existenzbeweis dafür in Anspruch genommen werden, daß ein auf nicht-menschliche Weise realisiertes, symbolverarbeitendes und per definitionem auch kognitives System möglich sei.

Gelöst scheint damit das Rätsel, wie unsere alltägliche Überzeugung, daß Intentionen körperliche Bewegungen verursachen, angesichts der kausalen Geschlossenheit der physikalischen Welt wissenschaftlich zu erklären sei. Der Computer wird als das einzigartige Modell dafür in Anspruch genommen, wie Semantik die Physis beeinflussen könne. Möglich sei dies durch die Hierarchisierung von Ebenen der Symbolverarbeitung: Auf der „oberen“, der semantischen Ebene, gelten die Symbole als interpretierte Zeichen, z. B. als Zahlen oder Begriffe; und die Operationen mit ihnen als regelhafte Aktionen wie Addieren oder Schlußfolgern. Auf der „mittleren“, der syntaktischen Ebene, gelten die Symbole als die bedeutungslosen Elemente eines Kalküls, dessen Ausdrücke nach kalkülinternen Regeln gebildet und umgebildet werden. Auf der „untersten“, der physikalischen Ebene, sind die Symbole elektrische Zustände, die den Gesetzmäßigkeiten integrierter Schaltkreise zu gehorchen haben. Infolge eindeutiger Abbildverhältnisse zwischen diesen „Stufen“ der Symbolverarbeitung, könne nun illustriert werden, wie Bedeutungen via syntaktischen Differenzen auf physikalische Prozeduren einzuwirken und diese zu steuern vermögen. Der Computer wird zum Modell dafür, wie Geist die Physis zu beeinflussen vermag: Die Möglichkeit ist damit eröffnet, kognitionstheoretische Termini auch Maschinen zuzuschreiben.

(3) Nachdem der Geist als computerrealisierbarer Vorgang nobilitiert ist, braucht dieser maschinenbezogene Begriff vom Geist nur noch zurückprojiziert zu werden auf interne Abläufe beim denkenden Menschen selbst – und der Siegeszug des Computers als eines Analogon zur Funktionsweise des Geistes ist besiegelt.

Eben dies geschieht in den sogenannten „komputationalen Theorien vom Geist" (Goschke 1990), deren prominenteste Vertreter Jerry Fodor (Fodor 1975, 1981, 1987) und Zenon Pylyshyn (Pylyshyn 1980, 1984) sind. Das Denken gilt ihnen als ein Rechnen über mentalen Repräsentationen. Und zwar so, daß analog zu einem externen, künstlichen Rechenmedium im Gehirn eine interne, natürliche „Sprache des Denkens" verdrahtet sei, so daß die Kognition aus der Wechselwirkung nichtbewußter, elementarer Rechenprozeduren in der Tiefenstruktur dieser Sprache hervorginge (Fodor 1975). Der im Computer realisierte Zusammenhang von Semantik, Syntax und Physik wird also zurückprojiziert auf hirnphysiologische Abläufe. So wird es – mit den Worten Fodors: „natural to take the mind to be ... a kind of computer" (Fodor 1981, 230). Und dies gilt nicht nur in einem metaphorischen, vielmehr in einem buchstäblichen Sinne: Denn die Übergänge zwischen den einzelnen mentalen Zuständen werden nicht einfach nur mit Hilfe von Rechenprozessen *beschrieben*, so wie wir die Planetenbewegung mit Formeln beschreiben können, sondern sie *sind* faktisch Rechenprozesse. Das Hirn wird zum „natürlichen" Computer.

Damit hat sich der methodologische Status der Geistestechnik symbolischer Maschinen gewandelt: Was ehemals eine konventionenabhängige Erkenntnistechnik gewesen ist, die eine Norm vorgegeben hat, wie wir uns verhalten sollen, um zu richtiger Erkenntnis zu gelangen, ist nun umgedeutet in ein Modell für die Funktionsweise des Mentalen, welches beschreibt, was wir faktisch tun, wenn wir denken. Die Folge dieser Umdeutung eines erkenntnistheoretischen Verfahrens externer Symbolmanipulation in eine Ontologie des Mentalen, ist der Reputationsverlust der Kategorie „Bewußtsein": Es ist die Auszeichnung der Geistestechnik symbolischer Maschinen, daß geistige Leistungen ohne das Gegebensein eines Bewußtseins realisierbar sind. Wo solche Prozeduren zum Modell werden für geistige Abläufe beim Menschen, wird der Rückgriff auf den Begriff „Bewußtsein" obsolet.

Literatur

Apel, K.-O. (1981), Transformationen der Philosophie, 2 Bde., 2. Aufl., Frankfurt: Suhrkamp.

Assmann, A. / Assmann J. (1990), Das Gestern im Heute. Medien und soziales Gedächtnis. Studienbrief 16 zum Funkkolleg „Medien und Kommunikation", Hessischer Rundfunk/Deutsches Institut für Fernstudien, Tübingen.

Boole, G. (1854), An investigation of the laws of thought on which are found the mathematical theorie of logic and probabilities, London (Nachr. New York 1958).

Boyer, C. B. (1959), The History of the Calculus and its Conceptual Development, New York: Dover Publ.

Bunge, M. (1984), Das Leib-Seele-Problem, Tübingen: Mohr (The mind-body problem, Oxford 1980).

Carrier, M. u. J. Mittelstraß (1989), Geist, Gehirn, Verhalten. Das Leib-Seele-Problem und die Philosophie der Psychologie, Berlin, New York: de Gruyter.

Cassirer, E. (1985), Philosophie der symbolischen Formen, 3 Bde., 8. Aufl., Darmstadt: Wissenschaftliche Buchgesellschaft.

Damerow, P. (1981), Die Entstehung des arithmetischen Denkens, in: P. Damerow / W. Lefèvre (ed.): Rechenstein, Experiment, Sprache: Historische Fallstudien zur Entstehung der exakten Wissenschaften, Stuttgart: Ernst Klett, 11–114.

Derrida, J. (1983), Grammatologie, Frankfurt: Suhrkamp (De la grammatologie, Paris 1967).

Descartes, R. (1960), Von der Methode des richtigen Vernunftgebrauches . . ., üb. u. hg. v. Lüder Gäbe, Hamburg: Felix Meiner (Discours de la methode . . ., Œuvres, ed. C. Adam u. P. Tannery, Paris 1897–1913, Bd. VI, 1–78).

– – (1972), Meditationen über die Grundlagen der Philosophie, üb. und hg. v. Arthur Buchenau, Hamburg: Felix Meiner (Meditationes de prima philosophie, in: Œuvres, ed. C. Adam u. P. Tannery, Paris 1897–1913, Bd. VII, 4–116).

– – (1979), Regeln zur Ausrichtung der Erkenntniskraft, üb. u. hg. v. Lüder Gäbe, Hamburg: Felix Meiner (Regulae ad directionem ingenii, Œuvres, ed. C. Adam u. P. Tannery, Paris 1897–1913, Bd. X, 360–469).

– – (1981), Geometrie, dtsch. hg. v. Ludwig Schlesinger (repr. d. 2. Aufl., Leipzig 1923) Darmstadt: Wissenschaftliche Buchgesellschaft (Géométrie, Œuvres, ed. C. Adam u. P. Tannery, Paris 1897–1913, Bd. VI, 367–485).

Dilthey, W. (1981), Der Aufbau der geschichtlichen Welt in den Geisteswissenschaften, Frankfurt: Suhrkamp.

Feigl, H. (1967), The „mental" and the „physical", Minneapolis: University of Minnesota Press (Studies in the Philosophy of Science: Concepts, Theories and the Mind-Body Problem, ed. Feigl e. a., Minneapolis, 1958, Bd. 2).

Fellmann, F. (1991), Symbolischer Pragmatismus. Hermeneutik nach Dilthey, Reinbeck bei Hamburg: Rowohlt.

Flusser, V. (1992), Die Schrift, Frankfurt: Fischer (1987).

Fodor, J. (1975), The Language of Thought, Hassocks, Sussex: Harvester Press.

-- (1981), Representations, Brighton, Sussex: Harvester Press.

-- (1987), Psychosemantics. The Problem of Meaning in the Philosophy of Mind, Cambridge Ma.: MIT Press.

Frank, M. (1991), Selbstbewußtsein und Selbsterkenntnis, Stuttgart: Philipp Reclam Jun.

Goodman, N. (1984), Weisen der Welterzeugung, Frankfurt: Suhrkamp (Ways of Worldmaking, Indianapolis 1978).

Gödel, K. (1931), Über formal unentscheidbare Sätze der Principia Mathematica und verwandter Systeme I, Monatsh. f. Math. u. Phys., 38, 173–198.

Goody, J. (1986), Funktionen der Schrift in traditionalen Gesellschaften, in: Goody, J. e. a. Hrsg. Entstehung und Folgen der Schriftkultur, Frankfurt: Suhrkamp 25–61 (Literacy in Traditional Societies, Cambridge 1968).

Goschke, Th. (1990), Wissen ohne Symbole? Das Programm des Neuen Konnektionismus, in: Zeitschrift für Semiotik, 12, H. 1–2, S. 25–45.

Gumbrecht, H. U. u. K. L. Pfeiffer, Hrsg. (1988), Materialität der Kommunikation, Frankfurt: Suhrkamp.

Habel, Ch., S. Kanngießer u. G. Strube (1990), Editorial, in: Kognitionswissenschaft, Bd. 1, H. 1, S. 1–3.

Habermas, J. (1982), Theorie des kommunikativen Handelns, 2. Bde., 2. Aufl., Frankfurt: Suhrkamp.

Haugeland, J. (1985), Artificial Intelligence. The very idea, Cambridge Ma.: MIT Press (dtsch. 1987).

Havelock, E. (1963), Preface to Plato, Cambridge Ma.: Harvard University Press.

Holenstein, E. (1991), Naturalisierungsaussichten in Psychologie und Epistemologie, Zeitschrift für philosophische Forschung, Bd. 45, H. 3, 329–346.

Jackendorff, R. (1987), Consciousness and the computational mind, Cambridge Mass.: MIT Press.

Kittler, F. A. (1987), Aufschreibsysteme, 2. korr. Aufl., München: Wilhelm Fink.

Klein, J. (1936), Die griechische Logistik und die Entwicklung der Algebra, in: Quellen und Studien zur Gesch. d. Math. Astr. u. Phys., Bd. 3, H. 1., 18–105; Bd. 3, H. 2, 122–235, Berlin (engl. London 1968).

Krämer, S. (1988), Symbolische Maschinen. Die Idee der Formalisierung in geschichtlichem Abriß, Darmstadt: Wissenschaftliche Buchgesellschaft.

-- (1989a), Geistes-Technologie. Über syntaktische Maschinen und typographische Schriften, in: W. Rammert u. G. Bechmann (Hrsg.) Technik und Gesellschaft. Jahrbuch 5: Computer, Medien, Gesellschaft, Frankfurt: Campus, 38–51.

-- (1989b), Über das Verhältnis von Algebra und Geometrie in Descartes' „Géométrie", in: Philosophia naturalis, Bd. 26, H. 1, 19–40.

-- (1991a), Berechenbare Vernunft, Kalkül und Rationalismus im 17. Jahrhundert, Berlin, New York: de Gruyter.

-- (1991b), Zur Begründung des Infinitesimalkalküls durch Leibniz, in: Philosophia naturalis, Bd. 28, H. 2, 117–146.

-- (1991c), Denken als Rechenprozedur: Zur Genese eines kognitionswissenschaftlichen Paradigmas, in: Kognitionswissenschaft 2, 1–10.

Kurthen, M. (1990), Das Problem des Bewußtseins in der Kognitionswissenschaft, Stuttgart: Ferdinand Enke.

Leibniz, G. W. (1846), Historia et Origino calculi differentialis a GG. Leibnitio conscripta, ed. C. I. Gerhardt, Hannover.

-- (BLH), Die Leibniz-Handschriften der Königlichen Öffentlichen Bibliothek zu Hannover, de. E. Bodemann, Hannover 1889 (repr. Hildesheim 1960).

-- (GM), Mathematische Schriften, ed. C. I. Gerhardt, VII Bde., Berlin-Halle 1849–1863 (repr. Hildesheim 1965).

-- (GP), Die philosophischen Schriften, ed. C. I. Gerhardt, VII Bde. Berlin-Halle 1875–1890 (repr. Hildesheim 1965).

Lurija, A. R. (1987), Die historische Bedingtheit individueller Erkenntnisprozesse, Berlin: VEB Deutscher Verlag der Wissenschaften (Orig. 1974).

Lycan, W. (1987), Consciousness, Cambridge. Mass.: MIT Press.

Lyons, J. (1968), Introduction to Theoretical Linguistics, Cambridge MA: Cambridge Univ. Press.

McLuhan, M. (1970), Die magischen Kanäle, 2. Aufl., Düsseldorf/Wien: Econ.

Metzinger, T. (1990), Kriterien für eine Theorie zur Lösung des Leib-Seele-Problems, Erkenntnis, Bd. 32, 127–145.

Münch, D. (1992), Computermodelle des Geistes, in: ders. (Hg.) Kognitionswissenschaft. Grundlagen, Probleme, Perspektiven, Frankfurt: Suhrkamp, 7–52.

Newell, A. (1981), Physical Symbol Systems, in: D. A. Norman (ed.) Perspectives on Cognitive Science, Norwood NJ: Ablex, 37–86 (orig.: Cognitive Science 4/1980).

Newell, A. u. H. Simon (1976), Computer Science as Empirical Inquiry: Symbols and Search, in: Communications of the Association for Computing Machinery, H. 19.

Ong, W. I. (1987), Oralität und Literalität. Die Technologisierung des Wortes, Opladen: Westdeutscher Verlag (Orality and Literacy London 1982).
Peirce, Ch. S. (1976), Fragen hinsichtlich gewisser Vermögen, die man für den Menschen in Anspruch nimmt (1868), in: ders.: Schriften zum Pragmatismus und Pragmatizismus, hg. v. K. O. Apel, Frankfurt: Suhrkamp, 13–38.
Pöppel, E. (1989), Eine neurophysiologische Definition des Zustands „bewußt", in: ders. (Hg.) Gehirn und Bewußtsein, Weinheim, Basel etc.: VCH Verlagsgesellschaft, 17–33.
Poser, H. (1969), Zur Theorie der Modalbegriffe bei G. W. Leibniz, in: Studia Leibnitiana Suppl. VI, Wiesbanden: Steiner.
Saussure, de F. (1973), Cours de linguistique générale, Paris: Payot (1916 – dtsch.: 1931).
Scheerer, E. (1991), Mündlichkeit und Schriftlichkeit: Implikationen für die Modellierung kognitiver Prozesse, Report No. 17, research group „Mind and Brain", ZIF Bielefeld.
Schwemmer, O. (1990), Die Philosophie und die Wissenschaften, Frankfurt: Suhrkamp.
Schleichert, H. (1992), Der Begriff des Bewußtseins. Eine Bedeutungsanalyse, Frankfurt: Vittorio Klostermann.
Tetens, H. (1992), Naturalismus und Kulturalismus. Reflexionen zur naturalistischen Erforschung des Mentalen, in: P. Janich (Hg.), Entwicklungen der methodischen Philosophie, Frankfurt: Suhrkamp, S. 113–124.
Turing, A. (1937), On Computable Numbers, with an Application to the Entscheidungsproblem, in: Proceedings of the London Mathematical Society, 2, 42.
– – (1987), Intelligence Service, ed. B. Dotzler u. F. Kittler, Berlin: Brinkmann & Brose (dtsch. Übers. v. Turing 1937: 19–43).
Viète, Fr. (1591), In artem analyticem Isagoge (Tours), in: Opera mathematica, ed. Fr. v. Schooten, Leiden 1646 (repr. Hildesheim 1970) Bd. I, 1–12.
Whiteside, D. T. (1960/62), Patterns of mathematical thought in the later seventeenth century, in: Arch. Hist. Ex. Sc., 1, 179–388.
Wilkens, K. (1984), Is Consciousness Important?, in: British Journ. Phil. Sci., 35, 223–243.
Wittgenstein, L. (1984), Das Blaue Buch, (Bd. 5 der Werkausgabe in 8 Bänden), Frankfurt: Suhrkamp (Oxford 1958).

2. Geist kognitionswissenschaftlich

Angela D. Friederici

Gehirn und Sprache: Neurobiologische Grundlagen der Sprachverarbeitung*

Sprachfähigkeit: Eine menschliche Eigenschaft

Die Fähigkeit, eine Sprache zu sprechen und zu verstehen, ist diejenige Fähigkeit, die den Menschen gegenüber anderen Spezies auszeichnet. So mag es denn scheinen, daß wir auf der Suche nach einem adäquaten Modell des menschlichen Geistes diesem um einiges näher wären, könnten wir den Gebrauch von Sprache und deren Erwerb vollständig beschreiben.

Diejenigen, die sich in ihren Forschungen mit der Verarbeitung von Sprache, deren Erwerb und deren neurobiologischen Grundlagen beschäftigen, haben sich – dieses große Ziel vor Augen – zunächst Teilziele gesteckt. Sie haben sich in ihren Beschreibungen auf Ausschnitte des komplexen Systems der Sprachverwendung beschränkt und selbst da ihre Ziele oft noch nicht erreicht. Offen sind weiterhin so zentrale Fragen wie z. B.:

„Wie erwirbt das Kind Syntax und Wortbedeutung“?
„Welches sind die neurobiologischen Mechanismen, die dem Produzieren und dem Verstehen von Äußerungen zugrunde liegen?“
„Welche Prozesse laufen ab, wenn wir einen Text lesen und interpretieren, oder wenn wir ein Gedicht hören und seine tiefere Bedeutung erkennen?“

Auch der vorliegende Beitrag wird auf diese Fragen keine Antwort geben können. Er will jedoch versuchen, einige der grundlegenden Komponenten des menschlichen Sprachverarbeitungssystems zu definieren, deren Arbeitsweise während der Sprachentwicklung und im

* Die Autorin des Artikels wurde durch Mittel der Alfried Krupp von Bohlen und Halbach-Stiftung unterstützt.

Erwachsenenalter zu skizzieren sowie deren neurobiologisches Substrat, zumindest auf einer makroskopischen Ebene, aufzuzeigen.

Im Vordergrund sollen dabei, als einer der kritischen Faktoren der Sprachverwendung, die *zeitlichen* Aspekte der Verarbeitung von Sprache stehen. Die Koordination der Aktivierung und Verwendung von verschiedenen linguistischen und nichtlinguistischen Wissensquellen in der Zeit ist die zentrale Voraussetzung für das normale Funktionieren von Sprachverstehen und Sprachproduktion beim Menschen.

Sprache: Komponenten und Prozesse

Sprache manifestiert sich als Sequenz in der Zeit. Daß die Produktion einer Sequenz oder die Analyse einer Sequenz eine zeitliche Feinabstimmung einzelner Subsysteme bedarf, wird deutlich, wenn man sich in Erinnerung ruft, welche Komponenten an diesen Prozessen beteiligt sind. Bei der *Produktion* einer sprachlichen Äußerung muß das konzeptuelle Wissen, das die Grundlage der zu sendenden Botschaft sein soll, zunächst ausgewählt werden. Konzeptuelles Wissen, d. h. Wissen über Objekte und Relationen zwischen diesen, muß dann umgesetzt werden in lexikalisches Wissen und die möglichen Relationen zwischen diesen lexikalischen Elementen. Diese müssen gemäß der jeweiligen Grammatik in syntaktische Sequenzen gebracht werden, die phonologisch repräsentiert und dann akustisch-phonetisch realisiert werden. Die Subsysteme, zuständig für die Verarbeitung von Weltwissen, lexikalischem Wissen, syntaktischer Sequenzierung, phonologischer bzw. phonetischer Aktualisierung, müssen also zeitlich aufeinander abgestimmt sein. Das gleiche gilt für den Prozeß des *Sprachverstehens*. Der Parser zergliedert die phonctische Kette, identifiziert Morpheme, und zwar lexikalische und grammatische, d. h. Inhaltswörter und Funktionselemente, bildet syntaktische Phrasen und nimmt Bedeutungszuweisungen vor, die dann später mit dem Weltwissen abgestimmt werden (siehe auch Friederici & Levelt, 1988).

Dies ist eine sehr globale Beschreibung für diejenigen Prozesse, die innerhalb kürzester Zeit auf den verschiedensten Verarbeitungsebenen stattfinden.

In welchen zeitlichen Dimensionen die Koordinierung dieser Prozesse ablaufen, macht eine Arbeit von Marslen-Wilson & Welsh (1978) deutlich. Sie unternahmen ein Experiment, in dem sie Versuchspersonen einen Text akustisch darboten und sie baten, den Text mit möglichst kurzer Verzögerung nachzusprechen. Die Versuchspersonen waren z. T. in der Lage, diese Aufgabe mit einer Verzögerung von 240 ms zu lösen. Es ist anzunehmen, daß während dieser 240 ms all jene Verarbeitungsschritte durchlaufen wurden, die in dem eben dargestellten Modell der Sprachverarbeitung postuliert wurden. Die Annahme, daß die Ebene der konzeptuellen Verarbeitung sowie auch die Ebene der phonologischen Repräsentation und artikulatorischen Realisierung durchlaufen wurden, läßt sich durch zwei Befunde erhärten: (1) In dem akustisch dargebotenen Text wurden phonetische Fehler eingebaut, die von den Versuchspersonen automatisch korrigiert wurden. (2) Den Versuchspersonen wurden nach dem Test Fragen bezüglich des Inhaltes gestellt, die diese beantworten konnten. Gegeben den beobachteten Zeitraum von 240 ms, in denen dies geschehen sein muß, scheint es wahrscheinlich, daß die einzelnen Teilprozesse zum einen nicht seriell ablaufen und zum anderen in einem hohen Maße zeitkoordiniert sein müssen.

Psycholinguistische Arbeiten haben inzwischen gezeigt, daß die verschiedenen Teilprozesse in Sprachproduktion und Sprachverstehen in der Tat nicht streng seriell, sondern inkrementell ablaufen. Der Zugriff auf Lexikon und Syntax geschieht zum Teil sogar parallel, und zwar sowohl in der Sprachproduktion (Schriefers, Meyer & Levelt, 1990) wie auch in der Sprachperzeption (Zwitserlood, 1989).

Im vorliegenden Beitrag will ich die Sprachproduktion zunächst unberücksichtigt lassen und mich vor allem auf die zeitlichen Aspekte der Aktivierung von verschiedenen Wissensquellen im Sprachverstehensprozeß konzentrieren. Im Vordergrund steht dabei weniger die Frage, wie Texte verstanden bzw. als kohärent wahrgenommen werden, sondern vielmehr eine Frage, die viel elementarer ist oder zumindest in der zeitlichen Hierarchie der Verarbeitungsprozesse früher angesiedelt werden muß. Es geht um die Frage, wie Sätze und Phrasen in Echtzeit verarbeitet werden (siehe auch Grosjean, 1980; Marslen-Wilson & Tyler, 1980; Zwitserlood, 1989).

Lexikalischer Zugriff

Die Analyse dieses Verarbeitungsprozesses setzt eine adäquate Beschreibung des Zugriffs auf die im Satz enthaltenen Wörter und deren morphologische Struktur voraus. Hinter dem Begriff des lexikalischen Zugriffs verbirgt sich bereits ein äußerst komplexer Prozeß. Der erfolgreiche Zugriff auf ein lexikalisches Element setzt die Identifikation der phonologischen Form eines Morphemes im Kontinuum einer gesprochenen Äußerung voraus. Der erwachsene Sprecher, der bereits über ein Lexikon verfügt, mag dies durch eine „Template-Matching-Procedure" bewältigen. Das bedeutet, das System sucht einen lexikalischen Eintrag, der zu der wahrgenommenen phonetischen Form einer Silbe oder einer Reihe von Silben paßt. Diese Prozedur verspricht jedoch nicht immer eindeutige Ergebnisse, da es eine Reihe von phonetischen Formen gibt, die mehrdeutig sind *(z. B. Ich plane (Verb) ein Haus. / Das ist eine Plane (Nomen). / Eine plane (Adjektiv) Oberfläche.)*

Für die Bedeutungszuweisung der phonologischen Form „plane" muß entweder einer der drei Einträge direkt ausgewählt werden, oder alle drei Einträge werden zunächst gleichzeitig aktiviert, und eine Auswahl findet erst später im Abgleich mit dem Kontext statt. Eine frühe eindeutige Auswahl, und damit eine korrekte Bedeutungszuweisung, ist im oben aufgeführten Beispiel allein aufgrund der *syntaktischen* Struktur der Phase möglich.

Jedes Modell der Sprachverarbeitung muß diesem Phänomen Rechnung tragen. Jeder lexikalische Eintrag muß also notwendigerweise über Informationen der jeweiligen syntaktischen Kategorie (z. B. Nomen, Verb, Adjektive) verfügen. Darüber hinaus muß es während der Sprachverarbeitung eine Möglichkeit geben, eine eindeutige Kategorienzuweisung vorzunehmen. Diese Kategorienzuweisung bzw. die Selektion des jeweiligen Lexikoneintrags ist oft allein nur über die grammatischen Morpheme (z. B. Determiner, Verbflektion) möglich, bei eindeutigen lexikalischen Formen mögen solche grammatischen Informationen den schnellen Zugriff auf den lexikalischen Eintrag unterstützen.

Bradley (1978) formulierte die Hypothese, das menschliche Verarbeitungssystem verfüge über einen speziellen Mechanismus, der den schnellen Zugriff auf eben diese grammatischen Morpheme erlaubt. Vorteil eines solchen Systems wäre die frühe Strukturierungsmöglichkeit der hereinkommenden Information und damit gegeben eine Erleichterung der Interpretation des wahrgenommenen Satzes. Die Bemühungen, Bradleys Idee experimentell nachzuweisen, waren allerdings wenig erfolgreich (z. B. Gordon & Caramazza, 1982; Segui et al., 1982). Dies führte zunächst zur gänzlichen Verwerfung dieser Idee.

Jene Experimente, in denen man versucht hatte, einen Unterschied in der Verarbeitung von lexikalischen und grammatischen Wörtern nachzuweisen, hatten jedoch alle die Worterkennung bei isoliert dargebotenen Inhaltswörtern und Funktionswörtern untersucht. Bei einer isolierten Darbietung von Wörtern können Funktionswörter ihrer eigentlichen Funktion als strukturierendes Element jedoch nicht nachkommen. Ihre strukturierende Funktion nehmen die Funktionswörter erst im Satz wahr. Es schien daher angezeigt, die Verarbeitung sowohl von Inhaltswörtern wie von Funktionswörtern im Satzkontext zu untersuchen.

Verarbeitung von Inhaltswörtern und Funktionswörtern im Satz

In einer Serie von Experimenten (Friederici, 1983 a, 1983 b, 1985) habe ich die Hypothese überprüft, daß Inhaltswörter, als Träger der lexikalisch-semantischen Informationen, und Funktionswörter, als Träger der syntaktischen Informationen, im Satzkontext unterschiedlich verarbeitet werden. Es wurde angenommen, daß Funktionswörter im Unterschied zu Inhaltswörtern unabhängig vom semantischen Kontext des Satzes verarbeitet werden und daß es für die Verarbeitung von Funktionswörtern einen speziellen schnellen, autonomen Verarbeitungsmechanismus gibt.

In den Experimenten wurde Stimulusmaterial der folgenden Art benutzt. Als kritisches Wort (hier unterstrichen) galt jeweils entweder ein Inhaltswort (1), hier Nomen, oder ein Funktionswort (2), das in einem Satz eingebettet war. Dem Satz, der das kritische Wort enthielt, ging jeweils ein Kontextsatz voraus, der entweder mit dem Zielsatz in enger semantischer Beziehung stand (a) oder zu diesem keine direkte semantische Beziehung hatte (b).

(1 a) Der verarmte Spieler entschloß sich, ins Kasino zu gehen. Der Mann hoffte, <u>Geld</u> zu gewinnen.
(1 b) Der verliebte Student entschloß sich, ins Grüne zu fahren. Der Mann hoffte, <u>Geld</u> zu gewinnen.
(2 a) Die Auflagen beim Anmieten einer Wohnung sind oft sehr strikt. Der Besitzer vermietet <u>nur</u> an ältere Ehepaare.
(2 b) Die Kommandos beim Wenden eines Segelbootes sind oft sehr knapp. Der Besitzer vermietet <u>nur</u> an ältere Ehepaare.

Die Verarbeitung der jeweils kritischen Wörter wurde in Echtzeit gemessen. Hierzu wurde ein „Word-Monitoring"-Paradigma verwendet. In einem solchen Paradigma besteht die Aufgabe der Versuchspersonen darin, ein vorher spezifiziertes Wort im akustisch dargebotenen Satzkontext aufzufinden und bei dessen Erkennen eine Reaktionszeittaste zu drücken. Als abhängige Variable werden die Latenzzeiten von dem Beginn der akustischen Darbietung des Zielwortes im Satz bis zur Reaktion der Versuchsperson gemessen.

Das Ergebnis für normale Sprecher/Hörer des Deutschen zeigt das erwartete Muster. Normale Hörer des Deutschen nehmen Inhaltswörter als Funktion des gegebenen semantischen Kontextes wahr. Das heißt, Inhaltswörter werden in einem semantisch relevanten Kontext schneller erkannt als in einem semantisch irrelevanten Kontext. Funktionswörter werden dagegen unabhängig vom vorausgehenden semantischen Kontext verarbeitet, und sie werden insgesamt schneller erkannt als die Inhaltswörter.

Diese Ergebnisse geben einen ersten Hinweis darauf, daß die Funktionswörter mittels eines speziellen Verarbeitungsmechanismus wahrgenommen werden. Allerdings könnte das Argument zusätzlich erhärtet werden, wenn sich dieser spezielle Verarbeitungsmechanismus auch neuropsychologisch spezifizieren ließe.

Sprachverarbeitung bei Aphasie

Als mögliche Fenster, die einen Einblick in den Zusammenhang von Sprache und Gehirn erlauben, sind jene Formen pathologischen Sprachverhaltens, die durch zentrale Hirnläsionen bedingt sind. So kommt es zum Beispiel bei Schädigungen der Großhirnrinde im anterioren Bereich links zu Sprachausfällen, die das Syndrom der Broca-Aphasie ausmachen. Bei Schädigungen von posterioren Bereichen in der linken Hemisphäre kommt es dagegen zu Sprachausfällen, die das klinische Bild einer Wernicke-Aphasie abgeben.

Die klinische Charakterisierung dieser zwei Aphasieformen läßt sich wie folgt kurz zusammenfassen (siehe auch Friederici, 1984). Die *Broca-Aphasie* zeichnet sich durch deutlich gestörte Sprachproduktion aus. Hier finden wir kurze agrammatische Sätze, in denen grammatische Morpheme oft ganz fehlen. Der Output ist zögernd und mit langen Pausen zwischen zum Teil isoliert produzierten Wörtern. Das Sprachverstehen scheint dagegen, zum mindesten in einer Konversationssituation, weitgehend normal. Detaillierte psycholinguistische Tests haben jedoch gezeigt, daß es auch beim Sprachverstehen zu Schwierigkeiten in der Sprachverarbeitung kommt, und zwar immer dann, wenn das Verstehen eines Satzes nur aufgrund der Verarbeitung von Funktionswörtern möglich ist *(z. B. Der Mann verläßt die Frau. / Den Mann verläßt die Frau.)*.

Die *Wernicke-Aphasie* zeichnet sich durch einen flüssigen Sprachoutput mit scheinbar normaler Intonation aus. Hier finden wir lange und verschränkte Sätze, die oft wie eine Aneinanderreihung von inhaltsleeren Phrasen anmuten. Deutlich bei dieser Aphasieform sind die Wortfindungsstörungen. Das Sprachverstehen ist bei diesen Aphasiepatienten zum Teil gänzlich gestört.

Zur Überprüfung der Frage, ob sich der postulierte spezielle Zugriffsmechanismus für den Abruf von Funktionswörtern auch neuropsychologisch als selektiv störbares Modul nachweisen lasse, wurde folgendes Experiment durchgeführt.

Aphasiepatienten, die entweder als agrammatische Broca-Aphasiker oder Wernicke-Aphasiker klassifiziert waren, nahmen an einem Experiment teil, das das oben dargestellte „Word-Monitoring"-Paradigma benutzt (Friederici, 1983 a). Stimulusmaterial und Durchführung entsprachen dem Experiment, das mit normalen Erwachsenen durchgeführt wurde. Während Wernicke-Aphasiker in diesem Experiment ein Verhaltensmuster zeigen, das dem der normalen Hörer/Sprecher ähnlich ist, zeigen agrammatische Broca-Aphasiker ein völlig anderes Bild.

Broca-Aphasiker, die Probleme beim Produzieren von Funktionswörtern haben, können diese Wörter zwar in einem „Word-Monitoring"-Experiment erkennen, dies jedoch nur unter massiver Verlangsamung. Interessant ist, daß sie die Inhaltswörter, ähnlich wie normale Hörer, in Abhängigkeit vom semantischen Kontext verarbeiten und Funktionswörter unabhängig vom semantischen Kontext verarbeiten. Es ist die deutliche Verlangsamung der Reaktionszeiten für die Funktionswörter gegenüber den Inhaltswörtern, welche das Verhalten der Broca-Aphasiker gegenüber den normalen Hörern charakterisiert. Die Verlangsamung des Erkennens von Funktionswörtern im Gegensatz zum Erkennen von Inhaltswörtern beträgt ungefähr 250 ms.

Die Frage, die sich im Zusammenhang mit diesen Ergebnissen ergab, war, ob die beobachtete Verlangsamung eine Funktion der Wortklassenzugehörigkeit ist (Funktionswörter versus Inhaltswörter), oder aber Funktion der speziellen syntaktischen Informationen, die die Funktionswörter im Gegensatz zu Inhaltswörtern tragen (syntaktische versus semantische Information).

Diese Frage konnte in einem zusätzlichen Teil des Experimentes getestet werden. Im Deutschen gibt es phonologische Formen, die bezüglich ihrer Funktion im Satz mehrdeutig sind. Präpositionale Formen gehören zwar zur Klasse der Funktionswörter, können jedoch mehr oder weniger semantischen Gehalt tragen ([3]–[5]).

In Satz (3) *„Peter hofft auf den Sommer."* ist die präpositionale Form *„auf"* ausschließlich eine syntaktische Forderung, d. h. Kopf der folgenden Präpositionalphrase, trägt aber selbst keinen semantischen Gehalt. In Satz (4) *„Peter klettert auf den Baum."* ist die präpositionale Form *„auf"* auch Kopf der Präpositionalphrase, trägt jedoch selbst semantischen Gehalt insofern, als sie eine Lokalisation angibt. In Satz (5) *„Peter steht auf."* ist die präpositionale Form *„auf"* ein Verbpartikel und Teil der semantischen Bedeutung von *„aufstehen"*.

Diese drei verschiedenen Präpositionalformen, auch genannt obligatorische Präpositionen (3), lexikalische Präpositionen (4) und Verbpartikel (5), wurden in einem analogen „Word-Monitoring"-Experiment untersucht. Wiederum gab es zu jedem Zielsatz einen Kontextsatz, der semantisch relatiert oder semantisch neutral war (für Details siehe Friederici, 1985).

Die Ergebnisse für die agrammatischen Broca-Aphasiker zeigen deutlich, daß der Zugriff auf die verschiedenen präpositionalen Formen Funktion des syntaktischen bzw. semantischen Gehaltes und nicht Funktion der Wortklasse selbst ist. Agrammatische Broca-Aphasiker erkennen Verbpartikel (5) als Funktion des semantischen Kontextes, während sie obligatorische Präpositionen (3), die selbst keinen semantischen Kontext tragen, nicht nur in Unabhängigkeit vom semantischen Kontext wahrnehmen, sondern auch mit einer Verlangsamung von ungefähr 250 ms. Lexikalische Präpositionen (4), die zum Teil syntaktische Funktion, zum Teil semantischen Inhalt tragen, liegen im Verhaltensmuster deutlich zwischen den rein semantischen Elementen, d. h. den Verbpartikel (5) und den rein syntaktischen Elementen, den obligatorischen Präpositionen (3). Insgesamt machen die Daten aus diesen beiden Experimenten deutlich, daß der

Zugriff auf die syntaktische Information, die die Funktionswörter tragen, bei der Broca-Aphasie massiv verlangsamt ist.

Es muß angenommen werden, daß der schnelle Zugriff auf die syntaktische Information Voraussetzung für das normale Funktionieren der Verstehensprozesse und Produktionsprozesse ist und daß die Verlangsamung dieses Prozesses zu Störungen von Sprachverstehen und Sprachproduktion führt.

Broca-Aphasie: Verlust automatischer syntaktischer Prozesse

Als nächstes galt es nun herauszufinden, ob es wirklich nur eine Verlangsamung des Zugriffs auf die syntaktische Information ist, der die Broca-Aphasie charakterisiert, oder ob diese Patienten auf die Information, die die Elemente der geschlossenen Klasse tragen, überhaupt nicht zugreifen können. Diese Frage hat zwei interessante Aspekte, der eine betrifft die Charakterisierung der Broca-Aphasie selbst, der andere das Modellieren von normaler Spachverarbeitung und deren neurobiologische Grundlagen.

Hinsichtlich der Charakterisierung der Broca-Aphasie haben sich zwei unterschiedliche Positionen herausgebildet. Eine Position vertreten von Berndt und Caramazza (1980) hält, daß die Broca-Aphasie durch einen Verlust der Syntax an sich zu beschreiben sei. Eine andere Position wird dagegen von Friederici (1985, 1988) vertreten, die die Broca-Aphasie als einen Verlust des automatischen Zugriffs zu syntaktischen Informationen charakterisiert. Hinsichtlich der Modellierung der normalen Sprachverarbeitungssysteme und deren neurobiologische Grundlagen, ergeben sich zwei grundlegende Fragen. (1) Ist sprachliches Wissen unabhängig von zeitlichen Parametern bzw. Aktivierungsmustern im Gehirn gespeichert? Und (2) kann eine zeitliche Mißkoordination in der Aktivierung unterschiedlicher Aspekte sprachlichen Wissens bereits zum Zusammenbruch des Sprachverstehens führen?

Hinsichtlich der letzteren Frage wurde von Friederici (1988) ein Modell entworfen, demzufolge es allein aufgrund einer zeitlichen Dyssynchronisierung der Aktivation von lexikalisch-semantischer und syntaktischer Information zu massiven Verstehensdefiziten kommen kann. Dic Idee läßt sich wie folgt skizzieren: bei der akustischen Sprachverarbeitung steht dem normalen Hörer, die durch die Funktionswörter angegebene syntaktische Information sehr früh zur Verfügung und ermöglicht somit eine Strukturierung der hereinkommenden Information. Steht nun aber diese syntaktische Information zu spät zur Verfügung, so kann die hereinkommende Information nicht zu größeren Einheiten strukturiert werden (z. B. Phrasen). Die hereinkommende Information muß also in Form von Einzelsegmenten (Wörtern) im phonetisch-sensorischen Speicher gehalten werden. Dieses sensorische Gedächtnis jedoch verfügt nur über eine begrenzte Kapazität. Steht nun keine Information zur Strukturierung der einzelnen Elemente in größeren Einheiten zur Verfügung, so gibt es nur zwei Möglichkeiten: (a) der sensorische Speicher kann bald neue Informationen nicht mehr aufnehmen, oder (b) der sensorische Speicher kann geleert werden, indem thematische Rollenzuweisung nach heuristischen Prinzipien und nicht nach syntaktischen Prinzipien erfolgt.

Letzteres Verhalten ist in der Tat beim Sprachverstehen in der Broca-Aphasie, d. h. bei Patienten mit anterioren Läsionen, häufig beobachtet und gezeigt worden (z. B. Caramazza & Zurif, 1976). Darüber hinaus mußte jedoch, um die „Mismatch"-Theorie zu beweisen, zunächst nachgewiesen werden, daß diese Patienten in der Tat über grammatisches Wissen verfügen und nur einen extrem verlangsamten Zugriff auf dieses Wissen haben. Mitte der achtziger Jahre veröffentlichten Linebarger, Saffran und Schwartz (1983) Daten, die zeigten, daß agrammatisch sprechende Broca-Patienten fähig waren, vorgegebene Sätze auf ihre Grammatikalität hin zu beurteilen. Die Diskussion, die im Anschluß an diese Veröffentlichung entstand, bezog sich vornehmlich auf die Frage, ob sich die Broca-Aphasie adäquater als ein Verarbeitungsdefizit beschreiben lasse.

In einem Experiment wollten wir die Hypothese überprüfen, ob die Broca-Aphasie als ein Verlust der Automatizität des Zugriffs auf die syntaktischen Informationen, die in grammatischen Morphemen enthalten ist, zu beschrieben sei. In Zusammenarbeit mit Kerry Kilborn (Friederici & Kilborn, 1989) wurde ein Experiment durchgeführt, das sich des „Syntactic-Priming"-Paradigmas bediente. In einem solchen Paradigma wird die Auswirkung eines syntaktischen Kontextes auf das Erkennen eines Wortes gemessen. Vorausgesagt wird, daß z. B. das Wort *„gelaufen"* in einem syntaktisch korrekten Kontext (6) schneller erkannt wird als in einem syntaktisch inkorrekten Kontext (7).

(6) *Das Mädchen ist gelaufen.*
(7) *Das Mädchen wurde gelaufen.*

Sätze dieser Art, die alle aus einem vorausgehenden Satzfragment bestanden, das für das Zielverb jeweils einen grammatischen (korrektes Auxiliar in (6)) bzw. ungrammatischen (inkorrektes Auxiliar in (7)) Kontext ergab, wurden in einem „Syntactic-Priming"-Experiment verwendet. Die Versuchspersonen hörten das jeweilige Satzfragment und sahen dann auf einem Bildschirm das Zielitem, d.h. eine Buchstabenfolge, die entweder ein Wort ergab oder nicht. Die Aufgabe der Versuchspersonen bestand darin zu entscheiden, ob das visuell dargebotene Item ein existierendes Wort war oder nicht. Auf diese Weise hofften wir, die Verarbeitung des vorausgehenden Auxiliars relativ indirekt und unbewußt zu messen. Die Versuchsperson war also nicht aufgefordert, die grammatikalische Entscheidung des gesamten Satzes zu treffen, sondern sollte lediglich eine lexikalische Entscheidung auf der Vollverbform, in diesem Falle dem Pastpartizip, treffen.

Untersucht wurden in diesem Experiment junge Erwachsene, ältere normale Versuchspersonen, die bezüglich ihres Alters mit denen der Broca-Patienten übereinstimmten, und Broca-Patienten. Die Ergebnisse ergaben ein deutlich unterschiedliches Bild für normale und aphasische Personen.

Sowohl junge Erwachsene wie auch ältere Versuchspersonen zeigen – wie erwartet – schnellere lexikalische Entscheidungszeiten, wenn dem Zielwort ein grammatisch korrekter Kontext vorausgeht als wenn dem Zielwort ein grammatisch nicht korrekter Kontext vorausgeht. In bezug auf eine sogenannte neutrale Bedingung, in der kein Kontext präsentiert wurde, zeigen junge und ältere Versuchspersonen für die Kontextbedingungen einen Erleichterungseffekt in der lexikalischen Entscheidung. Zum einen zeigen Broca-Patienten wie normale Versuchspersonen einen Grammatikalitätseffekt, d.h. die lexikalische Entscheidung im grammatischen Kontext ist schneller als die lexikalische Entscheidung im ungrammatischen Kontext. Dieses Ergebnis belegt, daß diese Patienten sensibel auf den vorausgehenden grammatischen Kontext sind. Zum anderen wird jedoch deutlich, daß die lexikalischen Entscheidungen der Broca-Patienten, im Gegensatz zu normalen Versuchspersonen, im Satzkontext sehr viel langsamer sind als in der neutralen Bedingung, in der überhaupt kein Kontext verarbeitet werden muß. Betrachten wir den Unterschied zwischen dieser neutralen Bedingung und der lexikalischen Entscheidung in der grammatisch korrekten Bedingung, so zeigt sich, daß es bereits hier zu einer Verlangsamung von ungefähr 200 ms kommt. Aus diesen Daten zogen wir den Schluß, daß Broca-Aphasiker zwar Zugriff auf die syntaktische Information von Funktionswörtern haben, dieser Zugriff jedoch nicht mehr über den normalen automatischen Verarbeitungsmechanismus erfolgt, sondern massiv verlangsamt ist. Um weiter zu beweisen, daß diese Patienten in der Tat durch einen Verlust der Automatizität der Verarbeitung dieser Elemente zu charakterisieren sind, führten wir ein weiteres Experiment durch.

Auf der Grundlage der Argumentation von Schneider und Schiffrin (1977), die besagt, daß automatische Verarbeitungsprozesse dem Bewußtsein nicht zugänglich sind, sagten wir voraus, daß normale Hörer nicht in der Lage sein sollten, eine Instruktion bezüglich der Verarbeitung der syntaktischen Information zu befolgen. Broca-Patienten sollten jedoch, sofern sie nach Verlust der automatischen Prozesse noch über kontrollierte Prozesse verfügen, in der Lage sein, solche Instruktionen zu befolgen. In dem von uns durchgeführten Experiment sollten die Versuchspersonen eine solche Instruktion befolgen. Versuchspersonen sollten wie im vorausgegangenen Experiment syntaktisch korrekte und inkorrekte Sätze lesen und jeweils eine lexikalische Entscheidung auf dem satzfinalen Wort abgeben, das wiederum entweder ein Wort der deutsche Sprache war (z. B. gelaufen) oder nicht (z. B. gefaufen). Die Instruktion, die die Versuchspersonen dabei zu befolgen hatten, hieß: „ignoriere den auditorischen Kontext, und konzentriere dich allein auf die lexikalischen Entscheidungsaufgaben". Die Ergebnisse des Experimentes, das mit normalen Kontrollversuchspersonen und Broca-Patienten unter Verwendung dieser Instruktion durchgeführt wurde, demonstrieren deutlich, daß normale Hörer nicht in der Lage sind, diese Instruktionen zu befolgen. Normale Hörer zeigten ungeachtet der Instruktion einen Grammatikalitätseffekt, der dem der Aufgabe ohne Instruktion gleich war. Das bedeutet, normale Hörer verarbeiten syntaktische Information hochautomatisch und können diese Verarbeitung nicht bewußt beeinflussen.

Broca-Patienten dagegen zeigten einen deutlichen Effekt der Instruktionen. D. h. der Grammatikalitätseffekt, der in dem ersten Experiment zu beobachten war, war in dem zweiten Experiment mit der Instruktion „ignoriere den Kontext" völlig verschwunden. Diese Daten zeigen eindeutig, daß Broca-Patienten in der Lage sind, den Einsatz syntaktischer Verarbeitungsprozesse bewußt zu steuern, und deuten auf den Verlust automatischer Verarbeitungsmechanismen bei diesen Patienten hin.

Die Gesamtheit der Daten legt nahe, daß sich agrammatische Broca-Aphasiker charakterisieren lassen durch einen verlangsamten Zugriff auf die syntaktische Information, die in den Funktionswörtern enthalten ist. Dieser verlangsamte Zugriff hat zur Folge, daß immer dann, wenn syntaktische Information „on-line", d.h. in Echtzeit, verwendet werden soll, diese nicht rechtzeitig zur Verfügung steht. Im Sprachverstehungsprozeß führt dies zu pathologischen Ausfällen immer dann, wenn Heuristiken nicht ausreichend sind, um thematische Rollenzuweisungen vorzunehmen. Für die Sprachproduktion mag der verlangsamte Zugriff auf diese Elemente ebenfalls drastische Folgen haben, wenn es darum geht, syntaktisch komplexe Sätze zu konstruieren.

Die Betrachtung des funktionierenden und nicht funktionierenden Sprachverarbeitungssystems und die Evaluierung der jeweiligen zeitlichen Strukturen scheint folgendes nahezulegen.

(1) Normale Sprachverarbeitung ist nur dann möglich, wenn lexikalisch-semantische und syntaktische Informationen innerhalb eines kleinen Zeitfensters gleichzeitig zur Verfügung stehen (z.B. einer Phrase).

(2) Syntaktische Verarbeitung im normalen Sprecher/Hörer läuft hochautomatisiert und unabhängig von anderen Informationen ab.

(3) Es ist zu vermuten, daß die automatische syntaktische Verarbeitung von Sprache mit der Verfügbarkeit eines bestimmten neuronalen Substrats, nämlich den anterioren Gebieten der linken Hemisphäre einhergeht.

Dieser dritten These wollen wir uns im folgenden zuwenden.

Anteriore Gebiete der linken Hemisphäre und die automatische Verarbeitung syntaktischer Information

Daß die anterioren Bereiche der linken Hemisphäre im ausgereiften Gehirn vor allem an der Verarbeitung syntaktischer Aspekte in Echtzeit beteiligt sind, belegen auch Daten aus Experimenten, die die

Hirnaktivitäten des intakten Gehirns beim Lesen von Sätzen (Rösler, Friederici, Pütz & Hahne, 1992) und beim Verstehen gesprochener Sprache (Friederici & Pfeifer, 1992) registrieren.

Rösler, Friederici, Pütz & Hahne (1992) untersuchten die Verarbeitung von lexikalisch kodierter semantischer und syntaktischer Information. Die Versuchspersonen lasen semantisch und syntaktisch korrekte Sätze (z. B. *Der Präsident wurde begrüßt.*) und inkorrekte Sätze. Die inkorrekten Sätze enthielten entweder eine semantische Verletzung, d. h. einen Verstoß gegen die im Verb festgelegten Selektionsbeschränkungen (z. B. *Der Honig wurde ermordet.*) oder eine syntaktische Verletzung, d. h. einen Verstoß gegen die vom Verb festgelegten Subkategorisierungsregeln (z. B. *Der Lehrer wurde gefallen.*).

Mit 6 Oberflächenelektroden wurden die ereigniskorrelierten Hirnpotentiale beim Lesen solcher Sätze registriert. Kritisches Item war jeweils das satzfinale Vollverb, da dies die kritische Information – Selektionsbeschränkung und Subkategorisierungsregel – enthält. Für das Lesen des Vollverbs zeigte sich sowohl für die semantische wie für die syntaktische Bedingung in den summierten Hirnrindenpotentialen eine Negativierung um die 400 ms (N400), deren Topographie jedoch für die beiden Bedingungen deutlich unterschiedlich war. Für die syntaktische Bedingung zeigte sich im Gegensatz zu der semantischen Bedingung eine signifikante Hemisphären-Asymmetrie der Negativierung mit ausgeprägten links anterioren Maxima.

Die beobachtete N400 wird im allgemeinen mit Prozessen des lexikalischen Zugriffs in Verbindung gebracht (Rösler, Friederici, Pütz & Hahne, 1992). Die von uns registrierte unterschiedliche Topographie für die Verarbeitung von lexikalisch kodierter semantischer und syntaktischer Information deutet darauf hin, daß für die Verarbeitung verschiedener sprachlicher Aspekte verschiedene neuronale Systeme verantwortlich sind. Die Verarbeitung syntaktischer Information in Echtzeit scheint speziell mit der Aktivierung anteriorer Gebiete der linken Hemisphäre einherzugehen.

Gehirn und Sprachverarbeitungsprozesse in der Entwicklung

Interessant ist, daß Kinder und Erwachsene unterschiedliche Muster der Hirnaktivität bei der Verarbeitung von Sprache zeigen (Neville, Mills & Lawson, 1992). Während Erwachsene beim Lesen von Sätzen für die Verarbeitung von Funktionswörtern Hauptaktivitäten in links anterioren Bereichen zeigen, und für die Verarbeitung von Inhaltswörtern Hauptaktivitäten in links posterioren Bereichen registriert werden, zeigen Kinder bis zum Alter von 10 Jahren Hauptaktivitäten in den linken posterioren Bereichen und unabhängig, ob es sich um Inhaltswörter oder Funktionswörter handelt. Erst zu diesem Zeitpunkt scheint eine funktionale Reorganisation des Gehirns stattzufinden. Es mag kaum als Zufall erscheinen, daß Kinder zum gleichen Zeitpunkt auch in den Verhaltensdaten anfangen, ein Muster zu zeigen, das dem der Erwachsenen ähnelt. Es ist der Zeitpunkt, an dem sich syntaktische Verarbeitungsprozesse automatisieren.

Eine Serie von Experimenten, in denen ich das Reaktionszeitverhalten von Kindern verschiedenen Alters hinsichtlich der Verarbeitung von Inhalts- und Funktionswörtern untersucht habe, scheint dies zu bestätigen (Friederici, 1983 b). Analog zu den oben erwähnten von mir durchgeführten Reaktionszeitexperimenten bei Erwachsenen wurde auch hier ein „Word-monitoring"-Paradigma verwendet. Das Stimulusmaterial wurde insgesamt kindergerecht gestaltet, die Aufgabe bestand auch für die Kinder darin, einmal spezifizierte Wörter der offenen und der geschlossenen Klasse im Satz wiederzuerkennen und dies durch Betätigung einer Reaktionszeittaste anzugeben. Gruppen von Kindern im Alter von 5, 6, 7, 8, 9, 10 und 11 Jahren wurden untersucht.

Jüngere Kinder zeigten im Gegensatz zu Erwachsenen längere Monitoringzeiten für Funktionswörter als für Inhaltswörter, darüber hinaus jedoch im Unterschied zu Erwachsenen eine Abhängigkeit vom semantischen Kontext, sowohl beim Erkennen von Inhaltswörtern wie beim Erkennen von Funktionswörtern. Erst im Alter von 10–11 Jahren zeigten sie analog den Erwachsenen schnellere Reaktionszeiten für Funktions- als für Inhaltswörter und eine Unabhängigkeit der Verarbeitung von Funktionswörtern vom semantischen Kontext. Erst in diesem Alter sehen wir ein Verhalten, das auf die automatische, d.h. schnelle und unabhängige Verarbeitung von Funktionswörtern, d.h. von syntaktischer Information hinweist.

Zeitgebundenes versus zeitungebundenes sprachliches Wissen

Gegeben der vorliegenden Daten mag man spekulieren, daß die zeitgebundenen syntaktischen Prozesse speziell in den anterioren

Gebieten der linken Hemisphäre ihre Repräsentation haben, während sprachliches Wissen im allgemeinen unabhängig davon repräsentiert ist. Bei links anterioren Schädigungen scheint lexikalisch-semantisches Wissen weitgehend vorhanden zu sein, auch scheint grammatisches Wissen, wie es durch Grammatikalitätsurteile getestet wird, weiterhin zur Verfügung zu stehen, wohingegen die zeitgebundenen, automatischen syntaktischen Verarbeitungsprozesse nicht mehr normal funktionieren (Friederici, 1990).

Bei intakten anterioren und geschädigten posterioren Bereichen kommt es zur Produktion flüssigen, jedoch oft inhaltsleeren Sprachoutputs. Patienten mit Schädigungen dieser Art zeigen in zeitabhängigen Messungen der Sprachperzeption oft Muster, die dem von normalen Hörern gleichen. Sie verfügen jedoch nicht mehr über die Fähigkeit, die Sprache hinsichtlich ihrer Grammatikalität zu beurteilen (Huber, Cholewa, Wilbertz & Friederici, 1990).

Es ließe sich also die Hypothese aufstellen, daß sprachliches Wissen beim erwachsenen Menschen zweifach repräsentiert ist, als prozedurales zeitgebundenes Wissen und in einer Form, die relativ unabhängig ist von den zeitlichen Bedingungen, unter denen dieses Wissen für die Produktion und das Verstehen von sprachlichen Sequenzen aktiviert wird. Die Hypothese der Zweifachrepräsentation soll zumindest für die Repräsentation des syntaktischen Wissens gelten. Welche Formen für die Repräsentation lexikalisch-semantischen Wissens gelten, muß im Moment offen bleiben.

Lexikalisch-semantisches Wissen mit seinen möglichen Teilaspekten des konzeptuellen Wissens und möglichen Assoziationen zu visuellen, akustischen, taktilen und olfaktorischen Mustern mag eher in posterioren Bereichen und Konnektionen zu sensorischen Kortices repräsentiert sein.

Die Repräsentation syntaktischen Wissens in seiner hochautomatisierten, prozeduralen Form scheint dagegen abhängig von spezifischen Strukturen im linken anterioren Kortex. Diese Strukturen unterstützen die zeitabhängigen Sequenzierungsprozesse, wie sie für das schnelle Verarbeiten von syntaktischen Strukturen notwendig sind.

Die speziellen Prozeduren für die Verarbeitung von syntaktischer Information entwickeln sich, wie oben gezeigt, erst im Laufe der Zeit und stehen im Kindesalter noch nicht zur Verfügung. Die Festlegung der syntaktischen Verarbeitungsprozeduren geht, so scheint es, mit der funktionalen Entwicklung anteriorer Gebiete der linken Hemisphäre einher.

Die genaue Spezifizierung dieses Zusammenhangs von funktionalen bzw. neurophysiologischen Veränderungen kortikaler Gebiete und dem Sprachverarbeitungsverhalten steht noch aus, mit ihr hätten wir bereits ein Teilziel auf dem langen Weg zu einer Erklärung der Emergenz komplexen kognitiven Verhaltens erreicht.

Literatur

Berndt, R. S. & Caramazza, A. (1980) A redefinition of the syndrome of Broca's aphasia: Implications for a neuropsychological model of language. *Applied Psycholinguistics*, 1, 225–278.

Bradley, D. C. (1978) Computational distinction of vocabulary type. Unpublished doctoral dissertation, Massachusetts Institute of Technology.

Caramazza, A. & Zurif, E. B. (1976) Dissociation of algorithmic and heuristic processes in language comprehension: Evidence from aphasia. *Brain and Language, 3*, 572–582.

Fodor, J. A. (1983) *The modularity of mind: An essay on faculty psychology.* Cambridge, MA: MIT Press.

Forster, K. I. (1979) Levels of processing and the structure of the language processor. In W. E. Cooper & E. C. T. Walker (Eds.) *Sentence processing.* Hillsdale, NJ: Lawrence Erlbaum Associates.

Friederici, A. D. (1983 a) Aphasics' perception of words in sentential context: Some real-time processing evidence. *Neuropsychologia, 21*, 351–358.

-- (1983 b) Children's sensitivity to function words during sentence comprehension. *Linguistics, 21*, 717–739.

-- (1984) *Neuropsychologie der Sprache.* Stuttgart: Kohlhammer.

-- (1985) Levels of processing and vocabulary types: Evidence from on-line comprehension in normals and agrammatics. *Cognition, 19*, 133–166.

-- (1987) *Kognitive Strukturen des Sprachverstehens.* Berlin/Heidelberg: Springer.

-- (1988) Agrammatic comprehension: Picture of a computational mismatch. *Aphasiology, 2*, 279–282.

-- (1990) On the properties of cognitive modules. *Psychological Research, 52*, 175–180.

Friederici, A. D. & Levelt, W. J. M. (1988) Sprache. In: K. Immelmann, K. R. Scherer, Ch. Vogel & P. Schmoock (Eds.) *Psychobiologie. Grundlagen des Verhaltens.* Stuttgart: Fischer.

Friederici, A. D. & Kilborn K. (1989) Temporal contraints on language processing: Syntactic priming in Broca's aphasia. *Journal of Cognitive Neuroscience, 1*, 262–272.

Friederici A. D. & Pfeifer, E. (1992) Distinct neural systems for syntactic and lexical processes: An ERP Study. *Psychophysiology, 29,* 32.

Gordon, B. & Caramazza, A. (1982) Lexical decision for open and closed class items: Failure to replicate differential frequency sensitivity. *Brain and Language, 15,* 143–180.

Grosjean, F. (1980) Spoken word recognition processes and the gating paradigm. *Perception & Psychophysics, 28,* 267–283.

Huber, W., Cholewa, J., Wilbertz, A. & Friederici, A. (1990) What the eyes reveal about grammaticality judgment in aphasia. Paper presented at the 28th Annual Meeting of the Academy of Aphasia, Baltimore, USA.

Linebarger, M. C., Schwartz, M. F. & Saffran, E. M. (1983) Sensitivity to grammatical structure in so-called agrammatic aphasics. *Cognition, 13,* 361–392.

Marslen-Wilson, W. D. & Tyler, L. K. (1980) The temporal structure of spoken language understanding. *Cognition, 8,* 1–71.

Marslen-Wilson, W. D. & Welsh, A. (1978) Processing interactions and lexical access during word recognition in continuous speech. *Cognitive Psychology, 10,* 29–63.

Neville, H. J., Mills, D. L. & Lawson, D. L. (1992) Fractionating Language: Different neural subsystems with different sensitive periods. *Cerebral Cortex 2,* 244–258.

Rösler, F., Friederici, A. D., Pütz, P. & Hahne, A. (1992) Event-related brain potentials (ERPs) during linguistic processing: Semantic and syntactic priming effect. *Journal of Clinical and Experimental Neuropsychology, 14,* 53.

Schneider, W. & Schiffrin, R. M. (1977) Controlled and automatic human information processing I. Detection, search and attention. *Psychological Review, 84,* 1–66.

Schriefers, H., Meyer, A. S. & Levelt, W. J. M. (1990) Exploring the time-course of lexical access in language production: Picture-word interference studies. *Journal of Memory and Language, 29,* 86–102.

Segui, J., Mehler, J., Frauenfelder, U. & Morton, J. (1982) The word frequency effect and lexical access. *Neuropsychologia, 20,* 615–627.

Shankweiler, D., Crain, S., Correll, P. & Tuller, B. (1989) Reception of language in Broca's aphasia. *Language and Cognitive Processes, 4,* 1–33.

Zwitserlood, P. (1989) The locus of the effects of sentential-semantic context in spoken-word processing. *Cognition, 32,* 25–64.

DIETRICH DÖRNER

Über die Mechanisierbarkeit der Gefühle[1]

1. Warum ist es wichtig, zu untersuchen, ob ein Computer Gefühle erzeugen kann?

Wir wollen in diesem Aufsatz untersuchen, ob ein „gefühlvoller Computer" möglich ist. Warum ist das interessant? Ist es wirklich erstrebenswert, einen PC mit der Fähigkeit auszustatten, sich über die dusseligen Bedienungsversuche eines Anfängers zu ärgern? Vielleicht ja; wir werden uns später noch mit der Frage befassen, inwiefern es sinnvoll sein könnte, Computer tatsächlich mit Gefühlen auszustatten. Aber die Erschaffung eines „gefühlvollen" Computers ist nicht der eigentliche Zweck unseres Unternehmens. Unser Interesse an der Frage, ob Gefühle „computerisierbar" sind, ist grundsätzlicherer Art: Wenn die Psychologie eine Wissenschaft sein will, dann muß sie, wie andere Wissenschaften auch, Theorien für ihren Gegenstand angeben können, die aus „wenn ...-dann ..."-Aussagen bestehen, also aus der Angabe bestimmter Regeln für Geschehnisse.

In der kognitiven Psychologie ist man der Auffassung, daß Theorien in der Psychologie Theorien über Informationsverarbeitungsprozesse sind. Die Frage, die wir in diesem Aufsatz untersuchen wollen, lautet also präziser: Gibt es ein Regelwerk von „wenn ...-dann ..."-Aussagen über Informationsverarbeitungsprozesse, welches emotionale Prozesse abbildet? Wenn es das gibt, so kann man Computer als beliebig formbare Medien der Informationsverarbeitung auch dazu bringen, entsprechend solcher Regeln zu arbeiten, also „Gefühle zu zeigen". (Ob ein entsprechend einem „emotionalen" Regelwerk

[1] Kritische Anmerkungen und Verbesserungsvorschläge zu diesem Aufsatz und zu den dahinterstehenden Gedanken verdanke ich Gesine Hofinger, Harald Schaub und Stefan Strohschneider. Ihre Mitarbeit hat viele Fehler und Unklarheiten beseitigt und entscheidend zur Lesbarkeit des Textes beigetragen. Für die verbleibenden Unzulänglichkeiten des Textes ist natürlich allein der Autor verantwortlich.

arbeitender Computer diese Gefühle dann auch „hat“ und nicht nur „simuliert“, werden wir noch diskutieren.) – Wenn in diesem Sinne Gefühle **nicht** mechanisierbar wären, so würde dies heißen, daß ein wichtiger, oder sogar *der* wichtigste Bereich der Psychologie sich der theoretischen Erfassung entzieht, und das wäre vernichtend für das Unternehmen, eine theoretische Psychologie auf der Basis des Informationsverarbeitungsansatzes aufzubauen.

Wie soll aber eine „wenn ...-dann ...“-Theorie der Gefühle aussehen? Um diese Frage zu beantworten, müssen wir uns wohl zunächst einmal der Frage zuwenden, was „Gefühle“ eigentlich sind.

2. *Was sind Gefühle?*

2.1 Über die Schwierigkeiten, „Gefühl“ zu definieren

Für die meisten Menschen sind Gefühle wohl die wichtigsten psychischen Erscheinungen überhaupt. Gefühle spielen eine **zentrale** Rolle im Konzert der psychischen Prozesse, und wie man sich fühlt, ist viel wichtiger, als was man gerade denkt, woran man sich erinnert oder was man gerade wahrnimmt. Denn das „Sich Fühlen“ enthält die wichtigen Aspekte des jeweiligen Denkens, Wahrnehmens, Erinnerns. Wenn man hört „Ach, ich fühl' mich mies!“, dann weiß man auch die grobe Richtung des Denkens, Wahrnehmens und Erinnerns des Sprechers.

Psychologen können die Vorliebe der „Normalmenschen“ für die Gefühle nicht teilen. Die Emotionspsychologie ist immer noch ein relativ vernachlässigtes Gebiet innerhalb der Psychologie, viel weniger entwickelt als Lern- oder Gedächtnis- oder Motivationspsychologie.

Die unbedeutende Rolle der Gefühle in der akademischen Psychologie ist wohl auch darauf zurückzuführen, daß Gefühle so schwer zu fassen sind. Wenn Psychologen versuchen, „Gefühl“ zu definieren, kommen oft Kapitulationen („Der Begriff G. läßt sich nicht definieren, sondern nur umschreiben, da sich G. auf nichts anderes zurückführen lassen“, so Dorsch 1963, S. 128) oder hilflos allgemeine Definitionen („Emotionale Reaktionen lassen sich beim gegenwärtigen Forschungsstand als eigentümliches Zusammenspiel vielfältiger Momente begreifen ...“, so Bottenberg 1972, S. 265 f) oder sogar zirkulär anmutende Definitionen heraus, wie z. B. bei Kleinginna &

Kleinginna („Emotion ist ein komplexes Interaktionsgefüge ..., das von neuronal-hormonalen Systemen vermittelt wird, die Gefühle ... bewirken können; ...", nach Ulich 1989, S. 31).

Oft wird der „Ganzheitscharakter" des Gefühls betont, und das macht die Definition auch nicht leichter, denn Ganzheiten lassen sich schlecht analysieren, sonst wären es keine Ganzheiten.

Weiterhin wird die „Ichnähe" von Gefühlen betont (s. Ulich 1989, S. 34). Gefühle „ist" man, Gedanken, Motive, Interessen „hat" man. „Ich *bin* traurig!" ist normale Sprache, genau wie „ich bin fröhlich". – „Ich habe Trauer" oder „Ich habe Freude!" klingt dagegen merkwürdig; gar nicht merkwürdig klingt aber „ich habe Hunger" oder „ich habe da einen Gedanken", „ich habe einen Einfall!", „ich habe Interesse an ...!". Die Sprache scheint also Gefühle anders zu behandeln als andere psychische Zustände.

2.2 Gefühle als Modulationen psychischer Prozesse

Gefühle sind also ganzheitlich, ichnah und ansonsten schwer genauer festzulegen. Muß man sich damit zufriedengeben? Das wäre sehr unbefriedigend! Betrachten wir einmal z. B. den Ärger. Das ist eine noch überschaubare, aber auch nicht zu einfache Emotion. Wann tritt Ärger auf? Meist wohl, wenn man sich plötzlich an der Erreichung eines Zieles gehindert sieht, von dem man eigentlich annahm, daß man es leicht erreichen könnte. Ich will auf dem Wege zur Vorlesung mein Arbeitszimmer betreten, in dem sich das Vorlesungsmanuskript befindet. Ich habe es eilig! Ein Griff in die Hosentasche liefert die Information: Schlüsselbund nicht da! Zuhause vergessen! Das Ziel wird plötzlich unerreichbar! Was geschieht? Ich werde rot im Gesicht, schaue nicht mehr rechts und links, trommle mit den Fäusten gegen die verschlossene Tür, denke an nichts anderes als an die Möglichkeit, doch noch irgendwie in das Zimmer gelangen zu können, in dem das dringend benötigte Vorlesungsmanuskript in aller Ruhe auf dem Schreibtisch liegt. Das Denken ist eingeschränkt auf das unmittelbare Ziel, viel gedacht wird sowieso nicht mehr, sondern im wesentlichen wird gehandelt (wenn man die Malträtierung der Tür mit den Fäusten so bezeichnen möchte). Beim Handeln schaut man nicht rechts und nicht links, verletzt sich u. U. die Hand an einem herausstehenden Nagel, den man – typisch! – übersah und tut auch sonst Dinge, die man hinterher bereut.

So sieht eine (vielleicht etwas dramatisierte) Ärgerreaktion aus. Bringen wir es auf Begriffe: Ärger ist gekennzeichnet durch eine erhöhte Aktivierung, durch eine Erhöhung der Leistungsbereitschaft des Herz-Kreislaufsystems, durch eine generell gesteigerte Handlungsbereitschaft, die insbesondere gewalttätige Aktionen gegen die Barriere beinhaltet, die da plötzlich im Weg liegt. Weiterhin ist Ärger charakterisiert durch ein hohes Ausmaß an „Externalisierung". Das heißt, daß Denken als „internes Probehandeln" auf ein Minimum reduziert ist; hauptsächlich gehorcht das Verhalten einem „Reiz-Reaktions-Prinzip"! Weiterhin ist man kaum noch ablenkbar. Die Welt schnurrt zusammen auf die verschlossene Tür. Das augenblicklich handlungsleitende Motiv bekommt ein großes Gewicht, und andere Motive können sich dagegen nicht durchsetzen.

Weiterhin ist der Auflösungsgrad beim Wahrnehmen und Denken gering. Bei der Planung von Handlungen (wenn man überhaupt noch plant) beachtet man weder die Bedingungen, die die Voraussetzung für den Erfolg der jeweiligen Handlung sind, noch Neben- oder Spätfolgen; es zählt nur der unmittelbar erwartete Effekt.

Schließlich ist Ärger noch gekennzeichnet durch Unlust; er ist ein „negatives" Gefühl.

Fünf „Parameter" des Ärgers haben wir soeben genannt; Ärger ist gekennzeichnet durch

- eine hohe **Aktivierung,**
- eine hohe **Externalisierung** (Agieren nach dem Reiz-Reaktionsprinzip) und
- eine hohe **Selektionsschwelle** (andere Absichten und Motive können diese nicht überwinden; das handlungsleitende Motiv hat sich „eingetunnelt"),
- durch einen niedrigen **Auflösungsgrad** des Denkens und Wahrnehmens und durch
- **Unlust.**

Wenn alle diese Parameter nicht bestimmte hohe oder niedrige Werte hätten, gäbe es kein als „ärgerlich" klassifizierbares Verhalten. Man könnte also formulieren: Ärger ist ein Zustand, der dadurch gekennzeichnet ist, daß Reaktions-, Denk-, Wahrnehmungs- und Motivauswahlprozesse so eingestellt werden, daß sie in **bestimmter** Weise ablaufen: das Reagieren in stark „außengesteuerter" Weise, meist unmittelbar reizabhängig, das Denken (wenn es überhaupt stattfindet) und das Wahrnehmen mit niedrigem Auflösungsgrad, die Motivauswahl (also die Bestimmung des Zieles, welches verfolgt werden soll) mit einer hohen Schwelle, die das augenblicklich handlungsleitende Motiv in seiner Herrschaft stabilisiert.

Wenn wir für „in bestimmter Weise ablaufend" den kürzeren Begriff „moduliert" einsetzen, könnten wir nun sagen: Emotionen sind bestimmte Modulationen psychischen Geschehens. Diese Auffassung über die Natur der Gefühle findet man sehr klar bei Doris Bischof-Köhler (1985). Sie schreibt, daß ein Gefühl eine „ad-hoc-Modellierung des Verhaltensmusters" entsprechend „kurzfristiger Umweltveränderungen" sei.

Zur Modulation gehört bei vielen Gefühlen eine Prädisposition zu einem bestimmten Verhalten. Beim Ärger gibt es wohl Aggressionstendenzen; Angst und Furcht enthalten Fluchttendenzen. Ursprünglich einmal mögen Gefühle hauptsächlich instinkthafte Prädispositionen für ein bestimmtes Verhalten gewesen sein; die Modulationen des Auflösungsgrades, der Selektionsschwelle, der „Externalisierung", der Aktivierung unterstützten die Verhaltensdispositionen.

Die Verhaltensprädisposition fehlt heute wohl bei vielen Gefühlen. Solche Gefühle wie Stolz, Trauer oder Hoffnung enthalten keine bestimmten Verhaltensdispositionen. Allerdings legen die Modulationen allein jeweils einen bestimmten Rahmen für das Verhalten fest. Z.B. legt die Einstellung des Auflösungsgrades bestimmte Verhaltensweisen nahe. Ein niedriger Auflösungsgrad beim Wahrnehmen und Denken verbunden mit hoher Aktivierung bedeutet eine Tendenz zur schnellen, grobschlächtigen Reaktion und das sich allein daraus ergebende Verhalten wirkt schon sehr aggressiv.

Läßt sich die Modulationsthese verallgemeinern? Betrachten wir einmal die Emotion „Trauer". Bei Trauer ist die Abschirmung des aktiven Motivs gegen Konkurrenten, also die Selektionsschwelle, ebenfalls relativ stark, genau wie beim Ärger. Es ist schwer, den Trauernden dazu zu bringen, sich über **andere** Dinge zu freuen. Unähnlich sind Ärger und Trauer im Hinblick auf die Aktivierung. Der Trauernde ist wohl wenig aktiviert, wenig handlungsbereit. Ein weiterer Unterschied existiert im Hinblick auf die Externalisierung, also im Hinblick auf die Innen-Außen-Ausrichtung des Verhaltens. Beim Ärger finden wir gewöhnlich eine Außenzentrierung. Bei Trauer hingegen ist wohl meist eine Innenzentrierung festzustellen; der

Trauernde tut nichts, zieht sich in sich selbst zurück, denkt und grübelt viel. Auch im Hinblick auf den Auflösungsgrad gibt es Unterschiede. Denken und Wahrnehmen in einem Zustand des Ärgers ist gekennzeichnet durch einen niedrigen Auflösungsgrad; die Dinge werden nur sehr grob gesehen und bedacht. Anders bei Trauer, hier wird, vielleicht mit einseitiger Ausrichtung, ansonsten aber doch relativ differenziert gedacht. Das Denken dient in der Trauer allerdings weniger der Handlungsvorbereitung, wie beim Ärger, sondern mehr der Situationsaufbereitung; der Trauernde verarbeitet die Vergangenheit.

Diese Beschreibung der Emotion „Trauer" ist sehr holzschnittartig; das ist uns klar. Es kommt uns hier aber nicht auf eine detaillierte Analyse der „Trauer" an. (Eine solche findet man z. B. bei Zimmer 1981, S. 160 ff.) Uns liegt an einer Darstellung der Rolle der Modulationen bei Gefühlen und an der Demonstration der Tatsache, daß man viele Aspekte des Trauerns durch eine Variation der gleichen Parameter erzeugen wie Ärger oder Wut.

Die Charakterisierung von Gefühlen als Modulation psychischer Prozesse, oft verbunden mit einer Prädisposition zu einem bestimmten Verhalten, enthält eine zentrale Gefühlskomponente noch gar nicht, nämlich die Lust-Unlust-Komponente. Die Modulationen, die wir nannten, haben mit „Lust" oder „Unlust" nichts zu tun. Alle Gefühle aber haben Lust- oder Unlustkomponenten oder auch beide zugleich (wobei „zugleich" wohl bedeutet: in schnellem Wechsel nacheinander). – Ärger, Wut und Zorn sind eher unlustbehaftet, Trauer ebenfalls, Freude, Triumph und Stolz eher lustbetont; darüber, daß alle Gefühle etwas mit Lust oder Unlust zu tun haben, besteht kaum ein Zweifel. Woher kommt Lust oder Unlust?

Das, was wir als Lust oder Unlust erleben, ist immer gekoppelt mit dem Verschwinden eines Bedürfnisses oder mit dem Auftauchen bzw. mit dem Bestehenbleiben eines Bedürfnisses.

Hunger (genau wie andere Motive) kann allerdings auch zugleich unlustvoll wie lustvoll sein, nämlich z. B. dann, wenn der Bedürfniszustand mit der Erwartung eines Festmahls verbunden ist. In diesem Fall mischt sich die mit dem Befürfniszustand verbundene Unlust mit der Lust, die mit der antizipierten Bedürfnisbefriedigung verbunden ist. Wir wollen Lust auffassen als ein Signal für eine Bedürfnisbefriedigung und Unlust als das Signal für ein entstehendes oder existierendes Bedürfnis.

Wenn wir hier von Lust oder Unlust und generell von Gefühlen sprechen, so sollte vielleicht dabei erwähnt werden, daß wir damit überhaupt noch nicht das Thema „Erleben von Gefühlen" berühren. Für viele Autoren gehört das „Erleben" zum Gefühl (s. z. B. Ulich 1989, S. 32, S. 38). Wir meinen, daß man Gefühle erleben kann oder auch nicht. Wir reden hier über das, **was** man (auch) erleben kann, nicht über das Erleben selbst. Wenn ich meinen Ärger erlebe, dann weiß ich, daß ich ihn habe. Ich kann mich auch ärgern, ohne das zu wissen. „Du bist aber sauer!" sagt mir ein Freund und jetzt erst merke ich es: ich **bin** sauer! Von den Gefühlen, die ich nicht erlebe, weiß ich nicht, daß ich sie habe; das darf mich nicht zu dem Fehlschluß verleiten, daß da nichts wäre.

Wenn man das, was bislang in diesem Abschnitt über Gefühle gesagt worden ist, zusammenfassen will, so könnte man formulieren: Gefühle sind Modulationen psychischer Prozesse, die oft auch Verhaltensdispositionen enthalten und außerdem durch Bedürfnisbefriedigungen oder Bedürfnisentstehungen oder auch die Antizipation solcher Ereignisse eine Lust- oder Unlustfärbung enthalten.

Diese Definition erscheint hübsch einfach und sehr „sauber". Wenn man sie so akzeptiert (was wir im folgenden tun wollen), so sollte man sich allerdings darüber im karen sein, daß die Umgangssprache „unsauberer" mit Gefühlen umgeht. In die Begriffe, die die Umgangssprache für Gefühle verwendet, gehen neben dem Modulations- und dem Prädispositionsaspekt noch andere Aspekte ein (s. Mees 1985), z. B. der Umfang des Gefühls oder die Art der Auslösung. Wenn mir jemand aus Versehen eine Tasse Tee über das Hemd schüttet, werde ich ärgerlich; wenn derselbe Tee absichtlich auf meinem Hemd landet, werde ich wütend. Ärger und Wut unterscheiden sich hinsichtlich der Attribution des auslösenden Ereignisses. – Das Gefühl „Zorn" dagegen, dem Ärger und der Wut nahe verwandt, ist wohl meist verbunden mit der Verletzung moralischer Normen.

Ein Gefühlszustand ist also oft ein umfassender psychischer „Lagebericht", der zugleich Informationen über kognitive Prozesse, Motive und über die Modulationen psychischer Prozesse enthält. Weil das so ist, werden Abhandlungen über Gefühle auch sehr leicht zu Abhandlungen über die Psychologie „im Ganzen" (s. z. B. Ulich 1989). Zimmer (1981, S. 160) schreibt im Hinblick auf Trauer: „Ist Trauern ein Gefühl? Es ist mehr." Und er fährt dann fort, den komplexen gesamtseelischen Prozeß zu beschreiben, der das Trauern ausmacht. Zimmers Charakterisierung gilt nicht nur für das Trauern. Fast alle Gefühle sind „mehr". – Wir meinen aber, daß im Kern eines jeden Gefühlsbegriffs der Umgangssprache die jeweilige Verhaltensprädisposition und – vor allem – die jeweils spezifische, lust- oder unlustgefärbte Modulation der psychischen Prozesse steht. Vor allem letztere macht einen psychischen Prozeß zum Gefühl; ohne eine solche Modulation ist der psychische Prozeß „gefühlskalt".

Aus allen diesen Betrachtungen folgt übrigens etwas Verblüffendes. Wenn das richtig ist, was wir bislang über Gefühle geschrieben haben, so muß man daraus ableiten, daß Gefühle nicht als selbständige psychische Einheiten existieren, als psychische Module neben anderen Modulen. Es gibt nicht neben Denken, Wahrnehmen, Erinnern auch noch Gefühle. Gefühle bestehen vielmehr im Kern darin, daß Denken, Wahrnehmen, Erinnern, usw. in bestimmter Weise moduliert werden. Der Ärger beeinflußt nicht mein Denken; vielmehr ist Ärger (u. a.) eine bestimmte Form des Denkens.

Im nachfolgenden Abschnitt wollen wir überprüfen, wie weit die These reicht, daß der Kern von Gefühlen eine bestimmte Modulation psychischer Prozesse ist. Zunächst einmal soll uns interessieren, was diese Modulationen überhaupt für einen Sinn haben. Dann wollen wir untersuchen, welchen Gesetzmäßigkeiten eine solche Modulation psychischer Prozesse gehorcht, von welchen Faktoren sie abhängig ist.

3. *Modulationsparameter*

3.1 Modulationen psychischer Prozesse als situationsgerechte Einstellungen

Warum haben Menschen und Tiere Gefühle? Welche Funktion hat die Modulation des Verhaltens und der inneren Prozesse? Es ist kaum bestreitbar, daß es sich bei vielen Gefühlen um die Überreste alter Instinktreaktionen handelt. Angst mag ursprünglich eine Prädisposition des Verhaltens zur Flucht gewesen sein. Ärger und Wut sind verbunden mit aggressiven Verhaltenstendenzen. Daß Emotionen Prädispositionen für das Verhalten enthalten (haben), ist z. T. im Gefühlsausdruck noch deutlich sichtbar. Der Ängstliche zieht den Schultergürtel hoch; das ist ein Überrest der Tendenz, bei Gefahr die empfindliche und daher gefährdete Halsregion im Knochengerüst des

Schultergürtels in Sicherheit zu bringen. – Triumph und Stolz zeigen sich u. a. in einem Hochwerfen des Kopfes; die gefährdete Halsregion wird dem Biß des Gegners preisgegeben und dadurch wird signalisiert: „Ich fürchte Dich nicht!" Viele Formen des Gefühlsausdrucks lassen sich als „Rudimente früherer Zweckhandlungen" auffassen; eines der drei „Principien" des Ausdrucks, die Darwin (1872, S. 27 ff) erwähnt, ist die „Association zweckmäßiger Handlungen mit gewissen Seelenzuständen", z. B. die „Association" der Furcht mit Fluchttendenzen.

Menschen haben die Instinktsteuerung des Verhaltens weitgehend verloren. Nur noch in geringem Maße wird unser Verhalten durch fest programmierte Instinkte reguliert. Warum sind die Emotionen nicht verschwunden? Warum hat es, wie Hebb (1946) behauptet, statt dessen eine **Koevolution** von Gefühlen und Intellekt gegeben? Der Mensch ist nicht nur das am meisten intellektuelle Lebewesen, sondern außerdem noch, nach allem was wir beobachten können, das am meisten gefühlvolle.

Die Antwort auf alle diese Fragen liegt meines Erachtens in der Funktion der Modulationen für die Verhaltensregulation.

Es ist sinnvoll, die psychischen Prozesse und das Verhalten den Merkmalen der jeweiligen Situation anzupassen. Wenn eine unmittelbare Gefahr droht, so ist es z. B. nicht angebracht, das Verhalten in starkem Maße zu internalisieren, also auf „inneres Probehandeln" zu schalten. Vielmehr ist es in einer solchen Situation richtig, auf einen Reiz-Reaktionsmodus umzuschalten, nicht mehr viel zu denken, sondern mit hoher Frequenz die Umgebung zu mustern, um auf plötzlich auftauchende Gefahren oder Gelegenheiten unmittelbar reagieren zu können. Für Gefahrensituationen gilt die Regel: „Eine schlechte Entscheidung ist besser als gar keine Entscheidung!" („Schlecht" heißt hier nicht eigentlich „schlecht", sondern „suboptimal".)

Weiterhin sollte natürlich bei Gefahr der Informationsdurchsatz erhöht werden, und das ist mit der Aktivierung verbunden. Auch ist ein hoher Abschirmungsgrad, also eine hohe Selektionsschwelle, vernünftig. Denn wenn eine Gefahr droht, sollte man sich auf deren Beseitigung konzentrieren, und nicht andere, zugleich vorhandene Bedürfnisse bedenken oder behandeln.

Man findet in Tabelle 1 die vier Modulationsformen von S. 130 und Angaben zum Nutzen oder Schaden ihrer Extremformen. (Die Tabelle bedeutet keineswegs, daß nur Extremzustände der Modula-

Tabelle 1. Vor- und Nachteile der Extremeinstellungen der Modulationsparameter

Parameter	Valenz	Nutzen	Schaden
Auflösungs-grad	hoch	große Differenzierung; wenig Fehlklassifikationen	hoher Zeitaufwand
	niedrig	geringer Zeitaufwand	viele Fehlklassifikationen
Selektions-schwelle	hoch	"Nachhaltigkeit", "Konzentration"	"Rigidität"
	niedrig	"Plastizität", Aufgreifen von Gelegenheiten	"Verhaltensoszillation"
Externalisie-rung	hoch	schnelle Reaktion auf Umweltveränderungen	geringe Akkomodation an neue Umstände
	niedrig	schnelle Akkomodation an neue Umstände	langsame Reaktion auf Umweltveränderungen
Aktivierung	hoch	hoher Informationsdurchsatz	hoher Energieverbrauch
	niedrig	geringer Energieverbrauch	geringer Informations-durchsatz

tionen vorkommen können.) Ein sehr hoher Auflösungsgrad beim Wahrnehmen und beim Denken hat, das kann man der Tabelle 1 entnehmen, Vorteile und Nachteile. Wahrnehmen auf einem hohen Auflösungsgrad liefert einerseits genaue Informationen über die jeweilige Realität und ermöglicht es dadurch, das Verhalten sehr exakt an die jeweiligen Bedingungen anzupassen. Das führt dazu, daß das Verhalten im großen und ganzen risikofreier ist, als wenn die Realität nur grob und ungenau wahrgenommen wird. Auf der anderen Seite kostet eine solche Form der Wahrnehmung Zeit und ist in Situationen ungeeignet, in denen es darauf ankommt, sich schnell für eine bestimmte Form des Handelns zu entscheiden.

Ein hoher Auflösungsgrad ist also manchmal gut, manchmal schlecht. Ähnliches läßt sich auch für die Extremzustände der anderen Modulationen sagen. Eine hohe Selektionsschwelle macht das Verhalten eines Systems „stur“ oder – positiv ausgedrückt – „konsequent“. Das hat Vor- und Nachteile. Ein häufiger Wechsel der Beschäftigungsbereiche ist oft damit verbunden, daß man Dinge umsonst gemacht hat und mit einer fast, aber eben nicht ganz erledigten Aufgabe wieder von neuem beginnen muß, nachdem man sie einmal fallengelassen hat. Es ist also oft vernünftig, eine einmal begonnene Absicht auch wirklich vollständig zu erledigen, ehe man etwas anderes beginnt. Wenn aber die aktuelle Absicht nicht so wichtig ist, dann ist Ablenkbarkeit keineswegs unvernünftig. Wenn man ablenkbar ist, so ist man auch in der Lage, Gelegenheiten wahrzunehmen und „beim Schopfe zu fassen". Manchmal also ist es gut, sich ablenken zu lassen, manchmal ist es schlecht!

Auch eine hohe Externalisierung ist manchmal angebracht, manchmal nicht. „Externalisierung" bedeutet im wesentlichen eine hohe „Auffrischungsrate" des Umgebungsbildes. Angebracht ist eine hohe Auffrischungsrate, wenn die Umgebung und die Zukunft unsicher und unbestimmt sind und man ständig auf Überraschungen gefaßt sein muß. In einer solchen Situation kann man sich „philosophische" Phasen des Rückzuges in sich selbst nur in geringem Ausmaß gestatten; man muß auf der Hut sein. Das gilt in verstärktem Maße, wenn man sich über die Unfähigkeit, die Zukunft antizipieren zu können, hinaus generell „inkompetent" und daher möglichen Überraschungen und Gefahrensituationen nicht gewachsen fühlt.

Ein hohes Ausmaß der Zuwendung zur Außenwelt und ein hohes Ausmaß der denkenden Aufbereitung zugleich ist uns Menschen nicht möglich.

Quintessenz der vorstehenden Betrachtungen ist also, daß es keine Modulationsform gibt, die immer „gut" oder „schlecht" ist. Bestimmte Modulationsformen sind bestimmten Umständen angemessen, anderen nicht.

3.2 Wer steuert die Modulationen?

Gefühle sind Veränderungen der Modulationen und der Verhaltensdispositionen. Nun verändern sich die Modulationen und Verhaltensdispositionen nicht einfach so, sondern aufgrund von plötzlich auftauchenden Barrieren wie beim Ärger oder aufgrund anderer „Umstände". Wie geschieht die Modulation der Wahrnehmungs-, Planungs- und der Motivauswahlprozesse aufgrund von „Umständen"? Abb. 1 zeigt, wie man sich das vorstellen kann. Man sieht hier eine Hypothese über die Art und Weise, wie bestimmte „Konstellationsparameter" die Modulationen determinieren. Die Konstellationsparameter sind Wichtigkeit, Dringlichkeit, Kompetenzgrad, Bedürfnisdruck, Unbestimmtheit und außerdem noch „Hoffnung" und „Furcht".

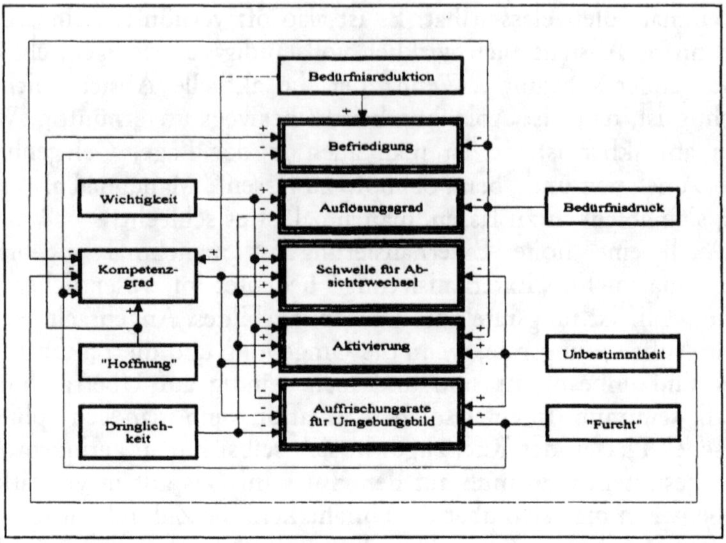

Abb. 1. Konstellationsparameter und Modulationen. „+" lese man: „je mehr ... desto mehr ...", bzw. „je weniger ..., desto weniger ...". „–" lese man: „je mehr ... desto weniger ...", bzw. „je weniger ..., desto mehr ...".

Wir wollen nun die Konstellationsparameter und ihren Zusammenhang mit den Modulationen diskutieren.

Beginnen wir mit der **Wichtigkeit** der aktuellen Motivation. Wir unterscheiden – entsprechend Bischof (1990) – zwischen **Bedarf, Bedürfnis** und **Motivation.** Bedarf ist, was wirklich fehlt, also z. B. der Blutzucker als Energiequelle. Bedürfnis ist die Bedarfs*meldung*, die vom Bedarf durchaus abweichen kann. Wenn z. B. ein Lebewesen Hunger hat, ohne daß ein Energiedefizit vorliegt, so wird ein nicht vorhandener Bedarf gemeldet. – Eine Motivation ist ein Bedürfnis, das mit einer Zielangabe verbunden ist. Wir wollen uns unter der Wichtigkeit einer Motivation die gewichtete Stärke des Bedürfnisses vorstellen, welches der Motivation zugrunde liegt, also die Stärke des Flüssigkeitsbedürfnisses bei Durst, die Stärke des Energiebedürfnisses bei Hunger, die Stärke des Bedürfnisses nach Erwärmung oder Abkühlung. Die Stärke des Bedürfnisses wird physiologisch meist zurückzuführen sein auf das Ausmaß der Sollwertabweichung in einem Regelkreis, dessen Aufgabe die Konstanthaltung der entsprechenden Variablen ist.

Die verschiedenen Bedürfnisse können gewichtet sein, beispielsweise kann das Flüssigkeitsbedürfnis stärker wiegen als das Energiebedürfnis. Dieses Gewicht ergibt multipliziert mit der Bedürfnisstärke die Wichtigkeit einer Motivation.

Bei vielen Bedürfnissen steigt mit der Stärke des Bedürfnisses die Existenzgefährdung, und daher sollte mit der Bedürfnisstärke auch der Druck ansteigen, etwas zur Bedarfsdeckung zu tun. Daher zeigt Abb. 1, daß der Anstieg der Wichtigkeit einer Motivation dazu führen soll, daß die Aktivierung erhöht wird und außerdem die Selektionsschwelle. Eine wichtige Motivation sollte also einmal relativ schnell erledigt werden und zum anderen relativ konsequent, ohne daß andere Motivationen interferieren.

Weiterhin zeigt Abb. 1, daß der Auflösungsgrad bei einer wichtigen Motivation relativ hoch sein sollte. Auf diese Weise sollte das Risiko einer Fehlhandlung möglichst gering gehalten werden. Aus gleichen Gründen sollte die Auffrischungsrate möglichst niedrig sein, um auf diese Weise durch „Seitenreize" möglichst wenig gestört zu werden.

Ein weiterer wichtiger Konstellationsparameter ist die **Dringlichkeit.** Die Dringlichkeit hängt mit der Beziehung zweier Zeiten zueinander zusammen, nämlich mit der Beziehung der Zeit, die man schätzungsweise noch für die Erledigung einer bestimmten Aufgabe brauchen wird, zu der noch zur Verfügung stehenden Zeit.

Die Dringlichkeit einer Motivation sollte den Modulationsparameter in folgender Weise beeinflussen (s. wieder Abb. 1): Die Selektionsschwelle soll erhöht werden, denn die Interferenz anderer Motivationen würde die schnelle Erledigung der anstehenden Aufgabe gefährden. Der Auflösungsgrad aber sollte herabgesetzt werden; es kommt in dringlichen Fällen hauptsächlich auf die Geschwindigkeit der Erledigung an und nicht so sehr darauf, daß der jeweilig optimale Weg gewählt wird.

Die Auffrischungsrate sollte herabgesetzt werden; „Seitenreize" stören oft und sollten nur in Ausnahmefällen berücksichtigt werden. Und natürlich sollte bei hoher Dringlichkeit die Aktivierung erhöht werden.

Ein weiterer wichtiger Konstellationsparameter ist die **Unbestimmtheit**. Unter Unbestimmtheit wollen wir hier verstehen die „Verzweigung des Erwartungshorizontes". Je mehr mögliche, verschiedenartige Ereignisstränge in der Zukunft antizipierbar sind, je weniger man also weiß, in welcher Weise sich die Gegenwart in die Zukunft hinein entfalten wird, desto höher ist die Unbestimmtheit. Unbestimmtheit ist immer verbunden mit möglichen Gefährdungen, aber auch mit der Möglichkeit des Eintretens positiver Ereignisse, die bei der Erledigung einer Absicht helfen können. Bei hoher Unbestimmtheit ist es vernünftig, die Auffrischungsrate hoch einzustellen, so daß die Gelegenheiten bzw. Gefährdungen, wenn sie auftreten, auch bemerkt werden. Die Selektionsschwelle sollte eher niedrig sein, da eine hohe Selektionsschwelle die Wahrnehmung und auch die innere Verarbeitung von neuen Reizen „skotomisiert", d.h. auf den jeweilig motivrelevanten Ausschnitt der Realität einschränkt. Bei hoher Unbestimmtheit ist das gefährlich. Die Aktivierung sollte bei hoher Unbestimmtheit eher hoch sein, desgleichen auch der Auflösungsgrad.

Ein Konstellationsparameter von großer Bedeutung ist die Abschätzung des **Kompetenzgrades** oder das Kompetenzempfinden. Darunter wollen wir die mittlere Erfolgserwartung bei der Erledigung von Aufgaben und Problemen verstehen. Als Basis für die Abschätzung der mittleren Erfolgserwartung kann eine „Lust-Unlust-Bilanz" dienen. Diese kann man sich als einen über die Zeit gleitenden Mittelwert vorstellen, in dem pro Zeiteinheit jede Bedürfnisbefriedigung (Rückkehr einer Variablen in den Sollzustand) positiv und der Bedürfnisdruck negativ verrechnet wird.

Man sieht in Abb. 1, daß das Kompetenzempfinden außer von den Lust- und Unlusterlebnissen (= Reduktion von Bedürfnissen, bzw. Bedürfnisdruck) auch noch von „Hoffnung" und „Furcht" abhängig ist. Damit ist folgendes gemeint: „Hoffnung" ist ein Kürzel für „Ausmaß an **erwarteten** Befriedigungsereignissen", „Furcht" für „Ausmaß an **erwarteten Bedürfniszuständen**". Auch diese sollen positiv bzw. negativ in das Kompetenzempfinden eingehen. Damit fühlt sich ein Individuum, welches Bedürfnisbefriedigungen erwartet, „stärker", d.h. handlungsfähiger als ein „hoffnungsloses" Individuum. („Man soll immer etwas haben, worauf man sich freuen kann!", pflegen weise Großmütter zu sagen.) – Und Furcht „lähmt", da sie das Kompetenzempfinden senkt.

Eine niedrige Lust-Unlust-Bilanz kann bedeuten, daß man im großen und ganzen mit seinen Bedürfnissen nicht gut zurechtkommt, also eine geringe Kompetenz für die Regelung seiner Angelegenheiten hat. Dahingegen kann eine hohe Lust-Unlust-Bilanz bedeuten, daß man in der Lage, d. h. kompetent ist, seine Angelegenheiten gut zu regeln.

Eine gleitende Lust-Unlust-Bilanz ist eine wie uns scheint recht elegante Möglichkeit der Kompetenzmessung. Sie ist aber nicht eindeutig. Es brauchen sich nicht unbedingt die Fähigkeiten darin zu spiegeln, sondern u. U. auch nur Glück oder Pech.

Zurück zu den Modulationen: Ein niedriges Kompetenzempfinden indiziert im allgemeinen ein hohes Ausmaß an Gefährdung und außerdem ein hohes Ausmaß an Unwissen über die Möglichkeiten der Bedürfnisbefriedigung. Aus diesem Grunde sollte bei niedrigem Kompetenzempfinden die Auffrischungsrate hoch sein, um Gelegenheiten und Gefährdungen zu entdecken. Zugleich sollte auch die Aktivierung hoch sein, um den möglichen Gefahren schnell entgegentreten zu können.

Der letzte der Konstellationsparameter, auf den wir eingehen wollen, ist der **Bedürfnisdruck.** Darunter sei verstanden der „motivationale Dampf", unter dem man steht, also so etwas wie die Summe der Wichtigkeiten der Motivationen. Wir haben oben schon geschildert, daß der Bedürfnisdruck kontinuierlich in die Berechnung des Kompetenzgrades eingeht. Darüber hinaus soll der Bedürfnisdruck den Auflösungsgrad und die Aktivierung beeinflussen. Ein hoher Bedürfnisdruck soll zu einem niedrigen Auflösungsgrad führen, um auf diese Weise die Geschwindigkeit des Operierens zu steigern. Wenn viel erledigt werden muß, so muß eben „auf Tempo" geschaltet werden. Aus dem gleichen Grund sollte ein hoher Bedürfnisdruck außerdem zu einer hohen Aktivierung führen, um eine hohe Handlungsbereitschaft und eine große Operationsgeschwindigkeit zu gewährleisten[2].

Man sollte beachten, daß die Beziehung „Konstellationsparameter – Modulationen" keineswegs nur in der in Abb. 1 dargestellten Einbahnstraße abläuft. Vielmehr werden sich bestimmte Modulationsformen ihrerseits wieder auf die Konstellationsparameter auswirken. Ein niedriger Auflösungsgrad kann zu Mißerfolgen führen; das senkt das Kompetenzempfinden, das wiederum führt zu einer Erhöhung der Auffrischungsrate und damit zu einer Senkung des Ausmaßes des

[2] Ich möchte anmerken, daß die hier geschilderte „Konstellationstheorie" ihren Ausgangspunkt in der „Stimulus – Evaluation – Cheque"-Theorie (SEC) von Scherer (s. z. B. 1984) hat, auf die ich aber hier nicht weiter eingehen kann.

Denkens, das wiederum wird „Konservatismus“ zur Folge haben; die Person macht das gleiche immer wieder, das führt zu mehr Mißerfolg, ...

4. *Was folgt?*

4.1 Das Verhalten von *EMO*

Wir haben nun umrißhaft eine Theorie der Gefühle entworfen. Wie kann man prüfen, ob sie richtig ist? Eine Möglichkeit dafür ist, daß man die Theorie als „Bauplan“ benutzt und das herstellt, von dem man annimmt, daß es existiert. Man baut ein Modell. Man stellt eine Realität her, die so beschaffen ist, wie man meint, daß die „richtige“ Realität strukturiert ist. Heutzutage läßt sich das für Informationsverarbeitungsprozesse mit Hilfe des Computers relativ leicht durchführen.

Wir haben die beschriebene Theorie in ein Modell umgesetzt, dessen Grundstruktur in Abb. 2 dargestellt ist[3]. Die Abbildung zeigt eine „vergeistigte“ Dampfmaschine. Nicht zum „Geist“ gehört der Kessel mit dem Brenner darunter. Aus dem Kessel heraus führen Röhren zu Ventilen, durch die Dampf in Turbinen strömen kann. Die Turbinen wiederum treiben die Räder der Maschine an, betätigen den Mechanismus zum Auf- und Zuklappen des Deckels des Dachreservoirs und können auch die Keule in Bewegung setzen, mit deren Hilfe sich die Dampfmaschine gegen Feinde zur Wehr setzen kann, die den Wassertank anzapfen wollen. Durch Dampf wird auch die Saugpumpe betätigt, mit deren Hilfe Petroleum angesaugt werden kann.

Soweit zum körperlichen Leben unserer Dampfmaschine, nun zum „geistigen“: Die Ventile, die das motorische System der Dampfmaschine darstellen, werden durch Motoneuronen innerviert. Die Aktivität dieser Motoneuronen ist von anderen Neuronen abhängig, nämlich von sensorischen Neuronen und von „Bedürfnisindikatoren“. Das sensorische System unserer Dampfmaschine sieht man links oben. Mit Hilfe des – sehr primitiven – sensorischen Systems kann die Dampfmaschine z. B. Regenwolken identifizieren, die eine Chance dafür bieten, das Dachreservoir wieder aufzufüllen. Eine sensumo-

[3] Eine genauere Schilderung des Modells findet man bei Dörner & Hamm (1992).

torische Verknüpfung könnte z. B. von dem „Regenwolkensensor“ zu demjenigen Motoneuron führen, welches das „Bewegungsventil“ öffnet. Das würde bewirken, daß unsere Dampfmaschine sich beim Anblick einer Regenwolke in Richtung auf diese in Bewegung setzt. (Der Dampfmaschine fehlt eine Steuerung und auch eine Gangschaltung, aber wir wollten die Zeichnung nicht unnötig komplizieren.)

Die Neuronen j und j' sind **Bedürfnisindikatoren.** Sie werden jeweils dann aktiv, wenn nicht mehr genügend Wasser im Kessel ist oder der Brennstoffvorrat unter eine bestimmte Grenze sinkt und wenn interne Gegenregulationen (bewirkt durch die Neuronengruppe a, b, i bzw. a', b', i'; wir wollen auf diese Regulationen hier nicht weiter eingehen) nicht greifen. Die Bedürfnisindikatoren bahnen bestimmte sensumotorische Koordinationen, z. B. bei Wassermangel die Koordination „wenn Regenwolke sichtbar, dann hinfahren und Deckel des Dachreservoirs öffnen!“. Ist dann tatsächlich eine Regenwolke sichtbar, geschieht genau das! Man kann sich die Verbindung zwischen Sensoren, Bedürfnisindikatoren und Motoneuronen grob als nach dem Schema

„wenn Bedürfnis A und Wahrnehmung B, dann Aktion C!“

gestaltet vorstellen.

Die Verbindungen zwischen den Sensu-, den Motoneuronen und den Bedürfnisindikatoren sind variabel und zunächst (bei der „Geburt“ der Dampfmaschine) nur virtuell vorhanden. Sie werden durch „Befriedigungsereignisse“ gestiftet. Ein Befriedigungsereignis ist die Rückkehr einer der zu regelnden Variablen (Wasser und Brennstoff) in ihren Sollzustand. Ein solches Befriedigungsereignis kann ein **Verknüpfungssignal** aussenden (in dem Neuronennetz der Dampfmaschine geschieht dies durch das Netzwerk t, u, v, w, auf dessen innere Struktur wir gleichfalls nicht näher eingehen wollen). Ein solches Befriedigungsereignis sendet ein Signal, welches man folgendermaßen verbalisieren kann: „das, was du in dieser Situation, die du gerade wahrnimmst, getan hast, war mit der Rückkehr in den Sollzustand verbunden. Also merke es dir und handle dementsprechend in der Zukunft.“

Unsere Dampfmaschine ist nicht nur in der Lage, eine einfache Reiz-Reaktions-Bedürfnisverknüpfung zu erlernen, sondern sie kann auch eine der Bedürfnisbefriedigung vorausgehende Kette von sensorischen und motorischen Aktivierungen miteinander und mit der spezifischen Befriedigung verknüpfen, also komplexe Verhaltensweisen erlernen. Wir haben das in der Abb. 2 aber nicht dargestellt.

(Die vorstehende Beschreibung schildert die Lernfähigkeiten unserer Maschine nur unvollkommen. Sie kann Wege, Ereignisketten und Zielzustände nicht nur erlernen, sondern auch wieder vergessen. Das ist notwendig, damit die Maschine flexibel bleibt und sich an wandelnde Umstände anpassen kann. Auch kann die Maschine generalisieren. Sie kann allgemeine Klassen von Zielzuständen bilden und auch allgemeine Wege- oder Ereignisklassen.

Die Fähigkeit zum Generalisieren geht einher mit der Fähigkeit zur Differenzierung, damit allzu weitgehende Generalisierungen wieder eingeschränkt werden können.)

Weiterhin besteht der „Geist" der Dampfmaschine darin, daß sie in der Lage ist, die einzelnen sensumotorischen Ketten zu neuen „Handlungssequenzen" zu rekombinieren und so neue Handlungsweisen vorauszuplanen. Wenn die Dampfmaschine bei einem Bedürfnis keine Verhaltenskette in ihrem Gedächtnis vorfindet, die sie von der augenblicklich vorhandenen Anfangssituation zu der gewünschten Zielsituation führt, versucht sie, die vorhandenen Ketten probeweise so zu rekombinieren, daß eine zielführende Kette dabei herauskommt. Wenn man akzeptiert, daß Denken ein „inneres Probehandeln" ist (diese Definition wird Freud zugeschrieben; die genaue Quelle war für mich nicht ermittelbar), dann kann unsere Dampfmaschine damit also denken. (Auch der Mechanismus, der dieses Denken steuert, ist in Abb. 2 nicht dargestellt.).

Das Erlernen von Ereignisketten und Aktionsketten erlaubt es der Maschine auch, Prognosen über die Zukunft zu machen. Weiß sie, daß in der Realität, in der sie lebt, eine Ereigniskette a-c-d-s-s-k auftreten kann, so kann sie nach dem Auftreten von a-c den Ablauf d-s-s-k prognostizieren. Sie kann also Erwartungen bilden.

In unserer Maschine entstehen Bedürfnisse, z. B. das Bedürfnis nach Wasser oder das Bedürfnis nach Brennstoff. Diese Bedürfnisse entstehen durch Verbrauchsprozesse; Wasser und Energie werden verbraucht und die entsprechenden Speicher müssen wieder aufgefüllt werden.

Über die geschilderten Bedürfnisse hinaus versahen wir die Maschine noch mit dem Bedürfnis nach Schmerzvermeidung und -linderung, Affiliation (Zusammensein mit anderen Maschinen)

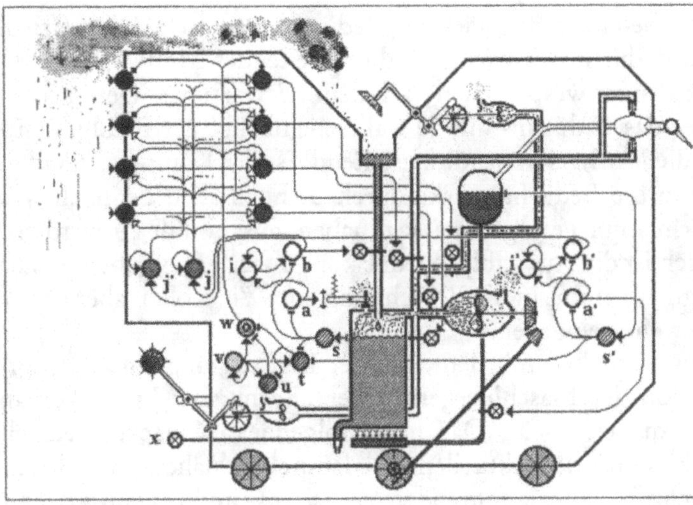

Abb. 2. Eine „vergeistigte" Dampfmaschine.

und nach „Kompetenz" („Kontrollstreben", s. Oesterreich 1981). Das Schmerzvermeidungs- bzw. Linderungsbedürfnis entsteht exogen, nämlich durch die Ankündigung oder das tatsächliche Auftreten von Schmerzreizen. Das Affiliationsbedürfnis entsteht periodisch. Das Bedürfnis nach Kompetenz besteht aus dem Bestreben der Maschine, das Wissen über die Welt, in der sie lebt, anzureichern. Dieses Bedürfnis wird besonders stark, wenn sich das Weltwissen als unzulänglich erweist, also wenn Mißerfolge beim Handeln auftreten, wenn die Maschine Überraschungen erlebt oder wenn in ihrem Gedächtnissystem Widersprüche auftauchen. Das durch dieses Bedürfnis ausgelöste Verhalten besteht in einem allgemeinen, nicht von vornherein auf einen bestimmten Gegenstand festgelegten Explorationsverhalten.

So weit zu der Motivausstattung der Maschine. Nun wollen wir noch kurz auf die basale Verhaltenssteuerung der Maschine eingehen:

Zu jedem Zeitpunkt wird jeweils ein handlungsleitendes Motiv ausgewählt. Dies geschieht, indem die Maschine das nach Maßgabe von Bedürfnisstärke und Erfolgswahrscheinlichkeit des Verhaltens

(= Kompetenzgrad) „stärkste" Bedürfnis ermittelt. Die Befriedigung dieses Bedürfnisses wird „handlungsleitendes Motiv". Die Maschine agiert also im wesentlichen nach dem „Erwartungs-Wert-Prinzip": je stärker das Bedürfnis und je wahrscheinlicher der Erfolg, desto eher wird die Motivation handlungsleitend. Ist der Kompetenzgrad gering, so kann die Bedürfnisstärke durchaus hoch sein: dennoch wird das Bedürfnis nur geringe Chancen haben, ausgewählt zu werden. (Tatsächlich ist die Auswahlprozedur komplizierter; es geht z. B. auch die Dringlichkeit mit in die Berechnung ein. Wir wollen aber darauf hier nicht weiter eingehen.)

Das Verhalten mit dem Ziel der Befriedigung eines Bedürfnisses wird von der Maschine gemäß der „Rasmussen-Leiter" organisiert (s. Rasmussen 1983). Das heißt folgendes: Zunächst versucht die Maschine sich dem aktuellen Ziel dadurch zu nähern, daß sie in ihrem Gedächtnis nach zielführenden Verhaltens- und Ereignisketten sucht. Findet sie solche, so werden diese aktiviert (das ist die Stufe der Automatismen; bei Rasmussen ist das die Stufe des „fähigkeits- [„skill-based"] bzw. „regelgestützten" [„rule-based"] Verhaltens). Ist die Suche nach Automatismen oder deren Anwendung erfolglos, so versucht die Maschine neue Verhaltensketten aus Teilstücken der in ihrem Gedächtnis auffindbaren Ketten zusammenzusetzen. Das ist das „Denken" der Maschine oder die Stufe des Planens (Planen = Synthese neuer Verhaltensweisen; bei Rasmussen heißt diese Stufe „wissensgestütztes" [„knowledge-based"] Verhalten). Gelingt die Synthese einer neuen zielführenden Verhaltensweise, so wird diese aktiviert.

Bleibt das Planen erfolglos, so wird nun ein exploratorisches Versuchs- und Irrtums-Verhalten aktiviert, welches möglicherweise auch „zufällig" zum Ziele führen kann oder aber doch neue Informationen über adäquate Verhaltensweisen erzeugt. (Diese letzte Stufe findet man nicht bei Rasmussen.)

Eine solche Maschine wie gerade geschildert, haben wir nun nicht nur konzipiert, sondern auch gebaut. (Leider fehlten uns die technischen Möglichkeiten, tatsächlich eine „echte" beseelte Dampfmaschine zu bauen; wir hätten das sehr reizvoll gefunden. Wir mußten uns auf die Computersimulation beschränken.) Die Maschine funktioniert ganz vernünftig, bewegt sich in ihrer Umwelt entsprechend ihren Bedürfnissen und entsprechend den Gegebenheiten, zeigt aber keine Emotionen. Wir haben ihr nun zusätzlich die oben geschilderten Fähigkeiten zur Modulation ihrer Wahrnehmungs-, Planungs- und Motivauswahlprozesse einprogrammiert. Die so entstandene „emotional vergeistigte Dampfmaschine" wollen wir *EMO* nennen und nachfolgend ihr Verhalten ein wenig studieren.

Um die Wirkung der Emotionalisierung von *EMO* zu untersuchen, versetzen wir *EMO* in Umwelten verschiedener Art. Die jeweilige Umwelt realisierten wir als **Ereignisgenerator**. Die Umwelt kann z. B. bedürfnisbefriedigende („positive") Ereignisse hervorbringen oder auch bedürfniserzeugende („negative") Ereignisse („Schmerzerzeuger"). Weiterhin kann die Umwelt hindernde und fördernde Ereignisse produzieren.

Außerdem ist die jeweilige Umwelt in größerem oder geringerem Maße voraussagbar. Die Umwelt erzeugt nämlich außer den soeben genannten vier Ereignisarten (positive, negative, fördernde und hindernde Ereignisse) noch „Indikatoren". Indikatoren kündigen an, daß nach einer bestimmten Zeit ein bestimmtes Ereignis in der Umwelt eintreten wird, also ein positives, negatives, förderndes oder hinderndes Ereignis einer bestimmten Art. Das Weltwissen, welches *EMO* erwerben kann, besteht (neben dem Erlernen von Zielzuständen und Aktions- bzw. Ereignisketten, s. o.) darin, daß *EMO* lernen kann, welcher Indikator welches Ereignis ankündigt.

Das Verhalten von *EMO* in seiner Umwelt besteht grob gesehen darin, daß *EMO* versucht, die Umwelt zu veranlassen, positive und fördernde Ereignisse zu erzeugen und die Erzeugung von negativen oder hindernden zu unterlassen.

Abb. 3 zeigt ein Verhaltensprotokoll von *EMO* in einer bestimmten Umwelt. Die x-Achse stellt den Zeitverlauf dar. Ganz unten sieht man das jeweils aktive Motiv. Zunächst befaßt sich also *EMO* mit dem Problem, seinen Hunger zu befriedigen. Es bemüht sich also, etwas zu fressen zu finden. Die Leiste mit den verschiedenen Grautönen über der Motivleiste ist die „Aktivitätsleiste" und gibt an, welcher Art die Tätigkeit ist, der *EMO* gerade nachgeht, auf welcher Stufe der Rasmussen-Leiter also seine jeweilige Aktivität stattfindet. *EMO* kann entweder etwas zielgerichtet **tun**, wenn es der Meinung ist, das entsprechende Handlungswissen zu haben, oder es kann planen, wenn es der Meinung ist, daß sein Handlungswissen nicht hinreicht. (Planen besteht in der augenblicklich existierenden Version von *EMO* darin, daß es versucht, durch die Aneinanderkettung von „Verhaltensteilstücken" eine zielführende Verhaltensweise zu entwerfen.

EMO verfügt über eine primitive „hill-climbing"-Planungsprozedur[4].) Reicht das Wissen auch für das Planen nicht aus, so exploriert *EMO*, indem es die Wirksamkeit von Verhaltenswissen nach dem „Versuchs-Irrtums"-Prinzip erprobt. Diese Aktivitätsformen sind durch die unterschiedlichen Graustufen angegeben; man beachte die Legende in der Abbildung. *EMO* tut also zunächst etwas zielgerichtet, weiß dann nicht mehr weiter, exploriert deshalb, tut wieder etwas zielgerichtet, plant dann, usw.

Über der Aktivitätsleiste sieht man die Kurven der Zielapproximation. Geht die Kurve nach oben, so bedeutet das, daß *EMO* dem Ziel näher kommt. Trifft eine der Zielapproximationskurven das Sternsymbol, so bedeutet dies, daß das Ziel erreicht worden ist. – Über den Zielapproximationskurven sieht man die Verläufe der Modulation der Aktivierung, der Auffrischungsrate, der Selektionsschwelle, des Auflösungsgrades und der aktuellen Befriedigung.

Betrachten wir nun das Verhalten von *EMO* im einzelnen. Zunächst versucht *EMO* sich etwas zu fressen zu verschaffen. (Wieso frißt *EMO* eigentlich und ißt nicht? Es wäre sicherlich von großem philosophischen Interesse zu klären, warum ich soeben ohne viel Besinnen *EMO* eine tierische Verhaltensweise zugewiesen habe.) *EMO* geht seiner Absicht emotional relativ neutral nach. D.h., daß seine Modulationsparameter keine Extremlagen aufweisen; *EMO* ist weder sonderlich aktiviert; es betrachtet die Umwelt weder sonderlich grob noch sonderlich fein (mittlerer Auflösungsgrad), die Selektionsschwelle ist mittelhoch und *EMO* ist weder extrem innen- noch extrem außenzentriert; die Auffrischungsrate ist mittelhoch. Allerdings ist *EMO*s Verhalten nicht sonderlich erfolgreich (Zielapproximation), was seine Laune (aktuelle Befriedigung) deutlich dämpft. Dann aber nimmt *EMO* ein Signal wahr, welches – gemäß seiner Erfahrung mit der Realität – ein schmerzerzeugendes Ereignis ankündigt. Dies bringt *EMO* dazu, die „Freßabsicht" fallenzulassen und sich der Vermeidung des negativen Ereignisses zu widmen, seine

[4] „hill-climbing"-Verfahren der Planung bestehen darin, daß diejenige Handlung als nächste der Kette angefügt wird, die die größten Fortschritte in der Zielrichtung erbringt, also z.B. die meisten Unterschiede zwischen dem Startpunkt und dem Ziel beseitigt. Man „steigt aufwärts". Die Unzulänglichkeiten von hill-climbing-Verfahren liegen darin, daß sie Schwierigkeiten mit dem Einschlagen von Umwegen haben. Sie steigen immer in der steilsten möglichen Weise und landen dabei u.U. auf einem Nebengipfel.

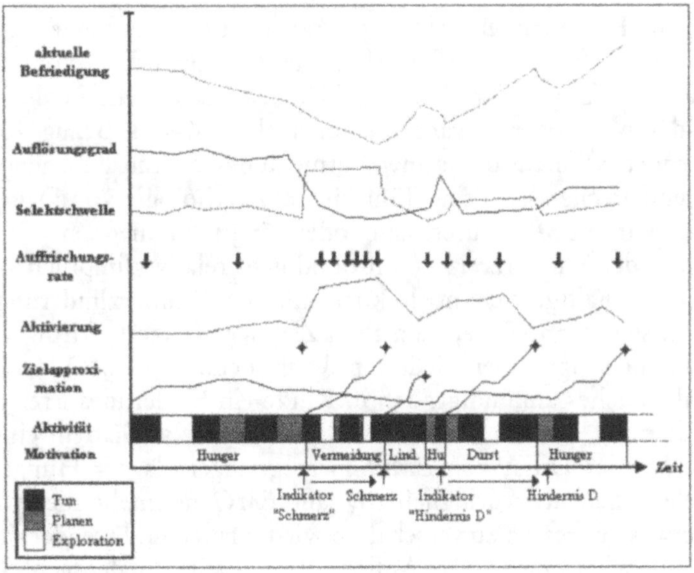

Abb. 3. Das Verhalten von *EMO*

Laune sinkt dabei weiter ab; kein Wunder. Denn abgesehen davon, daß das bald drohende Schmerzereignis für sich schon unangenehm ist, hat *EMO* nicht viel Wissen darüber, wie man das Schmerzereignis abwenden kann. (Das Ausmaß des Wissens ist in Abb. 3 nicht dargestellt.) Da das schmerzvolle Ereignis schon bald droht, ist die Dringlichkeit der Absicht „Schmerzvermeidung" hoch. Das führt zu einer hohen Aktivierung, einer hohen Externalisierung [hohe Auffrischungsrate], einer Erhöhung der Selektionsschwelle und zur Senkung des Auflösungsgrades.

Wäre *EMO* ein Mensch, so zeigte *EMO* ein rotes Gesicht; da *EMO* aber eine Dampfmaschine ist, zeigt sich die hohe Aktivierung in allenthalben aus der Maschine quellenden Dampfwölkchen. Denn hohe Aktivierung heißt hier hohe Brenneraktivität, also hoher Druck im Dampfkessel und häufiges Entweichen des Überdrucks durch die Sicherheitsventile. Die hohe Auffrischungsrate würde beim Menschen ein ständiges „Abtasten" der Umgebung bedeuten, ein ständiges „sicherndes" Umherblicken. Die Dampfmaschine richtet ihr sensorisches System mal auf diese, mal auf jene Bereiche der Umgebung.

„Internes Probehandeln" findet nur noch in geringem Maße statt, und wenn es stattfindet, dann betrifft es ausschließlich die bevorstehende Gefahr. *EMO* probiert herum. *EMO* ist auch nicht in der Lage, irgend etwas anderes wahrzunehmen als das, was Bezug zu dem drohenden Schmerz und seiner Vermeidung hat. Ein Beobachter mit dem entsprechenden Feingefühl für die Psychologie von Dampfmaschine würde *EMO* „furchtsam" oder „ängstlich" nennen.

Nun, der Schmerzreiz kommt und geht relativ glimpflich vorbei; *EMO* beschäftigt sich noch kurz mit der Schmerzlinderung und wendet sich dann wieder dem alten Ziel der Hungerbefriedigung zu. Die Laune steigt dabei wieder an. Dann bekommt *EMO* jedoch ein Signal, welches ankündigt, daß in Kürze ein hinderndes Ereignis im Hinblick auf die Möglichkeit, sich Wasser zu beschaffen, eintreten wird. Da der Durst von *EMO* zwar geringer als der Hunger, die Angelegenheit aber dringlich ist, läßt *EMO* nunmehr die Absicht, sich etwas zu fressen zu verschaffen wieder fallen und wendet sich der Wasserbeschaffung zu. Der Auflösungsgrad wird wieder herabgesetzt (Dringlichkeit!). Auch wird relativ wenig gedacht und hauptsächlich „getan" („Externalisierung" durch relativ hohe „Auffrischungsrate"). Die Selektionsschwelle ist relativ hoch; *EMO* widmet sich seiner Tätigkeit ziemlich konzentriert. Der Durst wird befriedigt, und nun endlich kann sich *EMO* wieder auf die Suche nach Futter machen. Die Laune ist deutlich besser und mit der guten Stimmung kommt nun auch der Erfolg. Die Befriedigung des Hunger- und des Durstbedürfnisses ist jeweils von einer deutlichen Deaktivierung begleitet; *EMO* entspannt sich „befriedigt".

Soweit zu einem Beispiel des Verhaltens von *EMO*. Zeigt dies Beispiel nicht deutlich „Emotionalität"? Das ist wohl schwer zu leugnen; *EMO* zeigt Gefühle, ob es auch Gefühle „hat" oder sich nur so verhält, „als ob" es Gefühle hätte, wollen wir später noch diskutieren. Zunächst einmal wollen wir nun noch untersuchen, ob sich die „Emotionalität" von *EMO* in Abhängigkeit von der Umwelt ändert.

4.2 Die „Gefühlslage" von *EMO* in verschiedenen Realitäten

Die Umwelten von *EMO* als Ereignisgeneratoren der oben beschriebenen Art kann man leicht sehr verschieden gestalten. Man kann z. B. sehr „bösartige" Umwelten schaffen, die hauptsächlich negative und hindernde Ereignisse produzieren. Oder man kann „liebe" Umwelten erzeugen, die hauptsächlich positive und fördernde Ereignisse hervorbringen.

Man kann außerdem die Voraussagbarkeit variieren und Umwelten für *EMO* erzeugen, in denen viele Indikatorereignisse auftreten, womit fast jedes Ereignis vorher angekündigt wird. In einer schlecht voraussagbaren Umwelt dagegen gibt es nur wenige oder keine Indikatorereignisse; die positiven, negativen, fördernden und hindernden Ereignisse treten „einfach so", ohne Vorwarnung, auf.

Und schließlich kann man ereignisarme und ereignisreiche Umwelten konstruieren, also Umwelten, in denen nicht viel oder sehr viel geschieht.

Wir können also Umwelten in drei Dimensionen variieren, nämlich hinsichtlich der

- **Benignität** (befriedigende und fördernde Ereignisse vs „schmerzhafte" und hindernde Ereignisse), der
- **Voraussagbarkeit** und der
- **Variabilität** (also des **Ereignisreichtums**).

Wenn wir nun *EMO* in eine Umwelt eines bestimmten Typs setzen, so wird es versuchen, mit dieser Umwelt so umzugehen, daß seine Bedürfnisse befriedigt werden. Die Verhaltensweisen, die es dabei zeigt, werden je nach Umwelt verschieden sein. Ein Vergleich der Verhaltensweisen von *EMO* in den verschiedenen Umwelten mit den entsprechenden Verhaltensweisen von Menschen kann uns Hinweise darauf geben, inwieweit unsere in *EMO* eingegangenen Gedankengänge über die Natur menschlicher Gefühle adäquat sind oder nicht.

Wir haben jeweils 50 *EMO*s in jeweils verschiedenen, aber immer entweder ziemlich „bösen" oder „guten" Umwelten 1000 Zeittakte „leben" lassen. Sie kamen mit einem bestimmten basalen Wissen über die Realität auf die Welt und mußten dann lernen, sich in ihrer Realität zurechtzufinden. Die jeweils 50 „bösen" oder „guten" Umwelten der verschiedenen *EMO*s unterschieden sich dadurch voneinander, daß die Ereignisse, soweit sie nicht von den Aktionen von *EMO* abhingen, in jeweils anderen Zufallsreihen auftraten. Die *EMO*s selbst waren „bei Geburt" identisch, entwickelten sich aber „nach der Geburt" in verschiedener Weise, entsprechend den Gegebenheiten in ihren verschiedenen Umwelten.

Es gibt Unterschiede zwischen den *EMO*s in den beiden verschiedenden Umwelten. Nicht weiter überraschend ist der insgesamt höhere **Bedürfnisdruck** und die dementsprechend höhere **Aktivation** in der „bösen" Umwelt.

Weiterhin fühlen sich die *EMO*s in der „gutartigen" Umwelt zu Beginn ihrer Existenz und in ihrer „Jugendzeit" anscheinend sicherer; die **Auffrischungsrate** des Umgebungsbildes ist bis etwa zum 200. Zeittakt deutlich geringer. Nach dem 200. Zeittakt verschwindet dieser Unterschied weitgehend. Das liegt daran, daß die *EMO*s in der „schlechten" Umwelt bis dahin so viel Wissen von ihrer jeweiligen Welt erworben haben, daß ein hohes Ausmaß an „Sicherungsverhalten" nicht mehr notwendig ist. Weiterhin aber weist die Auffrischungsrate in der „gutartigeren" Umwelt eine niedrigere **Streuung** auf.

Die größere Streuung der Auffrischungsrate bei den *EMO*s in der „bösen" Umwelt bedeutet, daß sich die *EMO*s in dieser Umwelt häufiger in Phasen der (furchtsamen) Wachsamkeit und „Externalisierung" (Phasen relativ geringer „Denktätigkeit") befinden als die *EMO*s in der „gutartigeren" Umwelt, aber auch häufiger in Phasen der „Internalisierung" (Phasen relativ intensiven „Denkens").

Dementsprechend weist der **Auflösungsgrad** bei den *EMO*s in der „bösen" Umgebung ebenfalls eine deutlich höhere Streuung auf; in der malignen Umwelt treten mehr dringend abzuwendende Ereignisse auf, die Phasen eines oberflächlichen (niedriger Auflösungsgrad) Reiz-Reaktionsverhalten (Externalisierung) erzeugen („Furcht"). Andererseits sind die Motive in der „bösen" Umwelt generell wichtiger, da hier ein höherer Bedürfnisdruck herrscht, und das bedeutet eine „tiefere" Behandlung der jeweiligen Gegenstände, d. h. eine Behandlung mit einem höheren Auflösungsgrad, wenn kein Zeitdruck vorhanden ist. In der „Jugendzeit" ist der Auflösungsgrad bei den *EMO*s in der „schlechten" Umwelt deutlich niedriger als bei den *EMO*s in der „guten" Umwelt; die noch geringe Erfahrung mit der Umwelt erzwingt hier ein relativ grobschlächtiges ad-hoc-Verhalten.

Die **Selektionsschwelle** ist in der benignen Umwelt niedriger als in der malignen. Phasen eines sehr auf **eine** Bedürfnisbefriedigung konzentrierten Verhaltens sind also in der benignen Umwelt seltener; die *EMO*s in der benignen Umwelt wechseln die handlungsleitenden Motive leichter, lassen sich leichter ablenken, ergreifen Gelegenheiten.

Bemerkenswerterweise lernen die *EMOs* in der malignen Umwelt mehr; das erworbene Weltwissen ist im Durchschnitt größer als bei den *EMOs* in der benignen Umwelt. Nun ja: ein voller Bauch studiert nicht gern! Und in der malignen Umwelt werden die *EMOs* auch mehr gefordert. – Es besteht auch ein Unterschied in der Art des Gelernten. Die *EMOs* in der malignen Umwelt lernen vor allem problemspezifisch. In der benigen Umwelt dagegen kommen bei den *EMOs* langausgedehnte „Spielphasen" vor, d. h. Phasen des breiten, ungezielten Explorierens. Die „Spielphasen" verschaffen den *EMOs* in der benignen Umwelt ein breites Weltwissen, wohingegen das Wissen der *EMOs* in der malignen Umwelt spezialisierter ist.

Der auf den ersten Blick am meisten überraschende Unterschied zwischen den *EMOs* in der „guten" und der „schlechten" Umwelt ist die Tatsache, daß die *EMOs* sich in der malignen Umwelt deutlich wohler fühlen! Die „Lustbilanz" ist in der malignen Umwelt größer als in der benignen. Auf den zweiten Blick ist dieser Unterschied aber gar nicht mehr so merkwürdig. Wenn auch die Umwelt „böse" war, so doch noch bewältigbar! Die *EMOs* in der malignen Umwelt hatten mehr Bedürfnisse und diese waren schwerer zu befriedigen als die *EMOs* in der benignen Umwelt. Da nun das Ausmaß der Lust bei der Bedürfnisbefriedigung unmittelbar von der Bedürfnisstärke abhängt, bekamen die *EMOs* in der malignen Umwelt mehr und stärkere Lustsignale. Die *EMOs* in der benignen Umwelt erfuhren ihre Bedürfnisbefriedigungen schneller und mit geringerem Aufwand; dementsprechend waren die Lustsignale schwächer. Die *EMOs* in der benignen Umwelt ähnelten verwöhnten Kindern, die sich kaum anstrengen mußten und **daher** eine eher niedrige Lustbilanz aufweisen.

Ein weiterer Befund, der mir im Hinblick auf die Funktionalität der Modulationen (und damit der Gefühle) bedeutsam erscheint, soll hier erwähnt werden, obwohl er noch durch weitere Untersuchungen abgesichert werden muß. Macht man die *EMOs* „gefühlskalt", stellt man also die Modulation der Wahrnehmungs-, Motivwechsel-, Planungs- und Reaktionsprozesse aus, hält also Auffrischungsrate, Auflösungsgrad, Aktivation und Selektionsschwelle konstant, so sinkt die Leistungsfähigkeit der *EMOs* in ihrem „Lebenskampf" ab! Man kann die Leistungsfähigkeit der *EMOs* messen, indem man den durchschnittlichen Bedürfnisdruck feststellt. Die *EMOs* funktionieren ja nach dem „Lustprinzip" und streben Bedürfnisbefriedigungen an.

Gelingt ihnen das schlechter, so bleibt der Bedürfnisdruck höher. In den Untersuchungen, die wir bislang angestellt haben, liegt der Bedürfnisdruck der „gefühlskalten“ *EMO*s um bis zu 10 % über dem Bedürfnisdruck ihrer „gefühlvolleren“ Kollegen. Die Modulationen der psychischen Prozesse führen also zu einer erhöhten Problemlösefähigkeit.

Unsere entsprechenden Untersuchungen sind zu dem Zeitpunkt der Verfassung dieses Aufsatzes noch nicht abgeschlossen. Wenn sich aber dieser Befund sichern ließe, so würde er ein Licht darauf werfen, warum die Gefühle beim Menschen nicht wie andere Instinkte verschwunden sind, sondern jene schon erwähnte Koevolution von Gefühl und Intellekt stattgefunden hat. Gefühle sind ganz einfach im großen und ganzen vorteilhaft!

Bei der Diskussion der „Krise der Expertensysteme“ bemerkt Malsch (1990), daß den heute gebräuchlichen Systemen der „künstlichen Intelligenz“ die Fähigkeit ermangele, ihre heuristischen Verfahren an die Bedingungen der jeweiligen Situation anzupassen. Genau das leisten aber die Modulationen bei den *EMO*s. Man könnte also durchaus auf die Idee kommen, das in diesem Aufsatz vorgetragene Modulationskonzept auf Computer zu übertragen. Dies wäre für solche Systeme von Vorteil, von denen man eine gewisse Selbständigkeit des Verhaltens verlangt, nicht für Industrieroboter, die das gleiche in immer der gleichen Weise durchführen sollen. Modulationen der in diesem Aufsatz vorgestellten Art würden Computer „gefühlvoll“ und zugleich leistungsfähiger machen.

5. *Schlußbemerkungen*

Man wird wohl kaum leugnen können, daß die *EMO*s so etwas wie ein „emotionales“ Verhalten zeigen. Wir haben das allerdings nur an relativ einfachen Emotionen gezeigt. Die *EMO*s zeigen Ängstlichkeit, Befriedigung, gespannte Erwartung. Kann man sie auch dazu bringen, sich zu verlieben, zu hassen, verzweifelt zu sein? Bei der Beantwortung dieser Frage muß man beachten, daß z. B. Liebe kein homogenes Gefühl ist (s. Abschnitt 3.1). „Komplexgefühle“ wie Liebe, Haß, auch Trauer enthalten eine Vielfalt von Komponenten und sind nicht allein als eine Veränderung von Modulationen psychischer Prozesse beschreibbar.

Über Liebe und Haß schreibt man am besten Romane und da das unsere Intention hier nicht sein kann, brechen wir die Behandlung der Komplexgefühle lieber an dieser Stelle ab.

Die ***EMO*s zeigen** Emotionen. Haben sie sie auch in dem Sinne, wie wir sie haben? Gegen alles, was in diesem Aufsatz für die Mechanisierbarkeit von Emotionen vorgebracht worden ist, könnte man ja Folgendes einwenden: „Du hast da ein Berechnungsverfahren vorgestellt, mit dessen Hilfe ein Computer – oder sonst irgendein künstliches System – ein Verhalten zeigt, welches man als ‚emotional' klassifzieren könnte. Meine Emotionen aber werden nicht berechnet! Ich erlebe sie vielmehr unmittelbar. Daher ist all das, was Du für die Mechanisierbarkeit der Emotionen vorgebracht hast, ohne Belang für die Erklärung des menschlichen emotionalen Geschehens."

Eine solche Argumentation greift einerseits zu kurz, weist aber andererseits auf ein wichtiges Merkmal menschlichen emotionalen Geschehens hin. Zu kurz greift die Argumentation, wenn sie auf den vermeintlichen Unterschied zwischen „Berechnung" und „erlebter Unmittelbarkeit" hinweist. Auch das Rot einer Rose erscheint mir unmittelbar gegeben und ist für mein Erleben nicht weiter reduzierbar. Dennoch weiß ich, daß und wie es berechnet wird. Das, was meinem Erleben als „unmittelbar gegeben" erscheint, ist nicht notwendigerweise nicht berechnet, daß etwas nicht berechnet erscheint heißt nur, daß meinem Erleben die Berechnungsprozesse nicht zugänglich sind. Auf diesem Auflösungsgrad operiert mein Erleben nicht; dafür ist es zu grob.

Richtig hingegen ist in der Argumentation, daß wir Menschen (bei Tieren können wir in dieser Beziehung keineswegs sicher sein!) viele unserer Emotionen **erleben.** (Wir haben oben [Abschnitt 2.2] schon gesagt, daß wir der Meinung sind, daß wir keineswegs alle Emotionen erleben.)

Das Erleben ist aber für das menschliche Gefühlsleben wichtig. Sich selbst als denkend, wahrnehmend, fühlend zu erleben ist ein wichtiges Ingredienz psychischer Prozesse. Und die *EMO*s, die wir konstruiert haben, erleben sich sicherlich nicht. Zumindest haben wir keinerlei Anlaß zu der Annahme, daß jenes Gefüge von kognitiven motivationalen und emotionalen Prozessen, aus welchem die ***EMO*s** bestehen, auch so etwas wie eine Selbstabbildung im Erleben beinhaltet. Hier liegt also sicherlich ein Unterschied zwischen den Emotionen der ***EMO*s** und unseren Gefühlen. Der Unterschied liegt aber nicht in den Emotionen selbst, sondern eben darin, daß sie erlebt werden oder nicht.

Man könnte sich nun natürlich Gedanken auch darüber machen, wie ein künstliches System aussehen könnte, welches sich „erlebt". Aber das ist ein anderes Thema.

Literatur

Bischof, N. (1990): Emotionale Verwirrungen oder: Von den Schwierigkeiten im Umgang mit der Biologie. Wolfgang-Köhler-Vorlesung auf dem 36. Kongreß der Deutschen Gesellschaft für Psychologie, S. 1–23.

Bischof-Köhler, D. (1985): Zur Phylogenese menschlicher Motivation. In: Eckensberger, L. & Lantermann, E. D. (Eds.), Emotion und Reflexivität. München: Urban & Schwarzenberg.

Bottenberg, E. H. (1972): Emotionspsychologie. München: Goldmann.

Darwin, Ch. (1872): Der Ausdruck der Gemüthsbewegungen bei dem Menschen und den Thieren. Stuttgart: E. Schweizbarth'sche Verlagshandlung.

Dörner, D. & Hamm, A. (1992): *EMO*-Regul: Beschreibung eines Programms zur Simulation des Zusammenspiels von Emotion, Motivation und Wissen bei der Verhaltensregulation. Bamberg: Memorandum Lehrstuhl Psychologie II.

Dorsch, F. (1963): Psychologisches Wörterbuch. Hamburg – Bern: Meiner – Huber.

Hebb, D. O. (1946): On the Nature of Fear. Psychological Review, 53, S. 259–276.

Kleinginna, P. R. & Kleinginna, A. M. (1981): A Categorized List of Emotion Definitions, with Suggestions for a Consensual Definition. Motivation and Emotion 5, S. 345–379.

Malsch, Th. (1991): Expertensysteme in der Krise. KI Künstliche Intelligenz 3, S. 70–74.

Mees, U. (1985): Was meinen wir, wenn wir von Gefühlen reden. Zur psychologischen Textur von Emotionswörtern. Sprache & Kognition, 4 (1), S. 2–20.

Meyer, M. F. (1933): The Whale among the Fishes – the Theory of Emotions. Psychological Review, 40, S. 292–300.

Oesterreich, R. (1981): Handlungsregulation und Kontrolle. München: Urban & Schwarzenberg.

Rasmussen, J. (1983): Skills, Rules, Knowledge: Signals, Signs and Symbols and Other Distinctions in Human Performance Models. In: IEEE – Transactions, Systems, Man, Cybernetics, SMC 13, S. 257–267.

Scherer, K. R. (1984): On the Nature and Function of Emotion: A Component Process Approach. In: Scherer, K. R. & Ekman, P. (Eds.): Approaches to Emotion. Hillsdale, N. J.: Lawrence Erlbaum.

Ulich, D. (1989): Das Gefühl: Eine Einführung in die Emotionspsychologie. München: Psychologie Verlags Union.

Zimmer, E. D. (1981): Die Vernunft der Gefühle – Ursprung, Natur und Sinn der menschlichen Emotion. München: Piper.

3. Geist physiologisch

Wolf Singer

Hirnentwicklung oder die Suche nach Kohärenz

Determinanten der Hirnentwicklung

Die spezifischen Leistungen des Gehirns beruhen im wesentlichen auf den Wechselwirkungen zwischen einer sehr großen Zahl von Nervenzellen.[1] Das Programm für Funktionsabläufe residiert also in der Architektur der Verbindungen zwischen Nervenzellen. Relevante Variablen sind hierbei die Topologie der Verbindungen zwischen bestimmten Nervenzellgruppen, die Stärke der Koppelung, die Polarität der Koppelung – Nervenzellen können sich gegenseitig erregen oder hemmen – und die integrativen Eigenschaften der einzelnen Nervenzellen.

Topologie und Funktionalität der Verbindungen ergeben zusammen die „funktionelle Architektur" eines Nervensystems und beschreiben dessen Leistungen vollständig. Jeder Lern- bzw. Vergessensvorgang, jede Programmänderung also, bedingt entsprechend eine Modifikation dieser funktionellen Architektur. Das „Wissen" eines Nervensystems ist somit in seiner strukturellen und funktionellen Organisation verankert. Die Frage nach dem Erwerb von Wissen, nach der Bildung von Repräsentationen, wird damit zur Frage nach der Entwicklung und Veränderung funktioneller Architekturen. Wesentliche Merkmale der funktionellen Architektur von Nervensystemen sind angeboren und genetisch bedingt. Ein Teil des in Nervensystemen gespeicherten Wissens ist also tradiertes Wissen, das im Laufe der Phylogenese, im Laufe der Entstehung der Arten erworben und in den Genen gespeichert wurde. Wir wissen aber auch, daß sich funktionelle Architekturen während der Individualentwicklung drastisch verändern und daß diese Veränderungen eine Folge der Inter-

[1] Dieser Aufsatz ist zuerst erschienen in: Verhandlungen der Gesellschaft Deutscher Naturforscher und Ärzte, 116. Versammlung, 22. bis 25. September 1990, Berlin, Stuttgart: Wissenschaftliche Verlagsgesellschaft 1991.

aktion mit Umwelt sind. Das Gehirn erwirbt also während seiner Entwicklung zusätzliches „Wissen". Es gilt heute als erwiesen, daß das sich entwickelnde Gehirn dieser Wechselwirkung mit Umwelt bedarf, um die in seiner Architektur angelegten Funktionen zu entfalten.

Diese ausgeprägte Abhängigkeit bestimmter Entwicklungsschritte von Interaktionsmöglichkeiten mit Umwelt hat ihre Ursache darin, daß genetische Instruktionen alleine nicht ausreichen, um alle Verbindungen im Gehirn mit der erforderlichen Präzision festzulegen. Es werden deshalb in zahlreichen Zentren des Gehirns, und hier vor allem in der Großhirnrinde, zunächst nur globale Verschaltungsmuster realisiert und dabei weit mehr Verbindungen angelegt, als letztlich im ausgereiften System erhalten bleiben. Auf der Basis dieser redundanten Anlage erfolgt dann ein Selektionsprozeß, der bei den meisten Säugetieren erst mit Beginn der Geschlechtsreife zum Abschluß kommt. Verbindungen werden nach funktionellen Kriterien evaluiert und konsolidiert, wenn sie den Erfordernissen genügen. Andernfalls werden sie wieder eingeschmolzen. Um diese Validierung neuronaler Verschaltungen vornehmen zu können, muß das sich entwickelnde Gehirn seine Funktionen nach dem Prinzip von Versuch und Irrtum ausprobieren und bedarf hierzu der Interaktion mit seiner Umwelt. Die Mechanismen, die diesen erfahrungsabhängigen Entwicklungsprozessen zugrunde liegen, sind heute einer neurobiologischen Analyse zugänglich und zum Teil aufgeklärt.

In frühen Stadien unterscheidet sich die Strukturentwicklung des Gehirns nicht wesentlich von der anderer Organe. Nervenzellen entstehen durch Teilung von Vorläuferzellen, die in der Nachbarschaft von Hohlräumen der Gehirnanlage, den späteren Ventrikeln, liegen. Um an ihre Bestimmungsorte zu gelangen, müssen diese neu gebildeten, noch undifferenzierten Nervenzellen auswandern. Als Leitstrukturen dienen hierbei die langgestreckten Fortsätze von Stützzellen, den Gliazellen. Im Zielgebiet angelangt, gruppieren sich die Nervenzellen dann zu strukturierten Verbänden, wobei spezielle Eiweißmoleküle an der Zelloberfläche als Erkennungsmechanismus dienen. Diese vernetzen zusammengehörige Nervenzellen durch einen Schlüssel-Schloßmechanismus, der dem der Antigen-Antikörper-Reaktion im Immunsystem ähnelt. Anschließend folgt die endgültige strukturelle Ausprägung der Nervenzellen, die, wie in anderen Organen auch, durch die Expression zellspezifischer Genprodukte bewirkt wird. Gesteuert wird diese Expression sowohl durch direkte

Wechselwirkungen zwischen vernetzten Zellen als auch durch chemische Botenstoffe, die von Nerven- und Gliazellen gebildet und in die Umgebung abgegeben werden. Welcher Nervenzelltyp ausgebildet wird, richtet sich also nach der Umgebung, in welche die ausreifende Zelle jeweils eingebettet ist. Der Differenzierungsprozeß einzelner Zellen verändert seinerseits das lokale zelluläre Milieu und wirkt damit zurück auf die Genexpression in benachbarten Zellen. Infolge solcher interaktiver Prozesse entstehen schließlich die Grundstrukturen des Zentralnervensystems. Im Zuge der weiteren Differenzierung bilden die Nervenzellen dann ihre charakteristischen Fortsätze aus, die Dendriten, über welche die Signale von anderen Nervenzellen aufgenommen werden, und das Axon, über welches Signale an andere Zellen weitergegeben werden. Nunmehr sind alle Voraussetzungen für die Entwicklung funktionell gekoppelter Nervenzellverbände erfüllt. Es müssen jetzt selektive synaptische Verbindungen zwischen Axonen und Dendriten ausgewählter Nervenzellen gebildet werden.

Die ausgewachsenen Axone finden ihr Ziel, indem sie sich zunächst über mechanische Wechselwirkungen an Leitstrukturen orientieren. In der Nähe der entsprechenden Zielstrukturen übernehmen dann chemische Signalsysteme die weitere Spezifikation. Die auf diese Weise etablierten Verbindungen weisen zunächst jedoch nur eine begrenzte Selektivität auf. Es kommt sogar zur Ausbildung „fehlerhafter“ Verbindungen, die später jedoch als solche erkannt und wieder eliminiert werden. Etwa ein Drittel der zunächst gebildeten Nervenzellen gehen bis zum Abschluß der Hirnentwicklung wieder zugrunde und noch weit mehr geben einen Teil der zunächst geknüpften Verbindungen wieder auf. Diese Elimination erfolgt überwiegend nach funktionellen Kriterien und wird deshalb maßgeblich von der elektrischen Aktivität der Nervenzellen beeinflußt.

Elektrische Aktivität als strukturierender Faktor

Schon frühzeitig, noch während der Entwicklung der Grundstrukturen, werden Nervenzellen elektrisch erregbar und beginnen über elektrische Signale miteinander zu kommunizieren. Für die Hirnentwicklung ist nun von herausragender Bedeutung, daß diese elektrischen Signale auf die Gen-Expression und damit auf die Strukturbildung Einfluß nehmen können. Dies hat eine Reihe weitreichender

Implikationen, durch welche sich die Entwicklung des Zentralnervensystems nunmehr deutlich von der anderer Organe unterscheidet: Anders als chemische Signale können elektrische Signale in den Nervenfasern schnell und hochselektiv über große Strecken geleitet werden. Somit kann ein lokaler Gen-Expressionsvorgang von Vorgängen beeinflußt werden, die zur selben Zeit in weit entfernten Regionen des Gehirns ablaufen. Da neuronale Aktivität zudem von Signalen aus Sinnesorganen moduliert wird, impliziert dies ferner, daß alle Umweltbereiche, mit denen das Gehirn interagieren kann und von denen es über seine Sinnessysteme Signale empfängt, Einfluß haben können auf die strukturelle Entwicklung des Zentralnervensystems. Eine weitere und besonders bedeutende Implikation folgt aus dem Umstand, daß eben diese elektrischen Signale Informationsträger für die logischen Operationen im Gehirn darstellen. Somit kann die einzigartige Fähigkeit des Gehirns, hochkomplexe logische Operationen an sehr großen Datensätzen durchzuführen, zur Steuerung seiner strukturellen und funktionellen Entwicklung herangezogen werden. In den bereits realisierten Verarbeitungsstrukturen können die zur Spezifizierung weiterer Entwicklungsschritte jeweils erforderlichen Informationen auf viel differenziertere Weise vorverarbeitet und verdichtet werden, als dies bei der Entwicklung anderer Organe möglich ist. Es entsteht eine Spirale zunehmend komplexer werdender Bedingtheiten zwischen erreichten und je nächsten Entwicklungszuständen. Erst dieser Selbstorganisierungsprozeß macht es möglich, aus einem relativ bescheidenen Satz genetischer Instruktionen so außerordentlich komplexe Strukturen wie das Gehirn zu entwickeln. Die folgenden Zahlen mögen die Größenordnung des anstehenden Spezifikationsproblems verdeutlichen.

In 1 mm^3 Großhirnrinde befinden sich etwa 40 000 Nervenzellen. Jede dieser Zellen nimmt mit 4000 bis 10 000 anderen Neuronen synaptische Verbindungen auf und empfängt von ebenso vielen Nervenzellen erregende und hemmende synaptische Eingänge. Die Gesamtzahl der Nervenzellen im Gehirn des Menschen wird auf etwa 10^{11} geschätzt, die Gesamtzahl der synaptischen Verbindungen erreicht dabei die eindrucksvolle Zahl von etwa 10^{14}. Für die Mehrzahl dieser Verbindungen müssen die Zielorte genau festgelegt werden. Wie wir heute wissen, erfolgt die Spezifikation dieser Verbindungen nur zum Teil durch genetische Instruktionen. Vor allem in phylogenetisch jungen Bereichen des Gehirns wird die geforderte

Selektivität neuronaler Verbindungen über Selektionsprozesse erreicht, die von funktionellen Kriterien geleitet werden. Die Regeln, nach denen solche Selektionsprozesse ablaufen, sind heute zum Teil bekannt, das gleiche gilt für die Gesetzmäßigkeiten, die die Interaktion zwischen Gehirn und Umwelt bestimmen. Diese sollen im folgenden am Beispiel der erfahrungsabhängigen Entwicklung des Gesichtssinnes dargestellt werden.

Die Entwicklung binokularer Korrespondenz

Die meisten Tiere mit frontal stehenden Augen und somit auch der Mensch verfügen über die Fähigkeit, die Signale aus den beiden Augen zu einem Bildeindruck zu verschmelzen und aus den Unterschieden der Bilder in den beiden Augen die Entfernung von Objekten im Raum zu berechnen. Eine Grundvoraussetzung für diese Leistung ist, daß in der Hirnrinde Nervenzellen ausgebildet werden, die von beiden Augen aus erregt werden können. Ferner ist Voraussetzung, daß die Verbindungen von den beiden Augen zu diesen Nervenzellen so selektiv gestaltet werden, daß korrespondierende Netzhautbereiche, Bereiche also, die den gleichen Ort im Sehraum abbilden, auf gemeinsame Zielneurone in der Hirnrinde verschaltet werden (siehe Abb. 1).

Nun läßt sich zeigen, daß es prinzipiell unmöglich ist, mit der notwendigen Präzision vorauszubestimmen, welche Netzhautbereiche nach Abschluß aller Entwicklungsprozesse letztlich korrespondent sein werden. Der Grund ist, daß retinale Korrespondenz von Faktoren bestimmt wird, die sich während der Entwicklung fortwährend verändern und auch im ausgereiften Organismus nicht verläßlich antizipierbar sind, da sie selbst von zufälligen Variationen des Entwicklungsprozesses abhängen. Solche Faktoren sind z. B. die Größe und der Abstand der Augen.

Die Natur löst dieses Selektionsproblem durch Selbstorganisationsmechanismen, die eine Spezifikation der Verschaltung nach funktionellen Kriterien ermöglichen. Die Grundverschaltung wird zunächst in groben Zügen vorgegeben, wobei Verbindungen im Überschuß und stark überlappend angelegt werden. Aus dieser redundanten Anlage werden dann nach funktionellen Kriterien jene Nervenverbindungen identifiziert und selektiv stabilisiert, die von

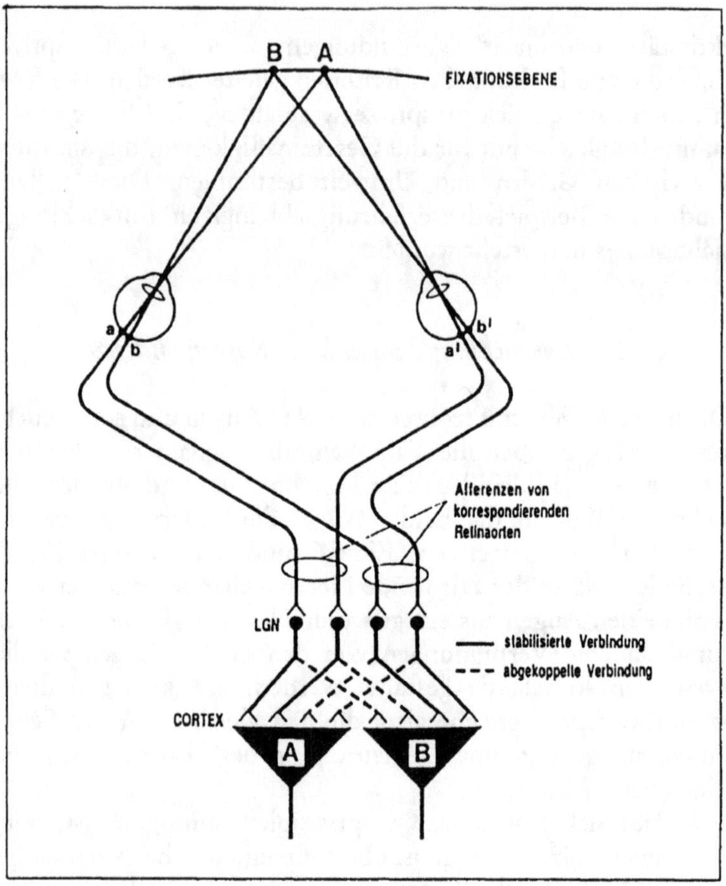

Abb. 1. Schematische Darstellung der neuronalen Verbindungen zwischen den beiden Augen und gemeinsamen Zielzellen in der visuellen Hirnrinde. Die retinalen Orte a und a' und b und b' korrespondieren, weil sie Signale von den gleichen Punkten A und B im Sehraum erhalten. Die Verbindungen zwischen Nervenzellen im lateralen Kniehöcker (LGN), einem Schaltkern im Thalamus, und den Zielzellen in der Hirnrinde (A, B) werden durch einen aktivitätsabhängigen Selektionsprozeß ausgewählt. Es werden selektiv jene Verbindungen stabilisiert, die korrelierte Aktivität vermitteln. Dies trifft für afferente Bahnen zu, die von korrespondierenden retinalen Orten in den beiden Augen kommen.

korrespondenten Netzhautpunkten kommen. Definitionsgemäß kodieren Nervenzellen, die an korrespondierenden Netzhautpunkten liegen, gleiche Bildpunkte, wenn die Augen ein bestimmtes Objekt im Sehraum fixieren. Folglich sind unter dieser Bedingung die Aktivitätsmuster in Verbindungen (Afferenzen) von korrespondierenden

Netzhautpunkten ähnlich. Es existiert nun ein Selektionsmechanismus, der in der Lage ist zu erkennen, in welchen der vielen möglichen Paarkombinationen von afferenten Bahnen die Aktivitätsmuster kohärent und somit zeitlich korreliert sind und der dieses Verbindungssystem dann selektiv stabilisiert und alle anderen löst. Die Folge ist, daß aus der ursprünglichen, redundanten Anlage von Verbindungen gerade jene selektiv stabilisiert werden, die von korrespondierenden Netzhautorten kommen.

Die Regeln und Mechanismen, nach denen sich diese aktivitätsabhängige Selektion vollzieht, sind in Grundzügen aufgeklärt und in Abb. 2 zusammengefaßt. Afferente Verbindungen werden dann konsolidiert, wenn die Wahrscheinlichkeit hoch ist, daß diese gleichzeitig mit der nachgeschalteten Zelle aktiv sind. Afferenzen, die nicht aktiv sind, während die nachgeschaltete Zelle über andere Eingänge erregt wird, werden abgeschwächt und schließlich gelöst. Selektionskriterium für die Konsolidierung von Verbindung ist also die Ähnlichkeit bzw. die zeitliche Korrelation der vermittelten ,Aktivitäten Dieses Auswahlprinzip ist sehr allgemeiner Natur und spielt bei der Optimierung neuronaler Verschaltungen im gesamten Nervensystem eine tragende Rolle. Zusammenfassende Darstellungen dieser Mechanismen und weiterführende Literaturangaben finden sich in (1–5).

Kritische Phasen und irreversible Entwicklungsstörungen

Der Zeitgang der Entwicklung beidäugigen Sehens beim Säugling erlaubt den Schluß, daß beim Menschen die Selektion der richtigen Verbindungen kurz nach der Geburt einsetzt und während der ersten Lebensjahre andauert. Von besonderer Bedeutung ist, daß diese erfahrungsabhängigen Selektionsprozesse nur während einer kritischen Phase der postnatalen Entwicklung erfolgen können und danach irreversibel werden. Abgekoppelte Verbindungen können dann nicht mehr neu geknüpft und konsolidierte Verbindungen nicht mehr abgeschwächt werden. Dieser Sachverhalt liefert kausale Erklärungen für eine Vielzahl von Entwicklungsstörungen.

Visuelle Funktionen bleiben irreversibel geschädigt, wenn während der kritischen Entwicklungsphase eine normale Interaktion mit der visuellen Umwelt verhindert wird. Tierexperimentelle Befunde belegen, daß diese Wahrnehmungsstörungen auf Fehlverschaltungen

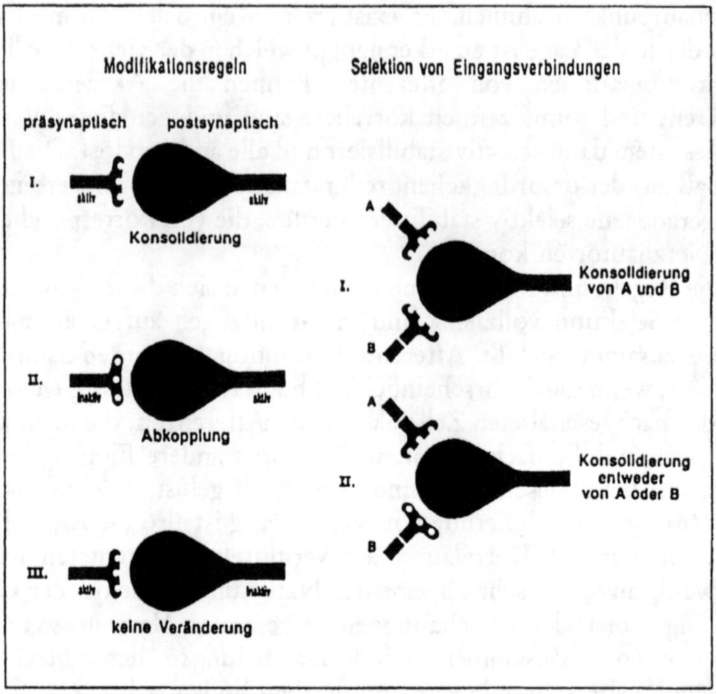

Abb. 2. Schematische Darstellung der Modifikationsregeln, die den aktivitätsabhängigen Veränderungen der synaptischen Verschaltung in der Hirnrinde zugrunde liegen. Die Diagramme in der linken Säule sollen verdeutlichen, daß Verbindungen verstärkt und konsolidiert werden, wenn die Wahrscheinlichkeit hoch ist, daß die afferente Faser und die nachgeschaltete Zelle zeitgleich aktiv sind (Regel 1). Umgekehrt haben Verbindungen die Tendenz zu destabilisieren, wenn die Wahrscheinlichkeit hoch ist, daß die afferente Faser inaktiv ist, während die nachgeschaltete Zelle zur selben Zeit stark aktiviert wird (Regel 2). Wenn diese Regeln auf Bedingungen angewandt werden, wo zwei afferente Systeme auf eine gemeinsame Zielzelle konvergieren, wird ersichtlich, daß diese Regeln sowohl assoziative wie kompetitive Wirkung entfalten (rechte Diagramme). Wenn die Aktivität der beiden afferenten Systeme korreliert ist und diese in der Lage sind, die nachgeschaltete Zelle zu erregen (Bedingung I), so ist für beide das Konsolidierungskriterium erfüllt und sie werden beide stabilisiert. Sind die Aktivitäten in den afferenten Subsystemen jedoch zeitlich nicht korreliert, so kommt es zum Wettstreit zwischen den beiden Eingängen. Wenn Eingang A aktiv ist und die Zelle erregt, ist definitionsgemäß Eingang B inaktiv. Folgend wird Eingang A verstärkt, während Eingang B abgeschwächt wird. Umgekehrt wird A geschwächt, wenn B aktiv ist, da in diesem Fall A inaktiv sein wird. Wie sich sehen läßt, führt dies nach einiger Zeit zur Abkopplung entweder von A oder von B. Welcher Eingang letztlich gewinnen wird, hängt unter anderem davon ab, wie gut die initiale Kopplung der beiden Eingänge war und wie stark diese während der Selektionsphase aktiviert werden.

der Hirnrinde beruhen, die Netzhaut des Auges und auch die Übertragungsverhältnisse vom Auge zur Hirnrinde sind normal. Der Grund ist, daß nur die neuronalen Verbindungen in der Hirnrinde der Optimierung durch Erfahrung bedürfen und diese Selektion nicht innerhalb der hierfür vorgesehenen Entwicklungsphase erfolgen konnte. Für die Klinik ist hierbei von besonderer Bedeutung, daß nicht nur die Verbindungen in Mitleidenschaft gezogen werden, die für die Verschmelzung der Bilder aus beiden Augen verantwortlich sind, sondern auch jene neuronalen Verknüpfungen innerhalb der Hirnrinde, die für die Ausbildung der charakteristischen Funktionen von Sehrindenneuronen, wie zum Beispiel deren Orientierungs- und Richtungsselektivität erforderlich sind. Auch diese Verbindungen werden unter den Einfluß visueller Wahrnehmung selektiv stabilisiert und nach funktionellen Kriterien optimiert.

Motivation und erfahrungsabhängige Verschaltungsänderungen

Tierexperimentelle Untersuchungen haben zu der wichtigen Erkenntnis geführt, daß Signale von den Sinnesorganen nur dann Veränderungen der neuronalen Verschaltung bewirken können, wenn sie eine bestimmte Aktivierungsschwelle überschreiten (6, 7). Diese kann nur erreicht werden, wenn zusätzlich zur sensorischen Aktivität weitere, im Gehirn selbst erzeugte Signale auf die Hirnrindenneurone einwirken. Eine besonders wichtige Rolle spielen hierbei die sogenannten modulierenden Systeme, die über die Freisetzung von Noradrenalin und Acetylcholin die Erregbarkeit der Hirnrindenneurone regulieren (8, 9).

Diese Systeme integrieren die Aktivität vieler verschiedener Gehirnbereiche und melden das Ergebnis dieser Interaktion global über weitverzweigte Projektionen auf die verschiedenen Hirnareale zurück. Die Aktivitäten dieser Systeme üben bei den oben beschriebenen Selektionsvorgängen permissive Kontrollfunktionen aus. Zerstörung dieser Systeme hat zur Folge, daß Signale von den Sinnesorganen keine Verschaltungsänderungen mehr bewirken können. Der Selektionsprozeß, der letztlich für die erfahrungsabhängige Optimierung der Hirnarchitektur verantwortlich ist, beruht somit nicht nur auf lokalen Vergleichsoperationen, sondern wird von global organisierten Kontrollsystemen beeinflußt. Die Entscheidung, ob lokale

Aktivierungsmuster zu bleibenden Verschaltungsänderungen führen, wird also je von einer Vielzahl anderer Hirnstrukturen mitbestimmt. Lokale Modifikationen erfolgen in Antwort auf lokale Aktivitätsmuster, werden jedoch von einem distributiv organisierten Entscheidungsprozeß abhängig gemacht.

Somit kann sichergestellt werden, daß lokale Verschaltungsänderungen den Bedürfnissen des Gesamtsystems angepaßt bleiben und nur dann erfolgen, wenn die notwendigen Randbedingungen erfüllt sind. In unserem speziellen Fall muß zum Beispiel dafür gesorgt werden, daß Verschaltungsänderungen nur dann erfolgen, wenn die Bilder aus beiden Augen hinreichend gut in Deckung gebracht worden sind. Nur dann sind Korrelationen zwischen afferenten Signalen aus beiden Augen zu erwarten und bewertbar. (Weiterführende Literatur zum Aspekt der zentralen Kontrolle plastischer Prozesse findet sich in [10]).

Die Entwicklung kognitiver Strukturen

Einiges spricht dafür, daß auch bei der Entwicklung anderer Teilleistungen des Sehsystems neuronale Verbindungen nach funktionellen Kriterien optimiert werden müssen. Viele der für die Mustererkennung notwendigen Verarbeitungsprozesse in der Hirnrinde setzen außerordentlich selektive Interaktionen zwischen Neuronen mit bestimmten funktionellen Eigenschaften voraus. Auch hier erscheint „Ausprobieren“ als der ökonomischste, wenn nicht sogar einzig gangbare Weg, um Gruppen von Neuronen mit bestimmten funktionellen Eigenschaften zu identifizieren und entsprechende Verbindungen zu festigen.

In diesem Zusammenhang ist der assoziative Effekt der aktivitätsabhängigen Selektionsprozesse besonders bedeutsam, der gezielt Verbindungen zwischen Nervenzellen stabilisiert, deren Aktivitätsmuster miteinander korreliert sind. Mit solchen selektiven Koppelungen können verschiedene Basisoperationen realisiert werden, die zum Erkennen und Verarbeiten von Mustern unerläßlich sind.

Ein erster und wichtiger Schritt bei der Mustererkennung ist die Szenenanalyse, die Zuordnung von Konturen zu bestimmten Objekten einerseits und zum Hintergrund andererseits. Objekte lassen sich nur als solche erkennen, weil ihre Eigenschaften es erlauben, sie als

Einheiten von anderen abzugrenzen. Eine Basisoperation aller Mustererkennungsprozesse besteht somit darin, daß zu identifizierende Objekt von den umgebenden, nicht zu ihm gehörenden Konturen abzugrenzen.

Ein Merkmal, das zu solchen Figur-Grund-Unterscheidungen herangezogen wird, ist beispielsweise bei einem linear bewegten Objekt die gleichgerichtete, zusammenhängende Bewegung aller objekteigenen Konturen. Entsprechend lassen sich ruhende Objekte abgrenzen, etwa aufgrund ihrer Farbe, Helligkeit, Entfernung oder weil sie geschlossene Umrißkonturen aufweisen. Immer kommt es darauf an, die Welt der sichtbaren Dinge auf Merkmale hin abzutasten, die innerhalb der jeweiligen Merkmalsräume bestimmte Bezüge zueinander aufweisen und sich dadurch zum Abgrenzen eignen.

Im folgenden soll in einem Gedankenexperiment nachvollzogen werden, wie erfahrungsabhängige Selbstorganisationsprozesse neuronale Repräsentationen von Merkmalen der physikalischen Welt entstehen lassen und wie diese wiederum zur Grundlage für die Szenenanalyse werden.

Auf einem Fernsehschirm soll sich eine große Zahl von Lichtpunkten mit gleicher Geschwindigkeit in alle mögliche Richtungen bewegen. Eine Teilmenge dieser Punkte, nämlich solche, die zufällig auf den gedachten Linien eines Dreiecks liegen, sollen sich hinfort nicht mehr in verschiedenen Richtungen, sondern parallel zueinander bewegen.

In dem Gewirr von sich bewegenden gleichartigen Punkten, dem Hintergrund, zeichnet sich dann eine Figur ab, das Dreieck. Dieses unterscheidet sich vom Hintergrund lediglich dadurch, daß seine Elemente eine kohärente Eigenschaft aufweisen, nämlich sich in die gleiche Richtung zu bewegen (Abb. 3). Die lokalen physikalischen Eigenschaften der Elemente von Figur und Hintergrund sind identisch. Die Figur ist lediglich durch die globale Eigenschaft der Kohärenz der sie konstituierenden Elemente definiert. Realisiert man dieses Gedankenexperiment, so stellt man fest, daß das Dreieck zu erkennen ist, wenn die räumliche Dichte der sich kohärent bewegenden Figurenelemente hinreichend hoch ist.

Dieses Gedankenexperiment leitet über zur Frage nach der Herkunft des Kohärenzkriteriums. Woher „weiß" das System, daß Kohärenz eine Eigenschaft von Objekten ist und es somit dienlich ist, Kohärenz als Diskriminans in Segmentierungsprozessen zu bewer-

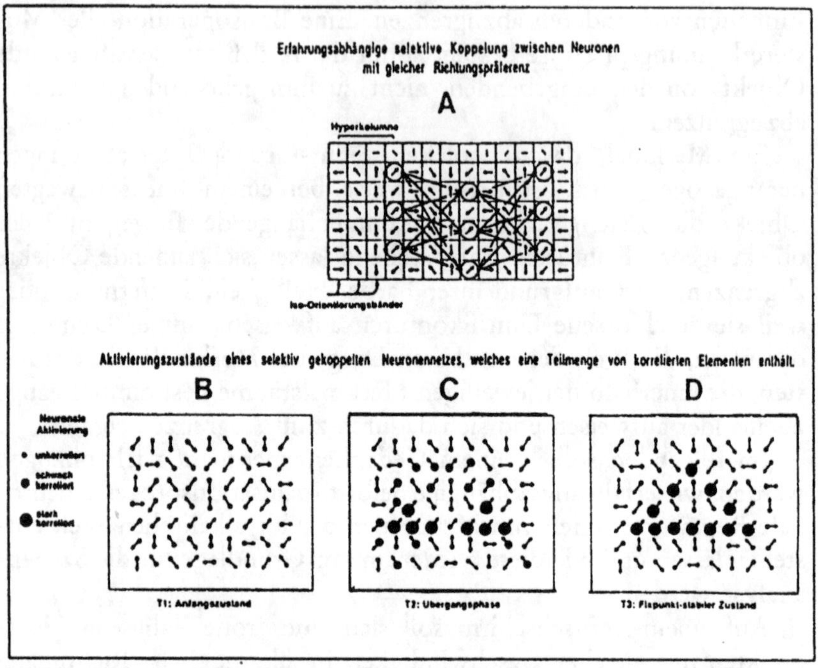

Abb. 3. Schematische Darstellung der Figur-Grund-Trennung durch eine Matrix selektiv gekoppelter richtungsempfindlicher Neurone in der Hirnrinde. Es wird angenommen, daß Neuronen, die die gleiche Bewegungsrichtung kodieren, selektiv über reziproke erregende Verbindungen miteinander verkoppelt sind. Diese selektiv verstärkten Verbindungen sind in A durch gepunktete Linien angedeutet. Wie in B dargestellt, soll die Figur aus Punkten bestehen, die auf den gedachten Linien eines Dreieckes liegen und sich kohärent von links unten nach rechts oben bewegen. Diese Figur ist in einer Wolke von Punkten verborgen, die die gleiche Größe, Dichteverteilung und Bewegungsgeschwindigkeit aufweisen, sich jedoch in randomisierte Richtungen bewegen. Das einzige Merkmal, das für die Abgrenzung der Figur vom Hintergrund herangezogen werden kann, ist somit die Kohärenz der Richtung, in der sich die Punkte, die das Dreieck konstituieren, bewegen. B, C und D sollen nun die Entwicklung der Entladungstätigkeit von Merkmalsdetektoren in der Hirnrinde zu verschiedenen Zeiten darstellen. Diese Matrix von Bewegungsdetektoren soll in der in A beschriebenen selektiven Weise gekoppelt sein. Unmittelbar nach Darbietung des Musters werden alle Bewegungsdetektoren in der Hirnrinde, in deren rezeptivem Feld ein Reizpunkt auftaucht, in gleicher Weise aktiviert, da die einzelnen Reizpunkte identische physikalische Eigenschaften haben (B). Wegen der selektiven Koppelungen zwischen Zellen mit gleicher Richtungspräferenz werden sich jedoch synergistische Wechselwirkungen zwischen solchen Zellen entwickeln, falls diese durch entsprechende Reizpunkte aktiviert werden. Somit werden Zellen, die auf Reizpunkte antworten, die sich ihrerseits kohärent bewegen, stärker aktiviert werden bzw. ihre Aktivitäten werden aufgrund der wechselseitigen Kopplung zeitlich besser korreliert sein als

ten? Hat das Gehirn „a priori" Kenntnis von den physikalischen Gesetzen der Welt, oder hat es dieses Wissen während der Ontogenese erworben, oder ist Kohärenz nur eine scheinbare, den „Figuren" vom Gehirn aufgeprägte Eigenschaft? Zumindest Teilaspekte dieser Fragen können heute von der Neurobiologie behandelt und beantwortet werden. Im folgenden sei dargestellt, wie sich vermittels erfahrungsabhängiger Selbstorganisation Nervennetze ausbilden können, die die eben dargestellte Segmentierung leisten.

Kohärenz als Selektionskriterium

Grob vereinfacht kann man sich die Großhirnrinde als eine zweidimensionale Matrix von Nervenzellen vorstellen, die miteinander über reziproke erregende Verbindungen in Wechselwirkung treten können (Abb. 3 A). Auch diese intrakortikalen Verbindungen sind zunächst exuberant und wenig selektiv, werden dann aber unter dem Einfluß visueller Signale modifiziert und selektiv stabilisiert (11–14). Vermutlich sind die Selektionskriterien den oben beschriebenen ähnlich, so daß zu erwarten steht, daß nach Beendigung des Entwicklungsprozesses die Stärke der Koppelungen zwischen Zellgruppen die Häufigkeit vorangegangener gleichzeitiger Aktivierungen widerspiegelt. Neuronen, die häufig zeitgleich aktiviert wurden, sollten besonders intensiv und dauerhaft miteinander assoziiert werden. Nun reagieren Nervenzellen in der Sehrinde nicht nur selektiv auf ganz bestimmte Orientierungen, sondern auch auf Bewegungsrichtungen. Jedesmal, wenn sich auf der Netzhaut Bilder verschieben, werden Teilmengen der Bewegungsrichtungsdetektoren aktiviert. Weil sich bei einer Bewegung der Augen oder bei einer Bewegung des Kopfes

---

die Antworten anderer Merkmalsdetektoren, die nicht selektiv gekoppelt sind. Dies ist durch Hervorhebung der entsprechenden Merkmalsdetektoren angedeutet. Falls Reizpunkte des Hintergrundes sich zufällig in die gleiche Richtung bewegen sollten, werden natürlich auch die entsprechenden Merkmalsdetektoren hervorgehoben (B). Letztendlich werden jedoch wegen der konsistenten Korrelation zwischen den gleichförmigen Bewegungsrichtungen der Punkte, die das Dreieck darstellen, jene Merkmalsdetektoren besonders stark wechselwirken, die auf die Reizpunkte des Dreiecks reagieren (C). Ein nachgeschaltetes Hirnrindenareal ist nunmehr in der Lage, jene Merkmalsdetektoren zu identifizieren, die sich an der Kodierung des Dreiecks beteiligen. Diese grenzen sich von allen anderen ebenfalls aktiven Merkmalsdetektoren dadurch ab, daß ihre respektiven Antworten miteinander zeitlich korreliert sind.

alle Konturgrenzen gleichförmig in eine Richtung verschieben bzw. bei Objektbewegungen alle Konturgrenzen des Objektes kohärente Bewegungsvektoren aufweisen, werden Matrixelemente, die die gleiche Richtung kodieren, häufiger gleichzeitig erregt als Elemente, die unterschiedliche Richtungen kodieren. Mit der Zeit werden sich also die Koppelungen zwischen Neuronen, die die gleiche Richtung kodieren, verstärken. Ein selektiv gekoppeltes System dieser Art kann nun die geforderte Segmentierung erbringen. Die Matrix hat „gelernt", daß Kohärenz eine Eigenschaft abgrenzbarer Einheiten ist, hat dieses „Wissen" durch Strukturänderungen internalisiert und wendet es generalisierend zur Lösung beliebiger Segmentierungsaufgaben an, sofern sich diese im gleichen Merkmalsraum stellen.

Setzen wir unser Gedankenexperiment fort und konfrontieren die mit den Kohärenzeigenschaften bewegter Objekte „vertraute", selektiv gekoppelte Matrix von Bewegungsdetektoren mit dem Muster, in dem das Dreieck als kohärente Punktmenge enthalten sei. Folgende Sequenz von Aktivitätsänderungen ist zu erwarten. Weil alle Punkte gleiche lokale physikalische Eigenschaften haben, werden alle Bewegungsdetektoren, in deren rezeptivem Feld ein Punkt mit passendem Bewegungsvektor auftaucht, zunächst unabhängig voneinander erregt. Schon bald aber werden Neuronen, die die gleichen Richtungen kodieren, nicht zu weit voneinander entfernt sind und gleichzeitig erregt wurden, aufgrund ihrer selektiven Koppelung ähnlichere Aktivitätsmuster aufweisen als Neuronen, die verschiedene Richtungen kodieren, da erstere, aber nicht letztere, über verstärkte reziproke Verbindungen verfügen (Abb. 3).

Wird eine genügend große Teilmenge von selektiv gekoppelten Neuronen erregt, was der Fall ist, wenn im Muster genügend viele benachbarte Elemente in die gleiche Richtung wandern, dann sollte sich die Teilmenge der Detektoren, die diese sich kohärent bewegenden Bildpunkte repräsentieren, stabilisieren und durch kohärente Aktivität von allen anderen Teilmengen unterscheidbar sein. Die neuronalen Repräsentanten von Bildpunkten, die zur Figur gehören, wären dann als kohärentes Ensemble abgrenzbar von den neuronalen Repräsentanten der Bildelemente des nichtkohärenten Hintergrundes. Auf diese Weise könnten Musterelemente, die untereinander bestimmte statistische Bindungen aufweisen, erfaßt und von Musterelementen abgetrennt werden, bei denen dies nicht der Fall ist.

Synchronisierung oszillierender Aktivität als Basis kognitiver Strukturen

Jüngste Ergebnisse aus unserem Labor legen nahe, daß die Natur dieses Segmentierungsproblem tatsächlich in der vorausgesagten Weise löst. Sie nutzt dabei die zeitliche Struktur der neuronalen Antworten, um Zusamengehörigkeit auszudrücken. Es hat sich herausgestellt, daß die Antworten von Merkmalsdetektoren rhythmisch sind und mit einer mittleren Frequenz von etwa 40 Hz oszillieren, wenn sie durch Konturen mit entsprechenden Merkmalen erregt werden (15). Ferner gilt, daß räumlich verteilt liegende Merkmalsdetektoren ihre rhythmischen Aktivitäten unter bestimmten Bedingungen synchronisieren können und dann in Phase schwingen (16, 17) (Abb. 4). Solche Synchronisationen treten dann besonders häufig auf, wenn räumlich verteilte Merkmalsdetektoren mit Reizen erregt werden, die eine innere Bindung aufweisen, also bestimmte Eigenschaften gemeinsam haben. Dies ist zum Beispiel dann der Fall, wenn Merkmalsdetektoren mit ähnlicher Richtungspräferenz von Lichtreizen aktiviert werden, die sich mit gleicher Geschwindigkeit in die gleiche Richtung bewegen. Besonders ausgeprägt ist diese Synchronisation zwischen Neuronengruppen, wenn diese von zusammenhängenden Konturen erregt werden. Gestaltmerkmale, die zur Trennung von Figur und Hintergrund geeignet sind, sind also offenbar auch in der Lage, kohärente Aktivierungsmuster in räumlich verteilten Merkmalsdetektoren auszulösen. Dies bedeutet, daß sich Neuronengruppen, die sich an der Kodierung einer Figur beteiligen, durch die Phasenkohärenz ihrer respektiven oszillatorischen Antworten auszeichnen. Neurone, die zusammen eine Figur repräsentieren, bilden ein Ensemble, das sich aufgrund der Phasenkohärenz der oszillatorischen Antworten von anderen, ebenfalls aktiven Nervenzellen abgrenzt (Abb. 5). Es lassen sich auf diese Weise mehrere Ensembles gleichzeitig aktivieren, ohne daß sich diese miteinander vermischen. Es genügt, daß die Ensembles zwar in sich synchronisiert sind, deren oszillatorische Aktivitäten jedoch untereinander keine festen Phasenbeziehungen aufweisen. Dies wäre schon dann der Fall, wenn jedes Ensemble mit einer leicht verschiedenen Frequenz oszillierte. Weiterführende Untersuchungen haben inzwischen gezeigt, daß solche oszillatorischen Antworten nicht auf Neurone der primären Sehrinde beschränkt sind und daß es auch zwischen Neuronengruppen in

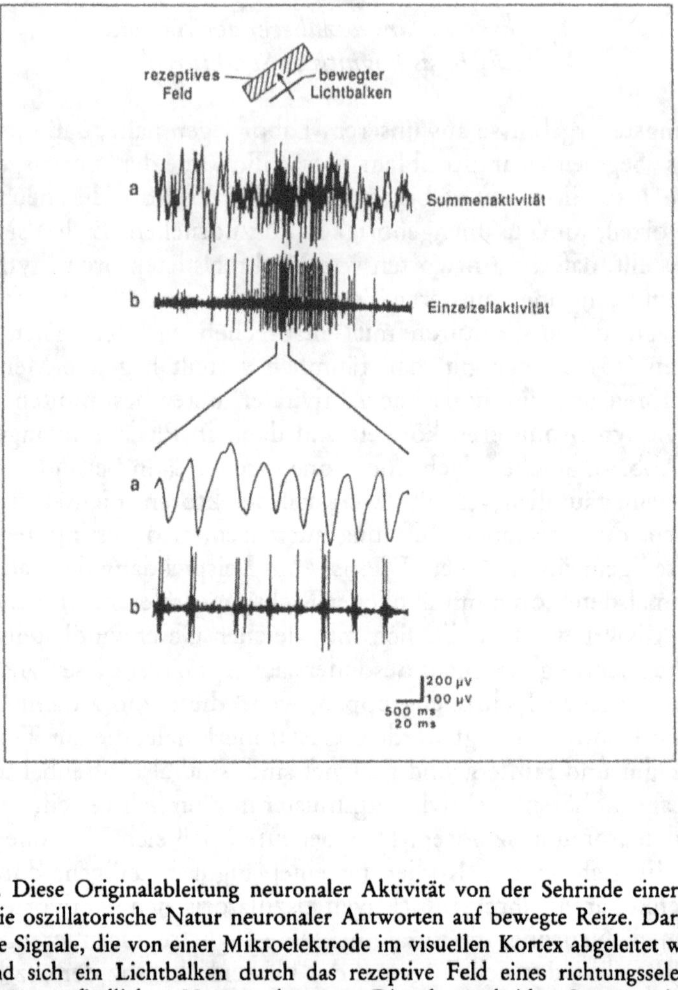

Abb. 4. Diese Originalableitung neuronaler Aktivität von der Sehrinde einer Katze zeigt die oszillatorische Natur neuronaler Antworten auf bewegte Reize. Dargestellt sind die Signale, die von einer Mikroelektrode im visuellen Kortex abgeleitet wurden, während sich ein Lichtbalken durch das rezeptive Feld eines richtungsselektiven, bewegungsempfindlichen Neurons bewegte. Die oberen beiden Spuren zeigen die Antwort mit niedriger Zeitauflösung, die beiden unteren Spuren stellen einen zeitlich gedehnten Ausschnitt dar. Das Signal a ist ungefiltert und gibt die Summenaktivität einer großen Zahl von Nervenzellen in dem entsprechenden Bereich wieder, das Signal in b wurde gefiltert und zeigt die Entladungstätigkeit einer einzelnen Nervenzelle in diesem Bereich. Wie die zeitlich gedehnte Ableitung erkennen läßt, hat sowohl die Summenaktivität wie die Entladungstätigkeit der einzelnen Zelle oszillatorischen Charakter. Die Antworten der in diesem Bereich lokalisierten Zellen oszillieren mit einer Frequenz von etwa 40 Hz. Die Existenz eines oszillatorischen Summenpotentials beweist, daß an dieser Stelle nicht nur die herausgefilterte Zelle, sondern eine sehr große Anzahl von Neuronen mit der gleichen Frequenz synchron oszillieren.

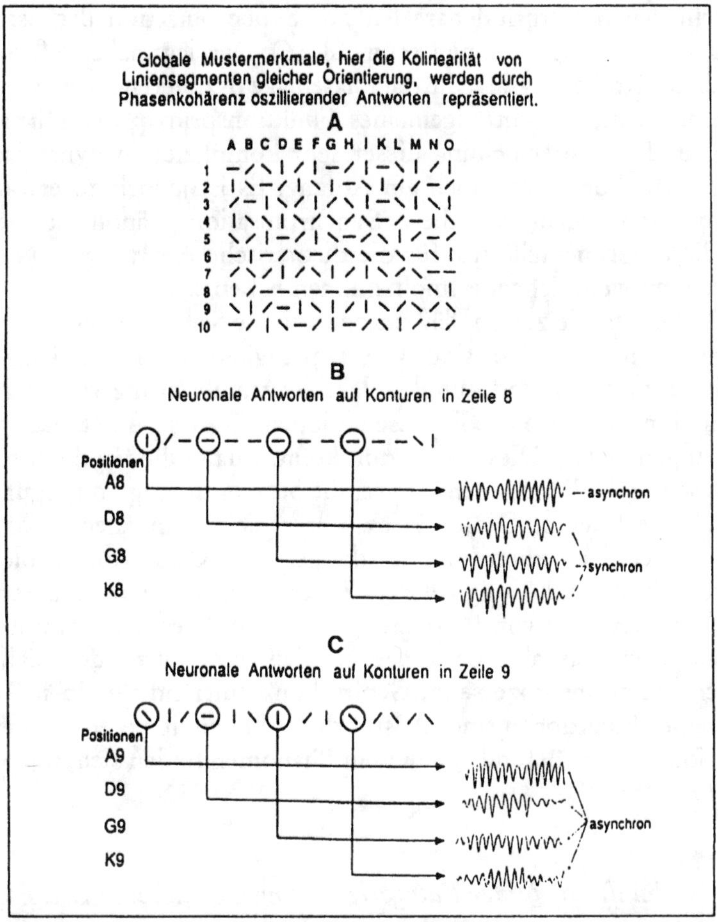

Abb. 5. Schematische Darstellung der Szenenanalyse durch kohärent schwingende, selektiv gekoppelte Nervenzellensembles. A: Beispiel einer Figur (ein Dreieck, das sich vom Hintergrund durch die Kolinearität der konstituierenden Liniensegmente unterscheidet). In dieser Darstellung soll nur auf das Prinzip hingewiesen werden, es wurde nicht versucht, lokale Anisotropien in der Dichte der Konturen auszugleichen. Entsprechend der Organisation der Sehrinde wird davon ausgegangen, daß jedes der Felder A 1 bis O 10 durch einen vollständigen Satz von Merkmalsdetektoren repräsentiert wird, die selektiv auf Konturen einer bestimmten Orientierung ansprechen. B zeigt ausgewählte Beispiele von neuronalen Antworten im Bereich der Zeile 8. Die oszillatorischen Antworten der Neurone, die an der Kodierung kolinearer Konturelemente beteiligt sind (D 8, G 8 und K 8) haben ihre oszillatorischen Antworten synchronisiert, während die oszillatorische Antwort des Merkmalsdetektors in Position A 8 keine konstante Phasenbeziehung zu den Neuronen aufweist, welche die Basis des Dreiecks repräsentieren. C: Gleichermaßen gilt für die oszillatorischen Antworten der

verschiedenen Hirnrindenarealen zur Synchronisation der oszillierenden Antworten kommen kann (18, 16). Dies legt nahe, daß es sich bei dieser Kodierungsart, die die Phasenlage oszillierender Antworten miteinbezieht, um ein allgemeines Funktionsprinzip der Hirnrinde handelt. Die Untersuchung dieser sehr komplizierten dynamischen Wechselwirkung steht noch am Anfang. Es ist jedoch zu erwarten, daß die Berücksichtigung dieser Synchronisationsphänomene sowohl für die experimentelle wie für die theoretische Analyse von Neuronennetzen weitreichende Implikationen haben wird.

Diese Befunde zeigen, daß ontogenetische Selbstorganisationsprozesse offenbar geeignet sind, Gesetzmäßigkeiten der physikalischen Welt auszuwerten und mittels selektiver Stabilisierung von Nervenverbindungen neuronale Repräsentationen für diese Gesetzmäßigkeiten zu generieren. Diese wiederum können dann die für die Musteranalyse unerläßlich Szenenanalyse, die Segmentierung von Figur und Grund, realisieren. Dieses Prinzip läßt sich nach allem, was wir wissen, verallgemeinern und auf die gesamte Klasse von Problemen anwenden, deren Lösung auf dem Zusammenfassen von Kohärentem und der Trennung von Inkohärentem beruht. Dies wiederum ist das Grundprinzip fast aller Leistungen, so daß vermutet werden darf, daß Synchronisationsprozesse im Gehirn konstituierend für einen Großteil seiner Funktionen sind. Ausführliche Beschreibungen der neurophysiologischen Befunde zu diesem Phänomen finden sich in (15, 17, 16, 19, 4, 5).

Zur Herkunft kognitiver Kategorien – Angeborenes und Erworbenes

Die Tatsache, daß die Entwicklung von Sinnessystemen zum Teil auf erfahrungsabhängigen Selbstorganisationsprozessen beruht, hat erkenntnistheoretische Implikationen. Die Gesetzmäßigkeiten, nach denen die Phänomene der Welt segmentiert und zu kognitiven Struk-

---

Neurone in Zeile 9, wo keine kolinearen Konturen auftreten, daß diese untereinander nicht synchronisiert sind. Die Neurone, die sich an der Kodierung von Konturelementen beteiligen, die zur Figur gehören, können somit von nachgeschalteten Verarbeitungszentren aufgrund der Phasenkohärenz ihrer Antworten identifiziert und von Neuronen abgegrenzt werden, die auf die Konturelemente des Hintergrunds reagieren.

turen rekombiniert werden, sind durch die Architektur der entsprechenden zentralnervösen Verarbeitungszentren vorgegeben. Diese Architekturen wieder passen sich während der Hirnentwicklung im Rahmen der genetisch fixierten Erwartungswerte an die „realen" Gegebenheiten der Welt an. Die im ausgereiften Gehirn realisierten Architekturen resultieren somit aus einem zirkulären Prozeß von Wechselwirkungen zwischen genetisch gespeichertem Vorwissen über Gesetzmäßigkeiten der Welt und ontogenetischen Prägungsprozessen, die diese Erwartungswerte nach Bedarf modifizieren. Die neurobiologischen Erkenntnisse über erfahrungsabhängige Entwicklungsprozesse lassen auch die klassische Frage nach den relativen Anteilen angeborener und erworbener zerebraler Funktionen in neuem Licht erscheinen.

Die Antworteigenschaften der Neuronen in der Sehrinde sind vorwiegend genetisch determiniert und werden erfahrungsunabhängig exprimiert. Damit ist festgelegt, nach welchen Merkmalen die von der Netzhaut kodierten visuellen Signale klassifiziert werden. Solche Merkmalsklassen umfassen etwa die Orientierung und Richtung von Kontrastgrenzen – also von Gradienten der Leuchtdichte –, die Bewegungsgeschwindigkeit und -richtung von nichtstationären Konturgrenzen und die Wellenlänge des einfallenden Lichtes. Nachdem nur solche „Eigenschaften" extrahiert und zur Klassifikation verwendet werden können, für die entsprechende Detektoren angelegt sind, bestimmt hier die genetische Anlage den Merkmalsraum, innerhalb dessen die Kategorienbildung vorgenommen werden soll.

Genetisch vorgegeben ist ferner, zumindest was die globale Ordnung angeht, die Architektur neuronaler Verbindungen, über welche die verschiedenen Merkmalsdetektoren miteinander verkoppelt sind. Hierdurch wird festgelegt, zwischen welchen Merkmalsklassen überhaupt Assoziationen möglich sind. Wenn zwischen neuronalen Repräsentanten von Merkmalen keine Verbindungen angelegt sind, sind auch keine Assoziationen zwischen diesen möglich.

Genetisch vorgegeben ist auch der Selektions-Algorithmus, der festlegt, nach welchen Kriterien statistische Bindungen zwischen Merkmalen erfaßt und durch Strukturänderungen dauerhaft verankert werden. Dieser Selektions-Algorithmus ist allgemeiner Natur und assoziiert selektiv jene neuronalen Repräsentationen miteinander, die kohärent aktiv sind. Selektions-Kriterium für solche Assoziationen ist also die räumliche und zeitliche Kontiguität von Ereignissen. Diese genetischen Vorgaben spiegeln gewissermaßen das während der Phylogenese erworbene Wissen über die Struktur der realen Welt wieder, in welcher sich unser Gehirn entwickelt hat. Sie sind Grundlage für unsere Bewertung kausaler Verknüpfungen. Als „zusammenhörig“ wird interpretiert, was zu korrelierter neuronaler Aktivität führt.

Wir dürfen annehmen, daß diese genetischen Vorgaben den Gesetzmäßigkeiten der Umwelt angepaßt und den in Hinblick auf das Überleben optimierten kognitiven Leistungen dienlich sind. Somit spiegeln die angeborenen Architekturen und Bewertungsmechanismen vermutlich das während der Phylogenese erworbene Wissen über bestimmte Zusammenhänge der Welt wider, in der sich unser Gehirn entwickelt hat.

Für die Unterscheidung von Angeborenem und Erworbenem ist nun ferner von Bedeutung, daß die beschriebene Bildung von Repräsentationen wegen der starken Vernetzung neuronaler Zentren jeweils vom gesamten Gehirn mitgetragen wird. Die je realisierten Strukturen wirken somit als Determinanten für die jeweils nächsten Veränderungen. Dies bedeutet, daß die gesamte Vorgeschichte mitentscheidet, welcher Ast der je nächsten Verzweigungen im ontogenetischen Entwicklungsprozeß beschritten werden soll. Diese Kette bedingter Wahrscheinlichkeiten hat bei der Unzahl möglicher Verzweigungen zur Folge, daß die Voraussagbarkeit des Endzustandes prinzipiell begrenzt ist, auch wenn jeder einzelne Differenzierungsschritt natürlich determiniert ist. Dies wiederum schränkt die Unterscheidbarkeit von Angeborenem und Erworbenem drastisch ein. Es ist im nachhinein wohl kaum mehr möglich anzugeben, ob eine bestimmte assoziative Verbindung nicht vorhanden ist, weil sie im genetischen Bauplan nicht vorhanden war, oder ob sie zunächst vorhanden war und dann gelöst wurde, weil sie die funktionelle Validierung nicht bestanden hat.

Entwicklung und Lernen

Es gilt heute als gesichert, daß auf höheren Verarbeitungsstufen die Effektivität neuronaler Verbindungen während des gesamten Lebens modifizierbar bleibt. Die molekularen Prozesse, auf denen diese Adaptionsfähigkeit beruht, gleichen denen, die während der frühen

Ontogenese wirksam sind, und somit ähneln sich auch die resultierenden Modifikationsalgorithmen. Im ausgereiften Gehirn scheinen abgeschwächte Verbindungen jedoch nicht mehr irreversibel eingeschmolzen zu werden. Sie bleiben reaktivierbar. Dafür werden aber, wenn überhaupt, neue Verbindungen nur mehr in sehr begrenztem Umfang und nur über kurze Strecken hergestellt. Das Repertoire der Verbindungen, die im ausgereiften System zur Auswahl stehen, bleibt somit relativ konstant. Geändert werden können lediglich die Koppelkonstanten. Abgesehen von dieser Einschränkung ähneln sich die Prinzipien, die der ontogenetischen Selbstorganisation und dem Lernen im Erwachsenen zugrunde liegen, jedoch bis in die molekularen Mechanismen. Eine vergleichende Darstellung der bisher aufgedeckten Mechanismen und weiterführende Literatur finden sich in (20).

Auch die Fähigkeit, Sinneseindrücke festzuhalten und bei wiederholtem Erleben als bekannt wiederzuerkennen, beruht nach allem, was wir wissen, auf der selektiven aktivitätsabhängigen Verstärkung bzw. Abschwächung synaptischer Wechselwirkungen. Bei Wiederauftreten einer bereits gespeicherten Musterkonstellation werden die gebahnten Verbindungen bevorzugt aktiviert, das Muster wird wiedererkannt. Selbst wenn nur Teilaspekte des ursprünglich gelernten Musters angeboten werden, kann aufgrund der bereits geprägten Verbindungen das gesamte Muster reaktiviert werden. Das gleiche gilt, wenn das neue Muster lediglich gewisse Ähnlichkeiten mit bereits gespeicherten Inhalten aufweist. Lernfähige Nervennetze verhalten sich also wie assoziative Speicher. Sie haben die Fähigkeit, von Teilaspekten ausgehend zu generalisieren. Vermutlich erfolgen auch in diesem Fall die Assoziationen durch Synchronisation der zeitlich strukturierten Aktivität von Nervenzellen, die durch Lernen selektiv miteinander verkoppelt wurden.

Tierexperimentelle Befunde weisen darauf hin, daß diese Speicherfunktionen vorwiegend in der Großhirnrinde realisiert werden. Das neuronale Substrat für einen bestimmten Gedächtnisinhalt sind also in der Regel gleichzeitig Veränderungen zahlreicher neuronaler Verbindungen in weitverteilten, aber miteinander in Wechselwirkung stehenden Hirnrindenarealen. Gedächtnisengramme sind deshalb distributiv organisiert. Dies erklärt, warum umschriebene Verletzungen der Hirnrinde meist nicht zum selektiven Verlust ganz bestimmter Gedächtnisinhalte führen. Es gibt jedoch Ausnahmen, wie zum Beispiel die Sprach- und Gesichtererkennung. Die Speicherung von sprachlichen Inhalten und Gesichtseindrücken scheint in hierfür spezialisierten Arealen zu erfolgen. So können zum Beispiel umschriebene Läsionen in Temporallappen selektive Amnesien für Gesichter oder Worte nach sich ziehen.

Die molekularen Mechanismen synaptischer Plastizität

An isolierten Schnitten der Großhirnrinde und des Ammonshorns, die in geeigneten, sauerstoffgesättigten Nährlösungen am Leben gehalten werden können, ist es möglich, die aktivitätsabhängigen Langzeitveränderungen in der synaptischen Übertragung, wie sie vermutlich bei Lernvorgängen zum Tragen kommen, unter kontrollierten Bedingungen zu untersuchen. Starke und gleichzeitige Aktivierung von Afferenzen und nachgeschalteten Zellen führt zu einer lang anhaltenden Verbesserung der synaptischen Übertragung („long term potentiation“). Schon wenige Sekunden hochfrequenter Aktivierung der afferenten Bahnen können ausreichen, um die Wirksamkeit der Synapsen nachhaltig zu verstärken. In diesem Fall wird durch die starke Depolarisation die Aktivierungsschwelle von Ca^{++}-Kanälen überschritten und Ca-Ionen strömen in die Dendriten ein. Es steigt die intrazelluläre Kalziumkonzentration, und dies wiederum bewirkt die Aktivierung einer Kaskade von molekularen Prozessen, die schließlich die Wirksamkeit der betroffenen Synapse verändern. Eine zusammenfassende Darstellung findet sich in (20). Umgekehrt kann es zu einer langdauernden Abschwächung der synaptischen Übertragung kommen, wenn die Aktivität afferenter Fasern in den nachgeschalteten Zellen nicht hinreichend „erfolgreich“ ist (21). Von den zahlreichen, für eine Veränderung der synaptischen Übertragung in Frage kommenden Prozessen konnten bisher eine Modulation der Ausschüttung von Überträgersubstanzen durch die praesynaptischen Endigungen und eine veränderte Wirksamkeit der Überträgerstoffe an der postsynaptischen Membran wahrscheinlich gemacht werden.

Nicht jede Aktivierung neuronaler Verbindungen führt jedoch zu bleibenden Veränderungen der synaptischen Übertragungseigenschaften. Wie dies schon bei der erfahrungsabhängigen Selektion neuronaler Verbindungen während der Entwicklung der Fall war, bedarf es zusätzlicher, vom Hirn selbst erzeugter Steuersignale. Nur wenn diese verfügbar sind, können Veränderungen induziert werden.

Interessanterweise sind die bisher identifizierten permissiven Signale die gleichen wie die, die erfahrungsabhängige Verschaltungsänderungen in der frühen Entwicklung begünstigen.

Dieser kurze Überblick über Lernmechanismen verdeutlicht, daß diese in vielem den erfahrungsabhängigen Entwicklungsprozessen ähneln. In beiden Fällen kommt es zu Veränderungen der Verbindungen zwischen Nervenzellen, wobei der Grad der Korrelation zwischen prae- und postsynaptischer Aktivität bestimmt, ob die Verbindungen verstärkt oder abgeschwächt werden. In beiden Fällen sind ähnliche molekulare Mechanismen involviert und in beiden Fällen entscheiden die gleichen, global organisierten Kontrollsysteme, ob die jeweils zur Verarbeitung gelangten Aktivitätsmuster in der Großhirnrinde zu langfristigen Veränderungen neuronaler Verschaltungen führen. Diese Kontrollsysteme sind aufgrund ihrer Einbindung in das Zentralnervensystem in der Lage, die Bedeutung der jeweiligen Aktivierungsmuster für das Verhalten des Gesamtsystems zu bewerten. Während der Embryonalentwicklung dienen diese aktivitätsabhängigen Prozesse dazu, die Bauteile des Zentralnervensystems einander und den Effektoren anzupassen, in der frühen Ontogenese nehmen sie unter dem Einfluß von Umweltgegebenheiten die Feinabstimmung der Verschaltungen in sensorischen und motorischen Zentren vor, und im ausgereiften System vermitteln sie die Fähigkeit zu lernen. Die Übergänge sind fließend, und es wird wohl kaum möglich sein zu entscheiden, wo Entwicklung endet und Lernen beginnt. Somit scheint es gerechtfertigt, unsere Existenz als ein fortwährendes Werden zu begreifen.

Literatur

1. Singer, W. (1990), M. exp. Biol. 153, 177–197.
2. Frénac, Y., Imbert, M. (1984), Physiol. Rev. 64, 325.
3. v. d. Malsburg, C., Singer, W. (1988), Neurobiology of Neocortex. Rakic, Singer edts.: John Wiley & Sons Limited, S. 69–99.
4. Singer, W. (1990), Concepts in Neurosci, 1, 1.
5. Singer, W. (1990), The Brain. Watson, Kandel, Sejnowski, Stevens edts.: Cold Spring Harbor Symposia on Quantitative Biology, 939–952.
6. Greuel, J. M., Luhmann, H. J., Singer, W. (1988), Science 242, 74.
7. Frénac, Y. u. Mitarb. (1988), Nature 333, 367.
8. Kasamatsu, T., Pettigrew, J. (1976), Science 194, 206.

9. Bear, M. F., Singer, W. (1986), Nature 320, 172.
10. Singer, W. (1990), Brain cholinergic systems. Steriade, Biesold edts.: Oxford University Press., S. 314–336.
11. Luhmann, H. J., Singer, W., Martinez-Millan (1990), Eur. J. Neurosci. 2, 344.
12. Luhmann, H. J., Greuel, J. M., Singer, W. (1990), Eur. J. Neurosci. 2, 358.
13. Luhmann, H. J., Greuel, J. M., Singer, W. (1990), Eur. J. Neurosci. 2, 369.
14. Callaway, E. M., Katz, L. D. (1990), J. Neurosci. 10, 1134.
15. Gray, C. M., Singer, W. (1989), Proc. Natl. Acad. Sci. USA 86, 1698.
16. Engel, A. K. u. Mitarb. (1988), Eur. J. Neurosci. 2, 588.
17. Gray, C. M. u. Mitarb. (1989), Nature 338, 334.
18. Eckhorn, R. u. Mitarb. (1988), Biol. Cybern. 60, 121.
19. Singer, W. (1993), Ann. Rev. Physiol. 55, 349–374.
20. Collingridge, G. L., Singer, W. (1990), TIPS 11, 290.
21. Artola, A., Bröcher, S., Singer, W. (1990), Nature 347, 69.

Max Straschill

Ist der Geist im Gehirn lokalisierbar?

"Tell me where is fancy bred. Or in the heart or in the head." Diese Frage, die Shakespeare im Kaufmann von Venedig (III, 2, 64) stellen läßt, hatte die klassische Antike bereits mit „head" beantwortet, indem sie die Seele ins Gehirn, und zwar in die Hirnkammern lokalisierte. Die antiken Lokalisationsvorstellungen sind im Mittelalter übernommen und vielfach bildlich dargestellt worden. In den ersten von drei kommunizierenden Kammern wird sensus communis und fantasia, also Wahrnehmung und Vorstellungskraft lokalisiert. Die zweite enthält vis cogitativa, estimativa, d. h. Denk- und Urteilsvermögen. Die dritte Kammer ist der Sitz der Gedächtnisfunktion, vis memorativa. Die Kammerdoktrin war bis ins 19. Jahrhundert gültig, als sie von der Gallschen Phrenologie abgelöst wurde. Gall war der Meinung, daß die Seelenkräfte, deren Zahl er im Vergleich zum Mittelalter erheblich vergrößerte, mosaikartig auf den Hirnwindungen lokalisiert seien und je nach Ausprägung die Konfiguration des darüberliegenden Schädelabschnittes modifizierten. Es handelt sich also um eine Art Schädelphysiognomik. Die Sprachfunktion (Nr. 33) ist retroorbital ins Stirnhirn lokalisiert. Gewissermaßen als empirische Stütze der phrenologischen Vorstellungen lieferte Broca (86) den autoptisch und klinisch gesicherten Nachweis, daß Sprachstörungen in Folge umschriebener Hirnsubstanzschäden des Frontalhirns auftreten. Diese Erkenntnis war Ausgangspunkt der Zentrenlehre, die besagt, daß höhere einfache motorische und sensorische Reaktionen und Hirnleistungen wie Sprachfunktion, Wahrnehmung, Gedächtnis etc. in bestimmten umschriebenen Teilen der Großhirnrinde, den sogenannten Zentren lokalisiert sind. Das Gehirn ist kein einheitliches Organ, sondern ein Ensemble unabhängiger Einzelorgane (Zentren) mit verschiedenen Funktionen. Die Zerstörung eines Zentrums führt zum Ausfall seiner spezifischen Funktion. Deshalb lassen sich Ort und Funktion eines Zentrums aus dem Läsionsort und dem Ausfallmuster ableiten. Diese Methode der klinisch-pathologischen Korrelation von Läsionsort und Funktionsausfall kennzeichnete die wissenschaftliche Neurologie des 19. und beginnenden 20. Jahrhunderts und fand in Liepmann (1905), Dejerine (1914), Henschen (1920) und Gerstmann (1930) ihre markantesten Vertreter. Die Gefahr dieser Methode liegt in einer unkritischen Bewertung von als exemplarisch betrachteten Einzelfällen (Anekdotenneurologie) und in der naiven Annahme, daß jedem Ausfall eine entsprechende physiologische Elementarfunktion entsprechen müßte, ohne an die Möglichkeit einer vielen Ausfällen gemeinsamen Grundstörung zu denken. Als Ergebnis solcher Fehlleistungen entstanden die unrealistischen Lokalisationsschemata der Hirnpathologie Kleists (1934), die von ihren Gegnern Hirnmythologie genannt wurde. Seine aus klinischen Beobachtungen und neuropathologischen Daten entstandenen Hirnkarten, die solche obskuren seelischen Elementarfunktionen wie Gemeinschaftsich enthalten, nähern sich bedenklich den Lokalisationsvorstellungen der Phrenologen.

Solche absurden Übertreibungen des Lokalisationsprinzip forderten Kritik und Gegenhypothesen heraus. Schon früh brachte Hughlings Jackson (1931) Einwände gegen die Ableitung der Funktion eines Hirnteils aus den Symptomen seiner Zerstörung, da das Gehirn nicht ein Ensemble unabhängiger funktioneller und struktureller Einheiten, sondern ein kompliziertes hierarchisches System eng gekoppelter phylo- und ontogenetisch entstandener Funktionsschichten darstelle, das bei der Ausführung einer Leistung im Sinn eines kooperativen Netzwerkes synergistisch zusammenarbeite. Die Zerstörung eines oder mehrerer Elementarbausteine oder Untereinheiten führe zwar durch Unterbrechung des Funktionskreises zur Einschränkung bzw. zum Ausfall bestimmter Funktionen, daraus könne jedoch nicht geschlossen werden, daß die zerstörte Untereinheit allein Funktionsträger der ausgefallenen Funktion war. Letzten Endes seien allenfalls nur Funktionsausfälle (Symptome), nicht aber Funktionen und Leistungen lokalisierbar.

Seine Ausführungen hatten jedoch wenig Wirkung auf die anerkannte Vorherrschaft der Zentrenlehre. Erst die überzeugende Beredsamkeit Pierre Maries (1927), die präzise und scharfsinnige Methodenkritik von Monakows (1928), die Fülle klinisch-experimenteller Beobachtungen Heads (1920) konnten das Lehrgebäude der Zentrenlehre erschüttern.

Als radikale Gegenhypothesen zur Zentrenlehre wurden – einander ergänzend – die Theorie der funktionellen Gleichwertigkeit der Hirnteile (Äquipotenztheorie) und die Theorie der Ganzheitsfunktion des Gehirns (Holismus) aufgestellt. Diese Hypothesen besagen, daß jeder Verhaltensleistung die Zusammenarbeit vieler, wenn nicht aller Hirnteile zugrunde liegt (Holismus) und daß jeder intakte Hirnteil die Funktion eines anderen übernehmen und ausführen kann (Theorie der funktionellen Äquipotenz der Hirnteile). Diese Hypothesen schließen nicht aus, daß komplexe Verhaltensleistungen aus einfacheren Programmbausteinen bestehen, die möglicherweise in bestimmte Hirnteile lokalisierbar sind. Dies gilt vor allem für die in den Projektionsarealen lokalisierten Bewegungs- und Empfindungselemente. Der Beitrag der Assoziationsareale ist jedoch unabhängig von der Lokalisation und lediglich proportional der enthaltenen Nervenzellen und Faserverbindungen.

Auf die Folgen von Hirnläsionen angewandt besagt die holistische Theorie, daß Art und Ausmaß des Ausfalls einer komplexen Verhaltensleistung nur von der Menge des zerstörten Hirngewebes, nicht aber von der Lokalisation der Zerstörung abhängt: Theorie der Massenwirkung der Hirnläsionen. Als experimentelle Stütze der holistischen Theorie wurden von ihren Anhängern die Ergebnisse der Tierversuche des überzeugten Holisten Lashley (1929) angeführt. Dieser konnte bei der Ratte zeigen, daß die Beeinträchtigung der Fähigkeit, in einem künstlichen Labyrinth den richtigen Weg zur Futterstelle zu erlernen, nur von der Menge zerstörten Hirngewebes, nicht aber vom Ort der Läsion abhängt. Unter dem Eindruck überzeugender klinischer Befunde modifizierte er seine Theorie der totalen Gleichwertigkeit aller Hirnteile für das menschliche Gehirn zu einer Theorie der Gleichwertigkeit innerhalb bestimmter Hirnregionen, um der offensichtlichen unterschiedlichen Lokalisation sprachlicher und nicht sprachlicher Funktion Rechnung zu tragen.

Ein anderer wichtiger Vertreter des Holismus war Goldstein (1946). Von der Gestalttheorie stark beeinflußt, stellte er sich vor, daß bei jeder Verhaltensleistung das gesamte Hirn aktiviert werde, wobei jedoch die Aktivität nach Art von Figur und Hintergrund eines Bildes im Gehirn stärker oder schwächer verteilt sei. Jedem Verhaltensmuster entspricht ein räumlich-zeitliches Aktivitätsbild kortikaler Erregung. Eine lokalisierte Läsion führt nicht zum Ausfall einer bestimmten Verhaltensleistung, sondern zu ihrer Entdifferenzierung und Vereinfachung, zu dem Versuch des Gehirns, in primitiver Weise das Verhaltensziel zu erreichen. Er fordert, den Residualfunktionen und den Kompensationsmöglichkeiten nach Läsionen als Indikatoren der funktionellen Plastizität des Gehirns größere Aufmerksamkeit zu schenken. Trotz der Vorliebe des modernen Zeitgeistes für ganzheitliche (holistische) und synthetische Betrachtungsweisen komplexer Systeme behielt die im wesentlichen analytische und reduktionistische Zentrenlehre ihre Gültigkeit. Das verdankt sie vor allem der empirischen Beweiskraft der modernen bildgebenden Verfahren wie dem kraniellen Computertomogramm und Kernspintomogramm, die den Läsionsort in vivo exakt bestimmen und mit dem durch geeignete Tests präzisierten Ausfallmuster korrelieren lassen. Ihre grundsätzliche Aussage – die Lokalisierbarkeit höherer Hirnfunktionen – wurde für eine Reihe geistiger Leistungen bestätigt, wie ich im folgenden an einigen ausgewählten klinischen Beispielen illustrieren möchte.

Als wesentliche Manifestation des Geistes gilt der Wille, die frei und wohlreflektierte Willensbildung und die daraus nach Bestimmung des Handlungszieles und des Handlungsplanes resultierende wohl überlegte Handlung.

Störungen der Willensbildung treten nach umschriebenen Gewebszerstörungen im Bereich des Stirnhirns auf (Abb. 1, Abb. 2).

Fall 1: Die 70jährige, gepflegte und gebildete Frau befremdet ihre Umgebung durch Verwahrlosung des Sozialverhaltens, durch Taktlosigkeit, Aggressivität, ungebremsten Egoismus und vor allem durch die Unfähigkeit, inopportune und inadäquate Handlungen zu unterdrücken. Diese Unfähigkeit, den inadäquaten Handlungsimpuls zu unterdrücken, ist in Abb. 2 dargestellt. Die P. sollte, wie oben li. als Vorlage dargestellt, abwechselnd Kreuze und Pluszeichen zeichnen. Sie ist nur in der Lage, längere Sequenzen des gleichen Zeichens zu produzieren. Die Störung erinnert an die Defizite im „delayed alternation test", die beim Affen nach Stirnhirnläsionen auftreten. In diesem Test findet der Affe abwechselnd unter dem einen oder anderen von zwei unterschiedlich gekennzeichneten Deckeln eine Belohnung. Normale Affen lernen rasch nach erlangter Belohnung jeweils das andere Kennzeichen zu wählen. Affen mit Stirnhirnläsionen wählen immer nur das gleiche, initial belohnte Zeichen. Die P. ist keineswegs dement, sie kennt die Handlungsvorschrift und erkennt und benennt die Fehler der Ausführung, ohne betroffen zu sein und ohne Willen zur Korrektur.

Fehlende Unterdrückbarkeit reflektorischer Handlungen bei völligem Verlust spontaner, willkürlicher Willensbildung zeigt der nächste Fall eines 60jährigen mit einer frontalen Hirnblutung (Abb. 3).

Fall 2: Keine eigene Willensbildung, aspontan, keine sprachliche Äußerung. Jeder im Gesichtsfeld präsentierte Gebrauchsgegenstand wird ohne Auftrag, ja sogar trotz Verbotes ergriffen und richtig, wenn auch zum Teil situationsinadäquat benutzt. Der Mensch wird zum fremdgesteuerten Reflexwesen, sein Handlungsraum ist auf Reaktivhandlungen eingeschränkt. Sein Expertensystem für Objektgebrauch verliert die Möglichkeit der situativen Anpassung.

Die Bedeutung des Frontalhirns für die Willensbildung wird auch durch die Ergebnisse tierexperimenteller Ableitungsversuche beim Affen (Rolls 1983) bestätigt, die wir eingedenk der oben zitierten Warnungen Jacksons (1931) hier ergänzend mitteilen wollen. Hungrige Affen wurden dressiert, dargebotenen Fruchtsaft nur bei einem Go-Signal (z. B. grünes Licht) aufzunehmen. Intendierte Nahrungsaufnahme bei einem Stop-Signal (z. B. Rot) wurde bestraft. Gleichzeitig wurde neuronale Aktivität aus verschiedenen Hirnregionen registriert, um die eine Handlungsinitiative begleitende neuronale Erregungsequenz zu ergründen. Die Präsenz des Nahrungsmittels wurde im Inferotemporallappen und in der Amygdala neuronal signalisiert. Diese Signale wurden im lateralen Hypothalamus und im basalen Vorderhirn mit Signalen vereinigt, die den Bedürfniszustand des Organismus (Hunger, Durst) kodierten. Dort feuerten die Neurone nur dann, wenn der Affe hungrig und Nahrung präsent war. Das vereinigte Signal stellt somit das neuronale Korrelat des Motivs und der Motivation dar. Im Orbitofrontalhirn fanden sich drei unterschiedliche neuronale Reaktionstypen: 1. Neurone, die aktiviert wurden, bevor das hungrige Tier durch das Go-Signal ermutigt die Nahrung aufnahm (Kommandosignal), 2. Neurone, die feuerten, wenn eine Nahrungsaufnahme trotz Stop-Signal vergeblich versucht und bestraft wurde (Mißerfolgsmeldung als Voraussetzung zur Verhaltenskorrektur), 3. Neurone, die nach erfolgreicher Nahrungsaufnahme aktiv wurden (Erfolgsmeldung). Es ist anzunehmen, daß es auch eine 4. Klasse von Neuronen gibt, die dann aktiv sind, wenn angesichts des Stop-Signals eine Nahrungsaufnahme unterlassen wird, da der Verlust der Impulskontrolle nach Frontalhirnläsion die Existenz eines aktiven Handlungsunterdrückungsmechanismus nahelegt.

Dem Handelnden wird sein Handlungsgrund nur dann bewußt, wenn das neuronale Korrelat des Handlungsmotivs mit der sprachdominanten Hemisphäre in Verbindung steht. Dies beweisen Versuche an P., denen die Verbindung zwischen den Großhirnhemisphären durchtrennt wurde (Gazzaniga 1978). Gab man der rechten, nicht sprachkompetenten Hemisphäre dieser P. bildlich einen Befehl zu einer Handlung, so erfand die li. sprachliche Hemisphäre nachträglich einen vernünftigen Grund für diese Handlung. In unserem Bewußtsein werden Handlungen, deren wahres Motiv uns verborgen ist, nachträglich rationalisiert und als bewußt geplant und gewollt erlebt. Das auf dem Sprachsystem beruhende Bewußtsein begründet a posteriori unser Verhalten wie der Regierungssprecher die durch Partikularinteressen der Parteien und der Lobbies erzeugten politischen Entscheidungen.

Der Willensbildung folgt nach Maßgabe des Handlungsziels und nach Auswahl des adäquaten Handlungsprogrammes der Handlungsvollzug. Klinische Befunde deuten daraufhin, daß es im parietalen Assoziationskortex der sprachdominanten Hemisphäre einen Speicher erlernter Bewegungsprogramme gibt. Programmselektoren sind, wie wir am Beispiel des 2. Falles sahen, visuell oder taktil präsentierte Gebrauchsgegenstände unter der Kontrolle des Frontalhirns, aber auch das Sprachzentrum mittels verbaler Befehle. Zerstörung des Speichers führt zum Verlust erlernter Bewegungsprogramme (Apraxie). Der P. findet den bezüglich Gebrauchsgegenstand und Handlungsziel adäquaten Handlungsentwurf nicht und begeht Fehlhandlungen. Dies soll am Beispiel des 3. Falles demonstriert werden.

Fall 3: Bei einem 50jährigen Bankkaufmann entwickelt sich nach der Operation einer Hirnmetastase ein epileptischer Herd im Bereich der Operationsnarbe. Die Anfälle laufen wie folgt ab: Der bewußtseinsklare P. sitzt beim Essen und weiß plötzlich nicht mehr den Löffel zu gebrauchen. Er kann den Löffel sprachlich richtig bezeichnen, das Handlungsziel benennen. Ähnliche Störungen treten beim Kämmen (Kamm wird als Rasierapparat oder als Löffel benutzt) oder beim Rasieren auf. Die Störungen bleiben nach Abklingen des Anfalls in der Phase der postepileptischen Funktionsdepression über Stunden bestehen. Der Nachweis apraktischer Störungen in der postiktalen Funktionsdepression, die nur Nervenzellen, nicht Nervenbahnen betrifft, widerlegt die Ansicht einiger Autoren, daß Apraxien nur als Folge einer Leitungsstörung (disconnexion) zwischen sensorischen und motorischen Arealen bzw. Sprachzentrum und motorischen Arealen auftreten.

Der Läsionsort des P. liegt im gyrus supramarginalis des li. parietalen Assoziationskortex (Abb. 4).

Läsionen der entsprechenden Region der re. Hemisphäre führen zu Störungen von Bewegungsprogrammen, die von räumlichen Strukturen des visuellen Wahrnehmungsraumes geleitet werden und die der Reproduktion oder geordneten Manipulation dieser Raumstrukturen dienen. Die Störung heißt Konstruktionsapraxie und manifestiert sich in der Unfähigkeit zu zeichnen (Kopie und frei), sich anzukleiden, Schleifen zu binden etc. Abb. 5 zeigt den frustranen Versuch einer P. (Fall 4) mit einer umschriebenen Hirnatrophie im re. parietalen Assoziationskortex, die schematische Darstellung eines Hauses (li. unten) zu kopieren. Sie konnte sich weder anziehen noch entkleiden. Diese Unfähigkeit ist eine reine Handlungsstörung und beruht nicht auf einer Störung der Raumwahrnehmung. Die P. konnte Anzahl und Proportionen der Teile der einfachen Vorlagen oder die räumlichen Beziehungen von arrangierten Gegenständen gut beschreiben. Ähnlich lokalisierte Läsionsorte in der nicht sprachdominanten Hemisphäre können auch zu einer ausgeprägten Raumwahrnehmungsstörung, insbesonders zu einer Aufmerksamkeitsstörung für die li. Raumhälfte führen: Agnosie des Raumes, neglect, unilateral inattention. Abb. 6 bzw. 7 zeigen dieses Symptom und den dazugehörigen Läsionsort im re. gyrus angularis (Fall 5). Von der enormen Menge von Sinnesdaten gelangt nur ein Bruchteil ins Bewußtsein. Diese Informationsreduktion erfolgt z. T. durch den Auswahlmechanismus der gerichteten Aufmerksamkeit und den ihr komplementären Vorgang der Habituation. Jener wählt für den Organismus bedeutsame Sinnesdaten aus der Gesamtheit der Afferenz aktiv aus, dieser verhindert eine Reaktion auf informationsarme stereotyp wiederholte Reize. Dementsprechend fanden wir im parietalen Assoziationskortex der Katze Neurone, die nur dann auf ein optisches Muster reagieren, wenn dieses Ziel der gerichteten Aufmerksamkeit ist (Straschill and Schick 1974). Wir haben versucht, solche aufmerksamkeitsabhängigen, der Verhaltensebene oder dem Bewußtsein vorgeschalteten Filterneurone auch beim Menschen im Pulvinar, der Eingangsebene des parietalen Assoziationskortex zu registrieren (Straschill and Takahashi 1983). Abb. 8 zeigt neuronale Aktivierung, die nur auftritt, wenn ein Sehding Ziel gerichteter Aufmerksamkeit ist. Indikator der gerichteten Aufmerksamkeit ist eine zum Sehding gerichtete und es fixierende Blickwendung. Der Ableitort im re. Pulvinar wurde aus therapeutischen Gründen zerstört. Daraus resultierte eine Aufmerksamkeitstörung für die li. Raumhälfte, mit erheblich verlängerten Wahrnehmungszeiten für dort präsentierte Gegenstände. Die Aufmerksamkeitsstörungen für die li. Raumhälfte nach Parietalhirnläsion betreffen nicht nur den aktuellen Wahrnehmungsakt, sondern auch Erinnerungsbilder. Bisiach (16) ließ Patienten mit linksseitigen neglect die Gebäude re. und li. vom Mailänder Dom bei Blick auf den Dom oder mit dem Dom im Rücken nennen. Die jeweils personbezogen linksseitigen Gebäude wurden nicht aufgezählt.

Bewußte Wahrnehmung ist einerseits die dem Subjekt unmittelbar gegebene, phänomenal anschauliche aktuale Repräsentation der Umwelt und des eigenen Körpers. Sie resultiert andererseits aus der Leistung unseres Verstandes, die Empfindungen in Objekte der Wahrnehmung kategorisch zu gliedern, diese begrifflich zu bezeichnen und in einen Sinn- und Funktionszusammenhang mit der Objektwelt zu stellen (Synthetisches Urteil nach Kant). Nach Meinung einiger Autoren wird ausschließlich diese kognitive Komponente der Wahrnehmung, die dem synthetischen Urteil zugrunde liegt, durch kortikale Läsionen beeinträchtigt, die die Verbindungen zwischen Sprachzentrum und kortikalen Repräsentationsorten der Sinnesdaten unterbrechen. Die Agnosien, wie man die kortikalen Wahrnehmungsstörungen bezeichnet, sind nach Ansicht dieser Autoren vorwiegend Bezeichnungsstörungen. Tatsächlich gibt es solche modalitäts- und kategorienspezifischen Bezeichnungsstörungen nach partieller Diskonnexion der Sinnesdatenrepräsentation vom Sprachzentrum, wie die folgenden Fälle beweisen. Bei Fall 6 handelt es sich um einen 66jährigen Patienten mit einer Blutung im li. Okzipitalhirn, die das li. Sehzentrum vom Sprachzentrum trennt (Abb. g). Die Blutung betrifft auch den hinteren Teil des Balkens, in dem ein Teil der visuellen Information vom re. Sehzentrum zum Sprachzentrum gelangt. Die partielle Diskonnexion führte zur Unfähigkeit, die Bedeutung von geschriebenen Buchstaben und Worten zu erkennen (Alexie). Kopie von Buchstaben, Spontanschreiben und Schreiben nach Diktat waren intakt, doch konnte der Patient das Selbstgeschriebene nicht lesen (Alexie ohne Agraphie). Daneben bestand eine totale Farbbezeichnungsstörung. Vorgelegte Farben konnten nicht benannt, jedoch dargebotenen Farbmustern richtig zugeordnet werden. Die aktuale phänomenal anschauliche Repräsentation der Farben ist ungestört. Beispiel einer kategorienspezifischen Bezeichnungsstörung ist die sogenannte Fingeragnosie oder Autotopoagnosie nach Läsion des li. Gyrus angularis. Der P. kann Finger oder Körperteile nicht bezeichnen und vom Untersucher bezeichnete Körperteile nicht vorzeigen. Lissauer (1890) unterschied den eben geschilderten Typ der Bezeichnungsstörungen, den er als assoziative Agnosie bezeichnete, von kortikal bedingten Störungen der phänomenal anschaulichen Repräsentation, die er apperzeptive Agnosie nannte. Die folgenden Fälle sollen die heuristische Relevanz dieser Unterscheidung demonstrieren.

Fall 7: Der P. war plötzlich unfähig, im Familienalbum die Gesichter naher Verwandter und das eigene Gesicht zu erkennen. Bei der Untersuchung kann er bekannte, fremde Gesichter und das eigene Gesicht im Spiegel nicht erkennen. Statt der normalen individuellen Gesichtszüge nimmt er schematisierte Masken mit Schlitzaugen oder chaotische wechselnde, nicht beschreibbare Strukturen wahr. Bei Testung ist er unfähig, gleiche Gesichter einander zuzuordnen oder das Bild eines Gesichtes aus den getrennten Teilen Mundpartie – Nasenpartie – Stirnpartie puzzleartig zusammenzusetzen, obwohl er diese konstituierenden Teile eines Gesichts aufzuzählen vermag. Merkwürdigerweise erkennt er den emotionalen Ausdruck der Gesichter (Lächeln, Zorn, Traurigkeit) auf Abbildungen oder beim Untersucher. Dies zeigt uns die Eigenart des Gehirns, im Rahmen des Mustererkennungsprozesses verschiedene Aspekte eines optischen Musters parallel in verschiedenen Hirnteilen zu verarbeiten. Die Merkmale des affektiven Ausdrucks werden möglicherweise auch im frontalen Kortex extrahiert und bewertet. Erkennung und Unterscheidung von Automarken, Hunderassen, Früchten, Vögeln ist uneingeschränkt möglich. Er erkennt den Hund des Nachbarn, jedoch nicht den Nachbarn selbst. In dem beschriebenen Fall liegt nicht nur eine Störung der Bezeichnung und kategorialen Einordnung, sondern eine Störung der dem Subjekt unmittelbar gegebenen, phänomenal anschaulichen Repräsentation des Sehdinges „Gesicht" im Sinne einer apperzeptiven Agnosie vor. Abb. 10 zeigt in einer Umrißzeichnung der CT-Bilder bilaterale Läsion des temporo- bzw. parieto-okzipitalen Übergangsregion.

Die folgende Fallschilderung (Fall 8) handelt ebenfalls von einer P. mit Erkennungsstörungen von Gesichtern, einer sogenannten Prosopagnosie. Die 58jährige Dame monierte beim Paßphotographen eine Verwechslung ihrer tatsächlich sie darstellenden Paßphotos. Sie erkannte ihren Etagennachbar, mit dem sie seit 15 Jahren freundschaftlich verkehrt nicht vom Anblick, nur an der Stimme. Bei der Untersuchung nimmt die P. Gesichter normal wahr, kann gleiche Gesichter einander zuordnen oder Gesichter aus Teilen zusammensetzen und den affektiven Ausdruck erkennen. Die phänomenal anschauliche Repräsentation, die kategoriale Einordnung sind ungestört. Lediglich die Assoziation mit dem Namen des Trägers und dem historisch-biographischen Kontext seiner Bekanntschaft ist verhindert (Assoziative Prosopagnosie). Der Läsionsort liegt, wie Abb. 11 zeigt, im mittleren Teil des Temporallappens der li. Hemisphäre, nahe der Region, in der Perret (1982) beim Affen neuronale Detektoren von Affengesichtsteilen fand.

Bei der Gedächtnisleistung unterscheiden wir die Registrier-, Abruf- und Speicherfunktion, das Merk- und Erinnerungsvermögen. Die Registrierfunktion ist an die Intaktheit des Hippokampus, der Mammillarkörper (Abb. 12) und des beide verbindenden Fornix gebunden. Die den Gedächtnisstörungen zugrunde liegenden Läsionen müssen bilateral auftreten, da diese Strukturen bilateral vorhanden und funktionell symmetrisch sind. Die kleinste kritische Läsion, die zu schweren Merkfähigkeitsstörungen führt, ist eine bilaterale Atrophie der Mammillarkörper (Abb. 12).

Die Langzeitspeicher der Gedächtnisinhalte sind im Assoziationskortex nahe den Repräsentationsorten (Projektionsarealen) der entsprechenden Sinnesorgane lokalisiert, d. h. für akustische Gedächtnisinhalte nahe dem Hörzentrum im Temporallappen, für visuelle Inhalte nahe dem Sehzentrum in der okzipito-temporalen Übergangsregion. Der oben beschriebene Speicher für erlernte Handlungsfolgen liegt hinter dem für Objektgebrauch besonders wichtigen kinästhetischen Repräsentationsgebiet der Hand.

Die letzten zwei Fälle mögen als Stütze dieser Ansicht dienen.

Fall 10: Eine 35jährige Lehrerin, die wegen einer operierten Gefäßmißbildung in der linken Temporalregion an epileptischen Anfällen litt, hörte beim Aufwachen aus der Narkose nach einer Gallenoperation ein Lied, das sie als ein in der Kindheit gelerntes und gesungenes Kirchenlied erkannte. Im Lauf einer Woche erlebte die Patientin die chronologisch getreue Wiedergabe ihrer musikalischen Biographie mit Kinderliedern, Chorproben im Lehrergesangsverein, Konzertbesuchen, zum Schluß die Wiedergabe eines jüngst besuchten Beethoven-Violinkonzertes mit Schlußbeifall und störenden Hustern in den Satzpausen. Die EEG-Ableitung erfolgte am 6. Tag, als nur noch kurze Fragmente von Musikstücken auftraten. Während der Halluzination ließ sich eine abnorme Rhythmisierung der bioelektr. Hirnaktivität über mittleren Temporalregionen li. registrieren.

Fall 11: Ein 40jähriger Patient mit einem Tumor des re. Temporallappens bemerkte, daß ein zuvor gesehenes Reklamebild eines Mannes mit schwarzem Hut und Cape (Sandeman-Sherry-Reklame) in wechselnden zeitlichen Intervallen detailgetreu in wechselnder Größe in der li. Gesichtshälfte auftauchte, mehrere Minuten sichtbar blieb und dann verschwand. Eine solche illusorische Wiederholung einer optischen Wahrnehmung nennt man Palinopsie. Bei dem Patienten wurde ein EEG abgeleitet (Abb. 13). Das vom P. signalisierte Verschwinden des Trugbildes ist mit einem Kreuz bezeichnet. Gleichzeitig wurde über der re. hinteren Temporalregion rhythmische bioelektrische Hirnaktivität registriert, deren Frequenz ab- und deren Amplitude zunahm. Ab einer Frequenz von 4/s. begann das Trugbild im Rhythmus dieser Frequenz zu flackern (Abb. 13). Mit dem Verschwinden der abnormen Rhythmisierung endete die Halluzination. Die Erinnerungen sind also lokal in einer Form gespeichert, die es erlaubt, sie unter bestimmten Bedingungen, wie im Traum oder bei Epilepsie, als aktuelle phänomenal anschauliche Repräsentation des früher Wahrgenommenen zu erleben.

Literatur

Bisiach, E., Luzzati, C., Unilateral neglect of representational space Cortex, 14, 129–133.

Dejerine, I. (1914), Sèmiologie des affectiones du système nerveux, Paris: Masson.

Gazzaniga, M. S., Le Doux, I. E. (1978), The integrated mind, New York: Plenum Press.

Gerstmann, I. (1930), Zur Symptomatologie der Hirnläsionen im Übergangsgebiet der unteren Parietal- u. mittleren Okzipitalwindung, Nervenarzt, 3:69/-695.

Goldstein, K. (1946), Remarks on localisation, Confin. Neurol. VII 1, 25–34.

Head, H. (1920), Studies in neurology, Oxford med. Publ., London.

Henschen, S. E. (1920–1932), Klinische und anatomische Beiträge zur Pathologie des Gehirns, Stockholm.

Jackson, H. I. (1931–1932), Selected writings, Taylor ed. Hodderand Stoughton.

Kleist, K. (1934), Gehirnpathologie, Leipzig: Barth.

Lashley, K. S. (1929), Brain mechanisms and intelligence, Chicago: University press.

Liepmann, H. (1905), Über Störungen des Handelns bei Hirnkranken, Berlin: Karger.

Lissauer, H. (1890), Ein Fall von Seelenblindheit nebst einem Beitrag zur Theorie derselben, Archiv für Psychiatrie und Nervenkrankheiten 21, 222–270.

Marie, P. (1927), Œuvres complètes, Paris.

Monakow, v., C. (1928), Introduction biologique à l'étude de la neurologie et de la psychopathologie, Paris: Alcan.

Perret, D., Rolls, E. T., Caan, W. (1982), Visual neurones responsive to faces in the monkey temporal cortex, Exp. Brain Res. 47, 329–342.

Rolls, E. T. (1983), The initiation of movements. Neural coding of motor performance, Exp. Brain Res. Suppl. 7, 98–113.

Straschill, M., Schick, F. (1974), Neuronal activity during eye movements in a visual association area of cat cerebral cortex, Exp. Brain Res. 19, 467–477.

– –, Takahashi, H. (1983), Changes of EEG and single unit activity in the human pulvinar associated with saccadic gaze shifts and fication. Progress in oculomotor research, Elvesier, 225–232.

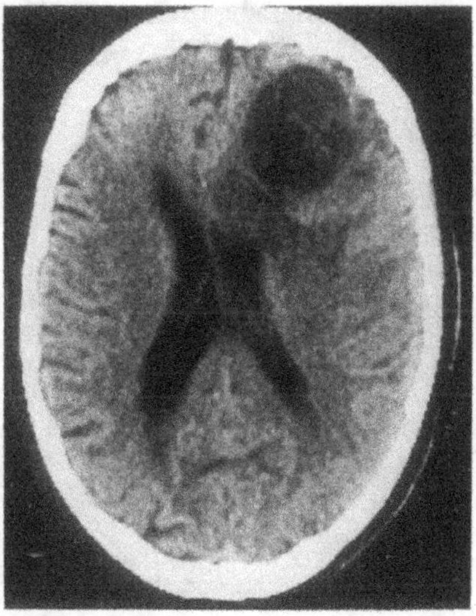

Abb. 1. Fall 1: Computertomogramm (Horizontalschnitt) mit Tumor im rechten Frontallappen (Fallbeschreibung im Text).

Abb. 2. Fall 1: Der Patient hat die Aufgabe, abwechselnd Kreuze und Pluszeichen zu schreiben (links oben). Er produziert nur längere Sequenzen eines Zeichens (Plus oder Kreuz).

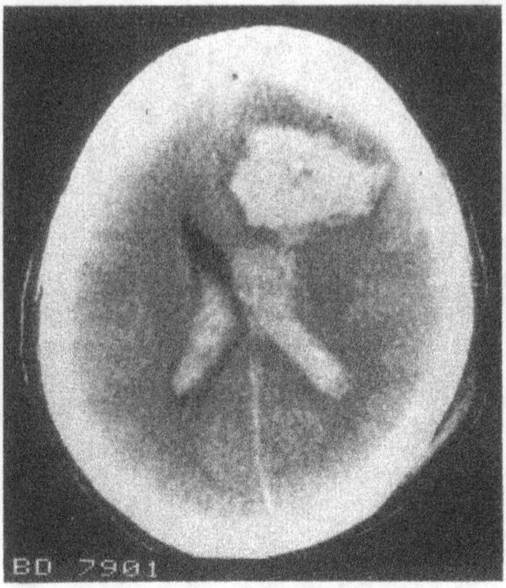

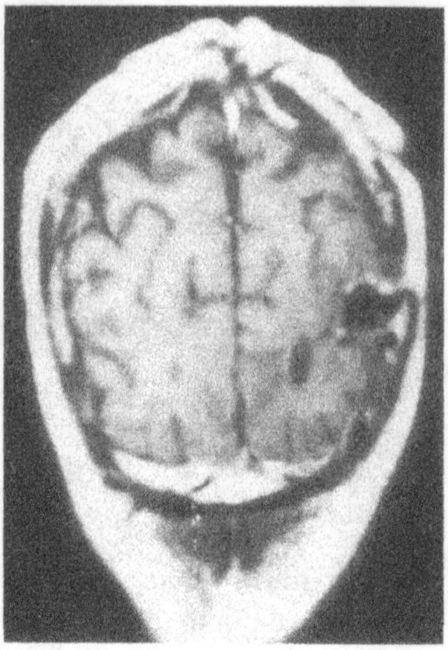

Abb. 3. Fall 2: Computertomogramm mit Blutung im rechten Frontallappen.

Abb. 4. Computertomogramm (Fall 3) mit Gewebsdefekt im linken Lobulus parietalis inferior (Frontalschnitt).

Abb. 5. Fall 6: Eine Patientin mit Konstruktionsapraxie versuchte die Umrißzeichnung eines Hauses (links unten) zu kopieren.

Abb. 6. Fall 5: Beispiel einer linksseitigen visuellen Aufmerksamkeitsstörung (neglect). Nur die rechts angeordneten Blumenblätter der Rosette (links) werden in der Kopie (rechts) reproduziert.

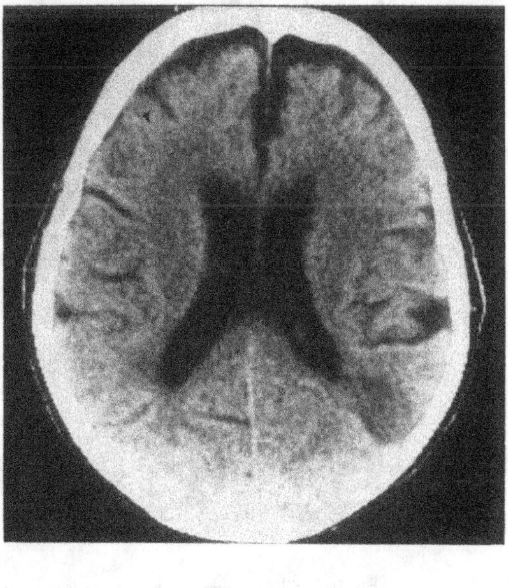

Abb. 7. Fall 5: Computertomogramm einer Patientin mit neglect zeigt eine Gewebsveränderung (Hirninfarkt) im rechten Gyrus angularis.

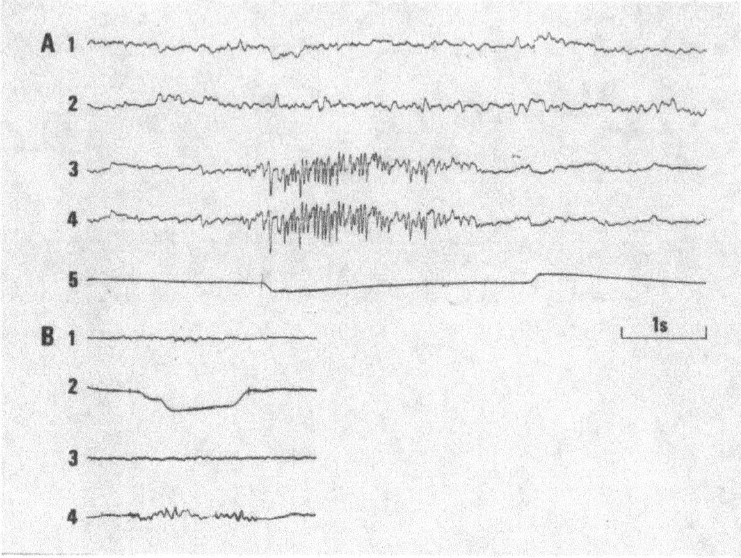

Abb. 8. Neuronale Aktivierung im Pulvinar des Menschen (3, 4) während der aufmerksamen Fixation (5) eines Gegenstandes. 1 und 2 sind Registrierungen des frontalen bzw. parietalen EEG.

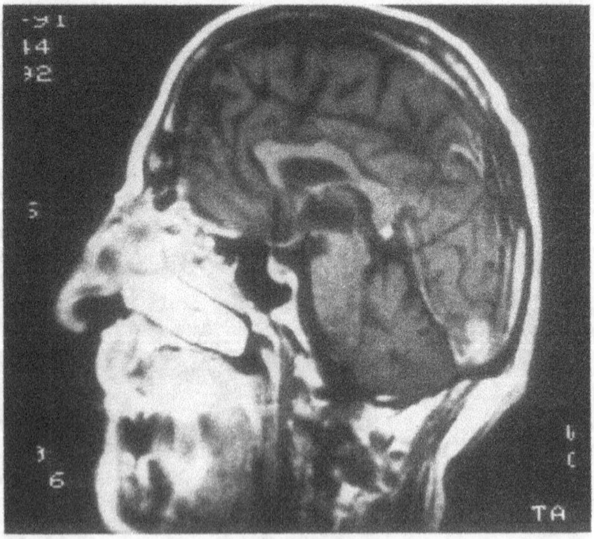

Abb. 9. Fall 6: Kernspintomogramm eines Patienten mit Alexie ohne Agraphie zeigt Blutungen im Splenium des Balkens und im linken Occipitalpol.

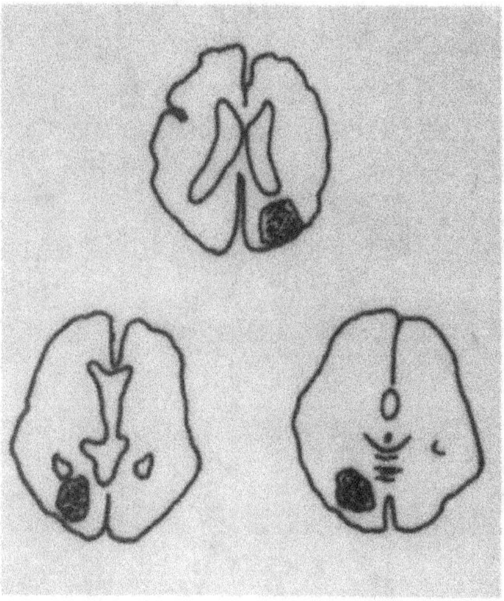

Abb. 10. Fall 7: Umrißzeichnung der Computertomogramme eines Patienten mit Prosopagnosie. Beidseitige Läsionsorte in temporo- bzw. parieto-occipitalen Übergangsregionen.

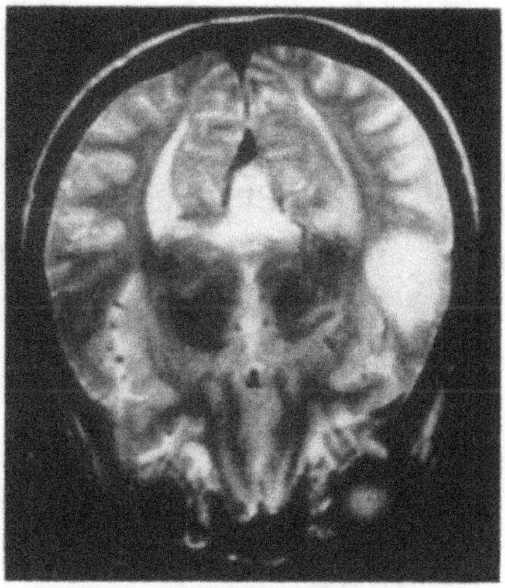

Abb. 11. Fall 8: Kernspintomogramm (Horizontalschnitt) einer Patientin mit assoziativer Prosopagnosie. Tumor in der linken mittleren Temporalregion.

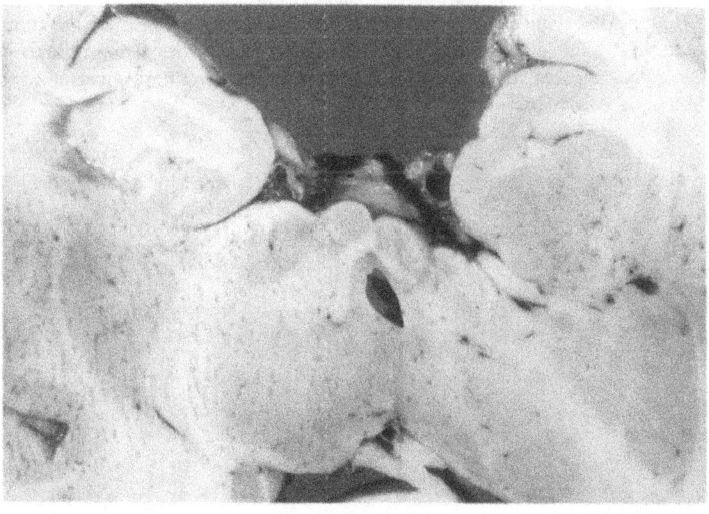

Abb. 12. Deutliche Atrophie eines Mammilarkörpers bei einem Patienten mit Merk- und Erinnerungsstörungen.

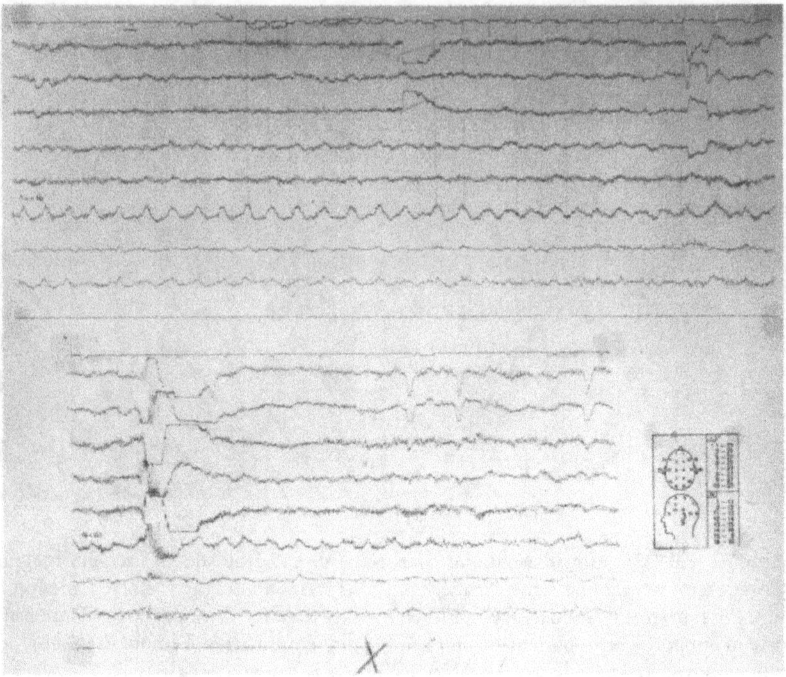

Abb. 13. Abnorme Rhythmisierung der EEG-Aktivität während eines halluzinierten Erinnerungsbildes (Fall 10). Das Trugbild flackert synchron mit der rhythmischen EEG-Aktivität. Die subjektiv erlebte Flackerfrequenz gibt der Patient durch Tastendruck an (Oberster Registrierkanal). Mit dem Aufhören der Trugwahrnehmung sistiert die elektrische Aktivität.

4. Geist technisch

At the end of the century, the use of words and general educated opinion will have changed so much that one will be able to speak of "machines thinking" without expecting to be contradicted.

A. Turing, 1950

JÖRG H. SIEKMANN

Künstliche Intelligenz

Gewisse menschliche Aktivitäten wie das Planen einer kombinierten Bahn-Bus-Reise, das Verstehen gesprochener Sprache, das Beweisen mathematischer Sätze, das Erstellen einer medizinischen Diagnose oder das Sehen und Erkennen bestimmter Gegenstände erfordern zweifellos Intelligenz – unabhängig davon, welche Definition dieses Begriffes man bevorzugt. Die „Künstliche Intelligenz (KI)"[1] faßt diese bisher dem Menschen vorbehaltenen kognitiven Fähigkeiten als informationsverarbeitende Prozesse auf und macht sie naturwissenschaftlichen Untersuchungsmethoden (und ingenieurmäßiger Verwendung) zugänglich. Die wissenschaftlichen Ergebnisse der KI haben einen tiefen Einfluß auf die Entwicklung der Informatik und deren Nachbardisziplinen gehabt und sie werden zu einer entscheidenden technologischen Basis für den Einsatz von Computern im kommenden Jahrzehnt werden.

Die Spezialgebiete der KI

Aus einer anwendungsorientierten Sicht gliedert sich die KI in fünf große Teildisziplinen, die ich exemplarisch jeweils an einem typischen Projekt vorstellen möchte.

---

[1] Die „Dartmouth Conference" (1956) gilt als die Geburtsstunde der Artificial Intelligence, wenn auch die eigentlichen Anfänge weiter zurückliegen und u. a. auf v. Neumann (USA) und Turing (England) zurückgehen. P. McCorduck, 1979 gibt eine historische Übersicht.

Natürlichsprachliche Systeme

Die komplexen Informationsverarbeitungsprozesse, die dem Verstehen und der Produktion natürlicher Sprache zugrunde liegen, werden mit rechnerorientierten Methoden untersucht, um die an intelligentes Sprachverhalten gebundenen Leistungen dann auch maschinell verfügbar zu machen. Die Mensch-Maschine-Kommunikation soll durch die Entwicklung solcher natürlichsprachlicher Systeme verbessert werden. Berühmt geworden und paradigmatisch ist WINOGRADs System, in dem der Benutzer einen erstaunlich natürlichen Dialog mit einem „Hand-Eye"-Roboter führen kann (Winograd 1970).

Solche Dialoge haben Anfang der siebziger Jahre in den angelsächsischen Ländern Schlagzeilen gemacht und die Fachwelt aufhorchen lassen: Sie waren der bis dahin überzeugendste Beweis, daß man in der Tat mit einem Artefakt – einer künstlichen Intelligenz – in geschriebener Sprache kommunizieren kann. Die wesentliche Einschränkung lag in der vergleichsweise simplen Welt (der „blocksworld"), über die ein Diskurs möglich war, und dem mangelhaften Dialogverhalten des Roboters. Gegenwärtige Systeme versuchen, komplexere Welten zuzulassen. Beispielsweise simuliert das Hamburger Redepartnermodell (HAM-RPM) einen Hotelmanager, der versucht, ein Zimmer möglichst positiv anzubieten[2]. Ähnlich war das GUS-System konzipiert, in dem ein Computer eine Vermittlungsdame simuliert, die auf Anruf eine Flugplanauskunft geben und eine Buchung vornehmen sollte (Bobrow 1977).

Dabei hat sich im Laufe der letzten zehn Jahre der Forschungsschwerpunkt von den Problemen des reinen Sprachverstehens auf die zusätzlichen Probleme, die in einem Dialog auftreten, verlagert. Diese zusätzliche Problemstellung ist durch die abwechselnde Initiative der Dialogpartner, die Fähigkeit, ein Ausufern des Dialogs zu verhindern, die Rückführung des Gesprächs auf spezielle Punkte und nicht zuletzt durch die unterschiedliche Motivation der Dialogpartner gekennzeichnet.

In all diesen Fällen „versteht" das Computerprogramm die in das Computerterminal eingegebene Sprache in dem Sinn, daß es eine

[2] Die zahlreichen Publikationen zu diesem Projekt sind zu beziehen durch: Prof. W. v. Hahn, Universität Hamburg, Informatik NatS, Bodenstedtstr. 16, 2000 Hamburg 50.

interne Repräsentation der ausgesprochenen Sachverhalte aufbaut und mit Hilfe einer Wissensbasis sinnvolle Antworten über diese Sachverhalte generieren kann.

Ein wichtiger Zweig der Grundlagenforschung beschäftigt sich daher mit logikorientierten Formalismen, die die Repräsentation dieser Sachverhalte gestatten.

Wie ist ein sprachverstehendes System aufgebaut?

Im wesentlichen lassen sich zwei Phasen unterscheiden, die in einem heutigen System jedoch nicht getrennt, sondern stark vermischt ablaufen: In der ersten Phase wird mit Hilfe von speziellen, für die natürliche Sprache entwickelten Grammatiken ein Syntaxbaum berechnet. (Winograd 1983).

Diese syntaktische Analyse ist die Voraussetzung für die zweite Phase, in der aus dem – angereicherten – Syntaxbaum und einem speziell für diese Zwecke entwickelten Wörterbuch (dictionary) die semantische Analyse vorgenommen wird. Das Ergebnis dieser zweiten Analyse ist eine strukturierte interne Repräsentation, die von dem Rechner dann weiter verarbeitet werden kann. Neuere Ansätze benutzen sogenannte Unifikationsgrammatiken sowohl für die syntaktische wie auch für die semantische Analyse.

Während in diesen Arbeiten die natürlichsprachlichen Sätze über ein Terminal eingegeben werden müssen, haben andere Forschungsgebiete die sehr viel schwierigere und aufwendigere Untersuchung gesprochener Sprache zum Gegenstand (Walker 1978).

Um gesprochene Sprache zu verstehen, müssen die Schallwellen eines gesprochenen Wortes mit dem Schallmuster eines gespeicherten Wortes verglichen werden, um zunächst die syntaktische Abfolge der Wörter zu analysieren. Das Problem ist nun, daß das Schallmuster eines Wortes je nach Stellung im Satz und je nach Sprecher sehr verschieden sein kann und zudem noch aus einem Geräuschpegel herausgefiltert werden muß.

Die unmittelbaren Anwendungen solcher Grundlagenforschung liegen zum Beispiel in der Koppelung eines natürlichsprachlichen „front-ends“ mit einem Informationssystem, einer Datenbasis oder einem Expertensystem, ebenso wie in der Roboterkontrolle und der sprachlichen Anweisung (durch feste Satzmuster) technischer Geräte.

Die technologischen Konsequenzen sind offensichtlich, und amerikanische und japanische Firmen und Forschungszentren haben auf diesem Gebiet erhebliche Investitionen getätigt. In Deutschland

(Erlangen, Hamburg, Saarbrücken) sind auf diesem Gebiet dem Ausland vergleichbare Anstrengungen unternommen worden. Standardlehrbücher sind z. B. (Tennant 1981), (Winograd 1983), (Görz 1988), (Gazdar/Mellish 1989).

Expertensysteme

Auf diesem Gebiet werden Programmsysteme entwickelt, die Aufgaben erfüllen, die bisher menschlichen Spezialisten vorbehalten waren. Eines der ersten Expertensysteme war DENDRAL – ein System, das mit Hilfe einer Massenspektralanalyse Rückschlüsse auf die chemische Struktur der untersuchten Moleküle zieht (Buchanan/Feigenbaum 1978). Die Leistungsfähigkeit ist mit hochausgebildeten Chemikern vergleichbar, teilweise sogar besser.

Ein ebenfalls berühmt gewordenes System ist MYCIN, ein Expertensystem mit eingeschränktem natürlichsprachlichem Zugriff, das eine medizinische Diagnose für bestimmte bakteriologische Krankheiten erstellt und einen Therapievorschlag macht (Shortliffe 1976). Die Leistungsfähigkeit liegt über den Fähigkeiten eines normalen Hausarztes und wird, solange es sich um dieses stark eingeschränkte Fachgebiet handelt, nur noch von einzelnen universitären Spezialisten übertroffen. Das Problem liegt zur Zeit vor allem darin, daß ein solches System nur für einen engen Fachbereich zuständig ist und nicht „weiß", wann dieser Bereich der eigenen Expertise verlassen wird.

Ein medizinisches Expertensystem hat im allgemeinen das Wissen über spezielle Krankheiten und deren Erreger ebenso einprogrammiert wie die möglichen Therapien dieser Krankheiten: der behandelnde Arzt sitzt vor dem Terminal und gibt über die Tastatur seine Beobachtungen in einem Dialog in natürlicher Sprache (oder in Menüs) ein. Zum Beispiel: „Wir haben hier den Patienten Jeremia Sampel; er hat 41 Fieber. Er ist bereits seit sechs Wochen bei uns im Krankenhaus. Wir haben folgende Proben und Tests mit ihm gemacht...", das heißt, er gibt zunächst die ihm bekannten Daten über den Patienten ein. Nach jeder Eingabe fragt das System zurück, und zwar zunehmend gezielter: „Haben Sie bereits einen Abstrich aus dem Mund gemacht, und was war der Befund des Labors?". Das System beginnt, eine immer aktivere Rolle in dem Dialog zu spielen, denn nun hat es bereits intern verschiedene Hypothesen über die mögliche Krankheit aufgestellt und versucht, diese zu belegen beziehungsweise zu widerlegen. Zum Schluß bricht es den Dialog ab und gibt eine Diagnose, die auf Wunsch detailliert begründet werden kann.

Eine solche medizinische Diagnosesituation ist typisch für viele nicht-formalisierbare Wissenschaftsgebiete und erfordert die Weitergabe des Wissens durch Bücher *und* durch praktische Erfahrung. Die bisher von Menschen über die Generationenfolge weitergereichten Fähigkeiten, verschiedene Wissensgebiete problemspezifisch verfügbar zu machen und historisch zu konservieren, ist langfristig das Ziel dieser Bestrebungen, während die augenblicklichen Erfolge durch Expertensysteme für technische Anwendungen erzielt wurden.

Für die verwendeten Methoden ist es weitgehend unerheblich, ob das System einen Menschen diagnostiziert oder ein technisches Gerät, da die Problemlösungsstrategie für Diagnostik-Probleme weitgehend ähnlich ist. Wenn man beispielsweise die Wissensbasis mit Wissen über Ottomotoren aufbaut, hat man ein Expertensystem für deren Fehlerdiagnose (Puppe 1986). Ebenso lassen sich Expertensysteme für die Diagnose anderer technischer Geräte, für die Geologie (Suche nach Rohstoffen) oder für die Fehlerdiagnose von Computern selbst aufbauen. DEC (Digital Equipment Corporation) beispielsweise setzt ein Expertensystem zur Anlagenkonfiguration ihrer VAX-Rechner praktisch ein.

Obwohl ein großer industrieller Anwendungsbereich bereits erschlossen wurde, sind viele Grundlagenprobleme nach wie vor ungelöst: Beispielsweise die Kopplung mehrerer Expertensysteme, die ihr Wissen austauschen können, die Darstellung hierarchisch geordneten Wissens, die adäquate Ausnutzung zeitlicher Veränderungen und kausaler Zusammenhänge zur Problemlösung, Lernen durch Erfahrung und anderes. Außerdem sind die Bereiche, in denen Expertensysteme ihr Können zeigen, bisher viel zu schmal: Beispielsweise ist MYCIN zwar den meisten Ärzten weit überlegen, wenn es sich um die Diagnose einer ihm bekannten bakteriologischen Krankheit handelt, aber völlig hilflos, wenn es darum geht, zu entscheiden, ob überhaupt ein solcher Krankheitstyp vorliegt.

Das Hauptproblem liegt jedoch noch immer im Bereich des „common-sense-reasoning“, d. h. des Alltagswissens, das für die Entscheidungsfindungen oftmals fundamental ist. Im Schlagwort: „Expertensysteme können die Intelligenz eines Spezialisten, aber nicht die eines dreijährigen Kindes simulieren.“

Trotz vieler ungelöster Grundlagenprobleme sind die bereits existierenden Expertensysteme – zusammen mit der Verarbeitung natürlicher Sprache – in ganz besonderer Weise geeignet, falsche Vorstellungen über die angeblichen Grenzen eines Computers zu korrigieren und zu demonstrieren, wie weit es bereits gelungen ist, dem Computer Fähigkeiten zu geben, die bisher nur menschlicher Intelligenz vorbehalten waren.

Neuere Lehrbücher sind zum Beispiel (Hayes-Roth 1983), (Buchanan/Shortliffle 1984), (Jackson 1986), (Puppe 1986).

Deduktionssysteme

Das Beweisen mathematischer Sätze durch den Computer ist relativ neu: erst die technische Entwicklung der letzten zwanzig Jahre stellte genügend leistungsfähige Rechenanlagen bereit, um diese schon von Leibniz geträumte Vorstellung zu realisieren.

Inzwischen haben Deduktionssysteme zahlreiche Anwendungen in der Informatik gefunden, die von der Logik als Programmiersprache (Kowalski 1979), (Clocksin 1981) über die Programmsynthese und die Programmverifikation (Bakker 1980) reichen bis hin zum Beweisen der Fehlerfreiheit von Hardware, beispielsweise von Schaltkreisen, der Steuerung von Atomreaktoren oder allgemeiner Organisationsstrukturen. In der Programmverifikation beispielsweise wird das Programm, von dem man wissen möchte, ob es korrekt ist, zunächst spezifiziert, und dann durch ein anderes Programm analysiert. Dieses analysierende Programm hat den technischen Namen „Verifikationsbedingungsgenerator“: Nach der Analyse druckt es eine Reihe mathematischer Theoreme aus – die Verifikationsbedingungen –, und wenn diese bewiesen werden können, ist das ursprüngliche Programm korrekt. Im Laufe einer solchen Analyse können nun Hunderte von Verifikationsbedingungen ausgedruckt werden, die alle bewiesen werden müssen – eine Sisyphusarbeit, die man besser einem Computer überläßt.

Wie funktioniert ein solches Deduktionssystem? Zunächst müssen alle Aussagen in eine logische Sprache, die der Computer verarbeiten kann, übersetzt werden. Die meisten Systeme verwenden den Prädikatenkalkül erster Stufe als Eingabesprache, es gibt aber auch Beweissysteme für Logiken höherer Stufe und für entsprechend angereicherte Lambda-Kalküle.

Doch wie geschieht die Herleitung selbst? Sie kann in kleinsten Schritten nach logischen Schlußregeln erfolgen, die es gestatten, aus korrekten Aussagen weitere Aussagen zu deduzieren. Eine solche Regel, die besonders im automatischen Beweisen Verwendung findet, ist die Resolutionsregel, eine Erweiterung des schon von Aristoteles verwendeten Modus Ponens (Loveland 1978), (Wos 1984).

In der Dekade von 1965 bis ca. 1975 lag der Schwerpunkt der Forschung darauf, Verfahren zu entwickeln, die nicht mehr jeden prinzipiell möglichen Resolutionsschritt zulassen, sondern aus der Unzahl potentiell möglicher Deduktionsschritte die besten Schritte auswählen. Heute sind weit über hundert solcher als „refinements" bezeichneten Verfahren bekannt, die den Suchraum teilweise drastisch einschränken. Obwohl solche „refinements" heute zum Standardrepertoire jedes Beweissystems gehören, setzte sich die bis heute nicht unumstrittene Erkenntnis durch, daß allein auf der Basis solcher Einschränkungen keine wirklich leistungsfähigen Beweissysteme gebaut werden können.

Das Resolutionsverfahren wurde bisher am meisten und besten untersucht, in letzter Zeit sind jedoch auch andere, nicht resolutionsartige Beweisverfahren untersucht worden (Bibel 1983).

Ein Deduktionssystem, das heute zu den leistungsfähigsten Systemen im internationalen Vergleich zählt, wurde an den Universitäten Kaiserslautern und Saarbrücken entwickelt und heißt (nach dem Gründer Karlsruhes) die „Markgraf Karl Refutation Procedure (MKRP)". Diesem System gibt man eine mathematische Aussage ein, die analysiert und entsprechend aufbereitet wird, um schließlich von dem System bewiesen zu werden. Diese Beweissuche vollzieht sich in einem speziell für Computeranwendungen entwickelten Kalkül: einer auf dem Resolutionsverfahren basierenden Graph-Such-Methode, in der besonders gut heuristische Suchverfahren realisiert werden können. Der so gefundene Beweis – wenn er gefunden wird – ist für Menschen im allgemeinen schwierig zu lesen: er wird darum in eine verständlichere logische Sprache übersetzt (GENTZEN-Kalkül) und soll dann in die Umgangssprache eines Mathematikers transformiert werden. Das MKRP-System hat – ebenso wie andere, amerikanische Systeme – relativ schwierige offene mathematische Probleme beweisen können.

Die auf dem Gebiet der Deduktionssysteme entwickelten Inferenzmethoden und die Methoden zur logischen Repräsentation von

Wissen sind fundamentale Bestandteile von Computerintelligenz und zum Teil methodologische Grundlage der übrigen KI-Gebiete. Insbesondere sind Deduktionssysteme und Expertensysteme wegen der verwendeten Inferenzmethoden eng miteinander verwandt. Neuere Übersichtsartikel und Lehrbücher sind (Loveland 1978), (Loveland 1984), (Wos 1983), (Andrews 1986), (Wos 1984).

Robotertechnologie

Die Entwicklung computergesteuerter Roboter wurde bereits Ende der sechziger Jahre in den USA und in England kräftig vorangetrieben und entstand zunächst ganz unabhängig von der KI als eine Ingenieurwissenschaft, in der Aspekte der Mechanik und der Steuerung durch Computerprogramme ohne KI-Ansätze im Vordergrund standen. Es gab jedoch auch schon sehr früh eigene KI-Entwicklungen: zum Beispiel konnte der in Edinburgh (England) entwickelte Roboter FREDDY ein hölzernes Spielzeugauto, das man vor seinem Fernsehauge zerlegt und einmal exemplarisch wieder zusammengebaut hatte, aus den Einzelteilen selbständig zusammenbauen (Ambler 1975).

Der in Stanford (USA) entwickelte Roboter SHAKEY (Hart 1972) lebte in einer überdimensionalen Klötzchenwelt. Während bei dem schon erwähnten Hand-Eye-Roboter von WINOGRAD die Klötzchen klein und der Arm dazu relativ groß waren, ist es bei SHAKEY also genau umgekehrt.

Man konnte dem Roboter Anweisungen geben, wie zum Beispiel: „Bring den großen roten Block aus Zimmer A nach Zimmer B!". Der Roboter entwickelte einen Plan, wie das am besten zu bewerkstelligen war, und führte diesen dann aus.

Ausgehend von dieser Grundlagenforschung hat sich die Robotik als eine eigene wissenschaftliche Disziplin in der KI etabliert (z. B. durch die Entwicklung von Planverfahren), wenn auch bisher mit wenig Einfluß auf die heutige Robotergeneration, in der Hardwareprobleme und aus der industriellen Anwendung resultierende Spezialprobleme im Vordergrund stehen.

Die nächste Generation industrieller Roboter wird jedoch zunehmend auf Methoden der KI basieren und eine (eingeschränkte) Eigenintelligenz haben, die sie zu einer die weitere Automatisierung entscheidend prägenden Produktivkraft machen. Dieses Gebiet zeigt besonders anschaulich, mit welchem Tempo der Verlust wissenschaftlicher Wettbewerbsfähigkeit zu einem Verlust industrieller Wettbewerbsfähigkeit führen kann: Die Grundlagenforschung wurde vor rund 15 Jahren in den USA begonnen und von der deutschen Informatik weitgehend ignoriert. Heute sind in Japan über 15000 Industrieroboter im Einsatz (wenn auch bisher mit wenig Eigenintelligenz), und es ist bekannt, daß die mangelnde Konkurrenzfähigkeit europäischer Produkte auch auf den höheren Automatisierungsgrad der japanischen Industrie zurückzuführen ist.

Bildverstehen

Offensichtlich hat die Evolution das Sehen als so wichtig angesehen, daß die meisten Berechnungen, die zur Gestaltwahrnehmung nötig sind, in spezieller biologischer Hardware ausgeführt werden und der Introspektion nicht zugänglich sind. Der Rechenzeit, die unser Gehirn benötigt, um aus den visuellen Rohdaten eine Gestalt zu berechnen, kann man nur durch umständliche Versuche nahekommen und die Rohdaten selbst, die beispielsweise das Auge an das Gehirn sendet, sind unserer Introspektion gänzlich verschlossen. Dies ist sicher auch ein Grund, warum uns das Sehen so kinderleicht erscheint, während eine später erworbene Fähigkeit, zum Beispiel das Beweisen mathematischer Sätze, als schwer angesehen wird.

Dabei ist es wohl eher umgekehrt: Die ungeheure Rechenkapazität, die zum Erkennen eines einzigen Bildes notwendig ist, kann gar nicht überschätzt werden, und die Geschichte des Computersehens ist im wesentlichen die Geschichte der Entdeckung dieser Probleme.

Wie funktioniert ein Computerprogramm, das Gegenstände erkennen kann?

Bei geometrischen Figuren kann man zunächst die Stellen großer Helligkeitsunterschiede bestimmen, um so zunächst die Kanten eines Objektes zu finden. Diese Daten müssen dann bereinigt und durch gerade Linien so geschickt approximiert werden, daß möglichst ein plausibler geometrischer Körper herauskommt. Die weiteren Sehprogramme müssen diese Linienzeichnung geschickt interpretieren und zum Beispiel merken, welche Linien zusammengehören und einen Körper repräsentieren. Und letztlich müssen diese Programme natürlich herausfinden, um welche Körper es sich handelt und wie sich diese Körper zueinander verhalten. Die endgültige zu berechnende Repräsentation des ursprünglichen Bildes muß also die räumliche Beschreibung liefern, daß beispielsweise zwei Körper in dem Bild zu sehen sind, ein Quader und ein Keil, und daß der Quader hinter dem Keil in der Zimmerecke steht. Diese Repräsentation wird wiederum in einem geeigneten Formalismus ausgedrückt und im Computer gespeichert.

Abgesehen von der wissenschaftlichen Fragestellung nach den Mechanismen, die eine **Gestalt**-Wahrnehmung ermöglichen, und den dadurch möglich gewordenen Erklärungsversuchen und Rückschlüssen auch auf das menschliche Sehvermögen (Marr 1982), bietet dieses Gebiet ebenfalls technologische Anwendungsmöglichkeiten, die vom Roboterbau über medizinische Anwendungen (Reihenuntersuchungen von Röntgenbildern usw.) bis hin zur Auswertung von Luftbildaufnahmen reichen.

Neben der Verarbeitung natürlicher Sprache ist dies sicher eines der größten und wichtigsten Untergebiete der KI, das selbst von Spezialisten kaum noch im ganzen überschaubar ist. Standardlehrbücher sind zum Beispiel (Ballard 1982), (Winston 1975), (Ullmann 1979), (Hall 1979).

Abbildung 1 (s. S. 213) stellt noch einmal die wichtigsten Teilgebiete der KI – nach Methoden und Anwendungen gegliedert – zusammen. Weiterführende Literatur, die wichtigsten europäischen und außereuropäischen KI-Forschungszentren, Projektbeschreibungen und entsprechende Kontaktadressen sind zusammengestellt in (Bibel/Siekmann 1987).

Kognition

Wie kann Geist (ein immaterieller, informationsverarbeitender Prozeß) mit Materie in Verbindung gebracht werden? Gibt es Kategorien, die menschliches oder maschinelles Denken a priori beschränken? Wie funktioniert die biologische Informationsverarbeitung?

Diese und weniger grandiose, aber verwandte Fragestellungen sind klassischerweise in der Philosophie, der Psychologie oder der Linguistik gestellt worden.

Im Lichte unserer Erfahrung mit künstlichen informationsverarbeitenden Systemen bekommen solche Fragen einen neuen Aspekt (Sloman 1978), und die Mechanismen, die Intelligenz ermöglichen, können im Prinzip unabhängig von ihrer Trägersubstanz, der neuronalen „Hardware“ einerseits oder dem Silicon-Chip andererseits untersucht werden. Dazu haben sich an einigen amerikanischen Hochschulen Philosophen, Psychologen, Linguisten und Wissenschaftler der Künstlichen Intelligenz zusammengeschlossen und ein neues Fachgebiet: „Cognitive Science“ gegründet. Diese Fachgruppen halten eigene internationale Konferenzen ab und geben eine eigene Fachzeitschrift „Cognitive Science“ heraus. Es gibt inzwischen eine große Anzahl von Lehrbüchern auf diesem Gebiet.

„Why people think computers can't“

Die Künstliche Intelligenz hat in den letzten dreißig Jahren leidenschaftliche öffentliche und wissenschaftliche Diskussionen über ihren Anspruch provoziert und beschäftigt die Medien wic kaum ein

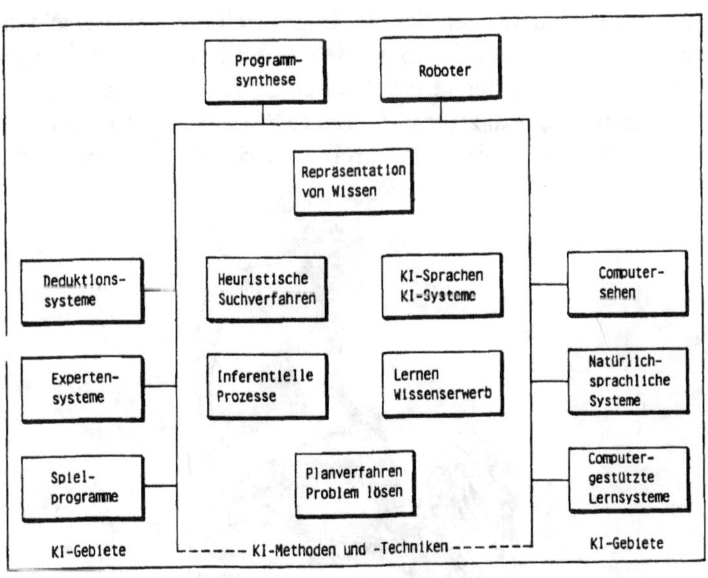

Abb. 1. Die wichtigsten Teilgebiete der KI.

anderes Fach. Wie kommt das, und was sind diese über das rein Fachliche hinausgehenden Ansprüche?

Verstehen im Lichte unserer Erfahrung

Forschung findet im Kontext einer geschichtlich gewachsenen wissenschaftlichen Erfahrung statt, die es erlaubt, dem Kenntnisstand entsprechend sinnvolle Fragen zu stellen und nach den richtigen Antworten zu suchen.
Ein positives Beispiel:

Als der Engländer Harvey im 17. Jahrhundert die Funktionsweise des Blutkreislaufes entdeckte, übertrug er das bis dahin bekannte mechanistische, physikalische Weltbild auf den menschlichen Körper. Er hatte Glück damit: Die Vorstellung von Rohrleitungen, Pumpen, strömenden Medien usw. war im wesentlichen adäquat und beschrieb hinreichend genau die Funktion des Herzens als Blutpumpe und der Adern als transportierendes Leitungssystem.
Ein negatives Beispiel:

Der französische Philosoph Descartes, ebenfalls ein Vertreter dieser neuen mechanistischen Schule, fragte sich etwa zu derselben Zeit, wie der junge Mann auf der folgenden Abbildung es wohl bewerkstelligt, seinen Fuß von der Hitze des Feuers zurückzuziehen.

Er entwickelte dazu etwa folgende Vorstellung: In F befindet sich ein Flüssigkeitsreservoir (eine durch die Erfahrung belegte Tatsache),

Abb. 2. Illustration aus: R. Descartes, „Traité de l'Homme".

das durch ein Ventil d verschlossen ist. Dieses Ventil läßt sich öffnen, um so durch die Leitungsbahn die Flüssigkeit an den Muskel in B fließen zu lassen, die dann die Kontraktion des Muskels bewirkt. An sich kein dummer Gedanke, aber leider völlig ungenügend: Solange elektrochemische Vorgänge unbekannt waren und das Wissen, daß man **Information in elektrische Impulse codieren kann,** nicht zur Verfügung stand, bestand nicht die geringste Aussicht, die Funktionsweise der Nervenbahnen und des Gehirns aufzuklären. Ja, es gab nicht einmal eine Chance, die richtigen Fragen zu stellen.

Die ernsthafte Erforschung der Mechanismen, die Intelligenz ermöglichen, konnte erst beginnen, als der aus der Informatik kommende Begriffsapparat zur Verfügung stand. Die Forschung der Künstlichen Intelligenz erhebt den historischen Anspruch, mit dieser neuen – von ihr selbst entscheidend mitgeprägten – Methodologie einen materiellen, „mechanistischen" Erklärungsversuch für die Funktionsweise intelligenter Prozesse zu liefern: "The new concept of 'machine' provided by Artificial Intelligence is so much more powerful than familiar concepts of mechanism that the old metaphysical puzzle of how mind and body can possibly be related is largely resolved" (Boden 1977).

„The brain happens to be a meat machine"

Die These, daß es bezüglich der kognitiven Fähigkeiten keine prinzipiellen Unterschiede zwischen einem Computer und dem Menschen gäbe, weckt Emotionen und erscheint dem Laien ebenso unglaubwürdig wie vielen Computerfachleuten.

Das ist verständlich: Mit dieser These ist eine weitere Relativierung der Position des Menschen verbunden, vergleichbar der Annahme des heliozentrischen Weltbildes im 17. oder der Darwinschen Evolutionstheorie in der zweiten Hälfte des vorigen Jahrhunderts. Im Gegensatz zu jenen Thesen, deren Auswirkungen bestenfalls für einige Philosophen oder gewisse zur Religiösität neigende Menschen beunruhigend war, hat diese jedoch – sofern sie sich als zutreffend erweist – bisher nicht absehbare technologische und damit soziale und politische Konsequenzen.

Insbesondere dem etablierten Informatiker muß all dies um so vermessener erscheinen, als er glaubt, von einem Computer etwas zu verstehen. Die in fester Weise miteinander verschalteten Transistoren eines Computers, die sklavisch – wenn auch mit hoher Geschwindigkeit – die starren Anweisungen eines Algorithmus ausführen, mit menschlicher Intelligenz in Verbindung bringen zu wollen, erscheint ihm absurd.

Doch darin liegt ein erstes Mißverständnis. Die in der Informatik übliche Unterscheidung zwischen Hardware und Software ist gerade der Kern eines wesentlichen Arguments zur Stützung der These:

Die Transistoren sind in einer Weise miteinander verschaltet, die sicherstellt, daß alles, was im Prinzip berechnet werden kann, auch auf diesem speziellen Computer – genügend Speicher vorausgesetzt – berechenbar ist, und ein Programm, das in einer höheren Programmiersprache geschrieben ist, ändert sein Verhalten nicht, auch wenn es auf Computern völlig unterschiedlicher Architektur läuft. Es würde sich aber auch nichts ändern, wenn dieses Programm auf der Neuronenhardware des Gehirns abläuft, von der man ebenfalls annimmt, daß sie in einer Weise verschaltet ist, die die entsprechenden Berechnungen erlaubt (McCullock 1965).

Ein weiteres Mißverständnis mag durch den bisherigen vornehmlich numerischen Einsatz von Computern entstehen, der leicht die Einsicht verschüttet, daß es möglich ist – in einer Programmiersprache entsprechend hohen Abstraktionsniveaus (z. B. LISP oder PROLOG) – die uns umgebende Welt und Sachverhalte über diese Realität symbolisch zu repräsentieren und zu manipulieren. Auf **diesem** Repräsentationsniveau ist die Analogie zu menschlicher intellektueller Aktivität zu suchen, und es ist dabei unerheblich, wie diese symbolische Repräsentation durch die verschiedenen konzeptuellen Schichten (höhere Programmiersprache → Transistoren → Elektronenfluß) im Computer einerseits und im Gehirn („Programmiersprache" → bestimmte funktionale Neuronenkonfiguration → Synapsen, Neuronen → Elektronenfluß) andererseits realisiert werden.

Die Fähigkeit meines Gehirns in diesem Augenblick, aus den von meiner Retina gesendeten und im Elektronenfluß des optischen Nervs codierten Signalen eine symbolische Repräsentation zu berechnen, die es gestattet, den vor mir stehenden Schreibtisch als **Gestalt** zu erkennen, basiert auf Methoden, die auch in einem Computerprogramm formuliert werden müssen, wenn es die Fähigkeit zur Gestaltwahrnehmung haben soll. Es ist bisher kein stichhaltiges Argument bekannt, welches zu der Annahme berechtigt, daß solche Methoden –

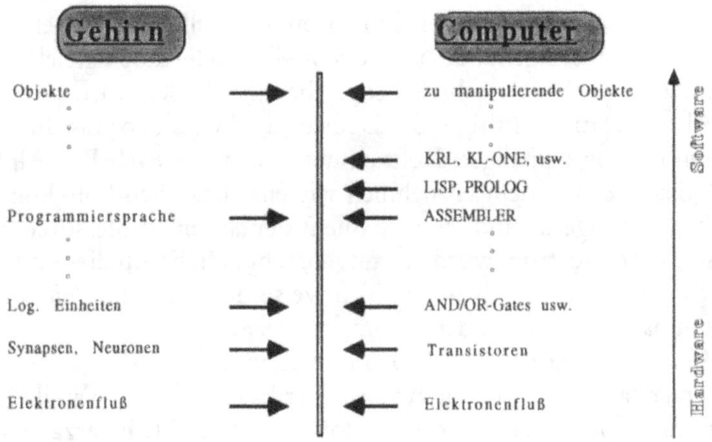

"Levels of Abstraction"

ebenso wie zu komplexeren geistigen Tätigkeiten befähigende Methoden – nicht auch auf einem Computer realisiert werden können, und de facto gehen die meisten Wissenschaftler der KI von der Arbeitshypothese aus, daß es keinen prinzipiellen Unterschied zwischen den kognitiven Fähigkeiten von Mensch und Maschine gibt.

Diese Hypothese kann zu der Spekulation verleiten, daß – genügend weitere KI-Forschung vorausgesetzt – der Unterschied zwischen Mensch und Maschine zunehmend geringer werden wird, und diese Schlußfolgerung hat berechtigte Kritik herausgefordert (Weizenbaum 1976). Diese Kritik basiert im wesentlichen auf dem Argument, daß wir als denkendes Subjekt nicht allein durch eine abstrakte intellektuelle Fähigkeit, sondern auch durch das „In-der-Welt-Sein" dieser Fähigkeit geprägt sind. Wir sind als geistige Person die Summe unserer körperlichen und intellektuellen Erfahrungen: Die Tatsache, daß wir geliebt worden sind und geliebt haben, daß wir einen Körper haben und ungezählten sozialen Situationen ausgesetzt sind, die je nach sozialer Schicht und lokaler Besonderheit verschieden sind, hat einen das Denken prägenden Einfluß, dem ein Computer nicht ausgesetzt ist. Obwohl ein großer Teil dieser Erfahrungen explizit gemacht und dann auch programmiert werden kann, und obwohl es irrig ist zu glauben, ein Computer könne nicht so programmiert werden, als ob er entsprechende Emotionen habe, ist er doch nicht in der Welt, wie wir es sind, und wird, selbst rapiden technischen

Fortschritt vorausgesetzt, eine uns fremde Intelligenz bleiben – eine maschinelle Intelligenz, die uns rein intellektuell jedoch gleichwertig, ja zur Zeit auf Spezialgebieten sogar bereits überlegen ist.

Als die „Studienstiftung des Deutschen Volkes" vor fast fünfzehn Jahren meinen damaligen Doktorvater Pat Hayes nach Bad Alpbach einlud und er vor dem vornehmen wissenschaftlichen Publikum von Nobelpreisträgern und respektablen deutschen Professoren eben diese Thesen vortrug, wurde er aufgebracht gefragt, ob diese „mechanistische", „reduktionistische" Sichtweise des Menschen nicht einer antihumanistischen Tendenz Vorschub leiste.

Als er verstanden hatte, wovon überhaupt die Rede war, erzählte er den erstaunten Professoren von seiner Frau und einer Tätigkeit, die man im Englischen mit „to make love" umschreibt. Er erzählte, wie sehr er seine Frau auch körperlich liebe, und daß es dieser Liebe nicht im geringsten abträglich sei, daß er im wesentlichen verstehe, wie ihr Körper chemisch und physikalisch funktioniere. Beispielsweise wenn sie erregt sei, seien die Drüsenfunktionen im wesentlichen bekannt. Oder wenn sie den Kopf so schön seitlich hielte... und dann diese Nackenlinie, die er immer so bewundert habe und von der er wisse, daß sie durch bestimmte Schwerkraftbedingungen entstehe! Ebenso sei es mit der Funktionsweise des Gehirns, das nun einmal als informationsverarbeitender Prozeß rational verstehbar funktioniere. Und sich an einen der berühmteren Teilnehmer wendend: "I know, Professor Breitenberg, your brain is a machine – but whouw, what a machine!"

Perspektiven der KI

Lassen Sie mich zum Abschluß noch auf einige Fragen eingehen, die in der Diskussion gestellt wurden. Zunächst die Frage, ob diese Technologie nicht die Würde des Menschen antastet und er wichtiger Fähigkeiten (in der Arbeit) beraubt würde. Dazu muß man sehen, daß in vielen Bereichen, in denen Menschen jetzt arbeiten und ihre Intelligenzleistung einbringen, sie diese ja nicht menschlich ganzheitlich einbringen, sondern immer nur gewisse Aspekte. So wie wir früher nur spezifische Aspekte unserer Muskelkraft in die Arbeit eingebracht haben, obwohl wir mit unserem Körper viel schönere Sachen machen können, als immer nur die Dinge, die routinemäßig im automatisierten Arbeitsprozeß anfallen, so sind wir im Augenblick gezwungen, routinemäßig Intelligenzleistungen einzubringen, obwohl wir mit unserem Kopf und unserem Menschsein eigentlich viele schöne Sachen machen könnten.

Der Ministerialangestellte, der irgend etwas in der Verwaltung in Formulare einträgt, der Fachmann, der genau über einen Motor Bescheid weiß usw., die bringen sich ja nicht als ganze Menschen ein. Wenn diese Arbeiten von Maschinen übernommen werden könnten, so ist dies sicher kein Verlust an Menschlichkeit.

Aber wo werden nun die Veränderungen in unserer Arbeitswelt zunächst am deutlichsten sichtbar werden, und worin besteht eigentlich der revolutionäre Anspruch dieser Technologie? Zunächst noch einmal eine globale Beobachtung: Die Tatsache, daß Denken und Informationsverarbeitung nur zufällig in der evolutionären Entwicklung an feuchte, neuronale Hardware gebunden waren, aber daß dies nicht notwendig so sein muß, sondern auf trockener Silikonhardware simulierbar ist, das ist die dem Gebiet zugrundeliegende Einsicht, die jetzt Auswirkungen auf verschiedene gesellschaftliche Bereiche hat.

Diese Auswirkungen kann man nicht nur für die KI getrennt betrachten, sondern man muß die Informationstechnologie, in die diese neuen Gebiete (KI, Neuronale Netze, „artificial life" etc.) eingebettet sind, als **Ganzes** sehen.

In der Übergangsphase, also in den nächsten zehn bis zwanzig Jahren, wird zunächst die Mechanisierung technischer Intelligenz im Vordergrund stehen. Das heißt, die Veränderung in unseren Produkten, die wir heute schon sehen können, wird sich beschleunigen. Jeder Schalter im Fahrstuhl beispielsweise sieht heute anders aus als noch vor zehn Jahren: damals war er mechanisch, heute ist es ein Touchsensor. Wenn Sie ein japanisches Videogerät heute öffnen, sieht das vollständig anders aus als das Bandgerät, das ich in den sechziger Jahren zum ersten Mal in meinem Leben geschenkt bekommen habe: darin waren alle Steuereinheiten mechanisch. Daß sich CD-Platten noch drehen, ist ein Anachronismus: die Information könnte man besser in einem festen Chip speichern. Es wird Kaffeemaschinen geben, die Sie ansprechen können und denen man sagen kann, geh aus oder an und mach soundsoviel Kaffee.

Unsere Produkte sind in einem immer dramatischeren Wandel begriffen, in dem Mechanisches soweit wie möglich zurückgedrängt wird, und jedes Gerät zunehmend seine eigene Informationsverarbeitung hat, und letztlich auch eine eigene eingeschränkte technische Intelligenz. In die hochkomplexe Werkzeugmaschine wird ein Expertensystem eingebaut sein, das, wenn irgend etwas nicht funktioniert, dieses merkt, zunächst versucht, es selber zu reparieren und dann, wenn das nicht geht, einen Werkmeister ruft und dem genaue Anweisung gibt, was für Werkzeuge er mitbringen soll, was kaputt gegangen ist, was er reparieren muß, und im übrigen möchte er doch bitte daran denken, daß er nicht wieder seinen Schraubenschlüssel darin liegen läßt, wie beim letzten Mal. Mit dieser zunehmenden Automatisierung werden sich auch unsere Fabriken verändern.

Das Problem scheint mir bei vielen Firmen zu sein, daß sie häufig viel zu kurzsichtig voraussehen. In Europa ist dies nicht ganz so extrem wie in den USA, wo es zu einem ernsten Strukturproblem geworden ist, trotzdem ist es auch bei uns nicht unproblematisch: Wenn man maximal fünf Jahre vorausschaut, dann findet man die üblichen Studien, die sich mit den Problemen beschäftigen, warum sich CIM nicht richtig durchsetzt und warum Expertensysteme noch nicht eingebunden sind in den Produktionsablauf; warum die und die Datenverarbeitung noch nicht in Ordnung ist und warum man EDV-relevante Strukturveränderungen noch nicht wirklich durchgeführt hat usw. All dies steht im Vordergrund, und man merkt dann gar nicht mehr, daß man auf einer ganz anderen Reise ist, wo diese Probleme natürlich mittelfristig gelöst sein werden. Sobald solche Anfangsprobleme jedoch gelöst sind, wird sich eine Dynamik entfalten in Hinsicht auf die Automatisierung in den Fabriken, die eigentlich für einen Fachmann ziemlich offensichtlich sein sollte und zum Teil auch von japanischen Firmen schon demonstriert wurde.

Ich habe selbst so eine menschenleere Fabrik einmal gesehen, in der vollautomatisch produziert wird, wo kein Mensch mehr zu sehen ist, der Fußboden mit diesen schwarzen Gummiplatten belegt ist, wie in einem Flughafen, und nur gelegentlich fährt ein einsamer Ingenieur mit dem Fahrrad im weißen Kittel quietschend vorbei.

Kurzum, was wir beobachten, ist eine immer stärkere Automatisierung in der Herstellung unserer Waren, aber auch eine Umgestaltung unserer Produkte, die zunehmend eine gewisse eigene Intelligenz haben werden.

Unsere Autos werden dies haben, und komplizierte Werkzeugmaschinen werden es ebenso haben wie Flugzeuge beispielsweise. Mein Haus, das ich in zehn oder zwanzig Jahren kaufen werde, wird eine gewisse Eigenintelligenz haben, und je nach Geldbeutel kann ich mehr oder weniger Intelligenz in dieses Haus investieren. Ich kann, ehe ich hinausgehe, in natürlicher Sprache Information abrufen, zum Beispiel wo die Verkehrsdichte heute am größten ist. Der Bordcomputer im Haus wird mich fragen, ob er mir direkt sagen soll, wie ich zum Dienst komme und wie ich den Verkehrsstau umfahren soll. „Oder soll ich es gleich deinem Computer im Auto mitteilen, dessen Computer nun informiert ist und dann in natürlicher Sprache eine genaue Fahranweisung gibt" (und falls ich nicht aufpasse und eine Abbiegung überfahre, einen neuen Plan entwirft).

Kurzum, ganz langsam und zunehmend immer schneller über das Jahr 2000 hinaus, werden sich die Produkte und unsere sozialen Strukturen, die zur Herstellung dieser Produkte notwendig sind, wandeln, und wir werden den Computer als völlig selbstverständlichen Bestandteil unseres Lebens akzeptieren – und damit langsam zu anderen Menschen werden.

So wie der Steinzeitmensch ein anderer war als der Mensch, der nach der industriellen Revolution lebt und Güter und materielle Versorgung als festen Teil seines Lebens ansieht, so wird der Mensch, der diese Technologie beherrscht und für sich einsetzt, ein anderer sein. Ebenso werden die sozialen Strukturen anders sein.

Literatur

Ambler, P., et al. (1975), A Versatile for Computer-Controlled Assembly, J. Art. Intelligence 6.

Andrews, P. (1986), An Introduction to Mathematical Type Theory: to Truth Through Proof, Academic Press.

Bakker, de, J. (1980), Mathematical Theory of Program Correctness, Prentice Hall.

Ballard, Brown (1982), Computer Vision, Prentice Hall.

Bibel, W. (1983), Automated Theorem Proving, Vieweg Verlag.

Bibel, W., Siekmann, J. (1987), Studien- und Forschungsführer Künstliche Intelligenz, Springer Verlag.

Bobrow, D. G. et al. (1977), GUS, A Grame Driven Dialog System, J. Art. Intelligence 8, 2.

Boden, M. (1977), Artifical Intelligence and Natural Man, New York, Harvester Press.

Buchanan, B., Shortliffe, E. (1984), Rule Based Expert Systems, Reading Mass.: Addison-Wesley.

Buchanan, B. G., Feigenbaum, E. A. (1978), Dendral and Metadendral: Its application dimensions, J. Art. Intelligence 11.

Clocksin, W., Mellish, C. (1981), Programming in PROLOG, Berlin: Springer Verlag.
Gazdar, G., Mellish, Ch. (1989), Natural Language Processing in PROLOG, Reading Mass.: Addison-Wesley.
Görz, G., Strukturanalyse Natürlicher Sprache, Reading Mass.: Addison-Wesley.
Hall, F. L. (1979), Computer Image Processing and Recognition, New York: Academic Press.
Hart, P., et al. (1972), Artificial Intelligence – Research and Applications, Menlo Park, Cal.: Techn. Report, SRI.
Hayes-Roth et al. (1983), Building Expert Systems, Reading Mass.: Addison-Wesley.
Jackson, P. (1986), Expertensysteme, Eine Einführung, Reading Mass.: Addison-Wesley.
Kowalski, R. (1979), Logic for Problem Solving, Amsterdam: North Holland.
Loveland, D. (1978), Automated Theorem Proving, Amsterdam: North Holland.
– – (1984), Automated Theorem Proving: A Quarter Century Review, Duke Univ.
Marr, D. (1982), Vision, San Fransisco: W. H. Freeman.
McCullock (1965), Embodiments of Mind.
Puppe, F. (1986), Expertensysteme, Informatik Spektrum 9, 1–13.
– – (1988), Expertensysteme, Berlin: Springer Verlag.
Shortliffe, E. H. (1976), Computer Based Medical Consultations: MYCIN, Amsterdam: North Holland Publ. Comp.
Sloman, A. (1978), The Computer Revolution in Philosophy, New York: Harvester Press.
Tennant, H. (1981), Natural Language Processing, Prentice Hall.
The Markgraf Karl Refutation Procedure, Universität Kaiserslautern, FB Informatik, Postfach 3049, 6750 Kaiserslautern.
Ullmann, S. (1979), The Interpretation of Visual Motion, MIT-Press.
Weizembaum, J. (1976), Computer Power and Human Reasoning, San Fransisco: W. H. Freeman.
Winograd, T (1970), Understanding Natural Language, Edinburgh: Univ. Press.
– – (1983), Language as a Cognitive Process: Syntax, Reading Mass.: Addison-Wesley.
Walker, D. E. (1978), Understanding Spoken Language, Amsterdam: North Holland.
Winston, P. (1975), The Psychology of Computer Vision, McGraw Hill.
Wos, L. (1983), Automated Reasoning, Proc. Joint International Conference on Art. Intelligence, Karlsruhe.
– –, Overbeek, R., Lusk, E., Boyle, J. (1984), Automated Reasoning Introduction and Applications, Prentice Hall.

Rolf Eckmiller

„Neuroinformatik"

Übertragung von Konzepten der Hirnforschung auf lernfähige Computersysteme

In dem Bestreben, Rechner-Eigenschaften und Leistungen technisch zu realisieren, wie sie in biologischen Nervensystemen, also zum Beispiel der Fliege, des Frosches, oder sogar des Menschen gegeben sind, ist in den letzten Jahren eine breit gefächerte Grundlagenforschung in Gang gekommen, an der weltweit mehrere tausend Wissenschaftler aus den Bereichen der Mathematik, Physik, Neurobiologie, Informatik und den Ingenieurwissenschaften in rasch wachsender Zahl teilnehmen.

Dieses Forschungsgebiet der Neuroinformatik ist im englischen Sprachraum als Neural Networks for Computing und teilweise auch als Connectionism bekannt und hat sich bereits zu einem zunehmend wachsenden Teilbereich der Computer-Industrie entwickelt. Die Neuroinformatik hat zwei Haupt-Antriebe, die gleichzeitig eine Gewähr dafür bieten, daß man nicht nur von einer Mode-Erscheinung sprechen kann:

1) *Suche nach technischen Lösungen zur Erzeugung intelligenter Funktionen, wie z. B.*
- Erkennung von Bildern oder Sprache
- Assoziatives Lernen und Gedächtnis und ferner
- Steuerung lernfähiger Roboter.

2) *Erforschung der Informationsverarbeitungs-Prinzipien* in biologischen Nervensystemen einschließlich des menschlichen Nervensystems für diagnostische und therapeutische Zwecke im Bereich der Neurotechnologie.

Abb. 1 gibt einen sehr vereinfachten Hinweis darauf, daß das menschliche Gehirn aus sehr vielen Nervenzellen oder Neuronen besteht, die jeweils am Eingang über 1000 bis 10 000 parallele Zu-

Zunächst ein Vergleich mit den herkömmlichen Computer-Technologien

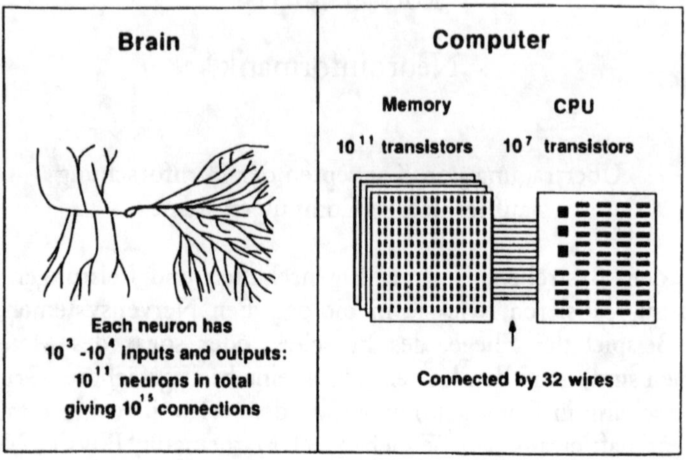

Abb. 1. Schematischer Vergleich zwischen dem Nervensystem des Menschen und einem einfachen Computer

leitungen mit verstellbaren Eingangsgewichten an den Synapsen und wahrscheinlich auch verstellbaren Zeitverzögerungen Signale in Form von asynchronen Puls-Folgen von vielen anderen Neuronen verarbeiten. Jedes einzelne dieser Neuronen wiederum verteilt sein ständig veränderliches Ausgangssignal auf 1000 bis 10 000 andere Neurone. Das Gedächtnis (Memory) ist repräsentiert durch die veränderlichen Gewichtsfaktoren der vielen Synapsen. Die Informationsverarbeitung erfolgt im Gehirn parallel, diskret, analog und asynchron, also ohne zentralen Taktgeber. Der bei Computern bekannte Vorgang der Programmierung scheint im Gehirn ersetzt zu sein durch Selbstorganisation während eines Lernvorganges.

Im Vergleich dazu mag ein typischer herkömmlicher Computer aus vielen Transistoren bestehen, die sich hauptsächlich im Memory oder in der zentralen Recheneinheit (CPU) befinden. Es fällt sofort die erheblich geringere Zahl von Verbindungen auf. Die Programmierung erfolgt bekanntlich durch eine Sequenz von Befehlen, die im Takt des zentralen Taktgebers nacheinander abgearbeitet werden. Die Informationsverarbeitung in herkömmlichen Computern erfolgt sequentiell, digital und synchron.

Der internationale Wettbewerb um Neuentwicklungen in der Computer-Industrie zeigt hauptsächlich zwei Richtungen:

Erstens werden Supercomputer, Stichwort: Cray entwickelt durch Miniaturisierung, Geschwindigkeitserhöhung und Leistungserhöhung.

Zweitens werden Massiv Parallele Computer, Stichwort: Suprenum oder Connection Machine entwickelt, die aus vielen gleichartigen Prozessoren bestehen und per Software von einem Host-Computer gesteuert werden.

Diese herkömmlichen Computer lassen sich durch drei Aspekte grob klassifizieren:

a) General Purpose Computer
b) Festlegung der Funktion durch Software
c) Algebraische Repräsentation der gewünschten Funktion

Im Gegensatz dazu läßt sich die Informationsverarbeitung in neuronalen Netzen, also in Neuronalen Computern durch folgende drei Aspekte klassifizieren:

a) Special Purpose Computer z. B. für Zeichenerkennung oder Robotersteuerung
b) Festlegung der Funktion durch Wahl der Netz-Topologie, der Lernregeln und der Lernangebote
c) Geometrische Repräsentation der gewünschten Funktion im Gegensatz zur algebraischen Repräsentation bei Digitalrechnern

In zahlreichen Forschungsinstituten, auch im KI-Bereich, wird gleichzeitig an neuen Software-Programmen und an lernfähiger, selbstorganisierender Netz-Hardware gearbeitet.

Bemerkungen zur weltweiten Forschungsförderung in der Neuroinformatik

In den USA beträgt die staatliche Forschungsförderung ab 1989 mindestens 20 Mill. $/Jahr. Es gibt ferner erhebliche Industrieforschungsanstrengungen, insbesondere bei AT&T Bell, IBM, TI, Lookheed, Boeing, usw. Die geschätzte Zahl der Fach-Wissenschaftler in den USA beträgt 3500–4000.

In Japan kommen staatliche Förderungsprogramme von MITI in Gang mit einem geschätzten Volumen von etwa 20 Mill. $/Jahr.

Industrieforschungsabteilungen großer Computer-Konzerne und der Roboter-Industrie haben ihre Forschungsanstrengungen erheblich verstärkt. Man schätzt die gegenwärtige Zahl der japanischen Fach-Wissenschaftler auf 500–1000.

In Europa gibt es mehrere EG-Programme, insbesondere ESPRIT II, die einen nennenswerten Anteil an der Neuroinformatik-Forschung haben. Man schätzt das Volumen dieser EG-Forschungsanteile auf 15 Mill. $/Jahr. Insbesondere in Großbritannien, Frankreich und der Bundesrepublik konzentriert sich diese Forschung, die auch zunehmend die Industrie mit einbezieht, und wird von mehr als 1000 Wissenschaftlern getragen.

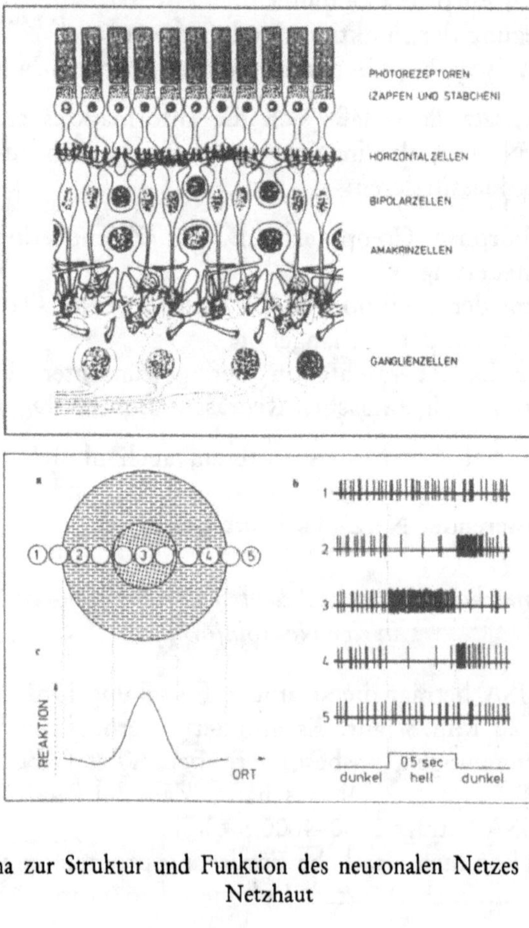

Abb. 2. Schema zur Struktur und Funktion des neuronalen Netzes der Wirbeltier-Netzhaut

Das einzige europäische Land mit einem zusätzlichen signifikanten nationalen Förderungsprogramm ist die Bundesrepublik. Das BMFT fördert seit dem Frühjahr 1988 ein Verbundvorhaben mit dem Titel: Informationsverarbeitung in neuronaler Architektur. Das Förderungsvolumen für 1988 war 3 Mill. DM. In der 2. Förderphase ab 1991 hat sich das Volumen auf etwa 12 Mill. DM/Jahr erhöht.

Prinzipien der Informationsverarbeitung in biologischen Nervensystemen

Ein ganz zentraler Aspekt neuronaler Netze betrifft die Netzwerk-Topologie, also das Verknüpfungsmuster der vielen Neurone. Biologische Nervensysteme bestehen aus Regionen mit jeweils ganz besonderen, charakteristischen Netz-Topologien.

Abb. 2 zeigt andeutungsweise die Netz-Topologie der Retina oder Netzhaut des Auges, die ja einen Teil des Zentralnervensystems darstellt. Sie können oben die Schicht der lichtempfindlichen Photorezeptoren erkennen. Die Ganglienzellen übertragen das „Rechenergebnis“ der Retina über den Sehnerv zu weiteren Hirnregionen. Unten ist angedeutet, wie sich die Impulsfolge einer dieser Ganglienzellen ändert, wenn ein kleiner Lichtreiz an verschiedenen Orten innerhalb des rezeptiven Feldes dieser Ganglienzellen an- und ausgeschaltet wird. Völlig anders sieht die Netzwerk-Topologie eines

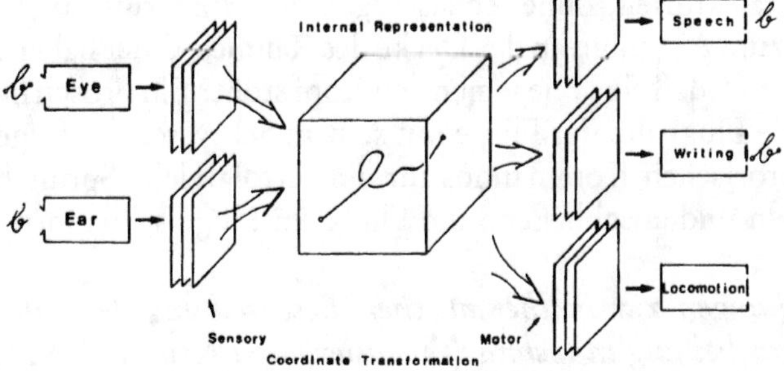

Abb. 3. Einfaches Schema des Nervensystems des Menschen als ‚Föderation' einzelner Netz-Module

Teiles der Großhirnrinde aus, die ebenfalls am Sehvorgang beteiligt ist. Die in der frühkindlichen Entwicklung bereits genetisch vorgegebene Anfangstopologie spielt bei jeder der vielen Teilregionen des Gehirns eine entscheidende Rolle bei dem Vorgang der Selbstorganisation aufgrund vieler Lernoperationen.

Es ist sinnvoll, das Zentralnervensystem zum Beispiel von Primaten zu betrachten als eine Föderation von ‚Special Purpose' Modulen, wie dies in Abb. 3 angedeutet ist.

Die hier gezeigten einzelnen Module dienen einerseits zur sensorischen Aufnahme zum Beispiel von gesehenen oder gehörten Ereignissen und andererseits zur Erzeugung von Bewegungen, wie sie etwa zum Sprechen, Schreiben oder Tanzen erforderlich sind. Der einfache Block in der Mitte dieses stark vereinfachten Schemas stellt die interne Repräsentation von sensorischen, assoziativen oder motorischen Ereignissen dar. Sowohl die sensorischen als auch die motorischen Funktionsmodule sind mit der internen Repräsentation über spezielle Neuronale Netz-Module zur Koordinaten-Transformation verknüpft. Dieses Föderationsschema betont einen speziellen Aspekt der Informationsverarbeitungsfähigkeiten biologischer Neuronaler Netze: Sowohl auf der sensorischen Seite links als auch bei der internen Repräsentation und auf der motorischen Seite rechts handelt es sich um Trajektorien, also um Bahnen, die mit einer speziellen Zeitfunktion durchlaufen werden. „Aha", könnte man jetzt sagen, „das Gehirn ist also im wesentlichen ein Manager von Trajektorien." In der Tat dienen die Nervensysteme von Fliegen, Fröschen oder Affen nicht dazu, algebraische Aufgaben zu lösen, die den Alltag der uns bekannten herkömmlichen Computer ausmachen. Vielmehr erzeugt zum Beispiel eine Fliege Flug-Trajektorien, ohne jemals gegen ein Hindernis zu stoßen, und landet zum Abschluß an der Decke des Raumes. Oder haben Sie jemals beobachtet, daß eine Fliege sich den Kopf stößt? Ein Frosch in der Nähe kann die Flugbahn der Fliege mit seinem Sehsystem verfolgen, daraus die motorischen Kommandos für eine erfolgreiche Sprungbewegung ermitteln und anschließend die Fliege im Fluge schnappen.

Bemerkungen zur mathematischen Beschreibung der Informationsverarbeitung in technisch realisierbaren Neuronalen Netzen

In Anbetracht der Tatsache, daß sehr viele Teildisziplinen von Mathematik über Physik zu den Neurowissenschaften heute an Neuronalen Netzen arbeiten, ist es nicht verwunderlich, daß eine verwirrende Zahl verschiedener mathematischer Ansätze verwendet wird. Als Stichwörter sind zu nennen: Zellularautomaten, Knotentheorie, Adaptive Filter, Spin-Gläser, Back-Propagation, Petri Netze, Category Theory und Theorie der endlichen Automaten.

Es ist sinnvoll, die gegenwärtige Forschung der Neuroinformatik in zwei Bereiche zu gliedern:

1. Lernregeln und Selbstorganisation und
2. Erzeugung spezieller Funktionen mit Neuronalen Netzen.

Die heute weit verbreiteten Lernregeln wie: Back-Propagation, Hebb'sche Regel oder Boltzmann-Maschine dienen alle dazu, die Netzwerk-Topologie einer Reihe technischer Neurone also von Schwellenlogik-Elementen mit verstellbaren Eingangsgewichten zu verändern. Ziel dieser Veränderung der Eingangsgewichte ist, die Topologie, also das Verknüpfungs- oder Strickmuster, im Verlauf vieler Lernschritte dem Lernziel anzupassen, indem ein Fehlerminimum angestrebt wird. Wenn die Netz-Topologie durch Selbstorgani-

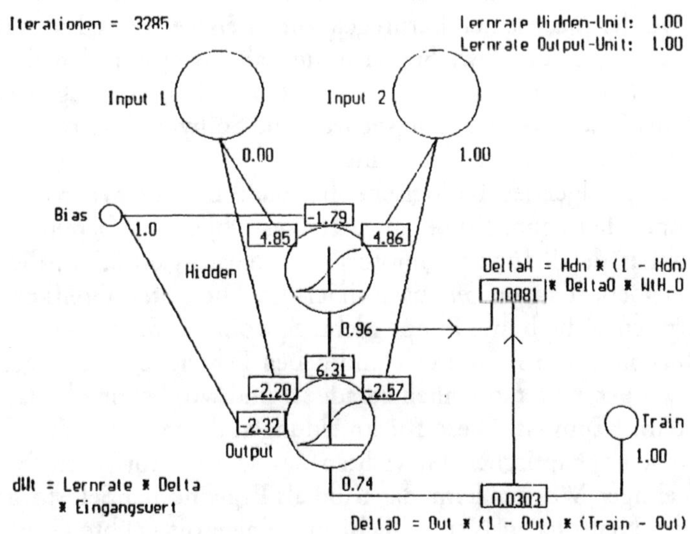

Abb. 4. Schema eines sehr einfachen künstlichen neuronalen Netzes, welches gerade die Wahrheitstabelle für XOR lernt

sation während des Lernvorganges auf einen Endzustand konvergiert ist, soll das Neuronale Netz nicht nur die gelernten Funktionen fehlerfrei ausführen können, sondern es soll auch generalisieren, das heißt interpolieren und eventuell sogar extrapolieren können.

Abb. 4 zeigt einen sehr einfachen Fall eines neuronalen Netzes. Die Kreise sollen künstliche Neurone mit einstellbaren Eingangsgewichten, hier durch eingerahmte Zahlenwerte dargestellt, andeuten, die laufend das Ergebnis der Summation aller mit den Gewichten multiplizierte Eingangswerten am Ausgang melden. In dem gezeigten Beispiel melden die beiden Eingangsneurone oben die Werte 0.0 links und 1.0 rechts, während das Ausgangsneuron unten den Wert 0.74 meldet. Das Neuron in der Mitte wird im Fachjargon als Hidden Unit bezeichnet. Mit diesem Netz kann zum Beispiel die Wahrheitstabelle für das Exclusive ODER, auch XOR genannt, gelernt werden. Zu diesem Zweck werden am Eingang in beliebiger Reihenfolge die möglichen 0,1 Kombinationen zum Lernen angeboten. Der Ausgangswert des Ausgangsneurons wird laufend mit dem Sollwert der Wahrheitstabelle verglichen. Die sich ergebenden Fehler zwischen Istwert des Neurons und Sollwert aus der zu lernenden Wahrheitstabelle werden nach einer Lernregel, zum Beispiel Back Propagation, verwendet, um die Gewichte, also die Zahlenwerte in den Kästchen bei den Neuronen etwas zu verstellen. Dieser Lernvorgang erfolgt so lange, bis Istwert am Ausgangsneuron und Sollwert, hier rechts unten als Train markiert, übereinstimmen.

Hierzu folgendes biologische Beispiel: Ein kleines Kind lernt, Arm und Hand zum Ergreifen gesehener Objekte zu benutzen. Dies ist ein Paradefall für sensomotorische Selbstorganisation, die nicht vor der Geburt schon genetisch fixiert ist. Die ersten Greifbewegungen erreichen die bunte Puppe nicht. Sowohl das Sehsystem als auch die Rezeptoren in Arm und Hand geben Fehlerrückmeldungen darüber, wo der Arm tatsächlich gerade ist und wo die Hand relativ zur Puppe im Raum ist. Diese Rückmeldungen dienen zur Veränderung von vielen synaptischen Gewichten des sensomotorischen Systems. Nach einigen Wochen kann das Kind als Ergebnis der Selbstorganisation des Neuronalen Netzes nicht nur einige oft geübte Greifbewegungen korrekt ausführen, sondern es kann diese Funktion generalisieren, also jeden Ort im Greifraum von jeder Startposition des Armes aus gleich genau erreichen.

Was ist nun das Äquivalent zur Programmierung eines herkömmlichen General Purpose Computers bezogen auf ein Neuronales Netz?

Zunächst wird für die gewünschte spezielle Funktion, etwa visuelle Zeichenerkennung oder Robotersteuerung, eine Anfangstopologie des Neuronalen Netzes festgelegt. Hierzu ist zu bemerken, daß dieser wichtige Schritt heute meistens noch höchst primitiv behandelt wird, zum Beispiel durch Annahme einer einfachen Drei-Schicht-Topologie oder sogar nur einer totalen Verdrahtung aller Neurone miteinander. Im Gegensatz dazu ist die Topologie einzelner biologischer Hirnbereiche höchst komplex. Nach Wahl der Anfangstopologie muß dem Netzwerk eine oder gar mehrere Lernregeln aufgeprägt werden. Anschließend werden Lernangebote zum Training gemacht, die es dem Netz erlauben, von der Anfangstopologie zu einer Endtopologie hinzukonvergieren. Dieser Selbstorganisationsvorgang ist nach Erreichen der Endtopologie, also der Festlegung aller synaptischen Gewichte und Verknüpfungen abgeschlossen. Von nun an funktioniert das Neuronale Netz wie ein festverdrahtetes Filter- oder Koordinatentransformationssystem. Im Bereich der Optimierung von Sende- und Empfangs-Antennen im Satellitenfunk werden derartige Systeme seit mehr als 10 Jahren eingesetzt.

Alle Funktionen eines herkömmlichen Computers und auch von biologischen oder technischen Neuronalen Netzen lassen sich grundsätzlich als mathematisches Problem betrachten. Ein mathematisches Problem kann algebraisch, also als Gleichungssystem, repräsentiert sein. Es kann aber auch geometrisch repräsentiert sein. Die uns seit 1940 vertrauten sequentiellen Computer arbeiten grundsätzlich mit der algebraischen Repräsentation des gegebenen Problems. Dies wird unter anderem durch die Struktur der Software erzwungen.

Es gibt eine Fülle von Anhaltspunkten dafür, daß zumindest biologische Neuronale Netze mit geometrischen Repräsentationen der verschiedenen Funktionen arbeiten. Dazu würde man theoretisch Meßvorrichtungen benötigen. In der Tat gibt es in biologischen Nervensystemen Neurone, die als Längendetektor, Winkel- oder Richtungsdetektor funktionieren. Ferner sind biologische Neurone typischerweise schicht- und kartenartig organisiert.

Mathematische Teildisziplinen, wie Topologie und Moderne Analytische Geometrie, die sich mit der Äquivalenz algebraischer und geometrischer Repräsentationen befassen, werden daher für die künftige Entwicklung der Neuroinformatik im Vordergrund stehen.

In den Forschungslaboratorien der Universitäten und der Industrie gibt es eine Reihe von Prototypen Neuronaler Netze in elektronischer Mikrominiaturisierung, also als VLSI Chips. Derartige Chips nutzen sowohl Digital- als auch neuerdings immer häufiger Analogtechniken.

Es steht heute bereits außer Frage, daß derartige zukünftige Neuronale Computer einerseits nicht die herkömmlichen Supercomputer oder massiv parallelen Computer für General-Purpose-Anwendungen ersetzen werden und daß sie andererseits für viele spezielle Anwendungen, wie Zeichenerkennung und Robotersteuerung in Echtzeit und mit einem hohen Maß an Fehlertoleranz von großem Interesse sind.

Anwendungsbeispiele für den bereits laufenden oder geplanten Einsatz von Neuronalen Computern in Wirtschaft und Medizin

Am amerikanischen Forschungszentrum der Firma Siemens in Princeton wurde vor einigen Jahren ein Neuronales Netz zur Qualitätskontrolle von Elektromotoren auf der Basis ihrer Laufgeräusche entwickelt. Viele Elektromotoren werden abschließend geprüft, indem man sie laufen läßt. Ein Tester oder Chef-Tester hört sich diesen oft ohrenbetäubenden Lärm an und gibt anschließend dem Motor eine Zensur. Dieser Testberuf ist äußerst anstrengend und führt nach wenigen Minuten zu Streß und Ermüdung. Bisherige Versuche, ein technisches Testgerät zu entwickeln, waren daran gescheitert, daß man das gesamte Geräuschgemisch bewerten muß und nicht nur nach einigen diskreten „guten" oder „schlechten" Schallfrequenzen suchen kann. Nun wurde das per Körperschall-Mikrofon aufgenommene Geräuschgemisch über eine Filterbank in eine Reihe von Frequenzbändern zerlegt und so parallel einer Reihe von Neuronen eines mehrschichtigen Neuronalen Netzes als Lernangebot zugeführt. In der Lernphase wurden die Geräusche verschiedener Motoren angeboten, während ein Chef-Tester dem Netzwerk jeweils signalisierte, ob die Zensur Gut oder Schlecht zu geben war. Während ein neu anzuleitender Tester etwa sechs Wochen lang trainiert werden muß und dann immer noch nicht genauso wie der Chef-Tester urteilen kann, benötigte das Neuronale Netz einen Tag zum Lernen und erreichte danach die gleiche Urteilssicherheit wie der

Chef-Tester. Bedenken Sie bitte, daß es nicht um die Erinnerung bereits gehörter Laufgeräusche geht. Vielmehr kommen ja nach der Lernphase neue Motoren zur Prüfung, die weder der Chef-Tester noch das Neuronale Netzsystem vorher gehört hatte.

Ein weiteres Beispiel stammt aus dem Bankbereich. Die amerikanische Neural Net Firma Nestor hat ein System zur automatischen Entscheidung über die Vergabe von Krediten, zum Beispiel als Hypotheken, entwickelt. Man griff sich 1000 Kreditvorgänge, die bereits abgeschlossen waren, aus einer großen Hypothekenbank heraus und verwendete 800 dieser Vorgänge als Lernangebote für ein Neuronales Netz. Dabei wurden die üblichen Parameter, wie Kreditbedarf, Kreditwürdigkeit und Familienverhältnisse eingegeben und mit dem Endergebnis, nämlich der Fähigkeit oder Unfähigkeit,den Kredit zurückzuzahlen, verglichen. Dieses so ausgebildete Neuronale Netz wurde nun getestet unter Verwendung der übrigen 200 Kreditvorgänge. Dabei stellte sich heraus, daß das Neuronale Netz in etwa 25 % der Fälle die besseren Entscheidungen traf, als sie damals von den Kreditberatern getroffen worden waren. Das Neuronale Netz hätte also eine Reihe von Kreditanträgen abgelehnt, die sich nach einigen Jahren tatsächlich als ein Verlust für die Bank herausgestellt hatten. Andererseits hätte dieses System einige andere Anträge, die vom Sachbearbeiter abgelehnt wurden, bewilligt.

Eine große Zahl von Laboratorien arbeitet, ebenso wie die Abteilung Neuroinformatik in Bonn, an der neuronalen Kontrolle von Robotern. Der Bedarf an autonomen Vehikeln und lernfähigen Robotern, die fehlertolerant sind, sich an neue Last-Verhältnisse anpassen können, die laufend kollisionsfreie Trajektorien generieren und dabei eine redundante, nichtlineare Kinematik erlauben, ist in den Bereichen Medizin, Verteidigung, Wirtschaft, Weltraum und Verkehr nahezu unerschöpflich. Besonders in den USA und Japan sind diesbezügliche Forschungsanstrengungen im vollen Gange.

Literatur

Eckmiller, R. (ed.) (1990), Advanced Neural Computers, Elsevier-Amsterdam.

– –, Hartmann, G., Hauske G. (eds.) (1990), Parallel Processing in Neural Systems and Computers, Elsevier-Amsterdam.

Rolf A. Müller

Verteilte Intelligenz

Eine Kritik an der Künstlichen Intelligenz aus Unternehmenssicht

1. *Einleitung*

Intelligenz ist ein schillernder und verschwommener Begriff. Seine Unschärfe wurde bisher weder durch Intelligenztheorien der Psychologie (s. Kail und Pellegrino 1989 für einen Überblick) noch der Hirnforschung beseitigt. Auch der vorliegende Beitrag beansprucht keine endgültige Klärung, sondern er liefert Ideen und Überlegungen zur Rolle menschlicher und maschineller („künstlicher") Intelligenz aus dem Blickwinkel des sozialen Systems Unternehmen. Vor dem Hintergrund von Intelligenzkonzepten aus der Psychologie (Kap. 2) wird der klassische Ansatz der Künstlichen Intelligenz (KI) kritisiert, indem das KI-Leitbild mit aktuellen und in weiten Bereichen akzeptierten Unternehmensleitbildern konfrontiert wird (Kap. 3). Die geringe Breitenwirkung bisheriger KI-Anstrengungen im Unternehmen wird auf die Unverträglichkeit des KI-Leitbildes mit dem Unternehmensleitbild zurückgeführt.

Zur Überwindung dieser Unverträglichkeit wird vorgeschlagen, den Bezugsrahmen des Intelligenzbegriffs von Individuen auf Gruppen zu erweitern. Auf dieser Grundlage wird das Konzept der „Verteilten Intelligenz" vorgestellt (Kap. 4), das sich auf das Zusammenspiel menschlicher und maschineller Intelligenz in großen Organisationen bezieht. Technische Realisierungen als Alternative zur KI werden in Kap. 5 behandelt.

2. *Intelligenz aus psychologischer Sicht*

Die meisten psychologischen Theorien der Intelligenz beziehen sich auf Eigenschaften eines Individuums, präziser ausgedrückt: unter den Intelligenzbegriff dieser Theorien fallen nur solche Leistungen eines Individuums, die ohne unmittelbare Mitwirkung eines zweiten Individuums erbracht werden. Die spezifische Fähigkeit eines Individuums, seine Intelligenz an diejenige eines anderen anzuschließen, und dadurch eine gemeinsame Wechselwirkungseinheit zu bilden, wird entweder ignoriert oder als Randerscheinung angesehen.

So blendet etwa der psychometrische Ansatz, der Intelligenz als genau diejenige Eigenschaft definiert, die durch Intelligenztests (z. B. IQ-Messung) ermittelt wird, kooperative Fähigkeiten aus; denn sie entziehen sich direkter Messung durch Fragebögen. Was durch diese Art der Beobachtung eines Individuums ermittelt werden kann, sind in erster Linie verbale Fähigkeiten (z. B. Wortschatz, Wortgewandtheit, Verständnis) und Fertigkeiten des Problemlösens (schlußfolgerndes Denken, Kombinations-, Urteils- und Entscheidungsvermögen). Auf der Grundlage dieses Intelligenzbegriffs und entsprechender Tests kann man zwar bezogen auf diese Fähigkeiten interindividuelle oder gruppenspezifische Leistungsunterschiede erkennen (z. B. ob Frauen intelligenter sind als Männer, oder welche Strategien des Problemlösens verwendet werden), jedoch kaum darüber hinausgehende Fähigkeiten, insbesondere die zu gemeinsamem Handeln, erklären, obwohl doch gemeinsames Handeln Grundlage jedweder arbeitsteiligen Organisationsform (Team, Unternehmen, Gesellschaft) ist.

Die Einseitigkeit dieses Intelligenzbegriffs wurde vielfach kritisiert (z. B. Gould 1983; Gardner 1991). Die von Gardner vertretene Theorie der „multiplen Intelligenzen" versucht diese Einseitigkeit zu überwinden. Er verlangt von seiner Theorie, „daß sie die Palette menschlicher Fähigkeiten möglichst vollständig abdeckt. Wir müssen die Fähigkeiten eines Schamanen und eines Psychoanalytikers ebenso wie die eines Yogi oder Heiligen berücksichtigen" (Gardner 1991, S. 66). Musikalische Fähigkeiten z. B. sind demnach auf der gleichen Ebene angesiedelt wie sprachliche, logische oder mathematische. Gardner unterscheidet folgende „Intelligenzen", die bei jedem Menschen auf unterschiedliche Art zusammenspielen:

- die räumlichen, logisch-mathematischen und körperlich-kinästhetischen („objektbezogenen") Intelligenzformen,
- die („objektfreien") Intelligenzformen Sprache und Musik,
- die intra- und interpersonalen Intelligenzformen.

Zum Verständnis der „personalen" Intelligenzen bemerkt Gardner: „Die intrapersonale Intelligenz ist hauptsächlich mit der Prüfung und Kenntnis der eigenen Gefühle befaßt, während die interpersonale Intelligenz nach außen gerichtet ist, auf das Verhalten, die Gefühle und Motive der anderen Personen." (Gardner 1991, S. 221).

Aber auch Gardners Intelligenzkonzept verläßt nicht den Rahmen individueller, voneinander unabhängiger Akteure; es bietet jedoch (gerade durch Einführung personaler Intelligenzen) gegenüber anderen Konzepten den Vorzug, Fähigkeiten

- außerhalb der logisch-mathematischen, insbesondere
- kooperative Formen

explizit zu berücksichtigen. Ein ähnliches Konzept multipler Intelligenz wurde von Kauke unter der Bezeichnung „Spielintelligenz" eingeführt (Kauke 1992). Spielintelligenz definiert sie als „Voraussetzung und Resultat von Spielfähigkeit auf hohem und höchstem Niveau. ... („Spielintelligenz" bedeutet z. B. beim Schauspieler, daß er das Maximum an Talent, Energie, Vitalität – Körper und Geist spontan – koordiniert). Spielintelligenz ist eine komplexere, übergreifende Form von Denkprozessen und beinhaltet eine Mannigfaltigkeit von Komponenten. Außer logisch-analytischen Basisfähigkeiten sind auch psychologisch-synthetische Erkenntnisoperationen einschließlich emotionaler, soziokognitiver und kreativer Dispositionen enthalten." (a. a. O. S. 101).

Nicht zuletzt unter dem Eindruck der „japanischen Herausforderung" finden die Konzepte personaler Intelligenz großes Interesse. Immer mehr Verantwortliche in Unternehmen erkennen die Bedeutung „weicher", kultureller Faktoren für den Erfolg eines Unternehmens, und nutzen dieses Potential durch gezielte Programme zur verbesserten Ausstattung arbeitsteiliger Organisationen mit „sozialer Intelligenz" (Metzger 1992; Instrumente zur Entwicklung von Spielintelligenz im Rahmen unternehmensbezogener Managementaufgaben werden bei Kauke 1992 behandelt).

Leider wird personale Intelligenz häufig mit gefühlsmäßiger Befindlichkeit von Mitarbeitern gleichgesetzt und dabei übersehen, daß diese nur ein Teilaspekt der personalen Intelligenz ist, die noch weitere Dimensionen umfaßt, welche z. B. als Autorität, Kommunikations- und Führungsfähigkeit, Aufgeschlossenheit, Erfahrungsbreite, Einfühlungs- und Durchsetzungsvermögen zum Ausdruck kommen.

Es ist auch evident, daß das bloße Vorhandensein personaler Intelligenzen noch keinen Erfolg garantiert. Denn was nützt das beste Betriebsklima, wenn die Fähigkeit eines Individuums, seine Kompetenz mit der eines anderen zu verknüpfen und dadurch die Fähigkeit des Kollektivs (Gruppe, Abteilung, Unternehmen) zu erhöhen, durch antiquierte Formen der Arbeitsteilung oder durch zu starre EDV-Systeme strukturell verhindert wird? Was nützen fachliche Weiterbildungsprogramme, wenn nicht gleichzeitig soziale Kompetenzen wie Kooperations- und Kommunikationsfähigkeit weiterentwickelt werden? Was nützen all diese Fähigkeiten, wenn sie brachliegen (was in großen Organisationen besonders häufig der Fall ist), weil der Weiterentwicklung computergestützter Medien zu wenig Aufmerksamkeit geschenkt wird und entsprechende Chancen vertan werden?

Man könnte nun (mit Gardner) einwenden, daß diese Fragen den Rahmen der Theorie der multiplen Intelligenz und erst recht den der personalen Intelligenzen sprengen, sagt er doch selbst: „Am besten stellt man sich Intelligenzen als von bestimmten Handlungsprogrammen getrennt vor. ... Grundsätzlich stellen sie ein *Potential* dar; man kann sagen, für den Benutzer einer Intelligenz ist kein Umstand denkbar, der ihn davon abhalten könnte, sie auch einzusetzen. Die Frage, ob er es tut, gehört nicht in den Rahmen dieses Buches" (a. a. O. S. 71 f; Hervorhebung von Gardner).

Den wichtigen Spezialfall kommunikativen Handelns scheint damit Gardners Theorie auszublenden; lediglich im Zusammenhang mit alternativen Auffassungen zur Theorie der multiplen Intelligenzen sagt er: „Das Individuum hängt – ganz gleich, in welcher Kultur es lebt – bei der Ausführung seiner täglichen Arbeiten zur Sicherung des Lebensunterhalts immer von intellektuellen Beiträgen anderer Personen ab." (a. a. O. S. 295).

3. *Künstliche Intelligenz im Unternehmen*

Künstliche Intelligenz (KI) ist die Nachbildung menschlicher Intelligenz, und zwar die eines Individuums, auf Computern. Gemäß der Position der „harten" KI ist der Mensch ebenfalls eine informationsverarbeitende Maschine. Prägnant ist die von Minsky vertretene These: „Der Mensch ist eine Fleischmaschine". KI steht in einer bis in die Frühgeschichte der Menschheit zurückreichenden Tradition der

Formalisierung des Denkens, die über die Entwicklung von Arithmetik, Algebra, Algorithmen und Kalkülen („symbolische Maschinen") über mechanische Rechenmaschinen (im 17. Jahrhundert) zur frei programmierbaren elektronischen Universalmaschine der Neuzeit führt (Krämer 1988).

Realisierungsversuche von KI wurden in den siebziger Jahren als „Expertensysteme" bekannt. Sie beruhen auf der Annahme, daß sich menschliche Problemlösungskompetenz (wie man sie bei Experten antrifft) auf dem Rechner simulieren läßt. Noch in den 80er Jahren warb eine Firma – durchaus ernst gemeint – mit dem Slogan „Der Experte kann gehen – Das Expertensystem bleibt" und suggerierte damit ein Potential zur Senkung von Personalkosten sowie eine Technik zur Konservierung von Spezialkenntnissen.

Genau genommen beschränken sich die meisten KI-Ansätze auf die Simulation allein der logisch-mathematischen Intelligenz (im Sinne Gardners, s. o.). Die Stärke von KI-Programmen liegt dementsprechend im Lösen logisch-mathematischer Probleme. Diese Art von Problemen kommt in Unternehmen aber eher selten vor; in der für KI-Anwendung erforderlichen „Reinkultur" treten sie schon gar nicht auf. Die Sicht eines Unternehmens als Ansammlung menschlicher Problemlöser, die von maschinellen verdrängt werden könnten, ist also eine realitätsferne Fiktion.

So ist es nicht verwunderlich, daß nach einer Kette nicht enden wollender Mißerfolge (s. Coy und Bonsiepen 1989; Rammert 1992) das ursprüngliche Expertensystem-Konzept in der Praxis heute kaum noch Anhänger findet; bei vielen ist die Idee gänzlich diskreditiert. Die Bezeichnung Expertensystem wurde häufig ersetzt durch „wissensbasiertes System", und das ursprüngliche Ziel, anspruchsvolle geistige Arbeit (Problemlösen) an den Rechner zu delegieren, trat in den Hintergrund. Entgegen den ursprünglichen Erwartungen ist der Markt reiner KI-Produkte und Applikationen marginal geblieben (mit eher sinkender Tendenz). Offenbar ist „autonome Intelligenz" keine Produkt- oder Verfahrenseigenschaft, nach der ein nennenswerter Markt bisher verlangt hat. Expertensysteme können gerade die personale Intelligenz, die für jedes Unternehmen unverzichtbar ist, nicht ersetzen: Kreativität, Handlungserfolge, auch in untypischen Situationen, und außerfachliche (z. B. soziale) Kompetenz.

Im Zentrum unternehmensorientierter Leitbilder steht heute die Forderung nach einem noch nie dagewesenen Grad von Anpassungsfähigkeit großer Organisationen an ständig zunehmende Komplexität und Dynamik ihres Umfeldes (Märkte, Technologien, Umwelt, Ressourcen). Der Rahmen der klassischen KI bietet jedoch keinen Raum für die Berücksichtigung entsprechender Leitbilder modernen Managements und Unternehmensführung (z. B. Staehle 1987, Ulrich und Probst 1990). Zwar sind aus den Forschungsbemühungen der KI, den Menschen nachzubauen, zukunftsweisende Konzepte und Programmiertechniken entstanden; eine dem KI-Leitbild folgende Anwendungsstrategie des Ersetzens menschlicher Denkleistung durch maschinelle im Unternehmen hat bisher und wohl auch in absehbarer Zukunft keine Aussicht auf Erfolg. In Fällen erfolgreicher Projekte läßt sich beobachten, daß das KI-Leitbild von Leitbildern, die aus dem Anwendungsumfeld oder dem Markt stammen, ersetzt wurde.

Es gibt auch Informatiker, die die Leitidee der KI selbst für die Mißerfolge verantwortlich machen und die Frage stellen, ob es sich bei der Konzeption einer automatischen Maschine „überhaupt um ein lohnendes Forschungsziel handelt“, und ob dieses anthropomorphe Leitbild „nicht einfach eine falsche Zielvorgabe suggeriert“ (Coy und Bonsiepen 1989, S. 20). Einer der bekanntesten Versuche, einen konstruktiven Ausweg durch Revision der Basisannahmen der KI zu finden, stammt von Winograd und Flores (1986).

Einer solchen Intention folgt auch der hier vorgestellte Ansatz der Verteilten Intelligenz. Er wurde in den achtziger Jahren aus der Unternehmenspraxis heraus, angesichts der oben erwähnten Schwierigkeiten mit Anwendungen klassischer KI-Konzepte, als Alternative formuliert (Müller 1988; 1991 a) und zielt darauf ab, die personalen Intelligenzen innerhalb großer Organisationen durch neue Formen der Computerunterstützung besser zur Wirkung kommen zu lassen, und nicht etwa durch Computer zu simulieren.

4. Das Konzept der „Verteilten Intelligenz“

Verteilte Intelligenz (VI) ist nicht präziser definierbar als der „lokale“ Intelligenzbegriff. Es genügt aber für das Verständnis zunächst die folgende grobe Vorstellung: Während sich lokale Intelligenz als Eigenschaft eines individuellen Trägersubjekts verstehen läßt, ist verteilte Intelligenz immer Eigenschaft einer Vielzahl (mindestens zwei) interagierender Individuen. Im Mittelpunkt des Konzepts steht die Anschlußfähigkeit einer Intelligenz an eine andere, die Fähigkeit, aus zwei (oder mehr) lokalen eine verteilte Intelligenz zu bilden. Sie befähigt zur Kooperation auf der Ebene der interpersonalen Intelligenz und ist Voraussetzung jeder Art von Arbeitsteilung.

Die Verhaltensmöglichkeiten von Gruppen oder Organisationen hängen von den strukturellen Koppelungen der sie bildenden Individuen ab. Art und Ausmaß ihrer nach innen und außen gerichteten Kommunikationsstrukturen bestimmen Erfolg und Überlebensfähigkeit einer Organisation. Dies gilt insbesondere im Lichte der heute viel diskutierten Flexibilitätsanforderungen an Unternehmen, die unter hierarchischen Organisationsstrukturen, erstarrtem Ressortdenken, taylorisierten Formen der Arbeitsteilung und mangelhaften Informationsflüssen leiden.

Das VI-Konzept zielt auf die Erstellung informationstechnischer Werkzeuge, mit deren Hilfe Koordinationsstrukturen einer Organisation gezielt verbessert werden können. Das Unternehmen wird als soziales System (etwa im Sinne von Luhmann 1988) verstanden.

Weil VI neben informationstechnischen auch individuell aufgabenbezogene sowie organisatorisch-prozeßorientierte Dimensionen umfaßt, lassen sich Bezüge herstellen zu

- Kommunikation im Kontext der Neurobiologie,
- Medien im Kontext der Sozialwissenschaft und
- Selbstorganisation im Kontext der Managementtheorie,

die jeweils in einem eigenen Abschnitt behandelt werden. Dabei wird auf Arbeiten anderer Autoren verwiesen, in denen sich Bezüge zur VI-Idee aufzeigen lassen oder ein ähnliches Konzept in anderem Kontext bereits eingeführt ist. Die einzelnen Abschnitte folgen dem Schema, daß zunächst das Konzept in seinem ursprünglichen Kontext erläutert wird und im Anschluß daran Implikation und Relevanz der VI im Unternehmen diskutiert wird.

4.1 Kommunikation

Der Anschluß einer Intelligenz an eine andere erfolgt durch Kommunikation. Für das VI-Konzept eignet sich der Kommunikationsbegriff von Maturana und Varela: „Unter Kommunikation verstehen wir ... das gegenseitige Auslösen von koordinierten Verhaltensweisen unter den Mitgliedern einer sozialen Einheit" (Maturana und Varela 1987, S. 210).

In Technik und Alltag wird Kommunikation meist mit dem Transport von Nachrichten und Dokumenten gleichgesetzt; es handelt sich bei diesem Transport aber nur um einen oberflächlichen Teilaspekt von Kommunikation. Maturana behauptet sogar, diese Auffassung sei „grundfalsch": „Das Phänomen der Kommunikation hängt nicht von dem ab, was übermittelt wird, sondern von dem, was im Empfänger geschieht. Und dies hat wenig zu tun mit ‚übertragener Information'" (a. a. O. S. 212). Dieser Kommunikationsbegriff ist nur auf biologische/soziale, nicht auf technische Systeme, anwendbar. Bei den in der Informatik üblichen Bezeichnungen „Datenkommunikation", „Mensch-Maschine-Kommunikation" handelt es sich um reine Metaphorik (vgl. Bunge 1979, S. 180).

Ein weiteres nützliches Konzept aus Maturanas und Varelas Theorie ist das der „operationalen Geschlossenheit": „Das Nervensystem hat ... am Operieren eines Vielzellers Anteil als ein Mechanismus miteinander vernetzter Kreisläufe, der jene inneren Zustände, die für die Erhaltung der Organisation als Ganzes wesentlich sind, konstant hält. Man kann also sagen, daß das Nervensystem in diesem Sinne durch *operationale Geschlossenheit* charakterisiert ist. Mit anderen Worten: Das Nervensystem ist ein Netzwerk aktiver Komponenten, in dem jeder Wandel der Aktivitätsrelationen zwischen den Komponenten zu weiterem Wandel zwischen ihnen führt" (Maturana und Varela 1987, S. 179 f).

Diese Sichtweise eines operational geschlossenen Systems (das Offenheit in anderer Hinsicht, z. B. für Stoff- und Energieaustausch, nicht ausschließt), wird beim VI-Ansatz auf soziale Systeme übertragen. Das Unternehmen (bzw. seine Bestandteile) wird demnach als soziales System mit operationaler Geschlossenheit (der Kommunikation) aufgefaßt. Sowohl von der KI als auch der Neuroinformatik, sowie vom überwiegenden Teil der herkömmlichen Informatik wird dagegen das Computersystem als operational geschlossen aufgefaßt; auch von Varela, der ansonsten den Basisannahmen der KI kritisch gegenübersteht, wird das soziale System als Residualgröße außerhalb des technischen Systems angesiedelt (Varela 1991). Dem Unterschied zwischen diesen beiden Betrachtungsweisen liegen implizit Unternehmensbilder mit jeweils unterschiedlicher Fokussierung zugrunde; in einem Fall steht das technische System, das von Menschen bedient wird, im Vordergrund, im anderen das soziale System, das sich informationstechnischer Medien bedient.

Die Unterscheidung der beiden Perspektiven ist nur so lange unbedeutend, wie die technischen Systeme im Labor stehen und nicht in das Wirkungsfeld eines sozialen Systems eingebettet werden. Sobald dies geschieht, sind die Leistungen informationstechnischer Systeme nur noch im Bezugsrahmen des sozialen Systems interpretier- und bewertbar. Die technischen Funktionen werden vor dem Hintergrund der sozialen Funktionen relativiert; mit anderen Worten: die Leistungen eines Rechners (z. B. Arithmetik, Graphik, Problemlösen, Datenbanksuche, Speicherkapazität) sind relativ zu der Fähigkeit der *Organisation* zu sehen, höhere Qualität mit geringerem Aufwand zu produzieren.

Qualität ist hier im umfassenden Sinne gemeint, schließt also alle Bedingungen ein, die die Überlebensfähigkeit großer Organisationen in dynamischem Umfeld sichern; dies reicht von der Kreativität und Motivation der Mitarbeiter über die Kommunikations- und Koordinationsfähigkeit der Organisation bis hin zur Fähigkeit, technische Innovationen in immer kürzeren Zyklen als Kundennutzen in Produkte umzusetzen. Kommunikation umfaßt also nicht nur Gespräche, Daten- und Dokumentenaustausch, sondern sie findet auch statt über Verhaltensanpassungen beim Befolgen von Anweisungen, hierarchische und kulturelle Medien (z. B. Corporate Identity).

Eines der zentralen Probleme großer Organisationen ist mangelhafte Kommunikation. Verbesserte Kommunikation führt zu besserer Koordination von räumlich und funktional im Unternehmen verteilt ablaufenden Arbeitsprozessen (vornehmlich geistiger Arbeit), und damit zu einer Verringerung von Reibungsverlusten bei Abstimmungsprozessen. Letztlich hängen Erfolg, Anpassungs- und Überlebensfähigkeit eines Unternehmens ganz wesentlich von den kommunikativen Fähigkeiten seiner Teilsysteme ab. Es kommt im Unternehmen also viel mehr darauf an, die Kommunikationsfähigkeit zu verbessern als die Problemlösungsfähigkeit, die von Vertretern der KI in den Vordergrund gestellt wird.

Verbesserung der Kommunikationsfähigkeit ist auch keineswegs reduzierbar auf *quantitative* Maße, wie z. B. häufigere Berichte, größere Datenbestände und schnelleren Informationsfluß. Hier lassen sich zweifellos mit Hilfe moderner Computertechnik wesentlich höhere Leistungen erzielen. Die meisten Unternehmen verfügen heute mit ihrer EDV-technischen Ausstattung zwar über Voraussetzungen zu verbesserter Kommunikation. Durch Einführung von Informationstechnik wurden Erstellung, Bearbeitung, Transport und Ablage von Dokumenten vom Papier auf elektronische Datenträger, -speicher und Verbindungswege verlagert. Damit ist das Potential *qualitativer* Verbesserungen aber noch keineswegs ausgeschöpft; denn die Funktionen und Darstellungsformen, wie man sie von der papiergebundenen Arbeitsweise und Passivität (der sprichwörtlichen Geduld) des Papiers her kannte, bleiben weitgehend erhalten.

Von den Möglichkeiten, mit Hilfe von Computern neuartige, „aktive Medien" zu gestalten, deren kommunikativen Funktionen über die papiergebundener, passiver Medien hinausgehen, wurde bisher wenig Gebrauch gemacht. Diese Möglichkeiten sind eigentlich nur durch die Schranken menschlicher Phantasie begrenzt. Erst in jüngster Zeit rückt die Rolle des „Computers als Medium", die Gestaltung computerintegrierter, aktiver Medien (z. B. mit inhaltssensitiven Funktionen des Filterns, Verteilens, Übersetzens und Korrigierens von Texten, Graphiken, Tabellen und anderen Darstellungsformen) in den Mittelpunkt des Interesses. Die Qualität der Kommunikation ist nicht nur durch die Kommunikanten und den Inhalt der Information, sondern ganz wesentlich von der Beschaffenheit des Mediums bestimmt. Von seiner Gestaltung hängen Wirkung, Ausbreitung und Einbindung von Information in Handlungsabläufe ab.

4.2 Medien und Computer

Vor dem Hintergrund des obigen Kommunikationsbegriffs werden hier Medien allgemein als „Werkzeuge" und „Merkzeuge" (v. Uexküll 1934) der Kommunikation definiert. Medien sind das, was die Kommunikanten verteilter Intelligenz (der „Wirkwelt" und der „Merkwelt", a. a. O.) miteinander verbindet. Während der Kommunikationsbegriff die prozessualen Aspekte der VI erfaßt, stellt der Medienbegriff ihre instrumentelle Dimension dar.

Jede Kommunikation bedarf eines Mediums, wobei die Art des Mediums mit der Art der Kommunikation variiert. In der folgenden Tabelle sind einige Beispiele zusammengestellt.

Kommunikationsart	Medium
Direktes Gespräch zwischen Menschen	Sprache, Schallwellen
bei räumlicher Distanz	Telefon
standardisierte Sprache, Schriftform	Formulare
mit elektronischen Speichern	Datenbank
Verkaufsgespräch	Kataloge, Preislisten
Anweisungen, Normen	Gesetze, Hierarchien

Alles, was in einem Unternehmen geschieht, kann unter dem Gesichtspunkt der Kommunikation betrachtet werden. Der Mensch kommuniziert mit anderen Menschen über Medien (Werkzeuge und Merkzeuge). Dies gilt auch bei Computernutzung: auch hier kommuniziert der Mensch nicht mit dem Computer, sondern über den Computer, der in die bestehende Landschaft elektronischer und nichtelektronischer Medien integriert ist, mit anderen Menschen; elektronische Medien sind Bindeglieder kommunikativer Prozeßketten innerhalb sozialer Systeme und bereichern die vorhandenen Medien um neue Funktionen. Softwaregestaltung läßt sich als Mediendesign auffassen; Computerintegration ist weniger das technische Zusammenschalten von Computern und Software, sondern die Integration elektronischer mit klassischen (nichtelektronischen) Medien. Ziel und Erfolgskriterien dieser Integration ist die Verbesserung der Handlungskoordination sozialer Systeme.

Die Geschichte der Medienentwicklung ist eine Geschichte der Überwindung von Kommunikationsgrenzen, von räumlichen, zeitlichen und sprachlichen Hindernissen menschlicher Zusammenarbeit. Unter dieser Perspektive lassen sich Medien danach unterscheiden, welche Art von Grenze sie überbrücken helfen. So tragen Electronic-Mail-Systeme zur Überwindung von Raumgrenzen bei, Datenbanken von Zeitgrenzen, Übersetzer von Sprachgrenzen, Virtual Reality von Imaginationsgrenzen, Tutorielle Systeme von Kompetenzgrenzen und künftige Medien von Grenzen, die wir heute noch gar nicht als solche erkennen.

Bezogen auf ein Unternehmen bedeutet Entwicklung und Einführung aktiver Medien, Hindernisse menschlicher Zusammenarbeit durch Verbesserung der Koordinationsfähigkeit zu überwinden. Es genügt hierfür nicht, softwaretechnische Plattformen wie Datenbanken und Dokumentenaustausch zu installieren. Hinzukommen müssen (heute noch fehlende) Komponenten (s. Kap. 5), die die Effizienz von Arbeitsprozessen, vor allem durch neue Formen der Arbeitsteilung, erhöhen.

Computer sind Universalmaschinen, die sich hinsichtlich ihrer Nutzung und Funktionen unterschiedlich definieren und ausgestalten lassen: z. B. als Rechner, Sortierer, Problemlöser, Mustererkenner, Optimierer, Schreibmaschine, Konstruktionshilfe. Erst in den achtziger Jahren hat sich gegenüber diesen klassischen Auffassungen lokaler, d. h. auf einen einzelnen Arbeitsplatz bezogenen, Funktionen eine Klasse globaler, arbeitsplatzübergreifender Funktionen auch als Leitbild (Computer als Medium) herausgebildet, von dem Konzepte und technische Realisierungen bereits in zahlreichen Spielarten vorliegen, wie z. B. Computer Supported Coopertive Work (CSCW), Organizational Computing (Applegate u. a. 1991), Coordination Theory (Malone und Crowston 1991).

Aus dem Blickwinkel des Mediendesigns sind die bisher realisierten Systeme und Software-Werkzeuge nicht als Endpunkt, sondern als Beginn einer neuen Ära medienorientierter Informationstechnik anzusehen. Die Zukunft wird den aktiven Medien gehören, welche z. B. die sachlogischen Bedeutungen von Nachrichten erkennen können, die Systemverträglichkeit von Planungen auf unterschiedlichen Betrachtungsebenen prüfen, Vorschläge verbessern, Nachrichten aus vorhandenen Bruchstücken synthetisch und sachlich korrekt generieren sowie vor ungewollten Nebeneffekten künftiger Handlungen warnen. Elektronische Märkte werden die Beschaffung und Verteilung von Gütern, Dienstleistungen und Information revolutionieren (Schmid u. a. 1991, Malone und Rockart 1991). Bei Finanzmärkten sind bereits heute bedeutende Transaktionen vollständig auf Computer-Medien verlagert.

Diese Medien müssen keineswegs kompliziert oder gar „intelligent" sein. Wie man aus den Erfahrungen der innerbetrieblichen Nutzung von Expertensystemen weiß, ist Maschinenintelligenz eine Eigenschaft, die den praktischen Einsatz auch behindern kann. Demgegenüber orientiert sich die Gestaltung aktiver Medien am Ideal pflegeleichter, überschaubarer und robuster Informationstechnik, die in ein vielschichtiges, fehlertolerantes und selbstorganisierendes Netzwerk sozialer Interaktionen eingebettet ist.

4.3 Selbstorganisation

Das Konzept der Selbstorganisation wird in unterschiedlichsten Anwendungsbereichen aus Natur- und Ingenieurwissenschaft, Geistes-, Wirtschafts- und Sozialwissenschaft verwendet (Dress u.a. 1986; von Foerster 1987; Jantsch 1987). Unter Selbstorganisation wird hier allgemein die Leistung eines Systems verstanden, durch Verknüpfungen, Kombinationen neue Wirkungseinheiten zu bilden (diese Funktion lebender Systeme wird auch Autopoiese genannt; Maturana und Varela 1987, S. 54 f.). Im Kontext verteilter (bzw. personaler) Intelligenz ist dies die Fähigkeit, sich der Fähigkeit anderer Intelligenzen zu bedienen.

Diese Definition trifft auch auf den Begriff von Spielintelligenz (s. o. Kap. 2) zu, der „statt konstruktivistischer Fixierungen ... die Tendenz zur Selbstorganisation des Verhaltens und personaler Selbstreferenz eigen (ist)" (Kauke 1992, S. 100).

Im Rahmen des VI-Konzepts bezieht sich Selbstorganisation gleichermaßen auf multiple Intelligenzen innerhalb einer Person wie auch auf Interaktionen zwischen mehreren Personen. Kommunikation ist lediglich ein Spezialfall neuronaler Kopplungen über den „Umweg" einer Außenwelt. Diese Sichtweise steht mit Binnigs Begriff von „Denken" in Einklang: „Denken heißt: Wirkungseinheiten gruppieren sich zu einem fraktalen Wechselwirkungsnetz, das Mutations-Auslese-Zyklen durchläuft. Das Wechselwirkungsnetz der Gesellschaft besteht aus Menschen und fraktal verästelten Gruppen. ... Eine Gesellschaft ist ein Lebewesen für sich, das eigenen Gesetzen gehorcht und eigene Gedanken denkt, ... die über unseren Horizont hinausgehen, die wir nur erahnen können." Binning 1989, S. 192 ff).

Ein weiteres Beispiel für eine Theorie, die ein VI-Konzept (implizit) enthält, ist die Energon-Theorie von Hass (Hass 1970). Gemäß dieser Theorie sind soziale Systeme, zu denen auch Unternehmen gehören, lebendige Organismen und eigenständige Lebensformen. Die Werkzeuge dieser „Erwerbskörper" werden als Verlängerung und Fortsetzung innerer Organe in die Außenwelt angesehen. In diesem Rahmen lassen sich Medien definieren als spezielle Kooperations-Werkzeuge zur Bildung verteilter Intelligenz.

Die Fähigkeit zur Selbstorganisation ist Haupteigenschaft (Existenzbedingung) dieser Lebensform (Probst 1987). In bezug auf ein Unternehmen bezeichnet Selbstorganisation die Fähigkeit (von

Gruppen), bei sich ändernden Arbeitsanforderungen eigenständig sinnvolle Verhaltensänderungen vorzunehmen. Diese Fähigkeit kann durch vielfältige Arten von Deformierung (Sklerosen, Wucherungen) beeinträchtigt, gelähmt oder zerstört werden.

Das heutige Leitbild des kreativen unternehmerischen Mitarbeiters ist dem Leitbild des neunzehnten Jahrhunderts, das sich eher am funktionierenden Rädchen einer Maschine anlehnte, nahezu diametral entgegengesetzt. Dies spiegelt sich auch in der Rezeption von Theorien der Selbstorganisations- und Chaosforschung im Rahmen sozial- und organisationswissenschaftlicher Fragestellungen wider (Haken 1988, 1991; Balck und Kreibich 1991).

Eine ideale Organisation ist (nach Toffler) in der Lage, ihre inneren Strukturen jeder neuen äußeren Situation sofort („ad hoc") anzupassen. Eine solche „Adhokratie" ist der Gegenpol zur starren Bürokratie und Hierarchie, die der künftigen Dynamik der Umfeldentwicklungen nicht mehr gewachsen sein werden (Malone und Rockard 1991, S. 128).

Der Kern aller Bemühungen, die Leistungserstellung im Unternehmen durch neue Formen der Arbeitsteilung (z. B. Gruppenarbeit) zu verbessern, besteht darin, die Organisationsform durch verbesserte Kommunikation und Koordination menschlicher Handlungen einer Adhokratie als situationsgerecht selbstorganisierender Zusammenführung menschlicher Kompetenzen und know-how's anzunähern.

5. *Zur praktischen Realisierung*

Das VI-Konzept wurde im Rahmen eigener Forschungsprojekte durch Entwicklung entsprechender Werkzeuge und Prototypen für unterschiedliche Arbeitsprozesse im Unternehmen umgesetzt. Arbeitsprozesse wie z. B. Verkaufen, Beraten, Planen sind kooperative Prozesse in Systemen verteilter Intelligenz. Diese Kommunikationsprozesse sind gerade wegen ihrer Eigenschaft der Selbstorganisation nicht unmittelbar von außen erfolgsorientiert steuerbar. Gestaltbar sind jedoch die Medien dieser Kommunikation (Mankowsky 1990).

5.1 Anwendungsbeispiele

Realisiert wurde u. a. ein System zur Unterstützung des Gesprächs zwischen Verkäufer und Kunde, wobei der Arbeitsprozeß des Verkaufens als Gruppenprozeß, an dem beide beteiligt sind, aufgefaßt wird. Die Situation ist dadurch gekennzeichnet, daß der Gesprächsverlauf durch die Komplexität des Produkts (Variantenvielfalt und Sonderausstattungen eines Fahrzeugs) bei Verwendung herkömmlicher Medien (Kataloge, Preislisten, telefonische Rückfragen) behindert wird, und daß Detailfragen und Wünschen des Kunden (z. B. bestimmte Qualitäts- und Leistungsanforderungen, Liefertermine, Baubarkeit, Preise oder Finanzierungsart) nicht schnell und verläßlich genug entsprochen werden kann.

Verkäufer und Kunde erleben das System in erster Linie als elektronisches Handbuch (auf Lap Top PC), das über aktive Hintergrund-Funktionen (Verträglichkeitsprüfung, Berücksichtigung hersteller- und kundenseitiger Strategien) verfügt. Die beim klassischen KI-Ansatz dominierende Funktion des Konfigurierens ist zwar vorhanden, tritt jedoch als eine von mehreren Funktionen nicht explizit in Erscheinung. Sie wirkt sich lediglich implizit als Qualitäts- und Effizienzgewinn des Arbeitsprozesses im Rahmen der kundengesteuerten Auftragserstellung aus.

Aktives Medium heißt in diesem Fall auch, nicht nur Verkäufer und Kunde, sondern auch die nicht anwesenden (virtuellen) Kommunikanten im Verkaufsgespräch zu beteiligen, ohne die unmittelbare Kommunikation zwischen Verkäufer und Kunde zu stören. Dies geschieht dadurch, daß Bedingungen, die aus Produktion, Konstruktion oder Finanzierung stammen, in einer Wissensbasis abgelegt sind und automatisch berücksichtigt werden. Akzeptanz und Nutzen des Werkzeugs ist in der Funktion begründet, diese Informationen zur richtigen Zeit in der richtigen Form in den Arbeitsprozeß einfließen zu lassen. Der Programmablauf ist nicht zielgerichtet auf einen Bauauftrag, sondern zyklisch auf den Prozeß der Willensbildung hin angelegt. Die Wahlfreiheit für den Kunden (Metapher der „Palette“) in jeder Gesprächsphase ist hier das herausragende Systemmerkmal.

Ein weiteres Anwendungsbeispiel bezieht sich auf die räumlich und sachlich verteilte Intelligenz bei Planungs-Prozessen im Unternehmen. Planen ist ein Kommunikationsprozeß, der in mehrerlei Hinsicht verteilt stattfindet:

- Vielzahl handelnder Individuen, Gruppen, Teilsysteme,
- Aufgabenverteilung zwischen Mensch und Computer,
- zeitlich (ungleichzeitig) und räumlich (an mehreren Orten),

- unterschiedliche Spezialisierungen innerhalb der Organisation (Qualifikation, Kompetenz, Know-how).

Planung in diesem Sinne kann u. a. die folgenden Funktionen umfassen:

- Prognose von Marktpotentialen (in Abhängigkeit von der Wirtschafts- und Sozialstruktur),
- Konsistenzprüfung und -sicherung unternehmerischer Zielsetzungen,
- Controlling einer vernetzten Händlerorganisation,
- Optimierung der betrieblichen Leistungserstellung.

Hierfür wurde prototypisch ein aktives Medium als „Elektronischer Markt" realisiert. Dieses softwaretechnische Funktionskonzept wurde in unterschiedlichen Varianten beschrieben und realisiert (Malone u. a. 1987; Schmid u. a. 1991; Müller 1991 b).

Die im Projekt verfolgte Idee eines Informationsmarktes lehnt sich an die Funktion eines gewöhnlichen Warenmarktes an. Der Informationsbedarf im Rahmen verteilter Planungsprozesse wird dem Medium mitgeteilt. Diese Nachfrage löst dort eine Kettenreaktion unter allen möglichen Anbietern (Experten, Datenbanken) aus, bis die Anforderung erfüllt ist oder der Prozeß ergebnislos endet. Ein elektronischer Markt soll nicht allein das technische Problem der Beschaffung, Kombination, Verdichtung, Verarbeitung und Verteilung von Nachrichten lösen, sondern gleichzeitig die Unterstützung räumlich, organisatorisch (d. h. nach Zuständigkeit) verteilt stattfindender Planungsprozesse, also die Kommunikation auf der organisatorischen Ebene, zwischen thematisch unterschiedlich arbeitenden Planern, gewährleisten.

Aus Erfahrungen im Rahmen der oben beschriebenen Anwendungen wurde ein allgemeines Werkzeugkonzept entwickelt.

5.2 Werkzeug-Konzept

Als klassische Handwerkzeuge zur qualitativen Verbesserung von Koordinationsleistungen stehen einem Unternehmen auf der Makroebene Umstrukturierungen, und auf der Mikroebene Weiterbildung der Mitarbeiter zur Verfügung. Das im folgenden skizzierte Konzept eines Koordinationswerkzeugs soll als „aktives Medium" das Repertoire der klassischen Handwerkzeuge erweitern.

Ausgangspunkt ist der aus der universitäten Welt stammende Groupware-Ansatz, der weitgehend auf *homogen* qualifizierte Arbeitsgruppen beschränkt ist. In einem großen Unternehmen mit ausdifferenzierter Arbeitsteilung entlang hochgradig spezialisierter Prozeßketten kommt es aber auf die Vernetzung *heterogen* qualifizierter Gruppen an. In einer solchen Umgebung kann ein Koordinationswerkzeug zwar auf dem Groupware-Konzept aufbauen; letzteres muß jedoch entscheidend erweitert werden (Mankowsky 1990).

Diese Erweiterungen machen aus dem passiven Medium ein aktives, indem Filter- und Übersetzungsfunktionen bereitgestellt werden, welche an den jeweiligen Fachhintergrund und Aufgabeninhalt der Mitarbeiter angepaßt und möglichst weitgehend von diesen gestaltbar sein soll. Die eingebrachten Informationen müssen vom Werkzeug auf Konsistenz zu anderen Eingaben geprüft, übersetzt und an andere Teilnehmer weitervermittelt werden, wo sie weiter bearbeitet werden können. Technisch wird der Informationsaustausch über eine Datenbank abgewickelt.

Der Kern des Koordinationswerkzeuges ist also die Übersetzung einer fachspezifischen Information aus einer bestimmten Arbeitsumgebung in eine andere hinein, wobei intelligente Übersetzungsleistung in Hinblick auf Zuverlässigkeit, Genauigkeit, Relevanz und Verständlichkeit gefragt ist. Bei dieser Vermittlung ist entscheidend, daß sie ohne besonderes Zutun der Nutzer, als eigenständige Aktivität des Werkzeuges („nicht-intentional") erfolgt. Die Pfade der Kommunikation müssen sich weitgehend frei, je nach Notwendigkeit, bilden können. Das Werkzeug unterstützt die Selbstorganisationsfähigkeit von Gruppen, indem es situationsabhängig die Konsistenz der Informationen über alle am Arbeitsprozeß beteiligten sicherstellt.

Das Werkzeug muß heterogene Arbeitsprozesse koordinieren können. Heterogenität drückt sich in je nach Fachhintergrund, Aufgabeninhalt und Arbeitsstil unterschiedlichen Denkweisen aus. Diese bilden alltäglich zu beobachtende Kommunikationsbarrieren. Interaktionsflächen und intelligente Prozeduren des jeweiligen Arbeitsplatzinstruments sind gemäß dem vorliegenden Konzept so zu gestalten, daß sie den unterschiedlichen Denkweisen Rechnung tragen. Jedes Arbeitsplatzinstrument ist Teil des aktiven Mediums zu anderen Arbeitsplätzen. Gemeinsame Aufgabe dieser Instrumente ist der Abbau von Kommunikationsbarrieren.

5.3 Gestaltung sozialer Systeme

Die Kernidee des VI-Ansatzes bezogen auf Systemgestaltung besagt, daß es immer um die Gestaltung *sozialer* Systeme geht, also darum,

- soziale Systeme durch Gestaltung von Medien zu gestalten, wobei dies
- durch das soziale System selbst, also nicht von außen, erfolgt.

Einer der Hauptgründe für die seit geraumer Zeit beklagte „Softwarekrise", womit u.a. fehlende Akzeptanz zahlreicher Softwareinstallationen und das Scheitern entsprechender Investitionsprojekte gemeint ist, ist die Geringschätzung der sozialen Dimension informationstechnischer Systeme. Viel spricht für die These, daß die Software-Krise „weniger auf mathematisch-logischen oder programmtechnischen Mängeln der bislang verwendeten Methoden des Software-Entwurfs, sondern vielmehr auf der unzureichenden Reflexion des Wechselspiels von technischer Gestaltung und sozialer Wirkung informationstechnischer Systeme (beruht)" (Coy 1989, S. 256).

Von Coy und anderen Autoren (z. B. Welter 1988) wird als ein möglicher Ausweg die „stärkere Einbeziehung" oder „Berücksichtigung" der sozialen Dimension der Informationstechnik vorgeschlagen. Solche Appelle blieben in der Vergangenheit ziemlich wirkungslos. Es genügt keineswegs, nicht-technische Aspekte „neben" den technischen zu berücksichtigen, sondern die soziale Dimension des Mediendesign gehört in den Mittelpunkt, sowohl bei Gestaltung als auch bei Einführung.

Gestaltung und Einführung leistungsfähiger Koordinations-Werkzeuge gemäß dem VI-Konzept folgen daher Methoden des „partizipativen" oder „dialogischen" (Floyd 1989; Pasch 1992) Software-engineering, das ein in dieser Hinsicht effektives Prototyping erlaubt. Hier sind die Endnutzer, welche typischerweise keine EDV-Kenntnisse haben, in einem sehr frühen Stadium, und dann auch während der gesamten Entwicklungszeit, in die Systemgestaltung eingebunden. Dadurch kann ihr fachlicher Arbeitsstil schon von Beginn an die Gestaltung mitprägen.

Bei diesem Gestaltungs-Ansatz handelt es sich um eine Perspektive, die in der Informatik (und anderen Wissenschaften) als Wende von einem rein (informations)technischen zu einem mehr soziotechnischen Systemverständnis gesehen wird (vgl. Coy 1989 und sein Nachwort in der deutschen Ausgabe von Winograd und Flores; Welter 1988; Floyd 1989; Klotz 1991; außerhalb der Informatik: s. z. B. Trist 1981; Probst 1987).

Die Besonderheit für Entwickler derartiger Systeme besteht darin, daß sie sich als Teilnehmer eines Prozesses verstehen, in dem primär ein soziales System gestaltet wird, und das auch ein Computersystem umfaßt. Demzufolge müssen sie ihr Hauptaugenmerk auf das Verständnis der Aufgabe und nicht auf die Technologie legen (Turoff 1991, S. 110f). Dieser Perspektivwechsel wird auch von Clark am Beispiel der elektronischen Post illustriert. "Electronic mail, which has little to do with distributed computing but everything to do with distributed people, is a fundamental enhancement to options for human communication... It is easy and tempting to think of networks as hooking computers together. They are better thought of as hooking people together, with a computer mediating the connection in an effective way. Whether the application is electronic mail or access to remote information, the motivation for communication is human need, not internals of computer system design." (Clark 1991, S. 31 f). Was bereits für ein relativ passives Medium wie die elektronische Post gilt, gilt erst recht für aktive Medien vom oben beschriebenen Typ.

6. *Schlußbemerkungen*

In dem Maße, wie Produktivitätsreserven durch Automatisierung der Produktionssysteme ausgeschöpft sind, gewinnt die Unterstützung und Automatisierung von Koordinations-, Administrations- und Managementfunktionen immer mehr an Bedeutung. Der MIT-Report zur Lage der Automobilindustrie (Womack u. a. 1991) verdeutlicht, daß große Chancen in neuen Koordinationsformen der Produktion liegen (z. B. durch Gruppenarbeit).

Unter dem Blickwinkel der VI ist das Unterfangen, große Organisationen allein von außen oder oben zielführend steuern zu wollen, von vornherein zum Scheitern verurteilt. Nicht weil geplant oder falsch geplant wurde, ist die „Planwirtschaft" gescheitert, sondern weil die Fähigkeiten von Menschen, komplexe Systeme zu beeinflussen, überschätzt und die Kräfte derartiger Systeme zur Selbstorganisation unterschätzt wurden. Menschliche Intelligenz auf der individuellen Ebene (lokale Intelligenz) konnte offenbar die strukturelle Intelligenz großer Organisationen (verteilte Intelligenz) nicht übertreffen geschweige denn ersetzen.

Danksagung

Für wertvolle Hinweise und Kritik danke ich Alexander Mankowsky.

Literatur

Applegate, L., Ellis, C., Holsapple, C. W., Radermacher, F.J., Whinston, A. B. (1991). Organizational Computing: Definition and Issues (Editorial). Journal of Organizational Computing, 1, 1991, p. 1–10.

Balck, H., Kreibich, R. (Hrsg.) (1991). Evolutionäre Wege in die Zukunft. Wie lassen sich komplexe Systeme managen? Weinheim u. a. (Beltz).

Binnig, G. (1989). Aus dem Nichts. Über die Kreativität von Natur und Mensch. München (Piper) 1989.

Bunge, M. (1977, 1979). Treatise on Basic Philosophy, vol. 3, 4 (Ontology I, II), Dordrecht (Reidel) 1977, 1979.

Clark, D. D. (1991). The Changing Nature of Computer Networks. In: Meyer, A. R. a. o. (eds.): Research Directions in Computer Science. An MIT Perspective. Cambridge, Mass. (MIT Press) 1991.

Coy, W. (1989). Brauchen wir eine Theorie der Informatik? Informatik-Spektrum, 12, 1989, S. 256–266.

Coy, W., Bonsiepen, L. (1989). Erfahrung und Berechnung. Kritik der Expertensystemtechnik. Berlin u. a. (Springer) 1989.

Dress, A., Hendrichs, H., Küppers, G. (Hrsg.) (1986). Selbstorganisation. Die Entstehung von Ordnung in Natur und Gesellschaft. München (Piper) 1986.

Floyd, C. (1989). Softwareentwicklung als Realitätskonstruktion. In: Lippe, W. M. (Hrsg.): Software-Entwicklung. Proceedings der Fachtagung, veranstaltet vom Fachausschuß 2.1 der GI, Marburg, 21.–23. 6. 89; Berlin (Springer).

von Foerster, H. (1987). Erkenntnistheorien und Selbstorganisation. In: Schmidt, S. J. (Hrsg.) 1987, S. 133–158.

Gardner, H. (1991). Abschied vom IQ. Die Rahmentheorie der vielfachen Intelligenzen. Stuttgart (Klett-Cotta) 1991.

Gould, S. J. (1983). Der falsch vermessene Mensch. Basel (Birkhäuser) 1983.

Haken, H. (1988). Erfolgsgeheimnisse der Natur. Synergetik: Die Lehre vom Zusammenwirken. Frankfurt a. M. (Ullstein) 1988.

– (1991). Synergetik im Management. In: Balck u. a. (Hrsg.) 1991, S. 65–91.

Hass, H. (1970). Energon. Das verborgene Gemeinsame. Wien u. a. (Molden) 1970.

Jantsch, E. (1987). Erkenntnistheoretische Aspekte der Selbstorganisation natürlicher Systeme. In: Schmidt, S. J. (Hrsg.) 1987, S. 159–191.

Kail, R., Pellegrino, J. W. (1989). Menschliche Intelligenz. Heidelberg (Spektrum der Wissenschaft Verlagsgesellschaft) 1989.

Kauke, M. (1992). Spielintelligenz: spielend lernen – Spielen lehren? Heidelberg u. a. (Spektrum Ak. Verlag) 1992.

Klotz, U. (1991). Die zweite Ära der Informationstechnik. Harvard Manager 2, 1991, S. 101–112.

Krämer, S. (1988). Symbolische Maschinen: die Idee der Formalisierung in geschichtlichem Abriß. Darmstadt (Wiss. Buchgesellschaft) 1988.

Luhmann, N. (1988). Soziale Systeme. Frankfurt a. M. (Suhrkamp) 1988.

Malone, T. W., Yates, J., Benjamin, R. I. (1987). Electronic Markets and Electronic Hierarchies. Comm. ACM 30, 6, 1987, S. 484–497.

Malone, T. W., Rockard, J. F. (1991). Vernetzung und Management. Spektrum der Wissenschaft. November 1991, S. 122–130.

Malone, T. W., Crowston, K. (1991). Toward an Interdisciplinary Theory of Coordination. Technical Report, Center for Coordination Science, CCS TR# 120, SS WP# 3294-91-MSA, Cambridge, Mass. 1991.

Mankowsky, A (1990). Kommunikationsunterstützende Systeme. Internes Arbeitspapier des Forschungsinstituts der Daimler-Benz AG, Berlin 1990.

Maturana, H. R., Varela, F. J. (1987). Der Baum der Erkenntnis. Wie wir die Welt durch unsere Wahrnehmung erschaffen – die biologischen Wurzeln des menschlichen Erkennens. Bern u. a. (Scherz) 1987.

Metzger, D. Soziale Intelligenz. Das sympathische Talent. GEO WISSEN Intelligenz und Bewußtsein, Heft 3, 1992, S. 150–159.

Müller, R. A. (1988). Systeme verteilter Intelligenz im Unternehmen. Internes Programmpapier der Forschung der Daimler-Benz AG. Berlin 1988.

– (1991 a). Selbstorganisation und Verteilte Intelligenz. Eine Forschungsperspektive der Daimler-Benz AG. In: Balck, H. u. a. (Hrsg.), S. 191–223.

– (1991 b). Kostenplanung mit unscharfen Daten. In: Scheer, A.-W. (Hrsg.): Rechnungswesen und EDV. Kritische Erfolgsfaktoren im Rechnungswesen und Controlling. Heidelberg (Physika-Verlag) 1991.

Pasch, J. (1991). Dialogischer Software-Entwurf. Dissertation am Fachbereich Informatik der TU Berlin. Forschungsbericht des Fachbereichs Informatik Nr. 92-4, Berlin 1991.

Probst, G. J. P. (1987). Selbstorganisation. Ordnungsprozesse in sozialen Systemen aus ganzheitlicher Sicht. Berlin u. a. (Parey) 1987.

Rammert, W. (1989). Technisierung und Medien in Sozialsystemen. In: Weingart, P. Technik als sozialer Prozeß. Frankfurt am Main (Suhrkamp) 1991, S. 128–173.

– (1992). „Expertensysteme" im Urteil von Experten. In: Jahrbuch 6, „Technik und Gesellschaft" Frankfurt a. M. (Campus).

Schmid, B. u. a. (1991). Die elektronische Revolution der Märkte. IO Management Zeitschrift, 60, Heft 12, 1991, S. 96–98.

Schmidt, S. J. (Hrsg.) (1987). Der Diskurs des radikalen Konstruktivismus. Frankfurt a. M. (Suhrkamp) 1987.

Staehle, W. H. (1987). Management. München.

Trist, E. L. (1981). The Socio-Technical Perspective – The Evolution of Socio-Technical Systems as a Conceptual Framework and as an Action Research Program. In: Ven, A. van der und Joyce, W. F. (Eds.): Perspectives on Organization Design and Behavior. New York 1981.

Turoff, M. (1991). Computer-Mediated Communication Requirements for Group Support. Journal for Organizational Computing, 1 (1) 1991, S. 85–113.

v. Uexküll, J., Kriszat, G. (1934). Streifzüge durch die Umwelten von Tieren und Menschen, Frankfurt (Fischer) 1983.

Ulrich, H., Probst, G. (1990). Anleitung zum ganzheitlichen Denken und Handeln. Bern 1990.

Varela, F. J. (1990). Kognitionswissenschaft – Kognitionstechnik. Frankfurt a. M. (Suhrkamp) 1990.

Welter, G. (1988). Technisierung von Information und Kommunikation in Organisationen. Eine kritische Analyse der Entwicklung und des Einsatzes informations- und kommunikationstechnischer Systeme. Spardorf (Wilfer) 1988.

Winograd, T., Flores, F. (1986). Understanding Computers and Cognition. A New Foundation for Design. Reading, Mass. (Addison Wesley) 1986.

Womack, J. P., Jones, D. T., Ross, D. (1991). Die zweite Revolution in der Autoindustrie. Frankfurt (Campus) 1991.

Christiane Floyd

Künstliche Intelligenz – Verantwortungsvolles Handeln

1. Einleitung

In diesem Beitrag will ich Gesichtspunkte für einen verantwortungsvollen Umgang mit Anwendungen der Künstlichen Intelligenz (kurz: KI) herausarbeiten und konzentriere mich dabei auf sogenannte wissensbasierte Systeme oder Expertensysteme. Prinzipiell können solche Systeme für jeden beliebigen Gegenstandsbereich entwickelt werden, für den spezialisiertes menschliches Fachwissen vorliegt, das erkundet, sinnvoll abgegrenzt und mit den Mitteln der KI modelliert werden kann.

Mit dem aus dem Englischen eingedeutschten Begriff „Experten" sind erfahrene Fachleute oder Sachverständige gemeint, die es in ihrem Gegenstandsbereich zur Meisterschaft bringen[1] (z. B. können Schachspieler/innen, Pilot/innen oder Krankenpfleger/innen Experten in ihrem Bereich sein). In den gesellschaftlich geregelten Bereichen wird eine *formalisierte Ausbildung* unterstellt.

In der KI wird Expertentum durch den Grad an *Regelwissen im jeweiligen Gegenstandsbereich* charakterisiert. Demnach verfügen Experten über einen besonders großen Schatz an Regelwissen. Dieses Regelwissen wird in der Ausbildung erworben und mit wachsender Übung zunehmend leicht und korrekt auf das jeweilige Problem angewendet. In der kritischen Literatur[2] wird demgegenüber der Zusammenhang zwischen *Wissen* und *Können* (Knowing That und Knowing How) betont sowie der Umstand, daß die Ausbildung nicht nur Regelwissen vermittelt, sondern vor allem anhand von Fällen in bewährte Arbeitstraditionen einführt. Für das Können von Experten sind dann die unmittelbar intuitive Erfassung der aktuellen Situation

[1] Der Duden gibt bezeichnenderweise nur eine männliche Form an. Ich werde das Wort nur in der Mehrzahl verwenden und beziehe es auf beide Geschlechter.

[2] Z. B. Dreyfus & Dreyfus (1985).

vor dem Hintergrund der Erfahrung aus früheren ähnlichen Situationen ausschlaggebend. Nur vor diesem Hintergrund kann Regelwissen sinnvoll auf die jeweilige Situation bezogen und interpretiert werden.

Das Grundproblem von Expertensystemen besteht somit in der kontextfreien Modellierung von abgrenzbarem Regelwissen und seiner späteren kontextgebundenen Interpretation[3]. Die Anwendung von Expertensystemen erfolgt ja in den Sinn- und Handlungszusammenhängen, wo das Fachwissen der jeweiligen Experten die Grundlage für Beratung, Entscheidungsfindung oder die Festlegung von Bearbeitungsfolgen bildet. Wo vorher menschliche Experten – in Absprache mit Kolleg/innen sowie mit Hilfe von Nachschlagewerken, Handbüchern und der je spezifischen unterstützenden Technik – Entscheidungen getroffen haben, tritt das Expertensystem als quasi-autonome Instanz auf, die aufgrund von modelliertem Wissen und implementierten Schlußregeln eigenständig Schlußfolgerungen zieht, Entscheidungsgrundlagen für menschliche Experten bereitstellt oder ohne menschliches Zutun automatisierte Entscheidungen trifft.

Um die Wechselbezüge zwischen KI und verantwortungsvollem Handeln auszuloten, müssen wir uns daher Expertensysteme als Artefakte in den jeweiligen Handlungszusammenhängen vor Augen führen und erwünschte bzw. unerwünschte Einsatz-Szenarien antizipieren. Dieses Gedankenexperiment hilft uns Argumente zu finden, um Grenzen eines verantwortbaren Computereinsatzes sowie Grundlagen für eine verantwortbare Gestaltung bezogen auf jeweils spezifische Situationen aufzeigen zu können. Eine solche Argumentation zu führen erfordert es, lebensweltliche Gegebenheiten des jeweiligen Gegenstandsbereichs in Verbindung mit den potentiellen Leistungen der KI zu betrachten.

Es geht mir hier nicht um ein für allemal feste Grenzen für den Einsatz der KI. Ich halte solche Grenzen zum einen nicht für sinnvoll ziehbar, und zum anderen mich nicht dafür zuständig. Vielmehr will ich diejenigen, die verantwortungsvolle Entscheidungen zu treffen haben, mit Argumenten unterstützen, die auf die jeweilige Situation adaptiert werden können und müssen. Diese Haltung zur Behandlung ethischer Fragestellungen habe ich bereits in einer früheren

---

[3] Die sogenannte Wissensakquisition besteht nach Feigenbaum, McCorduck (1984) darin, das Regelwissen der Experten „Juwel für Juwel auszuschürfen".

Stellungnahme eingenommen, die sich allgemein mit Grenzen des verantwortlichen Computereinsatzes befaßt[4].

Im folgenden stütze ich mich auf die in dieser Stellungnahme aufgezeigten fachlichen, zwischenmenschlichen und moralisch/rechtlichen Gesichtspunkte ab. Um konkret argumentieren zu können, beziehe ich mich exemplarisch auf einen ausgewählten Gegenstandsbereich: die Anwendung von Expertensystemen in der Medizin[5]. Dieses Fallbeispiel hat für die Diskussion um die KI eine besondere Bedeutung, weil wir alle zumindest als potentiell Betroffene einbezogen sind und bei anstehenden öffentlichen Entscheidungen mitzuwirken haben. Die vorgebrachten Argumente lassen sich jedoch auf andere Gegenstandsbereiche sinngemäß übertragen.

Daraus ergeben sich an der Verantwortung orientierte Kriterien für die Gestaltung der Technik, ihrer Einführung und ihres Einsatzes. Sie gründen sich auf einlösbare Ansprüche über die Leistungsfähigkeit der Systeme. Sie stellen den Menschen über die Maschine und zeigen Anforderungen an einen menschengerechten Technikeinsatz auf. Sie plädieren für eine „kleine“ Technologie als Instrument zur Unterstützung der Verantwortung tragenden Menschen.

2. *Grundannahmen wissensbasierter Technik*

Ich halte die Erarbeitung von Gesichtspunkten für ein wünschenswertes und sinnvolles Zusammenwirken von Menschen mit Maschinen für ein Kernanliegen gesellschaftlicher Gestaltung in unserer Zeit – zumindest in den Industrieländern. Im Zusammenhang mit der Informatik, insbesondere mit der KI, ist diese Diskussion einerseits durch die nach wie vor stürmische Weiterentwicklung der Technik und andererseits durch die verbreitete Computergläubigkeit geprägt. Fachleute wie Laien sind geneigt, dem Computer weitreichende Fähigkeiten und Befugnisse zuzuschreiben[6].

---

[4] Vgl. Floyd (1985).

[5] Ich hatte kürzlich die Gelegenheit, diesen Gegenstandsbereich in einem gemischten Forum von Medizinern und Informatikern auszuloten, siehe Floyd (1991) und die anderen Beiträge in Büttner et al. (1991). Da ich weder Medizinerin bin noch innerhalb der Informatik auf dem Gebiet der KI spezialisiert, habe ich mich dabei auf allgemein verständliche Aspekte beschränkt, die als Orientierung für die öffentliche Diskussion dienen können.

[6] Für weitergehende Ausführungen dieser Gedanken vgl. Floyd (1992).

Genau genommen stellt sich die Frage nach der Beziehung zwischen Mensch und Maschine in drei Dimensionen:

- Erkenntnistheoretisch: Inwieweit betrachten wir menschliches Denken als der Wirkungsweise von Computern verwandt?
- Technologisch: Inwieweit kann es gelingen, menschliches Denken im Computer nachzubilden?
- Ethisch: Welche Einwirkungen von Computern in den Bereich menschlicher Handlungszusammenhänge wollen wir zulassen?

Im Sinne einer klassisch postulierten wertneutralen Wissenschafts- und Technikauffassung wären diese Fragen trennbar. Die erste beträfe die reine, zweckfreie Erkenntnis, die zweite das wertfrei Machbare, die dritte den wertgeleiteten Gebrauch. Charakteristisch ist aber für die Informatik, insbesondere für die KI, daß dieses wertneutrale Wissenschafts- und Technikverständnis an seine Grenzen geführt wird – nicht nur durch die soziokulturelle Einbettung von Wissenschaft und Technik in ein Geflecht von Macht, Interessen und Widersprüchen, sondern auch aus den Gegebenheiten der Disziplin selbst. Bei der Entwicklung von computergestützten Systemen und bei der Entscheidung über ihren Einsatz nehmen die Beteiligten explizit oder implizit Stellung zu den drei oben genannten Fragen. Auf diesen Stellungnahmen in ihrer Wechselwirkung beruhen die Entscheidungen, die sich in der Gestaltung ausdrücken.

Die KI stützt sich auf ein spezifisches Menschenbild, das sie vergegenständlicht und in Technik umsetzt. Dieses Menschenbild befaßt sich – nur – mit rationalem, regelgeleitetem Denken und funktionalem, zweckgerichtetem Handeln, löst diese Fähigkeiten aus dem gesamt-menschlichen Zusammenhang von Bewußtsein, Erlebnis und Erfahrung, isoliert sie und bildet sie ausschnittsweise nach.

Im folgenden möchte ich diese Zusammenhänge durch eine kurze Vorstellung des Forschungsansatzes der KI und seine Konkretisierung auf Expertensysteme sowie durch die Angabe von Annahmen, die mit der Entwicklung und dem Einsatz eines Expertensystems verbunden sind, verdeutlichen.

Zunächst möchte ich in Erinnerung rufen, daß der Forschungsansatz der KI von einer bewußten *Gleichsetzung von Menschen mit Maschinen* ausgeht[7]. Er unterstellt in seiner starken Form, daß

---

[7] Siehe z. B. Simon (1969).

menschliches Denken – in direkter Analogie zur Funktionsweise von Computerprogrammen – auf der *regelgeleiteten Verarbeitung von Symbolen* beruht. Die *Sinnesorgane* werden als Eingabemedien angesehen. *Wissen* entsteht dadurch, daß Fakten und logische Schlußregeln im Gehirn dargestellt *(repräsentiert)* sind und in einer Vielfalt von anspruchsvollen Möglichkeiten verknüpft werden können. *Entscheidungen* werden aufgrund von Regelanwendung und der ebenfalls regelgeleiteten Bewertung von Ergebnissen getroffen. *Handlungen* kommen als Ausgabe oder Wirkung des regelgeleiteten Denkens zustande. *Gedächtnis* bedeutet die Speicherung von Fakten und Regeln. *Lernen* besteht in der Anwendung und ständigen Verfeinerung von Schlußregeln bzw. der Erzeugung neuer Schlußregeln aufgrund von Erfahrung.

In diesem Papier habe ich nicht die Möglichkeit, diesen Ansatz anhand der KI-Literatur auszuarbeiten und seine Tragfähigkeit von verschiedenen Standpunkten kritisch zu hinterfragen. Wichtig ist festzustellen, daß er *als Arbeitshypothese gesetzt* ist, um wissenschaftlichen Fortschritt zu erzielen. Für eine umfassende, philosophische Kritik dieser Arbeitshypothese verweise ich auf die verfügbaren, ausgezeichneten Bücher[8].

Der Forschungsansatz der KI wird in zwei Richtungen verfolgt: zur Computersimulation geistiger Prozesse zum Zwecke vertiefter Erkenntnisse über den Menschen, die uns im folgenden nicht interessiert, und zur Entwicklung „intelligenter“ Systeme, bei denen Computerprogramme Leistungen erbringen, die bisher menschlicher Intelligenz vorbehalten blieben. Dies erlaubt übrigens keine strenge Unterscheidung gegenüber herkömmlichen Programmen. Vor der Erfindung des Computers war ja auch das Rechnen, das wir heute mit der größten Selbstverständlichkeit dem Computer überlassen, eine ausschließlich dem Menschen vorbehaltene Fähigkeit.

Durch ihre Umsetzung in einsetzbare Systeme wird die Arbeitshypothese der KI *vergegenständlicht* und gewinnt *gesellschaftliche Realität.* Eines ihrer wichtigsten Ergebnisse sind sogenannte Expertensysteme oder wissensbasierte Systeme.

Im Vergleich zum ursprünglichen Ansatz der KI sind *Expertensysteme* mit einem bescheideneren Anspruch verbunden. Es geht hier nicht um menschliches Denken in seiner Gesamtheit, sondern nur

---

[8] Vor allem Dreyfus (1985) und Winograd & Flores (1989).

darum, klar abgegrenzte Wissensgebiete, die von sogenannten Experten beherrscht werden, auszusondern, und im Computer zu modellieren. Allerdings bleibt die KI-Arbeitshypothese der Gleichartigkeit zwischen menschlichem Denken und den Leistungen von Computerprogrammen erhalten.

Die KI-Arbeitshypothese unterstellt im Falle von Expertensystemen:

- Unser Denken besteht im Erwerb und in der Anwendung von *Wissen*. Wissen bezieht sich auf Objekte, ihre Attribute und Relationen, sowie auf Regeln zu ihrer Verknüpfung. Wissen ist diskretisierbar, d. h. auf elementare Wisseneinheiten zurückführbar, formalisierbar und aus seinem Kontext abtrennbar. Wissen kann in wohldefinierte Gebiete oder *Domänen* gegliedert werden.
- Die Entscheidungen von *Experten* beruhen wesentlich auf *Regelwissen* einer bestimmten Domäne. Ein Experte wird als *Problemlöser* in seiner Wissensdomäne angesehen. Er ist mit Fällen konfrontiert, bei deren Bearbeitung Regeln zur Anwendung kommen und die gegebenenfalls Anlaß zur Bildung neuer Regeln aufgrund fortschreitender Erfahrung geben.
- Die für eine Wissensdomäne maßgeblichen Regeln liegen in großen Zügen fest. Sie können durch Rücksprache eines dafür speziell ausgebildeten Wissensingenieurs mit einem anerkannten Experten explizit gemacht und in die *Wissensbasis* von Computerprogrammen umgesetzt werden. Neben der Wissensbasis (bestehend aus Fakten und aus Regeln zu ihrer Verknüpfung) enthalten die resultierenden Experten- oder wissensbasierten Systeme eine *Inferenzmaschine*, die die computerimplementierten Regeln für das logische Schließen festlegt.
- Werden Expertensysteme mit den entsprechenden Daten eines Falles versehen, so ist ihre Leistung in abgegrenzten Wissensgebieten der eines menschlichen Experten potentiell mindestens gleichwertig: zum einen verkörpern sie die Wissensbasis der jeweils führenden Experten, zum anderen arbeiten sie zuverlässig auch bei großer Komplexität und zeigen keine Ermüdungserscheinungen. Wissensbasierte Systeme können somit als *expertenersetzende* und als *expertenunterstützende* Systeme eingesetzt werden.

- Durch *maschinelles Lernen* (Erweiterung der Wissensbasis um neue Fakten bzw. vom System neu erzeugte Regeln) ist es möglich, die Leistungsfähigkeit des Systems während seines Einsatzes anzureichern. Dies leistet die *Wissenserwerbskomponente* aufgrund bereits bearbeiteter Fälle oder als Adaption auf die Eingabe von weitergehendem domänenspezifischen Wissen. Maschinelles Lernen entspricht der zunehmenden Erfahrung menschlicher Experten.
- Die Leistung von Expertensystemen ist nicht auf Regelwissen beschränkt. Der effektive Umgang mit umfangreichen Regelsystemen wird über *Heuristiken* abgewickelt. *Assoziationen* werden nach maschinenimplementierten Assoziationsketten berücksichtigt. Auch sogenanntes *vages Wissen* kann in die Wissensbasis eingehen. Diese Techniken sollen dem situationsbedingten Vorgehen menschlicher Experten nach Faustregeln und dem gesunden Menschenverstand Rechnung tragen.
- Der *kompetente Umgang* mit dem Expertensystem besteht in seiner zuverlässigen Bedienung, der fehlerfreien Eingabe der Falldaten und der korrekten Umsetzung der Empfehlungen des Systems. Dieser Umgang ist durch eine anspruchsvolle Benutzungsschnittstelle zu erleichtern, die insbesondere eine Erklärungskomponente zur Erläuterung des durch das System gewählten Lösungswegs miteinschließt.

Expertensysteme sind weder von anderen KI-Systemen noch von herkömmlichen Computeranwendungen scharf abgegrenzt. In die eine Richtung wird die Grenze dort fließend, wo andere Methoden, Techniken und System-Architekturen der KI mit Expertensystemen kombiniert werden. Diese gestatten unter Umständen, bekannte Einschränkungen herkömmlicher Expertensysteme zu überwinden. Für die Praxis der verfügbaren Systeme viel relevanter ist aber die Grenze in die andere Richtung, wo sogenannte Expertensysteme sich bei näherem Hinsehen häufig als verbesserte Datenbanken mit regelbasierten Zugriffs- und Verknüpfungsmöglichkeiten erweisen.

3. Expertensysteme in der Medizin – Eine Fallstudie

In diesem Abschnitt möchte ich den exemplarisch zu betrachtenden Gegenstandsbereich eingrenzen. In der Literatur werden sehr verschiedenartige Anwendungsmöglichkeiten von KI in der Medizin vorgeschlagen[9] und oft beziehungslos nebeneinandergestellt, als wären sie gleichwertig. Die Diskussion wird durch Werbeargumente auf Seiten der anbietenden Wissenschaftler und Firmen, beziehungsweise durch die Technikbegeisterung oder -ablehnung der prospektiven medizinischen Anwender geprägt. Argumente, die für eine mögliche Anwendung treffen, sind für andere irreführend oder nicht relevant. Orientierungshilfen sind daher für eine substantielle Diskussion dringend erforderlich. Hier werden sie gebildet durch

- die Unterscheidung zwischen Expertensystemen und anderen Computeranwendungen in der Medizin sowie
- die qualitative Ortung von Teilbereichen der Medizin, die für den Einsatz von Expertensystemen in Frage kommen.

Die mögliche Bedeutung von Expertensystemen für den medizinischen Einsatz beruht wesentlich auf ihrer Kombinierbarkeit mit anderen Programmen, die zum Beispiel Patientendaten oder Meßwerte erfassen oder den Zugriff auf das Informationssystem räumlich getrennter medizinischer Einrichtungen erlauben. Für den Anwender stellen sich Expertensysteme daher als integraler Bestandteil einer bereits computerisierten medizinischen Infrastruktur dar, deren vorwiegend erfahrbarer Nutzen zum gegenwärtigen Zeitpunkt häufig von anderen Komponenten erbracht wird. Aus diesem Grund sind Prognosen und Berichte über praktische Erfahrungen mit Expertensystemen schwer zuverlässig einzuschätzen, weil unklar bleibt, inwieweit sie das System als Ganzes oder konkret die wissensbasierte Komponente betreffen[10].

In diesem Papier geht es aber nur um Expertensysteme und den mit ihnen verbundenen Anspruch, menschliche Experten zu unterstützen oder zu ersetzen. Im Prinzip sind verschiedene Einsatzbereiche für wissensbasierte Systeme denkbar:

- Diagnostik einschließlich der Ausarbeitung von Therapievorschlägen aufgrund von Meßwerten oder diskretisierten Angaben über das Wohlbefinden des Patienten,
- automatisierte Überwachung und Steuerung der Therapie aufgrund von ausgewerteten Laborwerten,

[9] Siehe z. B. Clancey (1986), Gierl & Pollwein (1986), Puppe (1987).

[10] Z. B. Beneke et al. (1989), Schwartz et al. (1987).

- Therapie in Form von Beratungsdialogen, wobei der Computerdialog das Gespräch mit dem Arzt ersetzt,
- Unterstützung von Therapie bis hin zu operativen Eingriffen,
- Verfügbarmachen von spezialisiertem Expertenwissen in Form eines intelligenten Handbuchs für den Arzt,
- Bereitstellen von medizinischem Basiswissen für die Öffentlichkeit.

Offenbar unterscheiden sich diese Einsatzkategorien unter anderem dadurch, wie aktiv die Rolle des Computers bei der medizinischen Entscheidungsfindung ist, und wie der Einsatz des Computers in die Beziehung zwischen Arzt und Patienten hineinwirkt. Sie lassen keine einheitliche ethische Bewertung zu.

4. Gesichtspunkte zum verantwortbaren Einsatz von Expertensystemen

Ich beziehe mich im folgenden auf meine allgemeinen Stellungnahme[11] und leite daraus konkrete Folgerungen für den Gegenstandsbereich Expertensysteme in der Medizin ab.

Um Gesichtspunkte für eine Grenzziehung verantwortbaren Computereinsatzes zu erarbeiten, will ich zwischen mehreren Kategorien unterscheiden:

- Grenzen des fachlich verantwortbaren Computereinsatzes sehe ich dort, wo Computer aufgrund eines verfehlten Vertrauens in die Leistungsfähigkeit von Programmen eingesetzt werden.
- Grenzen eines zwischenmenschlich verantwortbaren Computereinsatzes sehe ich dort, wo Computer aufgrund einer verfehlten Gleichsetzung von Menschen mit Maschinen eingesetzt werden.
- Moralisch/rechtliche Grenzen des Computereinsatzes sind dort zu ziehen, wo mit Computern versucht wird, was ohne Computer nicht gemacht werden darf.

Diese Prinzipien wirken zunächst abstrakt, ich hoffe, daß sie dadurch lebendig werden, daß ich sie mit dem hier relevanten Anwendungsbereich von Computern in Verbindung bringe.

---

[11] In Floyd (1985).

4.1 Fachliche Gesichtspunkte

In jedem Expertensystem ist eine Mikrowelt modelliert, die einer in sich geschlossenen Wissensdomäne und der durch das Programm-Modell festgelegten Wissensbasis entspricht. Das verfügbare Regelwissen bezieht sich genau auf die einprogrammierten Objekte, Attribute, Fakten und Regeln, die aufgrund der Bearbeitung von Fällen durch maschinelles Lernen anhand von ebenfalls einprogrammierten Regeln ergänzt werden können. Unter Umständen kann das in Expertensystemen verankerte Faktenwissen das Faktenwissen eines menschlichen Experten innerhalb der jeweiligen Domäne weit übertreffen.

Der Bezug zu menschlichem Sinn ist durch diese Regeln allein nicht gegeben, sondern nur durch den Gebrauch des Systems herstellbar. Außerhalb der durch das Programm-Modell konstituierten Domäne verhält sich das System *willkürlich*, sowohl wenn die zugrundegelegte Wissensdomäne selbst im System unvollständig oder fehlerhaft modelliert ist als auch wann immer die Domäne verlassen wird. Das bedeutet tiefgreifende Unterschiede gegenüber den bei menschlichen Experten selbstverständlichen Gegebenheiten, die die sinnvolle Verwendung von Domänenwissen in konkreten Situationen ermöglichen.

Menschliche Experten sind niemals auf die Anwendung von festem Domänenwissen beschränkt. Bei Versagen ihres Domänenwissens erkennen sie die Notwendigkeit, dieses zu ergänzen. Sie verfügen über allgemeines medizinisches Wissen, das im Bedarfsfalle den Übergang zu einer anderen Domäne nahelegt und ermöglicht. Ihr kontextbezogenes Alltagswissen gestattet ihnen, die Plausibilität von Angaben einzuschätzen. Dadurch ist die zugrundegelegte Wissensdomäne stets situativ offen.

Ferner gibt es beim Menschen kein Wissen in Isolation von anderen Fähigkeiten. Es hängt eng mit der Wahrnehmung und mit dem durch Erfahrung erworbenen handwerklichen Können zusammen und wird dadurch laufend gewandelt und neu geordnet. Es wird wesentlich durch Bedürfnisse und Ziele und durch die Orientierung auf das Handeln geprägt.

Menschliches Wissen ist letztlich sozial. Es ist kulturell tradiert, in Beziehungsgeflechten verankert und wird in Gemeinschaften argumentiert und interpretiert. Dies ermöglicht die Absicherung des individuellen Domänenwissens und vertiefte Einsicht durch Rückkopplung, Multiperspektivität und Einordnung.

Aus diesen Überlegungen folgt für den fachlich verantwortbaren Einsatz:

- Expertensysteme können nur dort medizinische Entscheidungsfindung durch den Menschen ersetzen, wo sie aufgrund einer abgegrenzten, programm-modellierbaren Wissensdomäne allein erfolgen darf.
- Expertensysteme können Entscheidungsfindung durch den Menschen zuverlässig unterstützen, wenn ihr situativer Einsatz als Instrument im Rahmen menschlicher Sinnzusammenhänge in verantwortbarer Weise gelingt.

Die fundamentale Voraussetzung für die Einbindung eines Expertensystems in den sozialen Prozeß der Entscheidungsfindung ist die Beherrschbarkeit der programm-modellierten Wissensbasis durch die bei ihrem Einsatz Verantwortung tragenden Menschen. Dazu muß die Wissensbasis in der Situation in bezug auf ihre Tragfähigkeit und Relevanz erschließbar sein.

Das führt zunächst zu den wesentlichen Forderungen, Entscheidungsketten nachvollziehbar zu machen und die der Wissensbasis zugrundeliegenden Annahmen offenzulegen.

Gravierend kommt die Problematik der Programmfehler hinzu, wobei bei der Entwicklung und beim Einsatz von Expertensystemen mehrere Fehlerquellen ineinandergreifen.

Eine wesentliche Fehlerquelle ist die Wissensakquisition. Es zeigt sich zunehmend, daß menschliche Experten nur mit großen Schwierigkeiten explizite Regeln nennen können, die ihrer Entscheidungsfindung angeblich zugrundeliegen. Im Raum steht vielmehr, daß menschliche Experten in der Situation nicht aufgrund solcher Regeln handeln, sondern nachträglich zur Rechtfertigung ihrer Entscheidungen darauf zurückgreifen. Daraus ergibt sich die schwerwiegende Problematik des Zusammenwirkens zwischen implizitem („stillschweigendem“) und explizitem Wissen beim Experten und die damit verbundene Frage, inwieweit ein vollständiges und tragfähiges Regelsystem bezogen auf eine Domäne überhaupt aufgestellt werden kann. Dazu kommen noch Verständigungsschwierigkeiten zwischen dem Experten und dem Wissensingenieur, der das Expertenwissen zur Modellierung in der Wissensbasis erschließt.

Wie bei jedem anderen Programm sind Fehler bei der Entwicklung nicht auszuschließen. Sie können bekanntlich bei jedem Stadium der Entwicklung, insbesondere auch bei der Wissensmodellierung auftreten und überlagern in unter Umständen schwer durchschaubarer Weise die Fehler bei der Wissensakquisition.

Während ein Probebetrieb helfen kann, die Folgen der bisher genannten Fehlerquellen zu mildern, kommen beim Einsatz des Expertensystems selbst neue Fehlerquellen hinzu. Zum einen entstehen sie durch fehlerhafte Eingaben beim Betrieb, die unter Umständen nicht nur die Bearbeitung des einzelnen Falles, sondern die darauf aufbauend fälschlich angereicherte Wissensbasis beeinflussen. Zum anderen folgen sie aus der Forderung nach laufender Anpassung und Erweiterung der Wissensbasis aufgrund des Fortschrittes medizinischer Erkenntnis.

Die Ursachen für so entstehende Fehler sind ganz unterschiedlich und in vielen Fällen nicht in einfacher Weise auf Unzulänglichkeiten oder Versäumnisse der beteiligten Menschen zurückführbar. Diese machen unter Umständen subjektiv keine Fehler, sondern handeln aufgrund ihrer jeweils begrenzten Einsicht. Die Verflechtungen und Wechselwirkungen der jeweils begrenzten Einsichten verselbständigen sich aber im Programm mit fehlerhaften Konsequenzen. Besonders gravierend für eine verantwortliche Handhabung im medizinischen Bereich ist das Problem, daß einmal entstandene Fehler schwer lokalisierbar sind.

Ein fachlich verantwortbarer Einsatz von Expertensystemen muß sich daher daran orientieren, daß die Zuverlässigkeit der medizinischen Entscheidungsfindung trotz mangelnder Situationsbezogenheit des verfügbaren Wissens, niemals erschöpfend modellierter Wissensbasis und programm-implementierter Fehler nicht beeinträchtigt wird.

Dabei gilt es auch die Andersartigkeit von programm-implementierten und vom Menschen in der Situation begangenen Fehlern zu berücksichtigen. Fehler kommen anders zustande: Menschen können in der Situation müde, gleichgültig oder abgelenkt sein, während ein Programm stets in gleicher Weise funktioniert. Andererseits handeln Menschen stets *in* der Situation, während die Wirkungsweise von Programmen durch das implementierte Modell *vor* der Situation determiniert ist. Letztlich sind menschliche Fehler in individuelle Lernprozesse und zwischenmenschliche Kommunikation eingebunden: wir begehen Fehler situationsbezogen, wir lernen aus unseren Fehlern, wir können unsere Fehler wechselseitig nachvollziehen und ausgleichen. Dieser Aspekt entfällt bei Programmen ganz. Ein fehlerhaftes Programm funktioniert in der Situation willkürlich. Es entzieht sich dann menschlicher Sinngebung, es sei denn, es gelingt, die von Menschen bei seiner Entwicklung begangenen Fehler nachzuvollziehen und auszugleichen.

4.2 Zwischenmenschliche Gesichtspunkte

In diesem Abschnitt will ich den Einsatz von Expertensystemen in bezug auf das mit ihnen verbundene Menschenbild, das Verständnis der Rolle der beteiligten Menschen und der Auswirkung auf ihre Beziehung diskutieren. Wegen der Vielfalt von Situationen, in denen Medizin gesellschaftlich wirksam wird, kann ich das natürlich nur ansatzweise leisten. Um die möglichen Gefahren zu verdeutlichen, zeichne ich hier scharfe Konturen. Sie wollen nicht als Technikfeindlichkeit verstanden werden, sondern zum Nachdenken anregen.

Zunächst geht es um die Sicht ärztlicher Tätigkeit: sie wird als *Problemlösung* charakterisiert. Der Arzt oder die Ärztin befaßt sich mit klar umrissenen Fällen in Form von Krankheiten nach festen Schemata. Davon abtrennbar werden die Fähigkeiten im Umgang mit den Patient/innen gesehen. Sie dienen sozusagen dazu, die aufgrund des Problemlösens gewählte Therapie mit dem Zucker der Zuwendung zu versüßen. Die eigentlich wichtige ärztliche Tätigkeit findet dagegen abgewendet von den Patient/innen am Computer statt.

Die Gleichstellung von menschlichen Experten mit computerimplementierten Expertensystemen achtet die Erkenntnis aus dem direkten, sinnlich erfahrbaren und ganzheitlichen Umgang mit den Menschen gering und die Beziehung zwischen Arzt oder Ärztin und Patient/innen als entbehrlich. Bei der Unterstützung menschlicher Experten durch Expertensysteme ergibt sich somit als wichtiges Problemfeld für die Gestaltung des Einsatzes die Beachtung des Zusammenspiels zwischen den unterschiedlichen Dimensionen ärztlicher Tätigkeit.

Sollen Expertensysteme in menschengerechter Weise zum Einsatz kommen, so muß es gelingen, sie situativ in die ärztliche Tätigkeit so zu integrieren, daß die menschliche Interaktion keinen Schaden leidet. Die Schwierigkeit liegt hier darin, daß die Computertechnologie im Umgang ihre eigene Widerständigkeit entfaltet, d. h. ein Gutteil der Aufmerksamkeit des Arztes oder der Ärztin bindet. So besteht die Gefahr, daß ihr Einsatz die Interaktion mit Patient/innen verfremdet. Auf die daraus folgenden Gestaltungsgesichtspunkte gehe ich in Abschnitt 5 ein.

Nun zum Menschenbild des Patienten bzw. der Patientin: er oder sie wird einerseits Datenlieferant; Angaben über das Wohlbefinden werden auf dekontextualisierte, diskrete Werte reduziert, die als Falldaten in regelgeleitete Inferenzen eingehen. Andererseits wird er oder sie Empfänger kontextfrei ermittelter, regelgesteuerter Therapie. Dies kommt dort in seiner Reinform zum Tragen, wo aufgrund automatisierter Diagnosefindung computergesteuerte Therapie, zum Beispiel in Form von Dosierung von Medikamenten, angewendet wird; bei anderen Einsatzweisen in abgeschwächter Form.

Die Computertechnologie stellt entscheidende weitere Schritte in Richtung Automatisierung einer technisch-naturwissenschaftlich ausgerichteten Medizin in den Raum, bei der die menschliche Betreuung für Patient/innen bereits jetzt in vielen Fällen durch Geräte ersetzt wird. Während einerseits die größere Zuverlässigkeit in eingegrenzten Bereichen im Routinebetrieb für die Technik spricht, so verkümmert häufig die nur durch Menschen vermittelbare persönliche Unterstützung als wesentlicher Faktor im Heilprozeß.

Dies betrifft insbesondere auch Krankenschwestern und Krankenpfleger, deren Tätigkeit durch *Datenerfassung* wesentlich verändert wird. Auch die Aufmerksamkeit des Pflegepersonals ist in erhöhtem Maße von den Patient/innen weg an die Computertechnologie gebunden. Es muß vor Ort die Bedienung der Eingabegeräte durchführen und ist für die Korrektheit der Eingaben verantwortlich. Dies schafft prägende, neue Qualifikationsanforderungen und reduziert die Möglichkeit zur direkten menschlichen Zuwendung.

Probleme ergeben sich auch für die computergestützte oder -gesteuerte Zusammenarbeit zwischen Ärzt/innen und dem Pflegepersonal, insbesondere im Schichtbetrieb, bei der kontext-spezifische Information über das Wohlbefinden von Patient/innen und nicht nur dekontextualisierte Information übergeben werden muß, um eine sinnvoll kontinuierliche Pflege zu ermöglichen.

Der situativen Eingebundenheit von Expertensystemen beim Einsatz in der Medizin kommt somit erhöhte Bedeutung zu. Es gilt

Umgangsweisen mit den Geräten zu finden, die den zuverlässigen Einsatz erlauben, ohne die menschliche Interaktion zu verfremden. Es gilt Gesichtspunkte herauszuarbeiten, um abzuwägen zwischen Situationen, wo menschliche Zuwendung unverzichtbar bzw. in gewissem Umfang entbehrlich ist. Dabei gilt es die Autonomie und die Bedürfnisse aller Beteiligten zu achten, so daß die Computertechnologie zum sinnvollen medizinischen Instrument und nicht zur anonymen inhumanen Steuerung wird.

4.3 Moralisch/rechtliche Gesichtspunkte

Hier will ich solche Aspekte betrachten, die mit dem Computer ermöglichen, was ohne Computer nicht gemacht werden darf. Es geht dabei um das noch zu leistende Fortschreiben der medizinischen Ethik auf das Zeitalter computergestützter Medizin und eine darauf abgestimmte Gesetzgebung zur Handhabung dieser Technik. Dabei sind mehrere Aspekte betroffen.

Zunächst stellt sich das Problem der ärztlichen Geheimhaltung in neuer Weise dort, wo Expertensysteme mit anderen Computerprogrammen integriert sind und ggf. die resultierenden Systeme zwischen verschiedenen beteiligten Institutionen vernetzt sind. Die Speicherung und Weiterverwendung von Patientendaten ist aus zwei Gründen interessant: einerseits anonymisiert als Eingabe zum Aufbau von Wissensbasen, andererseits personenbezogen zum Aufbau eines Patientenabbildes am Computer.

Ein wesentlicher Faktor der Mächtigkeit denkbarer Systeme könnte ja darin bestehen, verstreut aufgetretene Ereignisse aus der Patientengeschichte zu kombinieren, um zuverlässigere Diagnosen erhalten zu können. In einem so vernetzten medizinischen Umfeld, bei dem natürlich auch die Arztpraxen und die Leistungsträger in ihrer Bedeutung zu berücksichtigen sind, kann die ärztliche Geheimhaltung nicht mehr in der traditionell überkommenen Weise gehandhabt werden. Es gilt nun im Interesse des Schutzes der Privatsphäre neue Konzeptionen zu erarbeiten, die den spezifischen Möglichkeiten der Computertechnologie und der Vernetzung Rechnung tragen.

Während dieses Problem mit dem Einsatz von Computern in der Medizin allgemein und insbesondere mit der Möglichkeit der Vernetzung zu tun hat, werfen Expertensysteme im Speziellen die

Frage nach der Verantwortung auf. Es geht dabei darum, für Ärzte die Möglichkeit, Verantwortung zu tragen, zu erhalten. Dies macht sich an verschiedenen Punkten fest:

- Die Umgehung menschlicher Therapieentscheidung dort, wo Expertensysteme direkt aufgrund der Auswertung von Meßwerten therapeutische Maßnahmen einleiten;
- Das Modellmonopol der Wissensbasis im Unterschied, vielleicht im Gegensatz zur eigenen Einschätzung des behandelnden Arztes;
- Die unklare Verantwortung über die Wissensbasis durch das Zusammenspiel der verschiedenen an ihrer Entwicklung und Weiterentwicklung beteiligten Personen.

Diese Problemfelder führen zu gravierenden und nach meiner Kenntnis noch nicht ansatzweise gelösten Fragestellungen, die konzeptionell, technisch, ethisch und juristisch bewältigt werden müssen, bevor der Einsatz von Expertensystemen in der Medizin ernsthaft in Betracht gezogen werden kann.

5. *Gestaltungsanforderungen*

In diesem Teil möchte ich auf Gestaltungskriterien verweisen, die für einen verantwortbaren und menschengerechten Einsatz der KI in der Medizin aus meiner Sicht zu beachten sind. Sie beziehen sich sowohl auf Eigenschaften der Systeme selbst als auch auf Gesichtspunkte ihre Entwicklung, ihrer Einführung und ihres Einsatzes im Rahmen medizinischer Tätigkeit. Hier ergeben sich Parallelen zwischen der Gestaltung computergestützter Tätigkeit in der Medizin und anderen Bereichen, die seit Jahren diskutiert[12] und ansatzweise methodisch umgesetzt werden[13].

5.1 Kleine KI-Systeme

„Klein" bezieht sich hier nicht auf die Größe der Programme etwa in Code-Zeilen, sondern auf den überschaubaren Einsatz der Pro-

[12] Etwa in zahlreichen Beiträgen von Docherty et al. (1986), insbesondere in Ulich (1986) und Volpert (1986).

[13] Siehe z. B. Floyd et al. (1986).

gramme in den jeweiligen Handlungszusammenhängen[14]. Die zugrundeliegende Domäne sollte sich auf wohldefinierte abgegrenzte Teilwelten beziehen, so daß sichergestellt werden kann, daß die jeweils feste Domäne durch vorher erfolgten Ausschluß anderer Möglichkeiten für den vorliegenden Fall geeignet ist und die für den Einsatz verantwortlichen Menschen stets eine zuverlässige Einschätzung der Tragfähigkeit der Wissensbasis gewinnen können. Menschliche Experten müssen in der Lage sein, die situative Plausibilität von Inferenzen sowie die vom System getroffenen Annahmen nachzuvollziehen und gegebenenfalls zu korrigieren.

5.2 Technische Beherrschbarkeit

Diese Forderung erscheint trivial, ist es aber nicht. Zum einen nicht in Anbetracht des gegenwärtigen Standes der Kunst, zum anderen auch bei der zu erwartenden Konsolidierung der Expertensystemtechnik, da die Entwicklung und Weiterentwicklung von Wissensbasen während des Einsatzes als eine technisch äußerst schwierig zu bewältigende Fehlerquelle bleibt. Zu fordern sind hier transparente Verfahren zum Aufzeigen von Wirkungsketten, die durch die Verarbeitung von Falldaten in Wissensbasen entstehen und die Möglichkeit, das Entstehen unerwünschter Fakten und Regeln rückgängig zu machen.

5.3 Autonome Benutzbarkeit

Mit Expertensystemen sind Rollen für die beteiligten Menschen verbunden: Experten liefern das Domänenwissen, Wissensingenieure entwickeln die Wissensbasis. Dann gibt es auch Benutzer. Hier sind es die behandelnden Ärzte. Ihre Rolle bei Expertensystemen, die Möglichkeit, ihre eigene Expertise einzubringen, ist ungeklärt. Sie sehen sich einem computermodellierten Modell gegenüber, das Monopolcharakter gewinnt. Zu fordern sind Gestaltungsmaßnahmen so, daß das Expertensystem zum handhabbaren Instrument für autonome Benutzer wird, deren Entscheidungsspielraum und damit die

[14] Vgl. Siefkes (1986).

Möglichkeit, Verantwortung zu tragen, erhalten bleibt. Das bedeutet zunächst die Erklärung der vom System getroffenen Inferenzen. Darüber hinaus muß die Perspektivität des Computermodells erfahrbar werden, die getroffenen Annahmen verdeutlicht und die Möglichkeit geboten, Alternativen aufgrund modifizierter Annahmen durchzuspielen. Desweiteren müssen Expertensysteme benutzergesteuert erweiterbar sein.

5.4 Kompetenzfördernde Einführungsprozesse

Mit der Einführung von Computertechnologie in anspruchsvollen Tätigkeiten ist allgemein das Problem der Erhaltung menschlicher Kompetenz in den betroffenen Bereichen verbunden. Bisher gewohnte Tätigkeitsfelder, die Erfahrung und Kompetenz mit sich bringen, entfallen oder werden zumindest entsinnlicht. Die Fähigkeit der menschlichen Experten, eigenständige Entscheidungen zu treffen, ist gefährdet und läuft Gefahr zu verkümmern. Dies wäre zweifellos im Bereich der Medizin außerordentlich unerwünscht. Hier können allerdings partizipative Entwicklungsstrategien, die die kompetenzfördernde Gestaltung der computergestützten Tätigkeit zum Gegenstand haben, Abhilfe leisten. Sie müssen den situativen Einsatz in der Gemeinschaft aller beteiligten Personen und unter Berücksichtigung ihrer unterschiedlichen Interessen und Kompetenz betreffen.

5.5 Situative Benutzungskulturen

Expertensysteme sind notgedrungen dekontextualisiert konzipiert. Sie müssen daher auf den jeweiligen Einsatz adaptiert werden können, um als Instrument für die medizinische Tätigkeit zu dienen. Zum verantwortungsvollen Umgang gehört primär die Entwicklung und Fortschreibung einer lokalen Einsatzkultur, die sich am jeweiligen Kontext orientiert und den sinngeleiteten Gebrauch des Systems ermöglicht. Realistische Erwartungen an Expertensysteme sollten nicht primär mit den Eigenschaften der Systeme selbst, sondern mit ihrer Einbettung in umgreifende medizinische Traditionen der Diagnostik und Therapie verbunden werden. Erst diese Einbettung ermöglicht es, das soziale Wissen um das Expertensystem herum zu entwickeln und fortzuschreiben und damit den Einsatz des Systems verantwortbar zu machen.

5.6 Erhalt der ganzheitlich-menschlichen Interaktion

Dieser Punkt erscheint mir besonders sensibel, gleichzeitig gibt es hier sicher keine einheitliche Lösung, zum einen wegen der Vielfalt der zu betrachtenden Situationen, zum anderen wegen des ständigen Fortschrittes der Technik und der zunehmenden Vertrautheit der gesamten Bevölkerung mit dem Computer. Problematisch erscheint insbesondere der Computer zwischen Arzt und Patient bzw. zwischen Krankenschwester und Patient wegen der damit verbundenen Gefahr der Beziehungs-Verfremdung. Dazu kommt in vielen Fällen die ohnehin schon große Vereinsamung kranker Menschen. Umgekehrt kann es auch eine Chance sein, durch computergestützte Information oder Selbstkontrolle unnötige Routine-Interaktionen mit dem Arzt zu verringern. Generell würde ich den Einsatz des Computers im Hintergrund der Arzt-Patienten-Interaktion bevorzugen.

5.7 Sinnvolle Gestaltungsmetaphern

Mit Gestaltungsmetaphern sind Leitbilder gemeint, die Entwicklern und Anwendern gestatten, eine für beide Seiten verständliche Sprachbasis zu finden, auf deren Grundlage sinnvolle Entscheidungen über die Entwicklung von computergestützten Systemen getroffen werden können. Leitbilder sind mit Klassen von bearbeiteten Problemen, mit der Art des Umgangs und mit situativen Gegebenheiten verbunden. Taugliche Leitbilder knüpfen an das gewachsene Vorverständnis der jeweiligen Anwender sinnfällig an, um den neuen Einsatz des Computers anhand bekannter Vorbilder zu motivieren, und sind technisch zuverlässig einlösbar.

Leitbilder bieten auch eine wertvolle Diskussionsplattform für Fragestellungen, die sich an der Verantwortbarkeit orientieren. Sie können nach der Stimmigkeit in bezug auf das darin ausgedrückte Menschenbild überprüft und mit Wertvorstellungen aus verschiedenen Blickwinkeln unter Einbeziehung der Betroffenen und der Öffentlichkeit in Verbindung gebracht werden.

Leitbilder dieser Art für den Einsatz von Expertensystemen in der Medizin sind von Fachleuten zu entwickeln. In diesem Beitrag kann dies nicht geleistet werden. Wir sollten uns aber wegorientieren von irreführenden Vergleichen des Computereinsatzes[15]. Dagegen könnte ein intelligent benutzbares Handbuch, dessen Autor bekannt ist, ein Beispiel für eine sinnvolle Gestaltungsmetapher liefern.

Expertensysteme können die medizinische Tätigkeit unterstützen. Es liegt an uns, realistische Erwartungen mit ihrem Einsatz zu verbinden und zu gewährleisten, daß Medizin zwischen Menschen verantwortbar bleibt.

6. KI als Weg unserer Gesellschaft?

In meiner bisherigen Argumentation habe ich die Gestaltbarkeit und Gestaltung von KI-Technik in den Vordergrund gestellt. Ich habe dabei Forderungen aufgestellt, die prinzipiell realisierbar sind und einen verantwortungsvollen Umgang mit dieser Technik ermöglichen. Allerdings will ich nicht die Illusion erwecken, daß die wissenschaftliche Diskussion und die technische Umsetzung der KI konsequent in die hier vorgeschlagene Richtung verlaufen. Es besteht durchaus Anlaß zur Sorge und zur öffentlichen Einmischung.

Wie schon betont, halte ich Gestaltung für eine grundlegende Chance unserer Zeit[16]. Aber wir müssen auch die Grenzen der Technikgestaltung sehen. Dazu will ich drei Fragen zumindest aufwerfen, die im Rahmen dieses Papiers nicht behandelt werden können, das Spannungsfeld „Künstliche Intelligenz – Verantwortungsvolles Handeln" noch viel tiefer ansprechen und weit in die Philosophie bzw. Gesellschaftskritik hineinführen.

- Was ist der Anspruch von Gestaltung, oder: Wie spielt sie zusammen mit Erhaltung und Entfaltung?
- Wie erfahren wir die Widerständigkeit der Technik jenseits der Möglichkeit von Gestaltung?
- Warum orientieren wir uns auf immer mehr Technik und verdrängen dadurch andere Lebensdimensionen?

---

[15] Z. B. mit dem Stethoskop wie in Rennels & Shortliffe (1987) in einem Extremfall oder mit der in Schwartz (1970) impliziten Gleichsetzung eines Expertensystems mit dem Rat eines autoritativen Kollegen.

[16] Diese Auffassung habe ich in Floyd (1992) konsequent vertreten. Sie liegt auch Winograd & Flores (1989) zugrunde. Volpert (1985) betont demgegenüber die Gefahren des Gestaltungsanspruchs.

Der Begriff Gestaltung wird von verschiedenen Autoren unterschiedlich gebraucht. Häufig betrifft er nur das Äußere im Gegensatz zur Sache selbst – das ist hier zu wenig. Ferner impliziert Gestaltung für viele den Anspruch, bewußt und planvoll *neu* zu gestalten. Dieser Anspruch steht im Widerspruch zur immer deutlicher werdenden Forderung nach Bewahrung oder Erhaltung der gewachsenen lebendigen Zusammenhänge. Gestaltung kann nur dort langfristig verantwortet werden, wenn sie Erhaltung miteinbezieht. Letztlich reflektiert Gestaltung Wertvorstellungen. Wenn wir Technik für den Menschen wollen, müssen wir dafür sorgen, daß diese Wertvorstellungen in die Gestaltung eingehen.

Gestaltung und Gestaltbarkeit darf uns aber nicht zu einer verharmlosenden Einschätzung der Rolle der Technik in unserer Gesellschaft führen. Sie wurde bereits von Heidegger durch die Widerständigkeit der Technik charakterisiert, die unsere menschliche Erfahrung zunehmend prägt, unser Selbstverständnis beeinflußt und unsere Wahlmöglichkeiten einschränkt[17]. Die Informatik, insbesondere die Künstliche Intelligenz, bringt hier eine neue Qualität, indem sie quasi-autonom agierende Wirkungsinstanzen (z. B. expertenersetzende Systeme oder Roboter) schafft, die komplexe, wenn auch vorprogrammierte, Handlungssequenzen ausführen und mit Menschen gleichberechtigt oder sogar ihnen übergeordnet interagieren.

Eine genuin menschliche Auseinandersetzung mit der KI muß daher über die bloße Gestaltung von Technik hinausgehen. Sie muß die wünschbare Interaktion zwischen Menschen und quasi-autonom agierenden Wirkungsinstanzen hinterfragen. Ein für mich besonders augenfälliges Beispiel war die von führenden Autoren geäußerte Empfehlung des „geriatrischen Roboters" für die Altenpflege[18]. Bezeichnenderweise wurde sie als humane Anwendung der KI dargestellt. Wollen wir aber eine Gesellschaft, in der die Pflege alter Menschen technischen Instanzen anvertraut ist und wo die menschliche Zuwendung ganz verkümmert? Was bedeutet dann noch „human"?

---

[17] Diese Argumentation findet sich zum Beispiel in Capurro (1992), wo der Ansatz von Winograd & Flores (1989) aus hermeneutischer Sicht kritisiert wird.

[18] In Feigenbaum, McCorduck (1984) sowie meine Kritik dazu im Vorwort zu Volpert (1985).

So müssen wir die Künstliche Intelligenz letztlich als Schlüssel-Ergebnis unserer Kultur einordnen und bewerten, die generell immer weitergehendere *technische Lösungen* sucht, um *menschliche Probleme* zu bewältigen[19]. Es liegt an uns, demgegenüber die Unbedingtheit der menschlichen Erfahrungswelt zu erleben und geltend zu machen.

Literatur

Beneke, K., Rader, M., Ulrich, O. (1989), Chancen und Risiken des Einsatzes von Expertensystemen in Produktion und Medizin. Entwurf des Berichts der Enquête-Kommission „Technikfolgen-Abschätzung und -Bewertung". Deutscher Bundestag, Bonn.

Büttner, J., Floyd, Chr., Knedel, M., Neumann, B., Puppe, F., Riecker, G., Trendeöenburg, C., Steinbuch K. (1991), Künstliche Intelligenz, Darmstadt: GIT-Verlag GmbH.

Capurro, R. (1992), Informatics and Hermeneutics, in: Floyd et al. (1992), 363–375.

Clancey, W. J. (1986), From GUIDON to NEOMYCIN and HERACLES in Twenty Short Lessons, in: The Al Magazine, 39–61.

Docherty, P., Fuchs-Kittowski, K., Kolm, P., Mathiassen, L. Hrsg. (1986), System Design for Human Development and Productivity: Participation and Beyond, Amsterdam: North-Holland.

Dreyfus, H. L. (1985), Die Genzen künstlicher Intelligenz, Königstein/Ts.: Athenäum.

Dreyfus, H. L., Dreyfus, S. E. (1985), Mind over Machine, New York: Macmillan/The Free Press.

Feigenbaum, E. A., McCorduck, P. (1984), Die fünfte Computer-Generation. Künstliche Intelligenz und die Herausforderung Japans an die Welt, Basel: Birkhäuser.

Floyd, Chr. (1985), Wo sind die Grenzen des verantwortbaren Computereinsatzes?, in: Informatik-Spektrum, Bd. 8, 3–6.

-- (1991), Experter Arzt oder experter Computer?, in: Büttner et al. (1991), 24–34.

-- (1992), Human Questions in Computer Science, in: Floyd et al. (1992), 15–27.

Floyd, Chr., Reisin, F.-M., Schmidt, G. (1989), STEPS to Software Development with Users, in: Ghezzi, C., McDermid, J. A., Hrsg., ESEC '89, Lecture Notes in Computer Science Nr. 387, Berlin: Springer-Verlag, 47–64.

[19] Eine ausgezeichnete Kritik der Künstlichen Intelligenz in diesem Sinne wird von Unseld (1992) geleistet.

Floyd, Chr., Züllinghoven, H., Budde, R., Keil-Slawik, R., Hrsg. (1992), Software Development and Reality Construction, Berlin etc.: Springer-Verlag.

Gierl, L., Pollwein, B. (1986), Gesundes Wissen, in: Siemens-Magazin COM 5, 18–22.

Glenn, D., Shortliffe, E. H. (1987), Advanced Computing for Medicine, in: Scientific American, Bd. 10, 146–153.

Puppe, F. (1987), Diagnostisches Problemlösen mit Expertensystemen, in: Informatik-Fachberichte 148.

Schwartz, W. B. (1970), Medicine and the Computer: The Promise and Problems of Change, in: The New England Journal of Medicine, Bd. 283, Nr. 23, 1257–1264.

Schwartz, W. B., Patil, R. S., Szolovits, P. (1987), Sounding Board, Artificial Intelligence in Medicine, in: The New England Journal of Medicine, Bd. 316, Nr. 11, 685–688.

Siefkes, D. (1986), Only Small Systems Evolve, in: Docherty et al. (1986), 177–185.

Simon, Herbert A (1969), The Sciences of the Artificial. Cambridge, Mass.: The MIT Press.

Ulich, E. (1986), Some Aspects of User-Oriented Dialogue Design, in: Docherty et al. (1986), 33–47.

Unseld, G. (1992), Maschinenintelligenz oder Menschenphantasie? Ein Plädoyer für den Ausstieg aus unserer technisch-wissenschaftlichen Kultur, Frankfurt/M.: Suhrkamp Taschenbuch Wissenschaft 987.

Volpert, W. (1985), Zauberlehrlinge – Die gefährliche Liebe zum Computer, Weinheim, Basel: Beltz Verlag.

–– (1986), Contractive Analysis of the Relationship of Man and Computer as a Basis of System Design, in: Docherty et al. (1986), 119–128.

–– (1992), Work Design for Human Development, in: Floyd et al. (1992), 336–348.

Winograd, T., Flores, F. (1989), Erkenntnis Maschinen Verstehen – Zur Neugestaltung von Computersystemen, Berlin: Rotbuch-Verlag.

Hinweise zu den Autoren

Ansgar Beckermann, Univ. Prof. Dr. phil, Lehrstuhl für Philosophie II an der Universität Mannheim. Studium der Philosophie, Mathematik und Soziologie in Hamburg und Frankfurt; 1974 Promotion in Frankfurt; 1978 Habilitation in Osnabrück; 1982 Professor für Philosophie an der Universität Göttingen, seit 1992 an der Universität Mannheim. Bücher: Gründe und Ursachen 1977; Descartes 1986; Hrsg.: Analytische Handlungstheorie 1977, 2. Aufl. 1985; Emergence or Reduction – Essays on the Prospects of Nonreductive Physicalism (zus. mit H. Flohr und K. Kim) Zahlreiche Aufsätze über Handlungstheorie, Leib-Seele-Problem, KI-Forschung.

Dietrich Dörner, Univ. Prof. Dr. phil., Lehrstuhl Psychologie II der Otto Friedrich Universität Bamberg. Studium der Psychologie in Kiel; Promotion und Habilitation; Professor für Psychologie in Düsseldorf, Gießen und Bamberg. Von 1990 bis 1991 Leiter der Projektgruppe „Kognitive Anthropologie“ der Max-Planck-Gesellschaft in Berlin bis zu deren Schließung. Hauptforschungsgebiete: Denken, Planen, Entscheiden, Problemlösen, Handlungstheorie. Hauptinteresse an der Psychologie: Theoretisch! (Wie funktioniert die Seele?).

Rolf Eckmiller, Univ. Prof. Dr. Ing., Institut für Informatik VI, Universität Bonn. Studium der Elektrotechnik und Promotion an der TU Berlin; 1976 Habilitation über Neurophysiologie an der FU Berlin; 1972/73 und 1977/78 Forschungsaufenthalte an der Universität Berkeley/Kalifornien und dem Smith-Kettlewell Eye Research Foundation in San Francisco; seit 1979 Professor für Biokybernetik, Abteilung Biophysik, an der Heinrich-Heine-Universität Düsseldorf; Veranstalter von mehreren Konferenzen über Neuronale Computer; Teilnehmer einer internationalen Forschungsinitiative für Neurotechnologie; seit 1992 Lehrstuhl für Informatik an der Universität Bonn.

Christiane Floyd, Univ. Prof. Dr. phil. Arbeitsbereich Softwaretechnik am Fachbereich Informatik der Universität Hamburg. Studium der Mathematik und Astronomie in Wien; 1966 Promotion an der Universität Wien; Systemprogrammiererin bei Siemens AG München; 1968–71 Lehrbeauftragte und wissenschaftliche Mitarbeiterin an der Universität Stanford; 1973–77 Leiterin des Bereiches Methodenentwicklung bei Softlab, München; 1978 Professorin für Softwaretechnik an der Technischen Universität Berlin; seit 1992 Professorin für Softwaretechnik an der Univ. Hamburg. Zwei Kinder. Veröffentlichungen über Softwareentwicklungsmethoden, menschengerechte Gestaltung von computergestützten Systemen, philosophischen Grundlagen und ethische Fragen der Informatik.

Angela Friederici, Univ. Prof. Dr. phil. Dipl. Psych. Institut für Psychologie am FB Erziehungs- und Unterrichtswissenschaften der Freien Universität Berlin. Studium der Germanistik, Romanistik, Sprachwissenschaft; 1976 Promotion; Studium der Psychologie. Postdoktorat am MIT, Departement of Psychology und Boston University School of Medicine; Heisenberstipendiatin und Wissenschaftliche Mitarbeiterin am Max-Planck-Institut für Psycholinguistik; seit 1989 Professorin für Psychologie an der FU Berlin; 1990 Förderpreis der Alfried-Krupp-Stiftung. Veröffentlichungen über Neuropsychologie der Sprache, kognitive Strukturen des Sprachverstehens, kognitive Module, neurale Grundlagen der Sprachverarbeitung.

Sybille Krämer, Univ. Prof. Dr. phil., Institut für Philosophie der Freien Universität Berlin. Studium der Philosophie, Geschichte und Sozialwissenschaften in Hamburg und Marburg; Promotion zum Dr. phil. in Marburg 1981; 1989 Habilitation in Düsseldorf; 1989 Research Fellow am Balliol College Oxford; seit 1990 Professorin für Philosophie an der FU Berlin. Bücher: Technik, Gesellschaft, Natur 1983; Symbolische Maschinen 1988; Berechenbare Vernunft 1991. Aufsätze über Descartes, Leibniz, Geschichte der Mathematik, Informationstheorie, Geist und Computer, Künstliche Intelligenz, Metapherntheorie und Melancholie.

Thomas Metzinger, Dr. phil. habil., Zentrum für Philosophie und Grundlagen der Wissenschaft der Justus-Liebig-Universität Gießen. Studium der Philosophie, katholischen Religionswissenschaften und Ethnologie; Promotion in Frankfurt mit einer Arbeit zu neueren Diskussionen des Leib-Seele-Problems; seit 1987 Lehre und Forschung am Zentrum für Philosophie und Grundlagen der Wissenschaft über analytische Philosophie des Geistes und philosophische Probleme der Neuro- und Kognitionswissenschaften. Veröffentlichungen über das Leib-Seele-Problem, Subjektivität, mentale Repräsentationen.

Rolf A. Müller, Dr. rer. pol., Dipl. Ing., Abteilung Forschung der Daimler-Benz AG Berlin, Studium der Nachrichtentechnik (Regelungstechnik, Systemtheorie, Kybernetik) an der Universität (TH) Karlsruhe; Promotion über kybernetische Modelle und Planspieltechniken in der Wirtschaftswissenschaft; Forschungstätigkeit über sozioökonomische Systemmodellierung und Simulation; seit 1980 in der Forschung der Daimler-Benz AG mit dem Schwerpunkt: Künstliche Intelligenz im Unternehmen; wissenschaftlicher Leiter des Forschungsbereiches „Beratungs- und Planungssysteme"; Lehrbeauftragter an der FU Berlin und an der Hochschule St. Gallen.

Oswald Schwemmer, Univ. Prof. Dr. phil., Lehrstuhl für Philosophie an der Humboldt Universität Berlin. Studium der Philosophie, Promotion und

Habilitation; Professor für Philosophie an den Universitäten Erlangen (1978), Marburg (1982), Düsseldorf (1989), seit 1993 HU Berlin. Buchveröffentlichungen über Philosophie der Praxis (1971, 2. Aufl. 1980), Logik, Wissenschaftstheorie (1973, 2. Aufl. 1975), Methodische Grundlagen der Kulturwissenschaften (1976), Ethische Untersuchungen (1986), Handlung und Struktur (1987), Hrsg. v. Vernunft, Handlung und Erfahrung. (1981), Philosophische Beiträge zum Naturverständnis (1987).

Jörg Siekmann, Univ. Prof. Dr. Ing. für Informatik an der Universität des Saarlandes und Forschungsleiter am Deutschen Forschungszentrum für Künstliche Intelligenz. Graduierter Ingenieur; Studium der Mathematik/Physik in Göttingen und der Computer Science in Essex/England; 1976 Promotion an der University of Essex/England; Hochschulassistent an der Universität Karlsruhe; dort Aufbau einer KI-Forschungsgruppe auf dem Gebiet der Deduktionssysteme; 1983–1991 Professur für Informatik, Universität Kaiserslautern, seit 1991 an der Universität des Saarlandes. Über hundert Veröffentlichungen zu den Gebieten Künstliche Intelligenz, Deduktionssysteme, Verteilte KI und Multiagentensysteme, Unifikationstheorie.

Wolf Singer, Univ. Prof. Dr. med., Direktor des MPI für Hirnforschung in Frankfurt. Medizinstudium in München und Paris; Aufnahme in die Studienstiftung des Deutschen Volkes; Forschungsaufenthalt in Sussex/England; Habilitation 1975 in München für das Fach Physiologie; 1981 Berufung zum wissenschaftlichen Mitglied der MPG und zum Direktor an das MPI für Hirnforschung.

Max Straschill, Univ. Prof. Dr. med., Abteilung für Neurophysiologie der Neurochirurgischen Klinik der Freien Universität Berlin, Universitätsklinikum Steglitz. Stationen wissenschaftlicher Tätigkeit: Physiologisches Institut der Universität München; Max-Planck-Institut für Psychiatrie München, Abt. für experimentelle Neurophysiologie; Medical School San Francisco, Abt. f. Physiologie; Neurologische Klinik der TU München; Neurologisch/Neurochirurgische Klinik der FU im Klinikum Steglitz. Publikationen über Psychophysik, Neurophysiologie des visuellen Systems, Neuropharmakologie des visuellen Systems, Neurophysiologie des menschlichen Gehirns.

Sachregister

Personenregister

www.ingramcontent.com/pod-product-compliance
Lightning Source LLC
LaVergne TN
LVHW010550300926
849162LV00002B/289